普通高等教育"十一五"国家级规划教材

江苏省高等学校精品教材

U0653238

5th
edition

理论·实战·技能
创新与创业管理

主 编 李时椿 常建坤

Innovation and
Entrepreneurship
Management

南京大学出版社

图书在版编目(CIP)数据

创新与创业管理：理论·实战·技能 / 李时椿，
常建坤主编. — 5 版. — 南京：南京大学出版社，
2017.2(2025.2 重印)

ISBN 978 - 7 - 305 - 18248 - 8

Ⅰ. ①创… Ⅱ. ①李… ②常… Ⅲ. ①企业管理－高
等学校－教材 Ⅳ. ①F272

中国版本图书馆 CIP 数据核字(2017)第 014464 号

出版发行　南京大学出版社
社　　址　南京市汉口路 22 号　　　邮　编　210093
书　　名　创新与创业管理：理论·实战·技能(第五版)
　　　　　CHUANGXIN YU CHUANGYE GUANLI：LILUN · SHIZHAN · JINENG(DI WU BAN)
主　　编　李时椿　常建坤
责任编辑　唐甜甜　　　　　　　编辑热线　025 - 83594087
照　　排　南京南琳图文制作有限公司
印　　刷　广东虎彩云印刷有限公司
开　　本　787 mm×1092 mm　1/16　印张 17.75　字数 443 千
版　　次　2017 年 2 月第 5 版　2025 年 2 月第 8 次印刷
ISBN 978 - 7 - 305 - 18248 - 8
定　　价　48.80 元

网址：http://www.njupco.com
官方微博：http://weibo.com/njupco
官方微信号：njupress
销售咨询热线：(025) 83594756

第五版修订说明

《十三五规划纲要》强调:"要把发展基点放在创新上,以科技创新为核心,以人才发展为支撑,推动科技创新与大众创业、万众创新有机结合,塑造更多依靠创新驱动、更多发挥先发优势的引领型发展。"

有鉴于此,为推进"大众创业、万众创新"深入发展,扎实培养大批创新创业型人才,我们在前四版基础上作了全面深入修订。

《创新与创业管理:理论·实战·技能》(第五版)主要特点:

一是将以人为本与"大众创业、万众创新"有机结合。注重培养大学生创新精神,充分调动和激发人的创新创业潜能,着力培养创新创业型人才。

二是基于创新与创业交叉融合的视角。教材知识体系突出以创新为基点,以创业过程为主线,以创业机会为导向,以中国经济结构转型和动力转换为背景的特点。

三是搭建好理论通向实践的桥梁。教材在充分借鉴国内外创新创业理论基础上,大量融入中国成功创业者,尤其是大学生创业者的实践经验,聚焦我国政府有关创业政策的最新信息,系统培养学生的创新意识和创业能力。

本书主编常建坤教授是一位成功创建并正在经营两家营业额过亿公司的创业者,书中融入他创业多年的实践经验。

此次修订充分依托南京大学出版社高等教育教学服务微信平台"南大悦学",丰富完善教材配套的教学资源,具体涵盖各章测试题、全书两套试卷及电子课件,可扫码免费查阅。

配套教学资源

学生资源

1. 学生自测题
   （1—7）

2. 学生自测题
   参考答案（1—7）

3. 综合测试试卷（一）
   附参考答案

教师资源

4. 综合测试试卷（二）
5. 教学课件

获取请联系

电话：025－83594087
邮箱：highwing@yeah.net

前　言

创新精神和创业能力是当今时代最为稀缺的社会资源。

当前,全球新一轮科技革命和产业变革蓄势待发,我国经济正进入速度变化、结构转型和动力转换的关键时期。面对经济转型和全球化激烈竞争的迫切需要,各国的竞争都聚焦在创新与创业的水平上,创新创业已成为一国经济持续发展的原动力和国家竞争力的源泉。

面对新的形势,深入推进大众创业、万众创新,着力营造有利于杰出科学家、发明家、技术专家和企业家不断涌现,大众创业、万众创新蔚然成风的社会环境和文化氛围迫在眉睫。

影响创新创业的因素有很多,其中核心是人,关键是创新型企业的发展壮大。从某种程度上讲,推动创新创业的发展就是坚持以人为本,提高国民的教育水平,充分调动和激发人的创新创业基因,不仅重视精英创业,而且突出草根创业。

彼得·德鲁克指出:"创业不是魔法,也不神秘。它与基因没有任何关系。创业是一种训练,就像任何一种训练一样,人们可以通过学习掌握它。"这正是 2010 年 4 月 22 日教育部《关于大力推进高等学校创新创业教育和大学生自主创业工作的意见》和 2012 年 8 月 1 日教育部《普通本科学校创业教育教学基本要求(试行)》的基本宗旨,也是编者多年前就致力于创新和创业领域理论与实践研究的出发点。

2013 年 11 月 8 日,习近平指出,"全社会都要重视和支持青年创新创业,提供更有利的条件,搭建更广阔的舞台,让广大青年在创新创业中焕发出更加夺目的青春光彩。"①

2014 年 9 月以来,李克强总理多次强调提出"大众创业、万众创新",号召打造新常态下我国经济发展的新引擎。

《十三五规划纲要》更是强调:"要把发展基点放在创新上,以科技创新为核心,以人才发展为支撑,推动科技创新与大众创业、万众创新有机结合,塑造更多依靠创新驱动、更多发挥先发优势的引领型发展。"

有鉴于此,为推进"大众创业、万众创新"深入发展,扎实培养大批创新创业型人才,我们在本书前四版基础上做了全面深入修订。

《创新与创业管理》(第五版)主要特点:

一是以人为本与大众创业、万众创新有机结合。注重培养大学生创新精神,充分调动和激发人的创新创业潜能,着力培养创新创业型人才。

二是基于创新与创业交叉融合的视角。教材知识体系突出以创新为基点,以创业过程为主线,以创业机会为导向,以中国经济结构转型和动力转换为背景。

三是搭建好理论通向实践的桥梁。教材在充分借鉴国内外创新创业理论基础上,大量融

---

① 习近平. 习近平致 2013 年全球创业周中国站活动组委会的贺信[EB/OL]. 新华网,2013 - 11 - 08.

入中国成功创业者,尤其是大学生创业者的实践经验,聚焦我国政府有关创业政策的最新信息,系统培养学生的创新意识和创业能力。

本书主编常建坤教授是一位成功创建并正在经营两家营业额过亿公司的创业者,书中融入他创业多年的实践经验。

本书得到刘汉东、单莎娜、祝方园、邹璘、杨刘涛、尚泉泉、祝公园、张佳瑜等研究生在文献检索、案例研究等方面的大力支持。在此,对他们、对长期以来关心和支持本教材的朋友们,以及广大读者一并表示真挚的感谢。

本教材适合普通高校本科各专业学生创业教育课程学习参考。

本教材参阅了大量文献资料和研究成果,在各章后列出了主要参考书目。

限于水平和时间,书中肯定存在不少疏漏、谬误之处,殷切期待读者批评指正。

作　者

2016 年 10 月

目 录

前　言 ……………………………………………………………………………………… 1

第一章　创新的科学内涵与方法 …………………………………………………………… 1

　　【学习目标】 ……………………………………………………………………………… 1

　　【引导案例】　全球创新创业的楷模 …………………………………………………… 1

　　第一节　创新的科学内涵 ……………………………………………………………… 6

　　第二节　创新的基本方法 ……………………………………………………………… 14

　　【本章案例】　创新不止铸就创业辉煌 ……………………………………………… 28

第二章　创业、创业精神与人生发展 ……………………………………………………… 32

　　【学习目标】 ……………………………………………………………………………… 32

　　【引导案例】　马云创业精神解读 …………………………………………………… 32

　　第一节　创业与创业精神 ……………………………………………………………… 34

　　第二节　知识经济发展与创业 ………………………………………………………… 52

　　第三节　创业与职业生涯发展 ………………………………………………………… 59

　　【本章案例】　李开复职业生涯的转换 ……………………………………………… 62

第三章　创业者与创业团队 ………………………………………………………………… 66

　　【学习目标】 ……………………………………………………………………………… 66

　　【引导案例】　应届大学毕业生：从 5 000 元到 10 个亿的创业传奇 ……………… 66

　　第一节　创业者 ………………………………………………………………………… 67

　　第二节　创业团队 ……………………………………………………………………… 83

　　【本章案例】　不是"中国首富"，却是"中国首善" ………………………………… 96

第四章　创业机会和创业风险 ……………………………………………………………… 99

　　【学习目标】 ……………………………………………………………………………… 99

　　【引导案例】　一个好点子，净挣 100 多万 ………………………………………… 99

　　第一节　创业机会识别 ………………………………………………………………… 100

　　第二节　创业机会评价 ………………………………………………………………… 116

　　第三节　创业风险识别 ………………………………………………………………… 128

　　第四节　商业模式开发 ………………………………………………………………… 133

【本章案例】 丁磊为什么能抓住商机? ················· 143

第五章 创业资源 ······················ 148

【学习目标】 ······························ 148

【引导案例】 一元钱打造一条街 ················· 148

第一节 创业资源 ························· 149

第二节 创业融资 ························· 162

第三节 创业资源管理 ······················ 178

【本章案例】 "希望集团"的创业之初:从拼凑、将就到共赢 ···· 186

第六章 创业计划 ······················ 190

【学习目标】 ······························ 190

【引导案例】 最精炼的创业计划书 ················· 190

第一节 创业计划 ························· 191

第二节 撰写与展示创业计划 ··················· 201

【本章案例】 大一参加创业大赛赢了 20 万,大二开公司半年又赚了 20 万 ··· 215

第七章 新企业的开办 ·················· 218

【学习目标】 ······························ 218

【引导案例】 "娃哈哈"的初创阶段 ················· 218

第一节 成立新企业 ························ 219

第二节 新企业生存管理 ····················· 248

【本章案例】 创业企业何以稳步成长? ··············· 271

第一章
创新的科学内涵与方法

【学习目标】

1. 创新的科学内涵和特点。
2. 当代企业创新理论。
3. 创新与创业关系的探讨。
4. 创新的基本方法。

【引导案例】

全球创新创业的楷模[1]

2011 年 10 月 6 日,美国苹果公司前首席执行官乔布斯逝世,美国总统奥巴马及其夫人米歇尔发唁电悼念乔布斯,并发表动人的讲话,称乔布斯是"最伟大的美国创新家"。[2]

以下是讲话全文:

"米歇尔和我得知史蒂夫·乔布斯去世很难过。史蒂夫是最伟大的美国创新家之一——勇于从不同角度思考,敢于相信自己可以改变世界,并且足够有才华,能够付诸行动。

从车库里创建地球上最成功的公司之一——"苹果",他展现了美国的独创精神;将电脑个人化并把互联网放入我们的口袋,他使信息革命不仅变得易懂,并且直观和有趣;通过把才能转化成故事叙述,他为上百万儿童和成年人带来了同样程度的快乐。史蒂夫喜欢说,他把每一天当成他的最后一天来过。因为他这样做了,所以他改变了我们的生活,重新定义了整个产业,并取得了人类历史上最稀有的功绩之一:他改变了我们每个人看世界的方式。

世界失去了一位梦想家。世界上的许多人是从他所发明的设备上得知了他去世的消息,对于史蒂夫的成功来说,或许没有比这更伟大的称赞了。米歇尔和我向史蒂夫的妻子劳伦、他的家人和所有爱他的人们送去我们的思念和祈祷。"

1955 年 2 月 24 日,史蒂夫·乔布斯出生在美国旧金山。刚刚出生,就被在美国旧金山一家餐馆打工的父亲与潇洒派的酒吧管理员母亲遗弃了。

幸运的是,一对好心的夫妻收留了他。

虽然是养子,但养父母却对他很好,视同亲子。学生时代的乔布斯聪明、顽皮,肆无忌惮,喜欢别出心裁地搞出一些令人啼笑皆非的恶作剧。不过,学习成绩倒是十分出众。当时,乔布斯就生活在后来著名的"硅谷"附近,邻居都是"硅谷"元老——惠普公司的职员。

---

[1] 杰弗里·扬,威廉·西蒙. 活着就为改变世界:史蒂夫·乔布斯传[M]. 蒋永军译. 北京:中信出版社,2012.

[2] 经济观察网综合报道. http://www.eeo.com.cn/2011/1006/2.

在这些人的影响下,乔布斯从小就迷恋电子学。一位惠普的工程师看他如此痴迷,就推荐他参加惠普公司的"发现者俱乐部"。这是个专门为年轻工程师举办的聚会,每星期二晚上在公司的餐厅中举行。就在一次聚会中,乔布斯第一次见到了电脑,他开始对计算机有了一个朦胧的认识。

初中时,乔布斯在一次同学聚会上,与史蒂夫·沃兹尼亚克(Steve Wozniak)见面,两人一见如故。史蒂夫·沃兹尼亚克是学校电子俱乐部的会长,对电子有很大的兴趣。

19岁那年,乔布斯只念了大学一学期课程就因为经济原因而休学,成为雅达利电视游戏机公司的一名职员。此时,乔布斯借住在朋友(沃兹·尼亚克)家的车库,常到社区大学旁听书法课等课程。1974年,他赚钱往印度灵修,吃尽苦头,只好重新返回雅达利公司做了一名工程师。

安定下来之后,乔布斯继续自己年少时的兴趣,常常与沃兹尼亚克一道,在自家的小车库里琢磨电脑。他们梦想着能够拥有一台自己的计算机,可是当时市面上卖的都是商用的,体积庞大,价格极其昂贵。于是,他们准备自己开发,制造个人电脑必需的微处理器,可是当时的8080芯片零售价要270美元,并且不出售给个人。

两个人不灰心,仍继续寻找,终于在"1976年度旧金山威斯康星计算机产品展销会"上买到了摩托罗拉公司出品的6502芯片,功能与英特尔公司的8080相差无几,但价格只要20美元。

带着6502芯片,两个狂喜的年轻人回到乔布斯的车库,开始了自己伟大的创新。他们设计了一个电路板,将6502微处理器和接口及其他一些部件安装在上面,通过接口将微处理机与键盘、视频显示器连接在一起,仅仅几个星期,电脑就装好了。

乔布斯的朋友都震惊了,但他们都没意识到,这个其貌不扬的东西,会给以后的世界带来多大的影响。但是精明的乔布斯立即估量出这种电脑的市场价值所在。为筹集批量生产的资金,他卖掉了自己的大众牌小汽车,同时沃兹也卖掉了他珍爱的惠普65型计算器。就这样,他们有了奠基伟业的1300美元。

1976年4月1日那天,乔布斯、沃兹及乔布斯的朋友龙·韦恩(Long Wayne)做了一件影响后世的事情:他们三人签署了一份合同,决定成立一家电脑公司。随后,21岁的乔布斯与26岁的史蒂夫·沃兹尼亚克在自家的车房里成立了公司,公司的名称由偏爱苹果的乔布斯一锤定音——苹果。后来流传开来的就是那个著名的商标——一只被人咬了一口的苹果,而他们的自制电脑则顺理成章地被追认为"苹果Ⅰ号"电脑了。

早期发展

开始的时候,"苹果"机的生意很清淡,毕竟它是一个全新的东西,除了对电子感兴趣的人,谁知道这个东西会有什么用处?而原先对"苹果Ⅰ号"感兴趣的朋友们开始持观望态度,等待更好的"苹果Ⅱ号"的出台。

一个偶然的机遇给"苹果"公司带来了转机。

1976年7月,零售商保罗·特雷尔(Paul Jay Terrell)来到了乔布斯的车库,当看完乔布斯熟练地演示电脑后,他认为"苹果"机大有前途,决意冒一次风险——订购50台整机,但要求一个月内交货,乔布斯喜出望外,立即签约拍板成交,这可是他们做成的第一笔"大生意"。

时间太仓促,任务又繁重,乔布斯和沃兹冒着酷暑,没日没夜地干了起来,为了公司的生存豁出去了。他们每天几乎都在挥汗如雨、顽强拼搏中度过,每周工作66小时。终于在第29天他们奇迹般地完成了任务,把 50 台"苹果"电脑如数交给了商人特雷尔。

50 台整机在特雷尔手里很快销售一空。有了良好的开始,"苹果"公司名声大振,开始了小批量生产。乔布斯和沃兹开始意识到,他们的小资本根本不足以应对公司急速的发展。乔布斯后来回忆道:"大约是在 1976 年秋,我发现市场的增长比我们想象得还快,我们需要更多的钱。"为此,他们分头去找资金支持,包括去沃兹就职的公司——惠普寻求资助,但遗憾的是,这些公司都没意识到其中蕴藏的商机和市场。

机遇垂青努力的人

1976 年 10 月,百万富翁马库拉慕名前来拜访沃兹和他们的车库工场。马库拉是位训练有素的电气工程师,且十分擅长推销工作,被人们称为推销奇才。由于在股票生意上发了财,他很早就选择了退休生活。当看到这两个年轻人的新产品,马库拉决心重操旧业,帮助他们把公司大张旗鼓地办起来。马库拉主动帮助他们制定一份商业计划,给他们贷款 69 万美元,将自己的命运与两个年轻人联系在一起。有了马库拉这样行家里手的指导和这笔巨资,"苹果"公司的发展速度大大加快了。

1977 年 4 月,美国有史以来的第一次计算机展览会在西海岸开幕了。为了在展览会上打出名声,乔布斯四处奔走,花费巨资,在展览会上弄到了最大最好的摊位。引人注目的当然是苹果Ⅱ号样机,它一改过去个人电脑沉重粗笨、设计复杂、难以操作的形象,以小巧轻便、操作简便和可以安放在家中使用等鲜明特点,紧紧抓住了观众的心。它只有 12 磅重,仅用 10 只螺钉组装,塑胶外壳美观大方,看上去就像一部漂亮的打字机。人们都不敢相信这部小机器竟能在大荧光屏上连续显示出壮观的、如同万花筒般的各种色彩,"苹果Ⅱ号"在展览会上一鸣惊人,几千名用户拥向展台,观看、试用,订单纷纷而来。

1980 年,《华尔街日报》的全页广告写着"苹果电脑就是 21 世纪人类的自行车",并登有乔布斯的巨幅照片。

1980 年 12 月 12 日,苹果公司股票公开上市,在不到一个小时内,460 万股全被抢购一空,当日以每股 29 美元收市。按这个收盘价计算,苹果公司高层产生了 4 名亿万富翁和 40 名以上的百万富翁。乔布斯作为公司创办人当然是排名第一。

成功与危机

1983 年,Lisa 数据库和 Apple Iie 发布,售价分别为 9 998 美元和 1 395 美元。苹果成为历史上发展最快的公司。但是 Lisa 的发布预示了苹果的没落,一台不合实际、连美国人都嫌贵的电脑是没有多少市场的,而 Lisa 又侵吞了 Apple 大量研发经费。可以说苹果兴起之时就是其没落开始之时。

史蒂夫·乔布斯因为巨大的成功在 1985 年获得了由里根总统授予的国家级技术勋章。然而,成功来得太快,过多的荣誉背后潜伏着强烈的危机。

由于乔布斯经营理念与当时大多数管理人员不同,加上蓝色巨人 IBM 公司开始醒悟过来,也推出了个人电脑,抢占大片市场,使得乔布斯新开发出的电脑节节惨败,总经理和董事们便把这一失败归罪于董事长乔布斯。1985 年 4 月经由董事会决议撤销了他的经营大权。乔布斯几次想夺回权力均未成功,便在 1985 年 9 月 17 日愤而辞去苹果公司董事长。

辞职几天后,乔布斯创办了"Next"电脑公司,继续开始他新的创业之旅。

独立时期

1986 年他花 1 000 万美元从乔治·卢卡斯手中收购了 Lucasfilm 旗下位于加利福尼亚州

Emeryville 的电脑动画效果工作室,并成立独立公司皮克斯动画工作室。在之后十年,该公司成为了众所周知的 3D 电脑动画公司,并在 1995 年推出全球首部全 3D 立体动画电影《玩具总动员》。该公司已在 2006 年被迪士尼收购,乔布斯也因此成为最大股东。

回归苹果

1996 年 12 月 17 日,全球各大计算机报刊几乎都在头版刊出了"苹果收购 Next,乔布斯重回苹果"的消息。此时的乔布斯因其皮克斯公司成功制作的第一部电脑动画片《玩具总动员》而名声大振,个人身价已暴涨逾 10 亿美元;相形之下,苹果公司却已濒临绝境。乔布斯于苹果危难之中重新归来,苹果公司上下皆欢欣鼓舞。

乔布斯重归故里,心中牵系"大事业"的梦想。他向苹果电脑的追随者们说:"我始终对苹果一往情深,能再次为苹果的未来设计蓝图,我感到莫大荣幸。"这个苹果曾经的英雄终于在众望所归下归来了!

改革时期

受命于危难之际乔布斯果敢地发挥了行政总裁的权威,大刀阔斧地进行改革。他首先改组了董事会,然后又做出一件令人瞠目结舌的大事——抛弃旧怨,与苹果公司的宿敌微软公司握手言欢,缔结了举世瞩目的"世纪之盟",达成战略性的全面交叉授权协议。

乔布斯因此再度成为《时代》周刊的封面人物。

接着,他开始推出了新的电脑。

1998 年,iMac 背负着苹果公司的希望,凝结着员工的汗水,寄托着乔布斯振兴苹果的梦想,呈现在世人面前。它是一个全新的电脑,代表着一种未来的理念。半透明的外装,一扫电脑灰褐色的千篇一律的单调,似太空时代的产物,加上发光的鼠标,以及 1 299 美元的价格标签,令人赏心悦目……不愧是苹果设计,标新立异,非同凡响。

为了宣传,乔布斯把笛卡尔的名言"我思故我在"变成了 iMac 的广告文案"I think,therefore iMac!"并成为广告业的经典案例。

新产品重新点燃了苹果机拥戴者们的希望。iMac 成了当年最热门的话题。

1998 年 12 月,iMac 荣获《时代》杂志"1998 最佳电脑"称号,并名列"1998 年度全球十大工业设计"第三名。

1999 年乔布斯又推出了第二代 iMac,有着红、黄、蓝、绿、紫五种水果颜色供选择,一面市就受到用户的热烈欢迎。

1999 年 7 月推出的外形蓝黄相间,像漂亮玩具一样的笔记本电脑 iBook 在市场上立刻受到用户追捧。iBook 融合了 iMac 独特的时尚风格、最新无线网络功能(WLAN)与苹果电脑在便携电脑领域的全部优势,是专为家庭和学校用户设计的"可移动 iMac"。

1999 年 10 月 iBook 夺得"美国消费类便携电脑"市场第一名,还在《时代》杂志举行的"1999 年度世界之最"评选中,荣获"年度最佳设计奖"。

在乔布斯的改革之下,"苹果"终于实现盈利。乔布斯刚上任时,苹果公司的亏损高达 10 亿美元,一年后却奇迹般地盈利 3.09 亿美元。

新世纪的辉煌

进入 21 世纪,在乔布斯大力推动下,苹果公司持续推出了一系列创新产品。

2001 年,平面式的 iMac 推出,取代已问世三年的 iMac。

2002 年,推出第二代 iPod 播放器,使用了称为"touch wheel"的触摸式感应操控方式。

2003 年,推出第一台 64 位元个人电脑 Apple PowerMac G5;第三代 iPod 音乐播放器,可同时支持 Mac 和 Windows。

2004 年,推出第四代 iPod 数码音乐播放器,沿用了原本在 iPod mini 上的"click wheel"操控设计。此后还推出苹果 iphone 手机搭载彩色显示屏的 iPod Video、迷你版 iPod mini 数码音乐播放器。

2005 年,苹果推出第五代 iPod 播放器、第二代 iPod mini 迷你数码音乐播放器与 iPod shuffle;九月,又推出 iPod nano 超薄数码音乐播放器,采用彩色显示器。

2006 年,乔布斯推出了第一部使用英特尔处理器的台式电脑和笔记本电脑,也就是 iMac 和 MacBook Pro;还推出第六代 iPod 数码音乐播放器,命名为"iPod classic",以及第二代 iPod nano 数码音乐播放器、体积更加小巧的第二代 iPod shuffle 数码音乐播放器。

2007 年,推出第三代 iPod nano 超薄数码音乐播放器,外型由细长转为宽扁。这一年,乔布斯在 Mac World 上发布了 iPhone 与 iPod touch。

2008 年,在 Mac World 上,史蒂夫·乔布斯从黄色信封中取出了 MacBook Air,这是当时最薄的笔记本电脑。这一年,史蒂夫·乔布斯还在 Mac World 上发布了 iPod nano 第四代和 iPod touch 第二代,以及新设计的 MacBook 和 MacBook Pro,全新的 24 英寸 Apple LED Cinema Display。

2009 年,苹果负责全球营销的高级副总裁菲利普·席勒(Phillip Schiller)在 Mac World 2009 大会上发布了重新设计的 17 英寸屏幕的 MacBook Pro 笔记本电脑;2009 年 3 月 11 日,苹果推出新款 iPod shuffle(封面为 APPLE TV)ipod,这是第一款可以语音发音的数码音乐播放器,体积更加小巧,几乎是上代的一半大小。

2010 年 1 月 27 日,苹果公司平板电脑 iPad 正式发布,4 月 6 日,苹果 iPad 正式在美国发售。

2010 年 5 月 26 日,在与比尔·盖茨竞跑了 30 多年之后,史蒂夫·乔布斯这位苹果公司创始人终于将苹果送上了纳斯达克(Nasdaq)的顶峰位置。苹果公司的市值在当日纽约股市收市时达到 2 220 亿美元,仅次于埃克森美孚(Exxon Mobil),成为美国第二大市值的上市公司,微软当日市值为 2190 亿美元。

2010 年 6 月 8 日,北京时间凌晨 1 点,苹果公司年度盛会 WWDC 2010(Apple Worldwide Developers Conference 2010)正式开幕。在大会上,乔布斯正式发布了近来一直引人瞩目的苹果第四代手机 iPhone 4,其显示屏像素也由原来的 480×320 升级为 960×640。

2011 年 3 月 3 日,乔布斯于北京时间 3 日凌晨 2 点在美国旧金山出人意料地亲自到场召开发布会,发布 iPad2。

2011 年 8 月初,苹果公司市值(约 3 371 亿美元),超过埃克森美孚(约 3 333 亿美元),成为全球第一大市值的上市公司,也是全球第一大资讯科技公司。

从 20 世纪 70 年代推出 Apple Ⅱ 台式电脑开始,乔布斯创业征途上的每一步便和创新紧密结合在一起。无论是在起家的 PC 行业,还是被苹果驱逐出门后创办 Next 公司,在软件市场开创出一片天地,抑或是创办动画公司 Pixar 并推出了"海底总动员"等脍炙人口的电影,直至重回苹果推出令其声誉达至顶峰的 iPhone 和 iPad 等产品,乔布斯在所涉足领域都给世人留下了印象深刻的颠覆性创新。

第一节　创新的科学内涵

创业的本质是创新，创业过程本质上是创业者不断创新的过程。

创新是一个民族进步的灵魂，是社会进步的引擎。

纵观世界经济，一部经济史就是创新历史，创新是现代经济持续增长的唯一动力源。在当前我国经济进入新常态、全球经济结构深度调整的关键时期，能否站上科技创新的制高点，能否真正依靠创新创业取得速度与质量并重的增长，关系着中国梦是否能实现。

创新，是企业的成功之源，更是国家的发展之根，民族的振兴之要。如果把几十亿国人蕴含着的创新创业热情都激发出来，让"大众创业、万众创新"成为现实，中国经济一定会加快转型升级，中华民族的伟大复兴指日可待。

一、创新的内涵

"创新"一词早在《南宋·后妃传·上·宋世祖殷淑仪》中就曾提到，创新是创立或创造新的东西的意思。韦氏词典对"创新"下的定义包涵两点含义：引入新概念、新东西和革新。也就是说，"革故鼎新"（前所未有）与"引入"（并非前所未有）都属于创新。

创新是一个非常宽泛的概念，适用于很多领域。国际上，奥地利经济学家熊彼特（J. A. Schumpeter）是创新理论的奠基人。熊彼特在1912年出版的《经济发展理论》一书中首先提出了创新的基本概念和思想，形成了最初的创新理论。1939年和1942年熊彼特又分别出版了《经济周期》、《资本主义、社会主义和民主主义》两部专著，对创新理论加以补充完善，逐渐形成了以创新理论为基础的独特的创新经济学理论体系。

熊彼特的创新理论内容主要包括以下几点。

1. 从生产函数出发，研究生产要素和生产条件的新组合

按照熊彼特的观点，所谓"创新"，就是"建立一种新的生产函数"，也就是说，把一种从来没有过的关于生产要素和生产条件的"新组合"引入生产体系。熊彼特所说的"创新"、"新组合"，包括以下五种情况：① 引进新产品；② 引用新技术，即新的生产方法；③ 开辟新市场；④ 控制原材料的新供应来源；⑤ 创建企业的新组织。

2. 创新是企业家的职能

在熊彼特看来，作为资本主义"灵魂"的"企业家"的职能就是实现"创新"，引进"新组合"。所谓"经济发展"也就是指整个资本主义社会不断地实现这种"新组合"，从而实现经济发展的动态性和循环性。熊彼特提出："创新同发明是完全不同的任务，要求具有完全不同的才能。尽管企业家有可能是发明家，就像他们可能是资本家一样，但他们之所以是发明家并不是由于他们和职能的性质，而只是一种巧合，反之亦然。"

3. 创新是将发明成果付诸实践的过程

美国中小企业管理局对创新的定义清楚表达了这样的观点："创新是一种过程，这一过程始于发明成果，重点是对发明的利用和开发，结果是向市场推出新的产品和服务。"这个定义有助于人们更好地理解创新和发明的关系。

　　自 20 世纪 60 年代起,管理学家们开始将创新引入管理领域。现代管理大师彼得·德鲁克(Peter F. Drucker)在《动荡年代的管理》[①]一书中发展了创新理论,他认为,创新是赋予资源以新的创造财富能力的行为。任何使现有资源的财富创造潜力发生改变的行为,都可以称之为创新。他还在《创新与创业精神》[②]一书中提出:创新是企业家的特定工具。他们利用创新改变现实项目的机遇。

二、创新的基本特点

　　创新是人类特有的活动。创新是在意识支配下进行的创造性活动,在人类社会之外,其他动植物只是进化、演化,而不是创新。

　　创新是有规律的实践活动。它以扎实的专业知识为基础,以艰苦卓绝的精神劳动为途径,以敏锐的观察力、丰富的想象力、深刻的洞察力为导向,反映符合事物发展要求的基本规律,是一种有规律的实践活动。

　　创新是突破性的实践活动。它不是一般的重复劳动,更不是对原有内容的简单修补,而必须是突破性的发展、根本性的变革、综合性的创造。创新是继承中的升华,继承是创新的必然。创新具有以下几个基本特点。

　　一是新颖性。创新不是模仿、再造,而是对现有事物的扬弃,是一种深刻的变革。因此,新颖性是创新的首要特征。具体来说,新颖性又包括三个层次:世界新颖性或绝对新颖性;局部新颖性;主观新颖性,即只是对创造者个人来说是前所未有的。

　　二是价值性。创新以价值创造或价值增加为最终目标,因而特别强调效益的产生。创新可以重新组合生产要素,从而改变资源产出,因而具有明显、具体的价值和社会效益。所以,创新是一个创造财富、产生效益的过程。对于企业来说,创新利润是最重要、最基础的部分,也只有创新利润才能够反映出企业的活力。

　　三是风险性。创新可能成功,也可能失败,这种不确定性构成了创新的风险。因此,在创新过程中,只准成功、不许失败的要求是不切实际的,只能通过缜密的设计、严格的实施和科学的管理来尽量降低创新的风险。

　　四是动态性。创新是一个动态的过程。在知识经济条件下,唯一的不变就是一切都在变,而且变化得越来越快。因此,任何创新都不可能一劳永逸,只有不断地变革和创新,才能适应时代发展的要求。

三、创新精神

　　创新精神是指具有能够综合运用已有的知识、信息、技能和方法,提出新方法、新观点的思维能力和进行发明创造、改革、革新的意志、信心、勇气和智慧。

　　创新精神是一个国家和民族发展的不竭动力,也是每一个当代大学生应该具备的素质。

---

① ［美］彼得·F. 德鲁克. 动荡年代的管理[M]. 屠端华,吴力励,孟兴国译. 北京:工人出版社,1989.
② ［美］彼得·F. 德鲁克. 创新与创业精神[M]. 张炜译. 上海:上海人民出版社,2002.

　　创新精神属于科学精神和科学思想范畴，是进行创新活动必须具备的心理特征，具体包括创新意识、创新兴趣、创新胆量、创新决心，以及相关的思维活动。

　　创新精神是一种勇于抛弃旧思想旧事物、创立新思想新事物的精神。例如：不满足已有认识，不断追求新知；不满足现有的生活生产方式、方法、工具、材料、物品，根据实际需要或新的情况，不断进行改革和革新；不墨守成规，敢于打破原有框框，探索新的规律、新的方法；不迷信书本、权威，敢于根据事实和自己的思考，向书本和权威质疑；不盲目效仿别人想法、说法、做法，不人云亦云、唯书唯上，坚持独立思考，说自己的话、走自己的路；不喜欢一般化，追求新颖、独特、异想天开、与众不同；不僵化、呆板，灵活地应用已有知识和能力解决问题……这些都是创新精神的具体表现。

　　创新精神提倡独立思考、不人云亦云，并不意味着不倾听别人的意见、孤芳自赏、固执己见、狂妄自大，而是要团结合作、相互交流，这是当代创新活动必不可少的方式；创新精神提倡敢冒风险、不怕犯错误，并不是鼓励犯错误，只是清醒认识到出现错误认知是科学探究过程中不可避免的；创新精神提倡不迷信书本、权威，并不反对学习前人经验，任何创新都是在前人成就的基础上进行的；创新精神提倡大胆质疑，而质疑要有事实根据和科学思考，并不是虚无主义地怀疑一切。

　　只有具有创新精神，我们才能在未来的发展中不断开辟新的天地。

四、当代企业创新理论[①]

　　熊彼特开辟创新理论以来，学者们纷纷围绕创新展开研究，逐步发展并不断完善了创新理论。20世纪80年代以来，随着经济全球化、全球信息化、知识化的发展，企业创新活动呈现出新的特点，形成了一批新的创新理论。

(一) 开放式创新理论

　　20世纪后期，许多美国公司呈现出从封闭式创新模式向开放式创新模式转变的趋势。在这种趋势和背景下，美国一些领先企业创新管理出现了开放式全球搜索创意来源、多途径多目的进行集成创新、扩大知识产权内外收益等新动向。

　　麻省理工学院亨利·切斯布洛教授基于对实践的研究提出开放式创新模式，它是全球化背景下的一个重要创新战略。根据这一模式，在一些产业或领域利用企业内外资源，向内外研究开发机构、供应商、相关机构、用户等进行学习与合作，进而实施创新。

　　开放创新本质上要求更多并行、多角度的创新资源整合，实际上是一种以创新利益相关者为基准的多主体创新模式。这种模式重在强调打破自身边界，从创意到市场化等环节每一步、每一个方案，既可以依托企业边界内的资源，也可以依托外部平台，或进行内外联合。创新主体——企业，必须在与其他组织——供应商、用户、竞争者及大学、研究机构、投资机构、政府机构等的相互作用和相互影响中进行创新，而不能把创新过分控制在某一边界之内。

(二) 创新生态系统理论

　　创新生态系统论是从企业仿生学角度解释企业创新的一种理论，是开放式创新理论的进

---

　　① 刘刚.创新理论最新研究综述[J].企业管理,2010(9):88-91.

一步发展。20世纪70年代,美国学者纳尔逊和温特在生物进化理论的启示下,创立了创新进化论这一独特新颖的理论分支,它推动了技术创新和制度创新的融合。之后,一些研究创新的学者受此启发,在研究开放式创新理论基础上,提出了创新生态系统论。

创新生态系统论认为,企业自身的创新系统是一个生态系统,它与其他企业的创新系统构成创新大系统中的多样性,同时它又是所栖息的更高一级的产业创新系统的有机组成部分,而不同产业的创新系统又是区域创新系统或国家创新系统的重要组成部分。每一个生态系统都是一个开放的,与社会有着全方位资源交换的,而且不断在作内部调整的动态系统,具有自身所在系统没有的特性和功能。

生态学强调整体的各组成部分之间是互相依赖关系,创新生态系统论也遵循这一规律,强调每个个体需要与系统内外其他个体互相合作。企业作为一层创新系统,需要各个部门通力合作,需要与企业系统之外的其他企业、科研机构、中介组织、顾客、政府等合作。缺乏合作则意味着脱离系统,导致创新失败。

(三) 企业内部孵化理论

企业内部孵化理论由加里·哈梅尔(Gary Hamel)首次提出。该理论是受风险投资与科技企业孵化器的启发而形成,认为企业最高层的任务就是建立一个能够不断孵化出绝妙经营创意的组织结构,设计出新的环境刺激创新的发生,提供各种支持帮助创新行为获得最大成功。该理论还认为,企业员工特别是中低层员工,往往凭着对市场、技术、产品的直接接触,可以敏锐地发现一些以往不为人注意的创意、新市场和新技术。

企业内部孵化模式的基本流程是:员工提出创新意见,企业评估可行性并根据评估结果,给予天使投资和管理支持,帮助员工在企业内创业;新创业的公司完全以市场化方式运营,可以引入新的投资者,也可由原企业继续投资;创业者保持原企业员工的身份,企业保留创业人员的员工身份,根据契约在创业成功前给员工一定的生活补助,并承诺即使创业失败还可以回到原企业继续就职;随着创业公司业务的发展,组织结构也将逐步完善,成为完全独立的企业,与原企业只有股份投资关系。

企业内部孵化模式是在企业创新领域将外部市场机制内部化的重大创新,对企业发展发挥着重要的推动作用。该模式可以在体制上避免因管理者个人好恶而使创新建议失去起码的评估机会,使得企业快速形成鼓励创新、支持创新和奖励创新的机制和文化,发掘和培养一批人才,即使员工创业失败也将使其个人能力获得很大提高。同时,企业内部孵化模式还将有助于企业拓展一些新的业务领域和增长模式,有效规避在新领域的投资风险。因为企业开辟新领域时往往投资大、风险高,而内部孵化模式的分步投入机制可以降低成本和风险。

(四) 基于复杂性理论的创新研究

创新是对未知领域的探索,是生产、分配和应用各种知识的各主体之间一整套复杂关系的结果。有鉴于此,一些学者将复杂性理论引入创新研究领域,形成了新的创新理论。提斯认为创新本质是一个动态、集体、多功能、多部分和多地域的合作过程,其复杂性主要由以下因素造成:一是创新过程要求掌握多种资源,在各种功能层次上,为了在竞争中成功和防止失败,创新过程必然要求集成;二是创新过程必然包括一系列协调过程,创新过程在时间上重叠,且相互反馈。德·梅耶和皮持总结了复杂性创新的两种主要管理模式,即修正法和选择法。我国学者董静等通过实证研究得出两种方法的选择与创新阶段和行业有关。在创新构思和计划阶段,选择法应用较为普遍,随着创新的深入实施,修正法逐渐成为主流方法;机械、化工、医药等行业较多地使用选择法,在信息行业,修正法使用率较高。

(五) 全面创新管理理论

2002年,浙江大学许庆瑞等提出了全面创新管理的概念和理论框架,认为全面创新管理是以培养核心能力、提高持续竞争力为导向,以价值创造(价值增加)为最终目标,以各种创新要素(技术、组织、市场、文化、制度等)的有机组合与协调创新为手段,通过有效的创新管理机制、方法和工具,力求做到人人创新、事事创新、时时创新、处处创新。

郑刚进一步将全面创新范式的内涵概括为"三全一协同",即全要素创新、全员创新、全时空创新和全面协同。

全要素创新是指创新需要系统观和全面观,需要使技术、战略、文化、制度、组织等与创新绩效有密切关系的各类要素达到全面协同,以实现最佳的创新绩效。

全员创新是指创新不再只是企业研发人员和技术人员的专利,而应是全体员工共同的行为。从研发人员、销售人员、生产制造人员到售后服务人员、管理人员、财务人员等,人人都可以在自己的岗位上成为出色的创新者。广义的全员还包括用户、供应商、股东等利益相关者。

全时空创新分为全时创新和全空间创新(全球化创新或全地域创新)。全时空创新是一种创新策略、一种思想、一种创新观念,是即兴创新、即时创新、连续创新的有机结合。

全面协同是指各创新要素在全员参与和全时空的框架下进行全方位的协同匹配,以实现各自单独所无法实现的"2+2>5"的协同效应,从而促进创新绩效的提高。

(六) 创新的 S 曲线理论

创新的 S 曲线理论由理查德·福斯特(Richard Foster)提出。该理论主要是针对企业组织在掌握创新机会以发展创新的问题上,提出了 S 曲线(图1-1),企业通过 S 曲线这样一项预测的工具,掌握创新发展的最佳时机,从而采取主动进取的策略,提高市场占有率。S 曲线显示了企业在进行创新发展的资源(资金、人力、物力等)投入及其投资效益产出或回收之间的关系。

在产品或企业的草创时期,其发展速度相当缓慢,但是一旦发展到 A 点,其关键的成功因素已被掌握,发展实现关键突破,这一阶段发展速度相当惊人;到了 B 点,因为该产品或企业发展到成熟期,所需的资源也累积到相当高的境界,此时发展速度下降,同时边际收益将缓慢增长甚至出现下降,即到达 C 点,也就是其产品或企业发展的顶点。S 曲线在到达 B 点之际,该企业即应另辟新技术或新产品,研发创意点子与创新构想,再度展开下一代的 S' 曲线。如此循环发展,就有可能使同一企业历经一代又一代的发展。

在各代 S 曲线衔接转换之时,约在 B 与 B' 点之间即为此两代 S 曲线的不连续期,也就是新技术、新知识、新产品、新企业的变革时期。在此时期,企业必须明确地寻找出替代的创新方案,并了解新一代 S 曲线所需的各项资源以及 C 点,以利于不断地规划与实施创新发展方案。

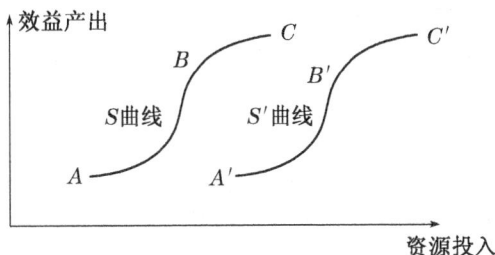

图 1 - 1　企业创新的 S 曲线

五、创新与创业关系的讨论

创业的精神实质是创新,创业过程的核心就是创新精神,创新是创业的动力和源泉,是创业的主要标志。纵览世界历史,从本·富兰克林到托马斯·爱迪生,再到今天的比尔·盖茨、史蒂夫·乔布斯,整个 20 世纪,涌现出许许多多优秀的发明家和创业者,产生了改变这个世界的许多重大发明和科技成果,这都是创新。如果把创业比作是推动经济发展的发动机,那么创新就是发动机的气缸,它带动了重大发明和新技术的产生,推动了人类社会的不断进步。

(一) 创新与发明创造的区别

创新不是以科学中的发现或技术上的发明作为其标准,发现或发明是科学、技术概念,其结果是发现新的事物或客观规律;而创新则是经济学术语,是将新事物、新发现付诸实践的过程,是以实现市场价值为其判别标准。当然,创新也可以不依赖于特定的发明创造,而仅仅是对当前生产要素进行新的组合,同样也能达到创新目的。这中间特别要注意的是在发现或发明的成果与这些成果转化为新产品、新服务之间存在着一个巨大的差别,而恰恰是后者才能称作真正意义上的创新,它要求付出的劳动以及所耗费的代价比发明创造要大得多,困难得多。

硅谷之所以是创新的摇篮,是创新和创业精神的栖息地,就是因为它"不仅仅局限在取得的科学进步或技术的突破上。""硅谷与众不同的不是这里发明的技术,而是把这些技术进行开发、利用并将其推向市场的、在当地创建的企业。换句话说,硅谷的故事是企业尤其是新创企业(start-ups)进行技术开发与市场应用的历史。"

(二) 创新与创业的区别

知识经济的核心,就是社会经济由许许多多的创新活动构成。这些创新活动从创意、发明创造到创业,需要有两样东西的支撑,一个是宏微观制度环境,另一个是资源的优化配置与有效运用,当然这两个东西也是互通的。

社会上有很多的发现(discovery)与发明(invention)、创造(creation),但是它们不会自动成为事业(business)。因为缺乏良好的政策环境或经营模式(business model)或关键性资源,所以这些发现、发明、创造没办法发展成创业,更形成不了价值,因而谈不上是真正意义上的创新(innovation)。

特别地,有些创业活动主要是在模仿甚至复制他人的产品或服务,自身并没有什么创新,但也是在创业。

可见,创新与创业并不是完全等同的概念。瑞典管理学家 Kaj Mickos(2004)就提出,"创业不是创新,创新也不是创业。创业可能涉及创新,或者也并不涉及;创新可能涉及创业,或者也并不涉及。"①

创新与创业主要区别在于以下三点:

(1) 关注点不同。创业不一定非得有创新,创业并不拘泥于当前的资源约束,甚至可以白手起家,创业者更加注重的是寻求机会和创造性地整合资源,关注的是机会、市场和顾客需求;创新则关注如何对现有的理论、技术、模式、方法等实现新的突破,或对现有资源——生产要素实施新组合,以提升其价值创造的能力。

(2) 手段不同。创业重"业",往往通过创建新的企业或通过组织变革、商业模式创新来实现财富创造;创新重"新",创新无须通过组织变革和商业模式创新的手段,哪怕仅仅在理论研究或者实验室中获得新发现和新发明,就可称之为创新。至于这些新发现和新发明能否推向市场、能否实现财富创造,创新者则往往无暇顾及。因而,创新可能并不涉及创业。

(3) 主体与客体不同。创业的主体通常是创业者个人、或由个人主导的创业团队;创新的主体除了个人外,还有企业、政府、高校或科研院所等多种形式;创新的客体可以是理论、技术、产品、工艺、组织、流程、管理、模式、观念、方法、密诀等,而创业的客体通常就是一个企业或组织。

(三) 创新与创业不可分割的联系

创新与创业都是赋予资源以新的创造财富能力的行为,以实现价值创造为归宿,并且成功的创业活动往往离不开创新。"创新型创业"是"创新"和"创业"的交集部分,会更容易形成独特的竞争优势,也更有可能为顾客创造新的价值,是创业中最具可持续发展的类型。

1. 创新是创业的灵魂、本质与动力

创新是创业的源泉,是创业的灵魂、本质与动力,是创业者的重要特征。

创业往往因创新而被催生,创新因创业而实现其商业价值。

当今世界,企业竞争的焦点已从物质资本与市场的竞争转移到了企业间创新能力的竞争,创新是企业可持续发展的必由之路。创新精神是创业的灵魂、本质与动力。要创业,就必须具备追求新事物的强烈意识、对新生事物执着的探究精神、对新事物的敏感和好奇心、追求新发现和新发明的激情。不论是创建新企业,还是在原有企业中开发新产品、实施新战略、开辟新市场、引进新技术或配置新资源,都是不同程度的创新活动,因而创业者首先是创新者,而创新的思维和能力则是创业者个体创造力水平的综合体现。

美国长期从事创业研究的著名学者加特纳教授(W. Gartner)曾调查了 36 位学者和 8 位商业领袖,归纳出 90 个创业属性,最终发现对创业活动,人们强调最多的属性是创新。诸如新事业的创造、新企业的创建与发展、新事物附加价值的创造、通过整合资源和机会的产品或服务创新、为了把握机会的资源筹集和创新等。很多创业者借助创新的产品或服务而创业,并努力将创新产品(服务)推向市场,创造财富,造福社会。从这点看,创业实际上是一种不断挑战自我的创新过程,正如德鲁克所说:创业精神是一个创新过程,在这个过程中,新的机会被确认、被创造,最后开发出产品或服务并创造新的财富。

---

① 上海理工大学高等教育研究所. 创新和创业的联系与区别[EB/OL]. http://ghc. usst. edu. cn/s/38/t/380/4a/79/info19065. htm,2010 - 12 - 30.

2. 创新的价值由创业体现

创新的前提是创意,创新的延伸是创业和市场。

前几年在美国出版的一本书——《第五代创新》提到了这样的观点:由于当前世界经济的转型,创新的模式也发生了巨大的变化,仅按"基础—技术—应用技术—推广"的研发链进行创新,已经远远不够,要继续向下游延伸,形成产业链,将创新成果变成产品;而在此之后,还有很重要的一条市场链,将产品推向市场,形成价值。这三根完整的链条共同构成了"创新创业链",每根链条的每一个环节都有创新的内容与需求。

可见,创新的最终价值就在于将潜在的知识、技术和市场机会转化为现实生产力,实现社会财富增长,造福人类社会,否则,创新也就失去了意义。而实现这种转化的根本途径是创业,创业者使得创新成果实现商品化和产业化,将创新的潜在价值转化为现实的社会财富。

市场是决定创新成败的试金石。彼得·德鲁克认为一项创新的考验并不在于它的新奇性、科学内涵等,而在于推出市场后为顾客接受的程度,也就是能否创造出新的价值。

创业者不一定是发明创造者,但必须具有能发现潜在的商业机会并敢于冒险和勇于开拓创新的特质;发明家也未必能成为创业者或企业家,其发明的科技创新成果往往经由创业者推向市场,使其潜在价值市场化,使发明成果转化为现实生产力。事实上,我国每年有大量的科研成果被束之高阁,难以转化为现实生产力和社会财富,就是因为缺乏这种创业型的转化,因此谈不上是真正意义上的创新。

历史上每次划时代的创新成果都是通过创业后才进入市场,进而催生出一个或若干庞大的产业部门,为创业者本人、为企业和社会创造出巨额财富。例如,1876 年发明的电话成就了全球通讯产业和诺基亚、摩托罗拉、贝尔、朗讯等一大批跨国公司;1885 年发明的汽车造就了通用、福特、戴克、宝马等大批汽车业巨头;1903 年发明的飞机开创了波音、空中客车等公司辉煌的业绩;1946 年制造出来的第一台计算机使得 IBM 和英特尔成了 IT 界的霸主;个人 PC 机诞生于 1981 年,催生出苹果、微软、戴尔等业绩令人惊叹的世界级企业;1995 年前后电子商务投入市场,亚马逊、脸谱、阿里巴巴等一大批网络企业应运而生。

3. 创业推动并深化创新

创业可以推动新发明、新产品和新服务的不断涌现,创造出新的市场需求,从而进一步推动和深化科技创新,推动经济增长。

美国国家科学基金会和美国商业部等机构在 20 世纪 90 年代发表的报告表明,二战以后,美国创业型企业的创新占美国全部创新的一半以上和重大创新的 95%。

西门子创建于 1847 年,当年只有 10 个人。在跨越两个世纪的漫漫历程中,秉承创始人维尔纳·冯·西门子"一年两万项发明革新"的成功秘诀,系统建立了创新体系和创新机制,不断提升企业核心竞争力。在西门子公司的发明史册上,记载着一系列欧洲和世界第一。据统计,在德国电气技术方面的全部专利中,西门子公司占到 1/4 以上。

Intel 公司 1968 年由三位创始人依靠风险投资创立。1970 年自主开发推出世界上第一块微处理器 Intel 4004,1973 年推出 Intel 8080,后来又相继推出 Intel 80286、Intel 80386、Intel 80486 系列,1994 年推出风靡全球的 pentium 微处理器。创业以来一系列重大创新成果,推动 Intel 公司成为世界 IT 业的顶尖企业。

创业推动并深化创新,本质是创优。

乔布斯是一个勇于创新的人,但是在推出新产品这个角度,他又是一个吝啬创新的人。苹果手机,至今差不多1年才有一部手机面市。相比之下,昔日称霸手机市场的诺基亚,当年每年都推出四五十款新手机。单纯谈创新,诺基亚肯定更胜一筹,但诺基亚却在市场上节节败退,2013年9月最终被美国微软收购。苹果公司虽然每年才推出一款新手机,但背后研发的却可能是几十部、几百部,最终苹果只选择最好的一部推向市场,其他的全部否决掉,这就是创优。

创优是适合市场的创新,这样的创新才能创造卓越,企业因此也才能获得持续的竞争优势。

第二节　创新的基本方法

党的十八大报告对实施创新驱动发展战略作出了重要部署,提出着力增强创新驱动发展新动力。我国已经进入"中国制造"向"中国智造"加快转变,"贴牌大国"向"品牌大国"稳步迈进的关键时期,只有依靠科技创新,才能够驱动企业和科学发展,实现中华民族的伟大复兴。

提高创新能力,实质上就是在符合客观规律的前提下,努力探寻高效实用的创新方法,不断拓展企业的创新成果。

一、组合创新法

人们往往认为,凡是发明创造都必须独出心裁,应用全新的知识。其实不然,在许多情况下,只要在已有知识平台基础上,把不同的知识或要素结合起来,或者把不同功能的产品巧妙组合在一起,往往就可以成为科学技术的发明和创新。

(一) 优点组合创新法

优点组合创新法就是集中各种产品的优点并进行新创造的方法。可以说,凡是能够不断整合现有产品优点进而开发出新产品的企业,大都供不应求,市场热销。比如,新款 iPhone 上市立马引发全球"果粉"抢购热,苹果公司耗费了数年时间精心研发,推出了吸引用户的完美设计,但实质无非是将现有的不同的设计、要素和功能的整合,智能手机已经成为21世纪的"瑞士军刀",而且必将具备越来越多的功能。

案例1-1:三菱电器火锅的发明①

台北一位叫陈浩林的先生到东京小住。他将中国常使用的火锅在形状和构造上予以改良,然后卖给日本著名的三菱电器公司,虽然他所得到的报酬只有120万日元,但当时不仅日本的各大报竞相刊登这项消息,就连台湾的四大报——联合报、经济日报、中央日报、中国时报也纷纷加以报道,使得陈浩林一夜之间成了发明界的英雄。

陈浩林能够引起轰动的创新其实很简单,只不过是在中国式火锅用于放炭的洞里接根电热丝而已。三菱电器公司见到这种富于中国古典情调的东西,大为动心,出价120万日元将其买下,然后将其命名为"三菱电器火锅"。这种火锅推出之后,居然成了三菱公司的最畅销商

---

① 佚名.致富故事:富于东方情调的电火锅[EB/OL].创业网.http://www.795.com.cn/wz/55978.html.

品,替三菱赚了不少钱。

(二) 多功能组合创新法

追求多功能是一条重要的创新捷径,功能的增加并非一定是因原有产品或经营方式有明显的缺陷,而主要是从组合创新的思路激发出许许多多的创新设想。运用组合创新法进行产品创新,可以有多种思路,例如产品的材料、产品的颜色、产品的体积、产品的功能等等。开始时,可以抓住其中某个方面进行思考,等运用娴熟时,也可将其拆解为多个单元,再综合考虑,灵活组合。

2010 年,针对中小企业典型需求,联想公司设计推出了便捷高效的线上服务平台——扬天"云豆"云服务平台。这个平台就体现了多功能组合创新,整合了在线会计服务、在线进销存管理、在线客户管理、在线对账平台、在线订货平台等多项功能。对于初创型的中小企业,这些现成的应用免去了企业管理者到处寻找管理系统的麻烦。

案例 1 - 2:e 时代新型军刀[①]

瑞士军刀以其小巧而多功能的组合刀具著称于世。在 2011 年的国际消费电子展上,该公司推出了最新产品——新型 e 时代军刀,即将军刀与小型固态硬盘组合在一起。而固态硬盘的存储容量高达 512 GB,同时带有可以显示时间、存储容量等信息的小型黑白显示屏。将军刀与固态硬盘创新性地结合在一起,开启了军刀的电子时代之门,意义深远。

(三) 主体附加创新法

主体附加创新技术是以某一特定的对象为主体,然后置换或插入其他附加事物,从而导致创新的一种组合技巧,这是对材料、元件、原理和方法等组合方式灵活应用的结果。这种创新技法的优点是容易产生组合设想,但不能对原有事物产生重大突破性的改进。

主体附加创新法常采用两种方式:一种是不改变主体的要素与结构,采用"纯粹"的附加,每附加一种相关设计,同时也就增加了一些相关功能。例如电脑屏幕前的保护屏,摩托车上附加的里程表、后视镜、车筐等。另一种是附加前主体内部结构要适当加以改变,以便使主体和附加物之间结构协调紧凑。例如盆景式壁灯是将盆景与壁灯的功能组合赋予一种新的结构;湖南赵忠诚发明的多功能健身手杖则是通过对普通手杖进行改装,利用主体附加使其具有挂杖助行、照明、按摩、磁疗、报警、健身和防卫等多项功能;某品牌台灯附加聚集了播放音乐、收听广播、计算器、温度计、时钟等多项功能。

二、模仿创新法

模仿创新是指在解剖他人样机的情况下,掌握他人设计、工艺、构造原理,或购买、破译领先者的核心技术和技术秘密,以吸取先进经验并研究其缺陷与不足,进而在此基础上进行技术创新,改进产品性能或结构、提高质量、改善功能,从而获得经济效益的一种行为。

(一) 模仿创新的优点

我们知道,开发一种全新的产品往往要耗费巨大的人力、物力、财力,并且需要相当长的研

[①] 佚名.小巧多功能组合,创新硬盘瑞士军刀[EB/OL].慧聪五金网.http://www.wujin.hc360.com,2011 - 01 - 13.

发时间,而采用模仿创新则可以最小的代价获得最大的收益。因为它无需从头研究开发,无需市场调研,投资少、风险小,只需做有价值的新技术跟踪学习即可。长期模仿创新能不断提高企业的基础竞争力,积累创新的能力与经验。模仿并不是全盘照搬照抄,而是要结合实际情况灵活应变,根据中国的国情、民情、风情、人情等实际情况进行改进和变革。只有这样,模仿创新才会有生命力。

出现下列一种或几种情况,被认为是企业模仿的最佳时机:

(1) 小企业开创新市场时。小型先驱公司和大型市场后来者之间的营销能力存在本质上差异,这时效仿者迎头赶上就轻而易举。

(2) 不存在专利或可以避开专利时。专利可提供的保护比人们想象的要少得多,因为有许多方法可避开专利,而且具体的产品可申请专利,而抽象的创意却无法申请专利。

(3) 拥有共同的经验时。模仿者曾生产和销售过与创新产品非常接近的产品时,成功的机会就大大增加,这种先前经验很容易抵消先驱者的优势。

(4) 先驱者的定位仅在某一端市场时。刚开始时,先驱者可能在最初的那端市场占据最佳地位,但随着市场不断扩展,已超出原有界限,以至先驱者占据最佳地位的那端市场越来越无足轻重,这就为较晚进入市场的模仿者提供了抢占最佳市场地位的机会。

案例 1-3:后来居上的追随者[①]

录音电话:20世纪50年代末期,Code-A-Phone(柯德电话公司)率先推出了录音电话。此后几年,这家小公司费尽千辛万苦力争使产品尽善尽美。但到了80年代,市场规模扩大、吸引力大增,Code-A-Phone 的努力无济于事,其为阻止其他公司进入市场设立的障碍,对于AT&T和松下等公司则完全是形同虚设,最后大公司进入并完全占领了市场。

微型相机:几十年来,市场先驱德国莱卡(Leica)相机一直是技术和市场的领先者。后来日本厂商,特别是佳能(Canon)和尼康(Nikon)模仿德国技术并加以改进,且降低了价格。而莱卡却置若罔闻,最终只落得个做市场配角的结局。

个人电脑:当个人电脑转入商业用途后,IBM利用其声望和营销、分销技能很快占领了市场。此后,戴尔(Dell)和康柏(Compaq)等模仿了IBM的标准,并低价出售产品,抢占了大量的市场份额,进而成长为世界级大公司。

可见,研发力量薄弱的中小企业,尤其是新创企业,当发现自己某些新产品和服务不能抢先进入市场时,其实不用着急,采用模仿创新常常也可以后来居上。

为什么"迟人半步"也能走上成功之路呢?因为任何新产品都不可能一开始就完美无瑕,而"抢先一步"者本身又为取得市场的最初领先地位所陶醉,很难看出自己产品的不足,不能及时发现并加以克服产品的缺陷。而"迟人半步"者则处于静观默学的状态,先选准自己的产品和技术,跟踪研究他人首创产品的核心技术,分析其优点与不足,然后再集中研发力量,扬长避短,生产出款式更新颖、结构更合理、性能更先进、成本更低廉的同类产品,这样必能有效地战胜对方,最终取而代之。

(二) 模仿创新策略

(1) 模仿设计品。引进竞争对手畅销产品的风格、设计或样式,或者发现某一领域中创新

---

① Steven P. Schnaars. *Managing Imitation Strategies: How Later Entrants Seize Markets from Pioneers* [M]. Macmillan, Inc., New York, 2010.

产品的潜在价值,将其应用到其他领域。

(2)创造性改造品。这是最具创造精神的模仿产品,人们拿来现有产品,或者加以改进,或者改变现有产品使之适应一个新的市场领域。

(3)模仿创新出来的产品或服务,定价低于被模仿对象。

案例1-4:松下公司的技术追随策略[①]

日本索尼公司首先发明了贝塔马克斯牌录像机,并在市场上取得了领先地位。而松下公司通过市场调查,了解到消费者最欢迎的是放映时间更长的录像机。于是,松下公司就在贝塔马克斯录像机的基础上,设计出一种容量大、体积小的录像系统,而且性能更可靠,价格更低廉。这样松下公司的乐声牌和RcA牌两种录像机压倒了贝塔马克斯录像机,从而占有日本录像机市场的2/3份额。

松下公司不做技术先驱者,而是做技术追随者,没有投入大量资金去进行新技术开发,而只是静观他人之长,然后拿来为自己所用,从而节省了大量人力、物力,却收到事半功倍之效,低投入,高产出。

案例1-5:亚都超声波加湿器的模仿创新[②]

北京亚都科技股份有限公司(简称亚都)创立于1987年,并在国内率先推出超声波加湿器。该公司是国内成立最早、规模最大、专业致力于优化室内空气品质的高科技公司。2006年5月,亚都成为北京2008年奥运会空气净化、加湿器独家供应商。根据调研机构和中国国家信息中心的数据,2008年亚都销售额接近5亿元,加湿器、净化器和除湿器各自的市场占有率分别为55%、57%和65%,这三类产品均居国内榜首。

亚都在开发超声波加湿器时采用了模仿创新技术:

(1)模仿。公司创始人何鲁敏了解到日本工业加湿器的原理是通过把高频电振荡经过换能器转化为高频机械振荡,再利用这种振荡,使液体表面分子获得能量,以分子的状态脱离出来,达到加湿的目的。

(2)国产化。回国后,何鲁敏将其改制成家庭加湿器,使原价格由690多元降到298元。

(3)再开发。家庭加湿器进入北京家庭后,由于北京自来水硬度比国外饮用水标准高出10倍,水中矿物质沉降在桌面上、电器上,造成环境污染。于是,亚都又研究开发了配套的净水器。

(4)处理噪音。我国的噪音标准是45~50 dB,而国外是35~40 dB。中国住房较小,噪音显得较大,何鲁敏又花了三年时间,耗费巨资,将噪音降到30 dB左右。为了解决"烟民"的需要,亚都又开发出恒湿"换气机"。

(5)全新产品开发。根据北京昼夜温差大的特点,设计出耗电100 W,价格为1 400元左右的创新产品。该产品具有喷雾加湿、热交换等功能。上市后,该产品受到消费者热烈欢迎。

---

① 王建兵.迟人半步亦招财[J].科技致富向导,1996(8).

② 杨轩.亚都称霸小市场[EB/OL].第一财经周刊.http://cbn.weekly.blog.163.com/blog/static/12459503520099234412296/,2009-10-23.

三、移花接木创新法

移花接木,转而他用。这在产品设计中是经常使用的手法。稻草人是农民放在田间用以驱逐鸟雀的工具,但传统的制作材料是稻草,易坏且不好保存。对此,美国一些厂商改用塑料生产,将面形绘制得丑恶无比,改进后的"稻草人"销量大增。又如,面包发酵后变得松软多孔,这是食品制作中司空见惯的事情。而有一家橡胶厂的老板却移花接木,将面包发泡技术移植到橡胶制造业,生产出松软多孔的海绵橡胶,一上市便获得了成功。海绵橡胶问世后,另一家企业又从中得到启发,如法炮制出质坚而轻的"发泡水泥",这种多孔水泥内含空气,是理想的隔热、隔音新材料。

"发泡"原理可以移接到其他物件上,每移接一次都可能创造出一种新的产品。

现代工业设计中常常运用这种移花接木手段来开发新产品或提高产品技术水平。

1. 原理移植

将某种事物的工作原理转移到其他事物上。比如,内科看病常做验血检查,从血液组织的变化就可以诊断病情。将这种验血原理移植到工业生产,便产生一种机器"验油"新技术。这种新技术不必将汽车、机床全部拆卸,只需从油箱中取出少量润滑油,然后经过光谱分析,即可从油的各种成分变化推定设备的磨损程度。

2. 方法移植

将国防军事上的"微波"技术移植到民用品,便产生了微波炉;将飞机"黑匣子"技术移用到火车、轮船和汽车上,就创造了能将交通实况自动记录的新装置。军事工业上采用核辐射技术对材料进行特殊处理,将这种技术和方法移植到民用密封件生产上,对橡胶密封管进行核辐射处理,便成了形状记忆新密封件。采用这种能变化口径的新密封件连接管道要比传统的密封管性能优越得多。

3. 结构移植

结构移植是指将某一物件的外形或结构移植到另一物体上。例如,从积木结构出发,人们开发出组合厨房、整体浴室等等;将桥的结构移到屋顶上,产生了巨型无梁殿堂,将西欧房屋结构移到我国的别墅群中,产生了欧式花园等等。

四、联想创新法

联想应当源于现实,而高于现实。联想要有知识准备。人的联想不是凭空产生的,而是需要具有丰富的知识与经验积累为基础,一个人的知识经验愈是丰富,想象力就愈自由地驰骋,创造成功的可能性就越大。伟大的发明家爱迪生从小勤奋好学,11岁就阅读了科学百科全书、牛顿的著作以及其他各种书籍,积累了丰富的科学知识,为以后的1 000多项科学发明打下了坚实的基础。

联想的方法应当灵活和综合运用。人的大脑中,一旦确定了联想思路,常常会出现并联现象。这是多层次的立体联想,是举一反三的联想,是联想的联想,是联想的飞跃、升华。

被称为当代科学奇才的英国发明家辛克莱,在设计微型电视机时,虽然已把电路全部集中到一小片硅片上,但对如何把显像管长长的"尾巴"去掉却一筹莫展。终于有一天,他在整理资料的时候,思维的两个触点忽然被接通,将"长尾巴"做成 90°弯曲,使它从侧面而不是从后面发射电子。这样以来,一台长度略同于一包香烟大小,而厚度只有 3 厘米的电视机终于问世了。

(一) 类比联想创新法

触类旁通、举一反三的类比联想,是人们运用联想创新的主要技法。

(1) 直接类比。在自然界或者已有的成果中寻找与创造对象相类似的东西。

鲁班发明锯子就是直接类比的典型例子。相传有一次鲁班进深山砍树木时,一不小心,手被一种野草的叶子划破了,他摘下叶片轻轻一摸,原来叶子两边长着锋利的齿,他的手就是被这些小齿划破的。他还注意到在草地上的大蝗虫,两个大板牙上也排列着许多小齿,所以能很快地切割叶片。鲁班就从这两件事上得到了启发。他想,要有这样齿状的工具,不是也能很快地锯断树木了吗!于是,经过多次试验,他终于发明了锋利的锯子,大大提高了工效。

1764 年的一天,英国纺织工人哈格里沃斯为发明纺纱机又加班到深夜。他不知绞尽了多少脑汁,度过了多少个不眠之夜,仍然没有进展。这天傍晚,一不小心,"轰隆"一声,将妻子的纺车绊倒了。原来水平放置的纺车倒过来后,变成垂直竖立了,却一个劲仍在那转动。他从中得到启发,发明了比横锭纺车效率高 8 倍的竖锭纺车,又被称为珍妮纺纱机。珍妮纺纱机的发明推动了英国纺织工业的迅速发展。

仿生学更是直接类比在当代的深化研究应用。比如,人们根据蛙眼的视觉原理已成功研制出一种电子蛙眼。这种电子蛙眼能像真的蛙眼那样,准确无误地识别出特定形状的物体。把电子蛙眼装入雷达系统后,雷达抗干扰能力大大提高。这种雷达系统能快速而准确地识别出特定形状的飞机、舰船和导弹等。特别是能够区别真假导弹,防止以假乱真。电子蛙眼还广泛应用在机场和交通要道。在机场,它能监视飞机的起飞与降落,若发现飞机将要发生碰撞,能及时发出警报;在交通要道,它能指挥车辆的行驶,防止车辆碰撞事故。

案例 1-6:卡文迪许测算地球重量[①]

当年,英国科学家卡文迪许准备解决地球的重量这一宏大的科学难题。根据牛顿提出的万有引力定律,卡文迪许想到,如果有一个已知重量的铅球,它与地球之间的距离是可以测定的,如果引力常数是已知的,那么就能根据万有引力定律公式计算出地球的重量。但是当时,引力常数没有人能测量出来。

1750 年,19 岁的卡文迪许开始向引力常数和地球重量的难题进军。他先拿两个铅球做引力实验。铅球的重量是已知的,距离也是已知的,他先测出它们之间的引力,才能求出引力常数。但是引力是很微小的,要测出引力需要极精确的测量装置。卡文迪许根据细丝转动的原理做了一个引力测量装置,如果它受到引力,就会产生一个力,促使细丝转动,转动得越多,说明受到的力越大。尽管卡文迪许的装置比普通的弹簧秤精确许多倍,但是对于测量微小的引力来说,细丝转动的灵敏度还不够。

一天,卡文迪许看到几个孩子在玩小镜子的游戏,深受启发。孩子们手里的镜子对着太阳在墙上反射出一个个小光斑,小镜子轻轻转动一个很小的角度,光斑便会在墙上移动一大段距

---

① 萧如珀,杨信男. 卡文迪许计算地球的重量[J]. 现代物理知识,2009(3).

离。卡文迪许跑回家在他的测量装置上也安上了一面小镜子。细丝测力仪受到一点微小的力，它上面的小镜子就会转动一个微小的角度，而小镜子的反射光就会转动一个明显的角度。他利用这种放大的办法大大提高了细丝测量引力装置的灵敏度。

1798年6月，伟大的化学家和物理学家亨利·卡文迪许发表了他著名的《地球密度之测定》一文，成了世界上第一个测出地球重量的科学家。

（2）象征类比。就是用具体事物表示某种抽象概念或思想感情。这种方法多用于建筑方面的设计。

（3）拟人类比。例如机器人的设计，设计者从人体的结构、动作中得到启发，使机器人能模拟人的动作。挖土机就是模拟人体手臂的动作而设计的。

（4）因果类比。两个事物的各个属性之间可能存在着某种因果关系，因而可以根据一个事物的因果关系，推出另一个事物的因果关系。

（5）对称类比。通过对称关系进行类比，创造出全新的东西。例如从女士化妆品中创造出男士专用化妆品；从热电发对称创新发明了冷电发。

日本HIOS会社的社长户津胜行被称为"螺钉社长"，而他自诩为"街头发明家"。他注意到了毫不起眼却经常使用的螺钉，并产生了独特的联想构思。早在35年前，HIOS就进行过一场"螺钉革命"，把一字槽的螺钉改为对称的十字槽，十字槽逐渐成了主流。现在，他们又发现了十字槽的缺点，研制出Tostupura螺钉。这种螺钉的槽更深，使用的螺丝刀刀头也不一样，拧螺钉时咬合得更紧密，省力50%，时间只需原来的一半就可以拧得很紧。发明这种螺钉，就要用新的螺丝刀，HIOS的工业电动螺丝刀在日本的销售额已达70亿元，目前他们的目标是把螺钉和螺丝刀的市场扩大20倍。

（6）综合类比。各种事物属性之间的关系虽然很复杂，但可以综合它们相似的特征进行类比。如将一个模拟飞机在风洞中进行模拟飞行试验。

（二）功能变异联想创新法

现代创新设计过程中的功能变异联想创新法，就是发散思维，奇思妙想，对现有产品和服务的功能进行变异性联想，并根据实际情况和具体需要加以灵活地调整、改造和完善，从而构成一种有别于以往设计的创造性联想。

比如人们日常做饭炒菜总是热源在下，需要烧炒的食品在上，电烤箱即是如此。烤鱼、肉等食品时，油烟飘逸，鱼和肉加热后析出的油脂下滴，掉在电热丝上，不仅产生大量油烟，而且将缩短其使用寿命。如果将炼钢使用的"氧气顶吹技术"或把芬兰浴中的蒸汽房技术转移过来，再构思将食品的位置颠倒过来，热源放在上面，食品放在下面，矛盾就迎刃而解了。如果在电烤箱内增加抽气过滤层，使用起来就更加清洁、方便、舒适。

案例1-7：叩诊法诞生的故事[①]

叩诊法诞生于18世纪。一位奥地利医生在给患者看病时，尚未确诊，患者突然死去。经过解剖发现，其胸腔化脓并积满了脓水。这位奥地利医生就想，能否在解剖前就诊断出胸腔是否积有脓水。

---

① 佚名.创新的一些例子[EB/OL].世界大学城.http://www.worlduc.com/blog2012.aspx? bid=720955,2011-06-21.

一天,在一个酒店里,他看到伙计们正在搬运酒桶,只见他们敲敲这只桶,敲敲那只桶,边敲边用耳朵听。他忽然领悟到,伙计们是根据叩击酒桶发出的声音来判断桶内还有多少酒的,那么人体胸腔的脓水的多少是否也可利用叩击的方法来判断呢?他大胆地做了试验,结果获得了成功。这样,一种新的诊断法——"叩诊法"从此诞生了。

(三)奥斯本检核表法

检核表法是一种简便易行的联想创新方法。

亚历克斯·奥斯本是美国创新技法和创新过程之父。他在1941年出版的《思考的方法》中提出了世界第一个创新发明技法"智力激励法",并于1941年出版了世界上第一部创新学专著《创造性想象》,提出了奥斯本检核表法,此书销量达4亿册,超过了《圣经》。

奥斯本检核表法是以该技法的发明者的名字命名的。该方法引导创新主体在创造过程中对照九个方面的问题进行思考,以便启迪思路,开拓想象空间,促进人们产生新设想、新方案。见表1-1。

表1-1　奥斯本检核表法

序号	检核项目	含义
1	能否他用	现有的事物有无其他的用途、能否扩大用途;稍加改变有无其他用途
2	能否借用	能否引入其他的创造性设想;能否模仿别的东西;能否从其他领域、产品、方案中引入新的元素、材料、造型、原理、工艺、思路
3	能否改变	现有事物能否做些改变? 如:颜色 声音、味道、式样、花色、音响、品种、意义、制造方法;改变后效果如何
4	能否扩大	现有事物可扩大适用范围;能否增加使用功能;能否添加零部件;能否延长其使用寿命,增加长度、厚度、强度、频率、速度、数量、价值
5	能否缩小	现有事物能否体积变小、长度变短、重量变轻、厚度变薄以及拆分或省略某些部分(简单化)? 能否浓缩化、省力化、方便化、短路化
6	能否替代	现有事物能否用其他材料、元件、结构、动力、设备、方法、符号、声音等代替
7	能否调整	现有事物能否变换排列顺序、位置、时间、速度、型号;内部元件可否交换
8	能否颠倒	现有的事物能否从里外、上下、左右、前后、横竖、主次、正负、因果等相反的角度颠倒过来用
9	能否组合	能否进行原理组合、材料组合、部件组合、形状组合、功能组合、目的组合

奥斯本检核表法有利于提高发明创新的成功率,创新发明最大的敌人是思维的惰性。大部分人思维总是自觉和不自觉地沿着长期形成的思维模式来看待事物,对问题不敏感,即使看出了事物的缺陷和毛病,也懒于进一步思索。不爱动脑筋,不进行积极地思维,因而难以有所创新。检核表法的设计特点之一是多向思维,用多条提示引导发散思考。检核表法中有九个问题,就好像有九个人从不同角度帮助思考。可以把九个思考点都试一试,也可以从中挑选一、两点集中精力思考。检核表法使人们突破了不愿提问或不善提问的心理障碍,在进行逐项检核时,引导甚至是迫使人们思维扩展,突破旧的思维框架,开拓创新思路,提高了发明创新的成功率。

例如,表1-1中第4项,能否扩大。在创造设想上多用加法或乘法可使人扩大探索的范围，这是一种常用而又有效的创造方法。例如，将电脑屏幕放大就得到"投影"显示的效果；如远近兼顾的手电筒，带有两个不同方向灯泡的手电筒能帮助人们看清脚下的地方和要去的地方；现有钻孔器(手提电钻)功能单一，新型钻孔器既可钻孔又可拧紧螺丝；日本下村株式会社发明一种可以变大或变小的新式铺盖，投放市场后供不应求；洗衣机从单缸到双缸，从半自动到全自动，从低波轮到高波轮，从家用小尺寸到工业大尺寸；随着高科技发展广告已经出现激光广告、光纤广告、数字化图像广告、彩云图像广告、电话广告、气味广告等；飞机跑道的频闪信号灯光闪亮，能提示飞机起降，美国已将其用于人行道上，使繁忙的城市交通事故得以减少；有个中学生雨天与人合用一把雨伞，结果两人都淋湿了一个肩膀，他想到了"扩一扩"，就设计出了"情侣伞"——将伞面积扩大，并呈椭圆形，结果这种伞在市场上很畅销。

又如，表1-1中第5项，能否缩小。从"缩小"、"减轻"的思路出发搞创新发明是一种重要的技法，产品轻型化、微型化代表了当今世界低碳经济、节能减排的一种发展趋势。例如生活中常见的折叠伞、微型照相机、掌中宝电脑、折叠沙发和折叠桌椅、袖珍迷你型电视机、录音笔、缩微胶卷，微型电机等就是这种思路的产物。日本电子产品除质量上乘外，很重要的一点就是袖珍型、缩微型、便携式。把原有物品的体积缩小、缩短，变成新的东西，这都是"缩小"的结果。

表1-2是运用奥斯本检核表法对手电筒产品创新的思路举例。

表1-2　手电筒的创新思路

序号	检核项目	引出的创新发明
1	能否他用	其他用途：信号灯、紫外线灯、装饰彩灯……
2	能否借用	增加功能：加大反光罩，增加灯泡亮度……
3	能否改变	改一改：改灯罩、改小电珠和用彩色电珠……
4	能否扩大	延长使用寿命：使用节电、降压开关……
5	能否缩小	缩小体积：1号电池→2号电池→5号电池→7号电池→8号电池→钮扣电池
6	能否替代	代用：用发光二极管代小电珠……
7	能否调整	换型号：两节电池直排、横排、改变式样……
8	能否颠倒	反过来想：不用干电池的手电筒，用磁电机发电……
9	能否组合	与其他组合：带手电收音机、带手电的钟……

利用奥斯本检核表法可以产生大量的原始思路和原始创意，它对人们的发散思维有很大的启发作用。当然，运用此法时还要注意和具体的知识经验相结合。奥斯本只是提示了思考的一般角度和思路，思路的发展还要依赖人们的具体创新思维。运用此法要结合改进对象(方案或产品)来进行思考，运用此方法还可以自行设计大量的问题来提问，提出的问题越新颖，得到的结果往往就越有创意。

五、虚拟创新法

虚拟创新即借助外力创新,为我所用。

(一) 借力造势

诸葛孔明巧妙地利用东风,草船借箭的故事,就是很好的例子。成功借助外力获得成功,主要有如下五种方法:

(1) 闻风而动法。美国食品研究机构把黄豆食品列为健康食品后,台湾机械制造业立即分析研究,在增加产量的同时尽全力将豆制品加工机械打进美国市场,当年创汇就增加了1 000万美元。

(2) 跟踪追击法。2001 年 7 月,国内外媒体开始报道欧元即将于 2002 年元旦流通的消息。这个消息对中国大多数人来说仅仅是新闻,但浙江海宁的一位商人却在竞争激烈的市场中捕捉到了商机。他跟踪追击、仔细研究,发现统一的新版欧元比原先欧洲的纸币长了两厘米,正是这小小的两厘米,将导致原来的钱包装不下新欧元。发现这个重要的信息后,他马上和欧洲商人联系,立刻按照新尺寸做了 1 万个钱包,结果大受欧洲市场欢迎。后来他每天的产量超过一万只,仍无法满足市场需求,等到欧元在欧盟正式流通时,欧洲已经有 200 多万人使用了来自中国浙江海宁的钱包。

(3) 合二为一法。现代社会生活节奏加快,使得快餐业迅速发展。美国食品技术专家研究中国食品,把复杂的中国烹饪技术标准化,制成一套既有中国食品风味又有美国人口味的中式快餐食品。在美国,"中国玫瑰"、"蛋卷快餐"、"快锅"等中式快餐连锁店不断涌现,生意越做越兴隆。

(4) 未雨绸缪法。年轻的美国人弗里德曼买下一家仅有 15 名职工的小厂,然后果断地利用该厂生产各式石油机械设备配件,在世界石油价格猛涨,全球到处刮起"采油风"之时,他大获其利,年成交额高达 7 000 万美元。

案例 1 - 8:Canon 公司喷墨打印机的开发[①]

打印机制造业是伴随计算机的普及而迅速成长起来的一个产业。这个产业在市场与技术上经历从应用碰撞原理的色带打印、针式打印到应用非碰撞原理的感热打印,以及目前流行的激光打印和喷墨打印的巨变过程。

激光打印机虽然具有打印速度快、清晰度高、噪音低等优点,但同时也因其构造复杂,存在着难以小型化、彩色化、低价格化等问题,而解决这些问题的则是喷墨式打印技术。

1975 年,Canon 完成了将电子照相技术应用于激光打印机 LBP 的开发工作,并将其作为企业的一项核心事业。这项事业刚起步,Canon 中央研究所的研究人员未雨绸缪,开始探索替代该技术的新技术。他们把目光投向喷墨打印技术时,发现今后可能成为喷墨打印机技术主流的压电振动原理的技术专利都已被人申请。为此,他们只得寻找新的技术,于 1977 年发明了以热能为喷射源的喷墨技术原理,又称 BJ 原理。

① 郑后成. 新产品开发的案例及分析[EB/OL]. 北京大学网络教育学院课程论坛. http://www.pkudl.cn/kclt,2009 - 10 - 19.

为了完善这一技术,BJ开发组成员开始了长达10多年的技术开发与改良工作。为了消除其他技术人员的偏见,使自己开发出来的技术得以应用,他们说服了公司的各个事业部门,几经周折,最终以使用原有的打印机外壳,不增加产品开发成本为前提,换取了使用他们开发的机芯的机会,从而实现了喷墨打印技术的产品化和量产化。

1990年在公司首脑的主导下,他们推出了世界上最廉价的小型喷墨打印机BJ-10V,迈出了该技术走向产业化的关键一步。1991年以后,喷墨打印机开发集团作为新的核心部门,喷墨打印机产量大大超过了激光打印机,1995年其销售额超过了Canon公司其他产品总销售额的20%。

Canon利用电子照相技术开发出激光打印机,取得了竞争优势;当激光打印技术逐渐被竞争对手所模仿和超越时,又未雨绸缪,不失时机地研发新的核心技术推出喷墨打印机,从而保持了Canon的竞争优势。

(5) 一石二鸟法。日本某电视机销售商对前来修理的电视机总是非常认真地填写修理清单,注明修理的机型、修理部位、调换的零件等。对这种修理单,他们定期进行统计,及时把这些重要信息传递给生产工厂,供技术人员改进设计,提高产品质量。与此同时,他们把一些有用的信息传给零售商,指导改进顾客使用电视机的方法,服务质量迅速提高,也促进了销售额大幅上涨。

(二) 虚拟经营

世界名牌皮尔·卡丹持续辉煌已有几十个年头。皮尔·卡丹因在时装表演领域的卓越表现,获得了意大利"奥斯卡"大奖。由于对服装文化的独特建树,皮尔·卡丹曾两度被授予意大利共和国"特等功勋章"、联合国"名誉大使"荣誉称号。

皮尔·卡丹几乎没有属于自己的工厂,他只将自己的设计方案或新潮衣样提供给质量上乘的企业制作生产,打上"皮尔·卡丹"品牌,运往世界各地的经销商。目前全球有800家以上的企业采用"皮尔·卡丹"商标生产服装,每年获得的收入不少于30亿美元。

现代社会越来越看重这种"虚拟工厂"的品牌经营战略。美国的耐克、戴尔,我国的红豆、美特斯邦威等企业都是采用虚拟经营的高手。休闲服装公司美特斯邦威没有生产过一件成衣,全部由国内200多家服装厂OME(代加工);公司本身也不卖衣服,而是由分散全国的1200多家加盟店销售。正是依靠这种"虚拟经营"模式,创业者周成建已经做到了几十亿元的销售额。

在资源有限的情况下,虚拟经营可以迅速扩大公司规模,在较短的时间内,提高品牌知名度,占领更加广阔的市场,使创业者从繁琐的事务中解脱出来,更加专注于核心技术、市场拓展和品牌创新。

(三) 借助口碑

在商品广告满天飞的年代,一般消费者对生产者、经营者的任何宣传,总存在着不信任心理。怎样才能有效地解除顾客这一顾虑呢?借助消费者的"口碑",让用户为产品做宣传,让"买瓜者夸瓜"。

日本松下电器公司的董事长恭恭敬敬邀请有兴趣的消费者到公司参观生产设备、工艺流程、管理制度和质量标准等。参观者尤其是批发商或代销商看到松下精密的机器设备、科学先进的工艺流程、严格的质量管理之后,对松下产品交口称赞,松下电器的销售量也随之扶摇直上。通过邀请消费者到公司参观,还可以沟通双方的感情,直接听取用户的意见和建议,并以此不断改进和创新产品与服务,使之越来越符合消费者的需求,产品因而就越来越受顾客的欢迎。

调查表明,在1 000个接受电视广告的消费者中,真正购买该产品的不到1%;而在100个参观了"满意用户"(到使用满意的用户家里参观)后感觉满意的人中,竟有82个购买了该种商品。

六、机遇创新法

创业经商,或是进行科学实验与研究,人们总爱把行为或事件过程中偶然出现的,能够带来转机和出乎意料效果的现象,称为好运气或机遇。创业者应当善于发现并抓住这样的机遇。

台湾一家医院因花园中一丛特大的九重葛妨碍晾衣服,请园丁林清达把它砍去,几个月后,九重葛又长起来了,林清达又一次把它砍个精光,而九重葛很快又长起来了。植物顽强的生命力使这位园丁深受感动,他试着把它剪成一只孔雀的头,用各种各样的"绿色雕塑"为美化园林开辟了一条蹊径。现在林清达独具匠心的手艺享誉亚洲,闻名美洲,雅加达、东京、美国等地公园的老板都纷纷来信,争聘他去当园艺指导。

举世闻名的希腊船王奥纳西斯在20世纪20年代曾经营烟草生意,1929年的经济大萧条,无情地把许多人的财富吞噬一空,奥纳西斯却趁机以极低价格购买了一大批人们认为不景气的航海轮船。第二次世界大战的爆发终于赐给他神奇的机会,他得到了石油输送权,奥纳西斯利用他的船队,很快成为"世界船王"。

案例1-9:机遇带给雷诺兹巨额财富[①]

密尔顿·雷诺兹出生于美国的明尼苏达州,他当过汽车修理工,做过建材生意,制造过股票报价板,但都以失败而告终。

1945年,雷诺兹到阿根廷旅行,无意中发现了一种新奇的产品,就是"圆珠笔"。这种笔早在1888年就发明出来,并获得了专利,后来有许多人不断地进行改进,取得了各不相同的特殊外观设计专利,但是销路不好。雷诺兹见到这种圆珠笔之后,就拿定主意要对它进行改进、制造并大力推广。他凭直觉认定,这是一种能够横扫全美国的东西。它低成本,高利润,是最佳的节日礼品,人人都有可能购买,很容易普及,关键要在销售上创新。

雷诺兹回到美国,立即找到一位懂技术的工程师,共同合作改良这种新玩意。在一个下着雨的晚上,雷诺兹坐在一个酒吧间里,在一张湿报纸上用自己的新产品信手涂写。忽然,他发现圆珠笔可以在潮湿的纸面上写字,这是任何钢笔都无法做到的。雷诺非常兴奋,他干脆把一张纸放在水盆里,用圆珠笔在水中的纸上画出了一条清晰的线。雷诺灵机一动,构想出一句响亮的广告语:"它能在水中写字"。据后来的专家估计,仅这句新颖的广告语所产生的效益,就达上百万美元。紧接着,雷诺兹开始了近乎疯狂的推销活动。他带着仅有的一支样笔,到纽约的"金贝尔"百货公司推销,并当场表演,引起了他们的极大兴趣,当即订购了2 500支。这种制造成本只有0.8美元的东西,零售价竟定在12.5美元。雷诺兹的理论是"就新奇产品来说,

---

① 九骚.营销天才雷诺兹[J].思维与智慧,2002(3).

价格越高，销售越好"。

1945 年 10 月，"金贝尔"开始销售这种"原子时代的奇妙笔"。由于事前的宣传工作十分有效，顾客的反应令人吃惊，轰动了整个零售界。成千上万的购买者如潮水般涌来，百货公司不得不紧急召请 50 名警察来维持秩序。据新闻报道，当时的情景"几乎像是一场暴动"。雷诺兹总是接到订单之后才组织生产，尽管他立即扩大了生产规模，采购了大量原料，招聘数百名员工（其中甚至包括专门的点钞员），可还是不能应付全国各地的需求，订单像雪片似的纷纷而来。几乎每一家商店都想销售这种新产品，出现了专门为了销售这种圆珠笔而新成立的商场。

这场持续数月的销售旋风所带来的利润极为丰厚。在短短半年的时间里，雷诺兹先期投入的 2.6 万美元，已经产生了超过 155 万美元的税后利润。

雷诺兹抓住了机遇，机遇带给他巨额财富。

七、逆向思维创新法

逆向思维又称反向思维、求异思维，是对司空见惯的似乎已成定论的事物或观点反过来思考的一种思维方式。敢于"反其道而思之"，让思维向对立面的方向发展，从问题的相反面深入地进行探索，树立新思想，创立新形象。由于对立统一规律是普遍适用的，而对立统一的形式又是多种多样的，所以逆向思维也有多种形式。

逆向是与正向相较而言的，正向是指常规的、常识的、公认的或习惯的想法与做法。逆向思维则恰恰相反，是对传统、惯例、常识的反叛，是对常规的挑战。循规蹈矩的思维和按传统方式解决问题虽然简单，但容易使思路僵化、刻板，难以摆脱习惯的束缚，而逆向思维却能突破这一障碍，跳出由经验和习惯造成的僵化认识模式，往往出人意料，令人耳目一新，获得创造性的成果。

逆向思维创新途径大致有四条。

1. 结构性反转

结构性反转就是从已有事物的相反结构形式去思考，设想新的技术创造。比如，日本的夏普公司就是突破"烧东西，火在下方"的思维定势，开发出烤鱼器，把电热铬镍合金丝安装在鱼的上方，这样的结构不仅同样达到烧烤鱼的目的，而且在烧烤过程中滴下的鱼油不会燃烧冒烟。电吹风是向外吹热风，若去掉电热丝并把风扇反向安装，就可制作出袖珍型吸尘器，用于电脑等电子设备除尘。

2. 功能性反转

功能性反转就是从已有事物的相反功能去思考，设想新的技术创造或寻求解决问题的新途径。日本索尼公司名誉董事长井深大在理发时从镜子里看到电视画面是反像的，由此，他设想制造反画面电视机，不仅可供理发者观看，也可供病人躺在床上从天花板镜子中看，还可供乒乓球训练用，右手握拍的乒乓球员可看左手握拍的球员接发球及扣杀动作，反之也可以借鉴。

翻阅国内外科技文献，发现发电机共同的构造是各有一个定子和一个转子，定子不动，转子转动。而我国发明家苏卫星发明的"两向旋转发电机"定子也转动，发电效率比普通发电机提高了近四倍。苏卫星说，我来个逆向思维，让定子也"旋转起来"。

案例 1-10:奇思妙想　挑战传统①

苏卫星,男,汉族,1958 年 6 月出生于河南省鹤壁市农村。从年幼时就崇拜发明家爱迪生,想成为爱迪生那样依靠科学发明改变世界的人。1976 年高中毕业后,他在一无资金、二无场地、三无科研设备的情况下,凭着对科学的执着追求,凭着甘于吃苦的顽强毅力,刻苦专研、勤奋自学,走上了自主创新发明的创造之路。历经磨难,倾其所有,取得了丰硕的成果。

2007 年苏卫星获得中华人民共和国优秀专家荣誉称号,2010 年被评为河南省十大杰出科技创新人物,2011 年被评为央视网特别推荐的十大杰出创新发明家。

苏卫星对发明创造有着浓厚的兴趣,遇到问题爱从多个角度去思考。他说:"发明,有时就是逆向思维的产物。发明就应该敢于走别人没有走过的路。"

苏卫星发明的"两向旋转发电机"正是基于这个思路而产生的,它改变了普通发电机定子不动的情况。

那年夏天格外热,苏卫星吹着电风扇发呆,看着电风扇不断地旋转,一个想法突然闪过:如果让定子也旋转,而且和转子相向而行,应该可以提高转子的相对旋转速度。他非常兴奋,立即进行了实验。

寒来暑往,1996 年,"两向旋转发电机"终于研制成功了。它实现了定子与转子相向转动,发电功率较普通发电机提高 3 倍以上,可用于风力发电机、水轮发电机等制造领域,降低了制造成本、节省了原材料,有着极大的经济价值和社会价值,对于节约不可再生能源和高效利用可再生能源方面具有极大的作用。

苏卫星发明的"两向旋转发电机"被国家权威部门确认为"国内首创,查阅国际文献也尚未发现同类产品"。1996 年 6 月 8 日,"两向旋转发电机"被正式批准授予国家专利,并相继获得日内瓦国际专利技术成果博览会"金质奖"、五十一届世界尤里卡世界发明博览会金奖、二十二届伯尔尼国际专利技术成果博览会金奖、中国高新科技杯金奖等。1996 年,丹麦某大公司曾想以 300 万元人民币买断其专利,可见其发明价值之巨大。

3. 角度性反转

角度反转是指当某种技术目标或技术研究按常规思路从一个方向屡攻不下时,可以变换角度,从另一个方向甚至相反方向来思考,这样往往能打开新的思路,实现新的创造。我国古代大禹治水就是角度反转逆向思维的典型例子。前人都采用堵来治水,而大禹却突破性地采用疏导的方式;司马光砸缸的故事也说明了同样道理,一般人是让人离开水,可司马光却砸缸让水离开人;曹冲称象也是采用转换思维角度的方法。

案例 1-11:一孔值万金②

美国一家制糖公司每次向南美洲运方糖时都因方糖受潮而遭受巨大的损失。

后来有人设想,既然方糖如此用蜡密封还会受潮,不如用小针戳一个小孔使之通风,经实验,果然取得意想不到的效果,于是申请了专利。据媒体报道,该项专利的转让费高达 100 万美元。

---

① 岳婷婷.苏卫星:追逐新能源的农民发明家[EB/OL].新浪博客.http://blog.sina.com.cn/s/blog_6f04f37b01016i8b.html,2013-02-18.

② 李全成.用科学发展观指导创新[EB/OL].中国共产党新闻网.http://dangjian.people.com.cn/GB/136058/141884/9268414.html,2009-05-08.

无独有偶，日本一位 K 先生，听说戳小孔也算发明，于是也用针东戳西戳埋头研究，希望也能戳出个发明来。结果，他发现在打火机的火芯盖上钻个小孔，可以使打火机灌一次油由原来的使用 10 天变成 50 天。发明终于被他"戳"出来了。

4. 缺点逆用

缺点逆用不是以克服事物的缺点为目标，而是巧妙地利用缺点，化弊为利，获得创造。任何事物矛盾的两方面都是互相贯通，可以相互转化的。只要全面地研究事物的各种属性及其相互关系，就可以巧妙地利用其缺点，创造出新的技术、新的事物。

日常生活中，有许多基于逆向思维取得成功的例子。某时装店的经理不小心将一条高档呢裙烧了一个洞，其身价一落千丈。如果用织补法补救，也只是蒙混过关，欺骗顾客。这位经理突发奇想，干脆在小洞的周围又挖了许多小洞，并精心修饰，将其命名为"凤尾裙"。一下子，"凤尾裙"销路打开了，带来了可观的经济效益，该时装商店也出了名。无跟袜的诞生与"凤尾裙"异曲同工。因为袜跟容易破，一破就毁了一双袜子，商家运用逆向思维，试制成功无跟袜，创造了商机。

案例 1－12："丑陋"招财[①]

美国艾士隆公司董事长布希耐一次在郊外散步，偶然看到几个小孩在玩一只脏且异常丑陋的昆虫，竟然爱不释手。布希耐顿时联想到：市面上销售的玩具一般都是形象优美的，假若生产一些丑陋玩具，又将如何？于是，他布置自己的公司研制一套"丑陋玩具"，迅速向市场推出。

这一炮果然打响，"丑陋玩具"给艾士隆公司带来了收益，使同行羡慕不已。于是"丑陋玩具"接踵而来，如"疯球"就是在一串小球上面，印上许多丑陋不堪的面孔；橡皮做的"粗鲁陋夫"，长着枯黄的头发、绿色的皮肤和一双鼓胀而带血丝的眼睛，眨眼时又会发出非常难听的声音。这些丑陋玩具的售价超过正常玩具，但一直畅销不衰，而且在美国掀起了行销"丑陋玩具"的热潮。

"丑陋"的灵感获得商业成功，其根本原因就是抓住了两种消费心理：追求刺激和逆反心理。

【本章案例】

创新不止铸就创业辉煌[②]

从苏州市吴江区七都镇上一家濒临倒闭的乡村农机厂，发展成全球排名前三甲的光纤通信企业，并且掌控了光通信产业链的核心竞争力，为中国赢得产业话语权，亨通集团只用了 25年。带领亨通创造产业奇迹的崔根良，是一个退伍通信老兵，一个有着 30 年党龄的共产党员，一个把产业报国当做毕生梦想的民营企业家。

1982 年，崔根良从部队复员后被安排到乡镇企业，在生产经营岗位上一干就是好几年，成了远近知名的"小能人"。1991 年，崔根良临危受命，接手镇上一家濒临倒闭的农具厂。面对

---

①　丑陋玩具.环球母婴[EB/OL]. http://www.world-my.com/News_View_108186.html.

②　高坡,李仲勋,陈雨薇.追梦人,行进在时代的鼓点里[N].新华日报,2016-02-24.

破旧设备和上百万元债务,崔根良却敏锐地察觉到,通信行业大有可为。

创业"三借",小山村闯出个"国际巨头"

第一招"借鸡生蛋",他果断与江苏省通信线缆总厂合作,筹建了吴江七都通信电缆厂,当年实现利税几十万元;随后,他找到武汉邮电科学研究院合作,"借梯登高"解决了技术人才问题,填补了江苏省光缆项目的空白;紧接着,他又找到日本企业合资,引进当时世界上最先进的生产流水线,实现了"借船出海"。

到1995年底,亨通通信电缆产销量已跃居全国同行第一。

2001至2007年间,崔根良带领亨通通过合作相继在上海、沈阳、北京、成都等地建立产业基地,逐步完善了国内产业布局,实现年销售额连续百亿级跳跃——2007年完成100亿元,2011年达到200亿元,2013年突破300亿元,2015年达到483亿元。

25年弹指而过。昔日资不抵债的农具厂,如今已成为拥有45家子公司、2家境内外上市公司的大集团,连续11年入围中国企业500强,跻身全球光纤通信前三强。目前,亨通已在30多个国家设立了海外技术营销服务分公司,在60多个国家和地区注册了海外商标,累计业务覆盖112个国家和地区,已成为全球光纤通信、电力传输领域的主力供应商。

咬住科技创新不放松

改革开放30多年的飞速发展,多少人的梦想在发酵、在长大。崔根良的梦想是,见证中国实现从制造业大国到强国的精彩蜕变,而这,必须从打破国外技术垄断、从提升民族工业的国际竞争力入手。

在整个光通信产业链,70%的利润集中在前道产品光纤预制棒上,光棒可谓整个光通信领域最核心的高新技术。但长期以来,这项核心技术一直被美国、日本等国牢牢掌控,我国国内90%以上光棒依赖进口。

崔根良决定上马光棒研发项目,几乎遭到全部顾问团队的反对。有位院士说,好多国字头的大企业、大研究所搞了20多年,花了几十亿,结果都失败了,光棒研发对亨通来说风险太大啦。但崔根良说:"亨通如果不去自主研发,提高国际竞争力,就是空谈,中国光通信产业就永远处于被动位置,我们就要为中国争口气!"

6亿多元投资、200多名研发人员、1 500多个日夜奋战,在崔根良的坚持和鼓励下,亨通光棒研发一举成功,从此扭转了国内光棒供应长期依赖进口的被动局面,奠定了中国在世界光通信领域的地位和话语权。

"创新没有捷径,只有实打实去做。"崔根良说,创新精神加实干手段,才是达致梦想的有效支点。

这几年,在国家重大创新工程中,亨通的身影时时闪现。亨通先后承担国家863、自然科学基金项目等国家科技项目190多项,自主研发航空航天、军工装备特种光纤、光纤导航等系统,并一次次打破国外技术封锁。亨通每年科技研发投入占营业收入3%以上,先后建成国家级技术中心、国家级博士后科研工作站、江苏省院士工作站等研发载体,形成一支研发实力比肩国际巨头的"亨通军团",研究范围涵盖整个光通信产业链。

紧随国家发展战略的企业战略创新

2015年末,亨通在国际市场连出大手笔,与印尼最大的综合线缆企业VOKSEL签署股权收购协议,成为其最大股东;在南非、西班牙、葡萄牙频频出手,上演了一幕幕"走出去"的并购大戏。

海外并购,成为亨通响应"一带一路"国家战略的先手棋。在崔根良看来,企业的发展离不开党的改革开放政策和正确领导,只有把企业发展战略和国家战略紧密结合,在抢抓重大机遇中做大做强,才能实现产业报国梦。

这几年,亨通抓住国家在 3G、FTTX、三网融合、物联网、新能源、海洋开发等方面的战略,围绕产业链谋篇布局,加快实施向高端制造转型的企业发展战略。崔根良认为,有了"一带一路"战略支撑,中国企业可以更好地放眼世界,融入全球一体化,助推国家由制造大国向创造强国转变。亨通集团的国际化标准定位为"555",即拥有 50% 以上的海外市场、50% 以上的海外资本和 50% 以上的国际化人才。2015 年以来,亨通已先后中标巴基斯坦、哈萨克斯坦、印度尼西亚等"一带一路"多项重点工程项目,涉及铁路、新能源、智能电网等领域。亨通在手的"一带一路"合同金额已近 8 000 万美元,成为国家战略当之无愧的"马前卒"。

亨通在发展历程中,始终咬住科技创新不放,在转型升级的节骨眼上,曾每天"烧钱"50 多万,耗时 3 年自主研发出光纤预制棒。正是凭借着一身骨气和"争一口气"的勇气,经过极其艰难的探索与研制,亨通实现了企业从低端到高端的转变,从生产型向研发生产型的转变,完成了由中国制造到中国创造的转变。

【本章要点】

创新是一个民族进步的灵魂,是现代经济持续增长的唯一动力源。当前,我国经济发展进入新常态,创新是中国经济新常态发展的引擎,是改革必不可少的推进器。

按照熊彼特的观点,所谓"创新",就是"建立一种新的生产函数",也就是说,把一种从来没有过的关于生产要素和生产条件的"新组合"引入生产体系。

彼得·德鲁克发展了创新理论,他认为,创新是赋予资源以新的创造财富能力的行为。任何使现有资源的财富创造潜力发生改变的行为,都可以称之为创新。

创新具有以下几个基本特点:新颖性,价值性,风险性和动态性。

创新精神是指具有能够综合运用已有的知识、信息、技能和方法,提出新方法、新观点的思维能力和进行发明创造、改革、革新的意志、信心、勇气和智慧。创新精神是一个国家和民族发展的不竭动力,也是每一个当代大学生应该具备的基本素质。

当代的创新理论包括:开放式创新理论,创新生态系统理论,企业内部孵化理论,基于复杂性理论的创新,全面创新管理理论,创新的 S 曲线理论等。

创业的精神实质是创新,创业过程的核心就是创新精神,创新是创业的动力和源泉,是创业的主要标志。如果把创业比作推动经济发展的发动机,那么创新就是发动机的气缸,它带动了重大发明和新技术的产生,推动了人类社会的不断进步。

创新的基本方法包括:组合创新法,模仿创新法,移花接木创新法,联想创新法,虚拟创新法,机遇创新法和逆向思维创新法等。

【重要概念】

创新　创新精神　创新理论　组合创新　模仿创新　移花接木创新　联想创新　虚拟创新　机遇创新　逆向思维创新

【思 考 题】

1. 试述创新的内涵和特点。
2. 谈谈开放式创新理论和创新的 S 曲线理论对企业创新的启示。
3. 为什么说创业的精神实质是创新？
4. 举例说明逆向思维创新的意义及在日常工作生活中的应用。

【参考文献】

［1］ Roger Miller，Mike Hobday. Innovation in Complex Systems Industries：the Case of Flight Simulation［J］. *Industrial and Corporate Change*，1995，4(2)：362－400.

［2］ Karen Hansen ，Howard Rush. Hotspots in Complex Product Systems：Emerging Issues in Innovation Management［J］. *Technovation*，1998，18(9)：555－561.

［3］ James M. Utterback. *Mastering the Dynamics of Innovation*［M］. Harvard University Business School Press，1994.

［4］ Mike Hobday，Howard Rush. Technology Management in Complex Product Systems：Ten Questions Answered［J］. *International Journal of Technology Management*，1999 (6).

［5］［美］彼得·F. 德鲁克. 创新与创业精神［M］. 张炜译. 上海：上海人民出版社，2002.

［6］［美］熊彼特. 经济发展理论［M］. 何畏，易家详译. 北京：商务印书馆，1990.

［7］［美］彼得圣吉. 第五项修炼——学习型组织的艺术与实务［M］. 郭进隆译. 上海：上海三联书店，1995.

［8］李寿生. 企业创新方法论［M］. 北京：机械工业出版社，2016.

［9］袁志刚，毛大立. 创新与转型［M］. 上海：复旦大学出版社，2011.

［10］埃里克·冯·希普尔. 创新的源泉［M］. 柳卸林，陈道斌等. 北京：知识产权出版社，2005.

［11］魏江，陈劲. 中国创新管理前沿［M］. 北京：知识产权出版社，2006.

［12］IBM 商业价值研究院. 创新无国界：中国企业的创新之旅［J］. 浙商，2007.

［13］王士恒. 从市场主体角度谈创意、创造、创新［J］. 当代经济，2008(10).

［14］李义平. 创新驱动与转变经济发展方式［N］. 光明日报，2012－11－16.

［15］［英］尼尔·伦纳德，加文·安布罗斯. 创新设计思维［M］. 王玥然译. 北京：中国青年出版社，2014.

第二章
创业、创业精神与人生发展

【学习目标】

1. 创业的定义、关键要素和类型。
2. 创业机会、创业过程与阶段划分,创业过程模型。
3. 创业精神的本质、来源、作用与培育。
4. 创业热潮兴起的深层次原因,知识经济时代赋予创业的重要意义。
5. 创业能力对个人职业生涯发展的意义和作用。

【引导案例】

马云创业精神解读[①]

2007 年金秋,阿里巴巴网络有限公司在香港联合交易所正式挂牌上市,到收盘时,阿里巴巴股价达到 39.5 港元,涨幅 192%,成为当年港股首日涨幅最大的新股,阿里巴巴市值也飙升至 1 980 亿港元(约 260 亿美元),打破了百度创下的纪录,成为市值最大的中国互联网公司,创造了中国互联网上市最大的奇迹。

激情四射的"造梦人"

1995 年 9 月,而立之年的马云,因精通英语被邀请赴美做商业谈判的翻译,一次偶然的机会接触了互联网,当时在美国互联网方兴未艾,而在中国接触互联网的人寥寥无几。他看到了互联网改变世界的巨大能量,从美国就带回了创业梦想。回国后,马云便决定辞职创办中国第一家互联网商业网站——中国黄页。在辞职前的一个晚上,马云邀请 24 个朋友一起"共议大事",朋友们的反应出奇地一致,23 个人说不行,只有一个人说可以试试。但马云没有听进朋友们的"逆耳忠言",反而坚定了自己的行动决心。

为了梦想,马云义无反顾,一头扎进了互联网这个"汪洋大海",于是一个新版的阿里巴巴故事从此开始。那时,大家还不懂互联网,打开一个网页也需要漫长的时间,马云到处推销他的"中国黄页",曾被人当作是"骗子"。

1999 年 2 月 21 日,阿里巴巴第一次员工大会在位于杭州湖畔花园的马云家中召开。马云为自己的梦想所激动,用美好的梦想激励大家:在未来的三五年内,阿里巴巴一旦成为上市公司,他们每一个人付出的所有代价都会得到回报。当时有人问马云阿里巴巴的前景,马云说,以 50 万元起步的阿里巴巴将来市值将达到 50 亿美元。许多人都笑了,认为那是幻想,几乎无人相信。

---

① 正言. 文化人创业的楷模新经济时代的英雄——马云现象探析[N]. 杭州日报,2008 - 05 - 04.

2002年底,互联网冬天刚过,马云提出,阿里巴巴2003年将实现赢利1亿元,在当时这是不可思议的。但事实上,阿里巴巴实现了这个目标。在2003年年终会议上,马云又开始梦想,他提出,2004年实现每天利润100万,2005年实现每天缴税100万。

每一个目标的提出都会招致诸多的怀疑和反对,但马云就像一个神奇的造梦者,每一个当初看似不可能实现的梦想后来都一一变成了现实。当马云提出打造能活102年的企业、创造100万个就业机会、10年内把"阿里巴巴"打造成为世界三大互联网公司之一和世界500强企业之一、"淘宝网"交易总额超过沃尔玛等梦想时,已很少有人再感到吃惊或者怀疑了。梦想会成为一个人成功的动力,"心有多大,舞台就有多大"。

大义大气的"现代侠"

马云的侠肝义胆体现在他对企业共建共享、对财富共同拥有的看法上。马云侠客式"财散人聚"的做法,既让员工分享了他的成功,也让公司得到了更大的发展。每个网络公司的上市都是一次造富运动。但阿里巴巴的上市却是一次与众不同的造富运动。据阿里巴巴招股说明书,马云个人在上市公司持股比例不到5%,而有4 900余名员工持有阿里巴巴股票,数百名员工因此而成为千万富翁,数千名员工因此而成为百万富翁。阿里巴巴上市不造首富而造群富,马云不追求个人巨富而追求员工共富。坚持团队集体控股和公司全员持股,有福同享,有难同当,实现了个人创业和整体发展的和谐,体现了马云的胸怀和境界。

马云的侠肝义胆也体现在他对企业家使命和责任的理解上。他曾说:"办企业的目的在于承担社会责任、为社会创造价值,社会责任不该是一个空的概念,也不单纯局限于慈善、捐款,而是与企业的价值观、用人机制、商业模式等息息相关。让员工快乐工作成长,让用户得到满意服务,让社会感觉到我们存在的价值,这才是阿里巴巴的社会责任感所在,至于捐钱和社会回报,那是水到渠成的事。"

马云为各个公司分别定下了使命:阿里巴巴要让天下没有难做的生意;淘宝网要让天下没有淘不到的宝贝;支付宝要让"天下无贼";阿里软件要让天下没有难管的生意;阿里妈妈要让天下没有难做的广告。

外柔内刚的"杭铁头"

马云外表瘦弱,一副顽童模样,但他内心却无比刚毅,蕴藏着巨大的能量。

马云创业的道路充满曲折和艰辛。1991年,不甘平庸的马云利用业余时间成立海博翻译社。刚开始,翻译社入不敷出,马云没有动摇。他一个人背着个大麻袋去义乌、广州进货,在翻译社卖小商品,用最原始的资本积累方式维持翻译社的运转。1995年,马云投身互联网创立"中国黄页",只有一间房、一台电脑,一块钱一块钱数着开销,一家企业一家企业上门推销,无数次被当作"骗子"赶出门。1997年底,马云接受国家外经贸部的邀请,带着"中国黄页"的8个伙伴来到北京,创办了一系列贸易网站,但他明白,这不是他的理想。经历一番内心的痛苦挣扎与拷问之后,1999年3月马云又一次做出了他人生中颇具里程碑意义的决定,南归杭州创业,办一家世界上最伟大的公司。

创立阿里巴巴时,困难依旧存在。为了节约费用,公司就安在他家里,员工每月只拿500元工资,大家没日没夜地工作,地上有一个睡袋,谁累了就钻进去睡一会儿。2002年网络经济泡沫破灭,互联网遭遇寒冬。马云将阿里巴巴当年的发展主题定位为"活着"。当许多网站纷纷易帜或转向短信、网络游戏业务时,马云仍然坚守在电子商务领域。马云常说:"只要不把我打死,我还会再来。"

能文善武的"新儒商"

马云，一个英语教师，不懂网络，毅然下海在互联网经济大潮中搏击。作为一个文化人，他能站在一个一般人难以企及的高度眺望前方，善于以文治企，以求变求新赢得企业的长远发展；作为一名商人，他又有敏锐的市场意识，善于抓住每一次稍纵即逝的市场机会，不断创造出新的市场。

马云是文化人。如果不下海，他会成为一名杰出的英语教授。一旦下海经商，他就把知识的力量、文化的作用发挥到极致。马云是个演讲天才，他的演讲天马行空，给人以"拨云见月"的感觉，在他的众多演讲中不乏许多脍炙人口的经典语句，而他能够在短短的 6 分钟让"软银"的孙正义投资 2 000 万美元，更令无数企业家羡慕不已。几年来，马云演讲的场所扩大到了全世界。他多次应邀在美国的哈佛大学、斯坦福大学、耶鲁大学、英国的沃顿商学院等全球培养 MBA 的顶尖学府和达沃斯论坛、世界企业峰会上演讲。

马云善于学习，经常看历史书、军事书，并能引经据典、灵活运用，用历史上成功战役的案例来指导阿里巴巴的一场又一场"商战"。他重视企业文化，在阿里巴巴成立初期，马云就开始用文化为企业打下根基。

马云也是"勘探"市场、开发市场的高手。他认为企业最核心的问题是根据市场去制定产品，必须先去了解市场和客户的需求，然后再去找相关的技术解决方案。在短短 9 年时间里，马云成功创办了全球领先的企业间交易网站"阿里巴巴"、亚洲最大的网上个人消费市场"淘宝网"、中国领先的在线支付服务商"支付宝"、以互联网为平台的商务管理软件公司"阿里软件"、中国最大的网上广告交易平台"阿里妈妈"，成功收购了中国领先的搜索引擎"中国雅虎"和中国领先的个人生活服务平台"口碑网"。日前，"淘宝网"又正式推出 B2C 购物平台"淘宝商场"，从而将阿里巴巴未来十年，甚至更久远的发展方向清晰地勾勒出来。在马云这位舵手的带领下，阿里巴巴从西湖里的一叶小舟变成了一艘集 B2B、C2C 和 B2C 等三种业务模式于一身的电子商务"航母"。

成大业者必须目光远大、志存高远，但也必须脚踏实地、求真务实。马云为创业者树立了榜样。

第一节　创业与创业精神

一、创业的定义

"创业"本义是"创立基业"、"创建功业"。《辞海》的解释就是"创立基业"。《孟子·梁惠王下》有"君子创业垂统、为可继也"，把创建功业与一脉相承、流传后世联系起来。

在英文中"创业"有两种表述方式：一种是"venture"，另一种是"entrepreneurship"。"venture"一词的最初意义是"冒险"，但在创业领域，其实际意义并不是单纯的"冒险"，而是被赋予了"冒险创建企业"，即"创业"这一新的特定内涵。20 世纪创业活动蓬勃兴起以后，使用"venture"比使用"entrepreneurship"更能揭示"创建企业"这一动态过程。例如，只要进入美国亚马逊网上书店(www.amazon.com)的网址，运用"venturing"(venture 的动名词)作为关键词，就可以查出几十本关于"venturing"(创业)的英文原著。而"entrepreneurship"则主要用于表示静态的"创业活动",是从"企业家"、"创业者"角度来理解"创业"。随着科技进步和企业兴衰更替加速,创业活动正日益发挥着越来越重要的作用,entrepreneurship才逐步被赋予"企业家活动"这一新的内涵。例如,John G. Burch 在 1986 年就将"创业"定义为"创建企业的活动"。

　　清华大学高建、姜彦福和雷家骕等学者认为,在国内将"entrepreneurship"译为"创业"、"创业化"和"创业活动"可能更合适,而"entrepreneur"则可译为"创业者"。[①]

　　创业是一个跨学科、多层面的复杂现象,该特点使得这一领域既引人注目又显得复杂。早在两三百年前,"创业"就已见诸于经济学文献,在过去的几十年里,创业领域引起了国内外许多学者的关注,不同学科都从其特定的研究视角,运用本领域的概念和术语对其进行观察和研究,因而创业被不断地赋予全新的内容。

　　最早对创业下定义的是 Knight(1921),他认为创业是一种成功预测未来的能力。纽约大学著名经济学教授柯兹纳(Kirzner,1973)进一步发展了 Knight 的观点,指出创业是正确地预测下一个不完全市场和不均衡现象在何处发生的套利行为与能力。创业学的鼻祖熊彼特(1934)认为创业就是实现创新的过程,并指出创业者的创新活动是使用和执行生产要素新组合。美国克莱姆森大学教授加特纳(W. Gartner,1985)则认为创业是建立新组织。更多学者诸如 Sandberg(1992)、Camp 和 Sexton(2001)、Jeffry A. Timmons & Stevenson H. (1999)、张玉利(2004)等人则认为,创业是具有企业家精神的个体与有价值的商业机会的结合。表2-1给出有关创业定义的比较。

表 2-1　有关创业定义的比较

定义的焦点	作者	定义/解释	定义中的关键词
识别机会的能力	Knight(1921)	成功地预测未来的能力	成功;预测未来
	Kirzner(1973)	正确地预测下一个不完全市场和不均衡现象在何处发生的套利行为与能力	正确;预测;不完全市场和不均衡现象
	Leibenstein(1978)	比你的竞争对手更明智、更努力地工作的能力	更明智、更努力地工作
	Stevenson,Roberts,Grousbeck(1985)	对机会的追寻,而不拘泥于当前的资源条件	洞察机会;追寻机会
	Conner(1991)	按资源观点,从根本上来说,辨识合适投入的能力属于创业家的远见和直觉。但在目前,这种远见下的创造性行为还没成为资源理论发展的重点。	资源观点;辨识合适投入;远见和直觉
创业家个性与心理特质	William Bygrave(1989)	首创精神、想象力、灵活性、创造性、乐于理性思考和在变化中发现机会的能力	创造性、在变化中发现机会

　　① Howard H. Stevenson,H. Irving Grousbeck,Michael J. Roberts, et al. 新企业与创业者[M]. 高建,姜彦福,雷家骕,等译. 北京:清华大学出版社,2002.

(续表)

定义的焦点	作者	定义/解释	定义中的关键词
获取机会	Stevenson, Roberts, Grousbeck (1994)	根据已控制的资源去获取机会	控制资源、获取机会
	Shane, Venkataraman (2000)	创业就是发现和利用有利可图的机会	发现和利用机会;有利可图
	The US National Commission on Entrepreneurship(2003)	不断的变化会产生创造财富的新机会,(创业就是)经济(主体)利用这些新机会的方式	不断的变化;利用机会
创建新组织与开展新业务的活动	Schumpeter (1934)	进行新的组合	新组合
	Cole(1968)	发起、维持和开展以利润为导向的有目的业务活动	发起、维持和开展;有目的
	Vesper(1983)	开展独立的新业务	新;独立的
	Gartner(1985)	建立新组织	建立;新
	The Academy of Management(1987)	创办和管理新业务、小企业和家族企业,创业家特征和创业家的特殊问题	创办和管理新业务;创业家特征
	Low, MacMillan(1988)	创办新企业	创办;新

资料来源:郭军盈. 中国农民创业问题研究[D]. 南京:南京农业大学,2006.

　　而我国学者更倾向于哈佛大学著名创业学教授史蒂文森(Stevenson H.)的定义:创业是不拘泥于当前资源条件的限制下对机会的追寻,将不同的资源组合以利用和开发机会并创造价值的过程。[①]

二、创业的要素与类型

(一) 创业的要素

创业的关键要素主要包括机会、团队和资源。

1. 创业机会

创业机会是具有商业价值的创意,表现为特定的组合关系。

创业机会来自于一定的市场需求和变化,当某种创意能够将人们潜在的需求转化为现实的、可操作的需求,或使得某种未能满足的需求得到满足,则这种有价值的创意往往就意味着创业机会。创业需要密切关注机会,无论生存型创业还是机会型创业皆如此。如果创业者没有发现并捕捉到适当的创业机会,则创业很难成功。

2. 创业团队

创业团队是由两个以上具有一定利益关系、共同承担创建新企业责任的人组建形成的工作团队。

---

① Stevenson H. The Heart of Entrepreneurship [J]. *Harvard Business Review*,1985,3-4:85-94.

知识经济时代,经济全球化、信息化,科技迅猛发展的市场背景下,创业所要求的素质、技能涵盖经济、管理、技术、研发、营销、财务等各个方面,远远不是单个创业者一己之力所能企及的,单打独斗式的个体创业已经很难取得成功。与个体创业相比较,团队创业具有团结协作、优势互补、成果共享、责任共担等方面优势,对于创业成功起着举足轻重的重要作用。

3. 资源

按照资源基础理论的观点,企业就是一系列具有不同用途的资源的集合体,企业资源是企业竞争优势的来源(彭罗斯,1959)。创业者能否成功地开发机会,进而创建新企业或者开拓新事业,很大程度上取决于他们掌握和能够整合到的资源以及对资源的利用情况。

资源可分为广义资源和狭义资源。前者是指企业所拥有的或所能控制的所有能给企业带来竞争优势的东西,包括狭义资源和企业能力;而后者则主要指企业的有形资产(如资金、原材料、厂房、设备等)和无形资产(如品牌、商标、专利、声誉等)。

(二) 创业的类型

创业的类型可以从创业动机、主体的性质、创业的起点等不同角度来划分。

1. 依创业的动机分类

2001 年,《全球创业观察》(*Global Entrepreneurship Monitor*,GEM)首次提出两种不同的创业类型:生存型创业和机会型创业。

(1) 生存型创业

生存型创业一般是指创业者迫于生存压力,为获得个人基本生存条件不得已而选择的创业行为。社会上绝大多数下岗人员的创业就属于生存型创业。

生存型创业的特点:① 创业者属于被动创业,创业只为谋生,以获得必要的生活来源;② 生存型创业一般可确保创业者及家人的生计,但绝无太大发展空间。③ 生存型创业主要解决创业者个人就业问题,一般不会雇佣过多的劳动力,因而不会产生就业倍增现象。

(2) 机会型创业

机会型创业是指创业者为抓住现有机会,以实现价值创造而选择自主创业的行为。机会性创业一般以政府公务人员、职业经理人、高校教师、科研机构人员、专利技术发明者的创业为典型。如比尔·盖茨的退学创业,张茵、马云的辞职创业都是典型的机会型创业。

研究表明,这两种类型的创业不论在产品的新颖性、市场的竞争性、还是在增长潜力方面,都有着很大差距。生存型创业由于普遍缺乏创新,导致增长潜力很弱,难以成为"高成长型企业",对于经济增长的贡献亦非常有限。而机会型创业是一种主动性创业,并具有两大特征:① 产品/服务的科技含量高;② 创建的新企业往往属于成长型企业,发展潜力及所创造的就业岗位质量也较高。

2. 依创业主体性质分类

(1) 个人独立创业

所谓个人独立创业,是指创业者个人或几个创业者共同组成创业团队,独立地创建企业的活动。在现代社会,随着科学技术的快速发展和技术周期的缩短,一个人在有生之年,完全可能经历"从理论研究到应用研究,再到研究开发和创建企业"这种技术创新成果商业化的全过程,因此,个人独立创业也就成为一种很普遍的社会现象。此外,基于工艺创新、市场营销创新等非技术创新手段而创建企业,以及随着"创业家"阶层的出现,具有创业特长的创业家还可以通过购买专利的方式直接创建企业。

（2）公司附属创业

"公司附属创业"则指由一家已经相对成熟的公司重新创建新的附属企业。公司附属创业的动力主要来源于三个方面：一是通过创建一家具有更高效率的附属新企业，构建新的经营与销售模式，促进创新产品的商业化；二是通过创建新企业，建立起能够对市场需求作出快速反应的窗口，以保持公司的总体创新活力；三是通过创建新企业所体现的成长性，吸引社会资本的投资。正是在上述三大动力的推动下，公司附属创业日益成为现代创业经济中的一道亮丽的风景。

（3）公司内部创业

公司内部创业通常是由企业内部具有创业愿望的员工发起，并在组织支持下，由员工与企业共担风险、共享创业成果的一种创业形式。其主要目的是将企业家精神注入现有公司内部，鼓励员工在企业内像企业家一样行事，培养造就内部企业家，为员工营造更大的发展空间和市场潜力，从而有利于留住优秀员工，推动企业不断创新和可持续发展。

1985 年，美国学者吉福特·平肖详细考察了一批包括 3M、杜邦、IBM、德州仪器、GE、施乐等大公司内部创业的实践，提出了"内部创新者"的概念。1990 年后，美国很多大企业开始此方面的尝试。此后，日本松下、富士通，中国台湾的宏基等也开始推行内部创业。2000 年以后，我国以华为公司为首的一批企业也加入到公司内部创业的实践队伍中来。

瑞士洛桑管理学院（IMD）科技管理专业教授乔治·豪尔曾把"公司内部创业"概括为"利用大公司的资金和资源，鼓励员工进行创业的一种活动"。他认为，内部创业最终的目标是为了给公司创造更多的价值，即如果内部创业成功，风险投资能带来收益；鼓励一种尊重企业家精神的创新文化；利用新技术制造一批新公司，成为母公司有用的窗口；创造一种灵活积极的企业形象，吸引投资者，提高股价等。

案例 2-1：华为的内部创业①

2000 年下半年，华为出台了《关于内部创业的管理规定》，规定凡是在公司工作满两年以上的员工，都可以申请离职创业，成为华为的代理商。公司为创业员工提供优惠扶持的政策，除了给予相当于员工所持股票价值 70% 的华为设备之外，还有半年的保护扶持期，员工在半年之内创业失败，可以回公司重新安排工作。

当时，数以千计的华为员工自由组织起来，开始了自己的创业历程，其中包括李一男、聂国良两位公司董事常务副总裁。任正非在欢送李一男的讲话中，把华为鼓励内部创业的目的概括为：一是给一部分老员工以自由选择创业做老板的机会；二是采取分化的模式，在华为周边形成一个合作群体，共同协作，一起做大华为事业。其潜在的含义是希望通过创业员工的自我尝试，趟出一条血路，弥补华为在分销渠道方面与竞争对手的明显差距。然而，任正非没有道出更加深层的目的，其实是实施第二次有组织的新老接替运动，将一部分老员工分流出去。

2000 年是华为在 IBM 帮助下进行业务流程变革的第二个年头，华为正从职能型组织向市场导向的流程型组织转变，这种转变的结果之一就是管理层级的减少和中层管理编制的压

---

① 吴建国.集体辞职与内部创业——解读华为的新老接替［J］.IT 经理世界，2004（2）.

缩。因此,内部创业的举措实际上是给一批在公司长期工作的中层管理者寻找一条良好的出路。任正非是一个深念旧情的人,基本上不主张直接裁员的精简方案。在他看来,采取内部创业模式,企业拿出一笔费用来支持老员工,既保护了离职创业员工的基本利益,也为华为未来发展培植了良好的周边关系,是一件一举多得的大好事。

广州市鼎兴通讯技术有限公司就是一家华为内部创业公司,他们承担了华为公司在湖南、江西及广东市场近1/3的工程安装调试工作。这样的公司为华为解决了很多后顾之忧,减少了市场运作成本,双方获利。

3. 依创业的起点分类

（1）创建新企业

"创建新企业"即从无到有地创建出全新的企业组织,既包括创业者独立地创建一个新企业,也包括已经存在的公司创建一个在管理上保持独立性的企业。改革开放以来,我国民众的创业活动主要是"创建新企业",成为推动中国经济发展的主要原动力。

（2）公司创业

公司创业（亦称"公司二次创业"）是指一个业已存在的公司,通过内部创新、合资或收购等形式,突破发展"瓶颈"、驱动业务增长的行为过程。公司创业被认为是企业战略更新的主要动力,同时又是产品、流程和管理创新及多元化的驱动因素。

"公司创业"源于20世纪80年代。当时由于许多百年老店,如美国电报电话公司、福特汽车公司等业界巨子,在现代科技革命尤其是信息技术革命的推动下不得不通过公司再造（corporate reengineering）和公司重建（corporate reconstruction）来适应知识经济的发展需要。以至于到了90年代,在企业管理领域掀起了一股必然涉及到企业组织变革的"企业流程再造"（business process reengineering,BPR）的风暴。企业流程再造涉及对公司组织结构的根本性变革,并重新建立一套全新的企业组织制度,因此,其本质也是一种"创建企业"意义上的创业行为。

为了区分上述两种类型的创业,通常将创建新企业称为狭义的创业,而将包括公司再造或公司创业在内的创业活动称之为广义的创业。

案例 2-2：娃哈哈的"三次创业"[①]

艰辛的"一次创业"

1987年,娃哈哈的前身——上城区校办企业经销部靠14万元借款起家,开始了艰辛的创业历程。靠卖棒冰、校簿,用辛勤的汗水完成了最初的原始积累。第二年,娃哈哈成功开发出儿童营养液,"喝了娃哈哈,吃饭就是香"的广告语传遍大江南北,以确切的功效赢得消费者的青睐。

1991年,仅有100余人的娃哈哈兼并了国营老厂——杭州罐头厂,创造了"小鱼吃大鱼"的兼并奇迹,娃哈哈完成了由小变大的历史性转变。

到1993年,娃哈哈年销售收入达7亿元。7年时间完成了一次创业的历程。

---

① 刘炳辉.宗庆后自揭伤疤娃哈哈三次创业[N].中国经营报,2005-12-17.

踏上"二次创业"的征程

1993 年,娃哈哈踏上了"生产上规模、产品上档次、管理上水平"的二次创业征程。经过十年建设,初步完成全国销地产战略布局;1996 年,娃哈哈与法国达能集团合资,从意大利、德国等引进了大量国际一流的生产线,实现了从原料进口到产品出口的全自动化操作;1998 年,娃哈哈成功推出非常可乐,打破了洋可乐不可战胜的神话。

自 1998 年以来,娃哈哈连续 6 年稳坐中国饮料行业老大"交椅",已成为全球第 5 大饮料生产厂家。2003 年,公司销售收入超百亿,为公司长达十年的"二次创业"征程画上了圆满的句号。

吹响"三次创业"号角

2003 年,宗庆后又提出了营业规模 3~5 年过 200 亿元(娃哈哈在第 4 年,即 2007 年即达到目标 200 亿元),5~10 年达 1 000 亿元的"三次创业"的宏伟目标。

继 2010 年第一次成为中国首富,2012 年宗庆后家族第二次成为中国首富,这也是自胡润百富榜开创 14 年来,第三位能两次登上胡润百富榜榜首的企业家,其家族财富达到了 800 亿元人民币。[①]

三、创业过程与阶段划分

(一) 创业过程模型

20 世纪 90 年代以来,创业过程逐渐成为创业研究的焦点。创业过程的动态性与复杂性决定了创业过程研究的独特性,是创业研究成为独立学术领域的基础,而且对创业者的创业实践和创业投资者的投资选择都有重要的指导意义。

早期对创业过程的研究主要从组织活动的角度进行的,如 William. B. Gartner(1985)认为,创业过程是新组织的创建过程。近年来,研究者们逐渐意识到创业过程不应当局限于单纯的组织创建,而应当从不同的角度加以理解和阐述。

典型的创业过程模型如下。

1. 蒂蒙斯(Timmons)创业模型[②]

蒂蒙斯于 1999 年在他所著的《新企业创立:21 世纪的创业学》(*New Venture Creation: Entrepreneurship for the 21st Century*)一书中提出了一个影响深远的创业过程理论模型。

Timmons 认为,创业过程是一个高度复杂的动态过程,其中商机、资源、创业团队是创业过程中最重要的驱动因素,这些驱动因素的存在和成长决定了创业过程向什么方向发展。Timmons 模型采用三要素的动态平衡过程来描述创业过程,高度揭示了创业过程的动态性与复杂性特征,奠定了规范创业管理理论的基础。见图 2-1。

① 佚名. 宗庆后家族以 800 亿财富再次成为中国首富[EB/OL]. 腾讯财经. http://finance. qq. com/a/20120924/004230. htm.

② 姜彦福,张帏. 创业管理学[M].北京:清华大学出版社,2005.

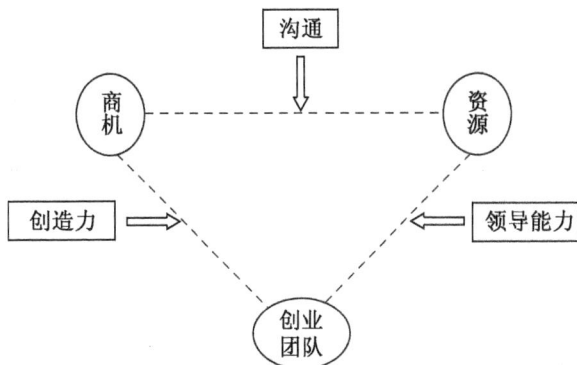

图 2-1 蒂蒙斯创业过程模型

（1）机会

Timmons 强调了商业机会在创业过程中的重要作用，认为机会是创业过程的核心推动力，是创业成功的首要因素，特别是在企业创立之初。真正的商机比团队的智慧和技能、可获取的资源都重要得多，所以创业者应当投入大量的时间和精力寻找最佳的商机。

（2）资源

资源的多寡是相对的。Timmons 认为，对资源最有效的保证是企业首先要有一个强大的创业团队，当创业团队在推动机会实现的过程中，相应的资源也就会随即到位。他还提出，成功的创业企业更着眼于最小化使用资源并控制资源，而不是贪图完全拥有资源。

（3）团队

创业团队是创业成功的最重要因素。事实上，在选择合适的投资项目时，吸引风险投资家的往往是创业团队的卓越才能。

蒂蒙斯模型的特点是：三个核心要素构成一个倒立的三角形，而创业团队位于三角形的底部。在创业初始阶段，商业机会较大而资源较为缺乏，三角形将向左边倾斜；随着企业的发展，企业拥有较多的资源，但这时原有的商业机会可能变得相对有限，这就导致另一种不均衡。成功的创业活动必须要能将机会、创业团队和资源三要素做出最适当的搭配，并且要能随着事业发展不断调整，最终实现动态均衡，这就是新创企业发展的实际过程。

2. 威克姆(Philip A. Wickham)创业模型

Wickham 创业过程模型是由创业者、机会、资源、组织四个要素构成的，创业者处于创业活动的中心地位，是创业活动主导者，其作用在于识别和确认商业机会，整合和管理创业资源，创立和领导创业组织。其基本任务就是有效地管理机会、资源和组织之间的关系。

创业者管理的重心是使组织不断适合所要开发的机会，整合资源以形成组织，将资源集聚于追逐的商业机会。资源、机会、组织间的动态平衡是创业者有效管理的目标。同时，创业过程是一个不断学习的过程，创业组织不仅要对商业机会做出及时的反应，还要根据变化的情势及时总结、积累、调整，要通过"干中学"，在不断地成功与失败中学习和锤炼，从而不断发展、完善和壮大。见图 2-2。

创业活动

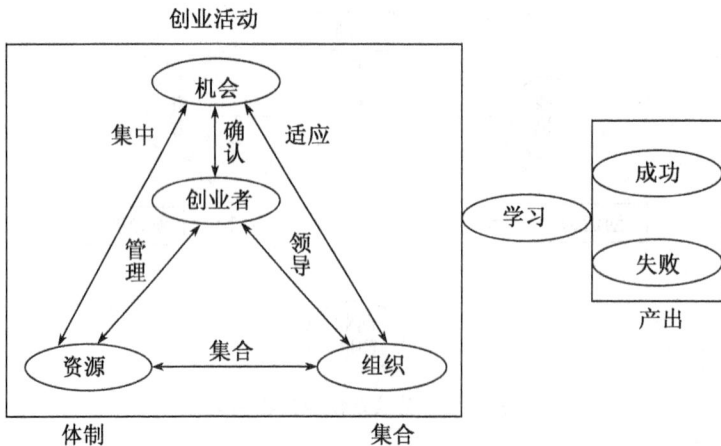

图 2-2 威克姆创业过程模型

3. 加特纳(Gartner)创业模型

William. B. Gartner 于 1985 年在其名篇《描述新企业创立现象的理论框架》(*A Conceptual Framework for Describing the Phenomenon of New Venture Creation*)中提出了创业过程理论模型。见图 2-3。

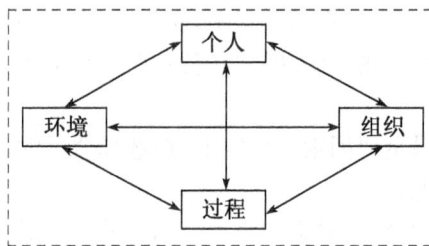

图 2-3 加特纳创业过程模型

加特纳认为描述新企业创立主要包括四个维度:个人,即创立新企业的个人;环境,围绕并影响组织的情势;组织,即所创立的新企业;过程,指个人所采取的创立新企业的行动过程。任何新企业的创立都是这四个要素相互作用的结果。

Gartner 的创业过程理论模型突破了尝试识别创业者特殊人格特质研究的局限,率先从创业过程复杂性出发解释创业过程,比较全面地概括了创业过程的构成要素,为后续的创业过程理论模型提供了雏形。然而,该模型侧重创业过程的复杂性,只对一系列的构成要素进行集合(四个维度下的变量总数达 50 个以上),模型显得非常复杂,未能清晰阐释各要素之间的相互作用关系。

此外,较为典型的创业过程模型还有:

萨尔曼(Sahlman)创业过程模型。该模型的核心思想是强调人、机会、交易行为以及外部环境四要素之间的协调整合,共同促进创业的成功。

克里斯蒂安(Christian)创业模型。借鉴 Timmons 模型的思路,Christian(2000)提出了基于创业者和新企业互动的创业过程理论模型,认为创业者与新企业是创业过程的关键构成要素,创业过程实质上是在外部环境作用下的创业者与新企业的紧密互动过程。

Holt 与 Olive 结合企业生命周期理论构建了创业过程理论模型。Holt(1992)从企业生命周期出发,认为创业过程会经历四个阶段——创业前阶段(pre-start-up stage)、创业阶段(start-up stage)、早期成长阶段(early growth stage)及晚期成长阶段(later growth stage),并指出各阶段不同的活动内容与重点;而 Olive(2001)则从个人事业发展角度将创业过程区分为八个阶段,分别是:① 决定成为创业者;② 精选创业机会;③ 对创业机会评估分析;④ 组建创业团队;⑤ 制订创业计划;⑥ 拟订创业行动计划;⑦ 早期的运营和成长管理;⑧ 取得个人与公司的成功。Olive 主张创业管理的重点在于创建新企业,只要创业达成获利回收,就可算完成预期目标,至于该企业的永续经营,则不属于创业管理的范畴。

需要说明的是:第一,尽管学者们从不同角度提出了不同的创业过程模型,但是在创业实践中,创业过程实际上并没有一个固定的或严格遵循的模式。Reynolds(1995)的实证研究表明,① 创业活动的发生并没有一定的顺序;② 不同的创业个案各创业阶段所花的时间差异极大;③ 从长期看,并非所有创业行为都遵循一套固定的流程。第二,创业模型的构建很大程度上依赖于发达国家,尤其是以美国为背景的案例。由于国别及其环境的不同,这些模型能否在中国得到应用,需要时间和实践的检验。

我们应该立足于中国国情和创业实践,借鉴国外的研究成果,总结出符合我国国情的创业过程理论模型,以引领我国的创业实践。

(二) 创业阶段划分

创业过程包括创业者从产生创业想法到创建新企业或开创新事业并获取回报,涉及到识别机会、组建团队、寻求融资等活动,可大致划分为机会识别、资源整合、创办新企业、新企业生存和成长四个主要阶段。

1. 机会识别

创业机会识别是创业过程的核心,也是创业过程中最困难的、最没规律可循的一个环节。创业活动首先取决于个人是否愿意并决定创业,即个人是否有创业动机,进而才可能成为一名创业者;有了创业动机,创业者就需要细心观察、广泛获取信息并积极分析思考,从以往工作、市场调研或周边事物变化中发现问题,激发创意,找到机会。有市场价值的创业创意是百里挑一的,是对最初模糊的创业想法结合市场调研进行的理性分析、判断、选择、创新,最终形成比较成熟的某种创业设想。对于那些自认为看到的机会,创业者则需要对机会进行评估,以判断机会的价值。

2. 资源整合

资源整合是创业者开发创业机会的重要手段。成功的创业者不是贪图完全拥有资源,而是着眼于最大化整合外部资源,控制并高效使用资源。为此,首先要吸引和凝聚志同道合者组建优势互补的创业团队,单打独斗很难成就大业;其次,要尽可能多接触各种信息与资源渠道,诸如专业协会及团体、政府部门、银行和担保机构等,这些渠道与机构不仅拥有所需要的资源,而且可以帮助评估创业机会与潜力,并可以尽早让创业计划到位;再次是要围绕创业机会设计出切实可行的商业模式,向潜在的资源提供者陈述清晰而有吸引力的盈利模式,必要时需拟订详细的创业计划,根据合理的资金预算,善用各种渠道去募集充足的创业资金,筹集其他创业所必需的资源,诸如专业人才、技术、设备、原材料等等;最后,还必须考虑并落实上下游的原材料供货与产品/服务销售渠道。

3. 创办新企业

创办新企业首先必须选择适合创业大计的法定组织架构,是独资或是合伙创业,是有限责任公司或是股份有限公司制,公司的起始资本额如何筹集与分配等,完成公司的制度设计。接下来最重要的就是选择经营地址。专家的看法是,不论创立任何企业,地点的选择都是决定成败的一大要素,尤其是以门市为主的零售、餐饮等服务业,店面的选择往往是成败的关键。可以说,好的选址等于成功了一半。然后,必须了解创业的有关法律,主要包括专利法、商标法、著作权法、反不正当竞争法、合同法、产品质量法、劳动法等,以及工商、税务等法律法规,了解掌握经济以及经营管理等相关知识。最后,选择好品牌和公司名称,确定进入市场的途径,通过法定的程序完成公司注册登记,正式建立公司,进入企业实际操作过程。

4. 新企业生存和成长

新企业一旦进入市场就面临极为严峻的挑战。首要的任务是如何争取到第一位顾客,如何从竞争对手手中将顾客争夺过来,这意味着新企业要为顾客创造更大的价值,意味着为获得同样的收益新企业要付出更多的代价和成本。

确保生存是新企业成立初期的首要目标,新创企业关键的生存期为 2～3 年。在这 2～3 年中,新企业易遭遇资金不足、团队分裂、员工流失等多种风险,要想方设法降低和化解创业初期阶段的风险,同时还需要考虑企业成长,不成长就不可能生存得更长远,面临激烈竞争时尤其如此。为此,必须管理好保持企业持续成长的人力资本,及时实现从创造资源到管好用好资源的转变,培育和形成比较固定的企业价值观和文化氛围,依靠创业团队、市场和组织资源等,使机会的价值得到充分实现,并不断地开发新的机会,实现企业的健康可持续发展。

四、创业精神的本质、来源、作用与培育

创业精神(entrepreneur spirit/entrepreneurship)是创业者在创业过程中的重要行为特征的高度凝练,主要表现为勇于创新、敢当风险、团结合作、坚持不懈等。

(一) 创业精神的本质

创业精神概念最早出现于 18 世纪,其含义一直在不断演化。经济学家约瑟夫·熊彼特(Joseph Schumpeter,1883～1950)专门研究了创业者创新和追求进步的积极性所导致的动荡和变化。熊彼特将创业精神看作是一股"创造性的破坏"力量,创业者采用的"新组合"使旧产业遭到淘汰,原有的经营方式被新的、更好的方式所摧毁。而今天大多数经济学家都认为,创业精神是在各类社会中刺激经济增长和创造就业机会的一个关键因素。

创业精神的本质至少包含了四个方面的关键要素。

1. 勇于创新

创业的本质是创新,因此创业精神的核心首先应当体现为创新精神,不断创新、追求卓越。管理学大师彼得·德鲁克(Peter Drucker)认为:"创业就是要标新立异,打破已有的秩序,按照新的要求重新组织","创新和创业精神也必须成为维持我们组织、经济和社会生存所不可或缺的活动"。[1]

---

[1]　彼得·德鲁克.创业精神与创新.北京:人民出版社,1989.

创业就意味着创新，创新就意味着突破。这样的突破可能是产品创新（比如苹果手机），可能是技术创新（比如英特尔的芯片），可能是商业模式创新（比如亚马逊的网络图书销售）。如果忽视创业背后所蕴藏的创新、社会责任感等创业精神本质要义，将金钱作为创业的全部，那么这种创业很可能就会沦落为个体户或者是暴发户式的创业，而这种企业肯定是长不大的。

2. 把握机会

创业是不拘泥于当前资源约束、寻求机会、进行价值创造的行为过程。因此，创业精神表现为创业者不断地跟踪、关注环境的趋势和变化，而且往往是尚未被人们注意的趋势和变化，在获取尽可能多信息的基础上寻找新趋势和把握机会。因此，机会把握就成为创业者的首要任务。随着企业的发展，这种建立在个人基础上的机会把握意识和能力便会在更广阔的市场和更繁多的资源面前捉襟见肘。这时就需要建立一套完整的系统在制度上保证机会的识别和把握，以不断开发新的机会，创造更大的价值。

3. 敢当风险

创业精神是一种善于捕捉和利用机会，敢于承担风险，为创造某种新的价值，竭尽智慧勇往直前的文化与心理过程。市场经济的不确定性和企业间的激烈竞争，使得创业过程必然面临多种风险，没有敢当风险的胆识，创业就无从起步。

任何事业的成功都不可能一蹴而就、坐享其成，只有坚韧不拔、卧薪尝胆、求真务实，才能有所创造；只有敢想敢干、敢冒风险、敢担责任，才能有所作为。甘冒风险并不是说创业者必须"主动寻找风险、主动拥抱风险"，而是要有敢于承担风险的胆识，善于降低乃至规避风险的能力，以保证企业的生存和健康发展。

4. 团结合作

世界上数不清的宏伟事业都是集体智慧和劳动的结晶，一个没有合作精神的人是成就不了大的事业的。团结合作和齐心协力是创业成功的关键一环，一个成功的创业企业必定有一支团结合作的创业团队，而且必定有良好的团队之间的合作意识。北京中关村曾有不少企业在合伙创业大道兴旺发达之际分家各当老板，结果纷纷垮台。这说明依靠合作能创业，没有合作事难成。

潘石屹就曾总结创业需要的第一个品质就是团结和合作的品质。作为一个创业者，或是一个普通打工者，都要把团结、合作、尊重别人放在第一位，这种品质在今天比任何一种品质都重要。对自己要有自信，对别人就要有尊重、团结、合作的精神。创业时只有把自己的位置放低、放下身段，才能吸引周围的力量来帮助你。设想一下，如果一个人骄傲自大，总认为自己各方面都比别人更胜一筹，周围的力量还会去帮助他吗？创业需要好多人帮助才能成功，如果你端着架子，谁都看不起，这样的人是不适合创业的。

合作精神要求为人诚信。诚则心凝，伪则心散，精诚所至，金石为开。为人处事，应当说到做到，言必信，行必果。彼此之间都能以诚相待，信守承诺，才能实现真诚的合作。

合作精神要求为人宽容。要顾全大局，不要斤斤计较个人得失；要律己严、责人宽，对别人的缺点和错误不要过分挑剔。

5. 自我超越

自我超越就是追求卓越，就是创优，这体现了创业精神的归宿。没有自我超越的信念，就无法确定创业精神与社会需要之间的价值关系，难以使创业的理念变成现实，也无法实现创业的根本价值。从本质上讲，自我超越的目的就是不满足于停留在小规模或现有的规模上，而是希望创业企业能够可持续增长，不断地创造价值和财富，追求卓越。自我超越是创业者不断设立新的、更高的目标，推动企业不断创新，更加有效地整合多种资源，在变化的环境中保持竞争优势，从而在激烈竞争的市场环境中更好地生存和发展。

除上述五方面要素外，创业精神还应表现为坚持不懈、艰苦奋斗、社会责任感等。

1993年3月31日，江泽民同志在八届人大一次会议闭幕式上就提出64字创业精神，"解放思想、实事求是，积极探索、勇于创新，艰苦奋斗、知难而进，学习外国、自强不息，谦虚谨慎、不骄不躁，同心同德、顾全大局，勤俭节约、清正廉洁，励精图治、无私奉献"。[①] 这些都应该成为新时期我们推进现代化建设，所要大加倡导和发扬的创业精神。

(二) 创业精神的来源

创业精神来源于多个方面，同时创业精神主要是在学习和实践中，尤其是在创业实践过程中逐步培育、发展和形成的。

就个体而言，创业精神来源于创业者个性特质、认知模式、教育培训和工作经验影响。

1. 创业者个性特质

个性特质主要由创业者素质(包括政治素质、品德素质、知识素质、心理素质、身体素质等)和创业者能力(包括经营决策能力、沟通协调能力、专业技术能力、开拓创新能力等)这两方面因素所决定，创业者个体特质差异对创业精神的培育与形成有着重要的、内在的影响。McClelland(1961)对创业者和其他群体在成就需要方面的比较研究表明，创业家的出现和成就之间需要有高度相关性。

2. 创业者认知模式

研究表明创业者在一些认知过程中与其他人有差异，创业者在评价商业情景时更显乐观，他们通常把商业情景归类为具有优势的机会。由于创业者经常处在新的、复杂的、可能产生信息超载的环境中，而且工作时间长、经常疲劳、体验到高度的压力和紧张，对理想和业务具有强承诺，周期性地处在考验其认知能力极限的环境中，因而增强了他们对机会、对风险、对各种偏差或误差的易感性。

3. 创业者资源禀赋

创业者的资源禀赋包括创业者所能拥有或能够筹集到的物质资本、社会资本和人力资本。资源禀赋是创业精神形成的资源保障，丰富的物质资本是创业精神形成的物质保障，多样化的社会资本是创业精神形成的重要社会关系保障，先进的人力资本是创业精神形成的智力保障，企业资源是创业精神萌生、形成、提升的水份和营养。

4. 教育、培训和工作经验影响

研究表明，创业者经过教育和培训过程，有系统地学习各项创业所需的技能，其创造力与思维能力因受教育而有效提升，工作经验(包括创业经验)则有助于创业者进行创业决策。Jo H. 等人(1996)通过对韩国48家新生企业的研究，发现在早期阶段，创业者背景与企业绩效相关，有过更好教育和更多商业经验的创业者经营的企业利润较高；没有良好教育背景，只有初创、管理和高成长经验的创业者经营的企业的利润较低，在企业的成长阶段，也有相同的效应。Charney 和 Libecap(2000)通过对美国亚利桑那大学创业学专业与商学院其他专业毕业生的

---

① 中共中央文献研究室．十四大以来重要文献选编：上册[M]．北京：人民出版社，1996：248．

跟踪调查证实,创业教育确实能有效提高大学毕业生的创业能力、创富能力和职业生涯的发展空间。[①]

下面的案例,可以清晰地看到创业者个性特质、认知模式、资源禀赋、教育培训和工作经验对创业过程的综合影响。

案例 2 - 3:从"电池大王"到"汽车大王"[②]

一个占地 2.387 平方千米的电动汽车项目,即将在深圳、惠州两市交界处拔地而起,那是 2010 年 7 月 30 日正式挂牌的深圳比亚迪戴姆勒新技术有限公司。戴姆勒和比亚迪将以双方共同创立及拥有的品牌,将新一代电动汽车推向市场,并计划于 2013 年推出首款新能源奔驰汽车。

王传福,比亚迪的创始人,早年只是一位从安徽无为农村走出来的穷小子。2009 年胡润富豪榜排名第一人物:个人财富,350 亿元;领域:汽车、手机零部件、充电电池。

看准机会　辞职创业

1987 年 7 月,21 岁的王传福从中南工业大学冶金物理化学系毕业进入北京有色金属研究院工作。1992 年,26 岁的王传福被破格委以该研究院 301 室副主任的重任,成为当时全国最年轻的处长。

1993 年,研究院在深圳成立比格电池有限公司,由于与王传福的研究领域密切相关,王传福顺理成章地成为公司总经理。

在当时,日本充电电池一统天下,国内的厂家大多是买来电芯搞组装,利润少,几乎没有竞争力。如何打开局面? 经过认真思考,王传福决定依靠自身技术研究优势,从一开始就把目光投向技术含量最高、利润最丰厚的充电电池核心部件——电芯的生产。事实证明,王传福这一招可谓是后发制人、一招致命。

正在寻求快速发展之道的王传福在一份国际电池行业动态报告中发现,日本宣布本土将不再生产镍镉电池,而这势必会引发镍镉电池生产基地的国际大转移,并带来全球电池产业的新格局。王传福立即意识到这将为中国电池企业创造前所未有的黄金时机。镍镉电池经济耐用,是一种非常理想的直流供电电池,正因为日本的退出,国际镍镉电池的缺口正在扩大,其市场前景毋庸置疑。

在有了一定的企业经营和电池生产的实际经验后,王传福坚信,技术不是什么问题,只要能够上规模,就能干出大事业。于是,王传福作出了一个惊人的决定——脱离比格电池有限公司,自主创业。

1995 年 2 月,王传福从做投资管理的表哥吕向阳那里借了 250 万元钱,注册成立了比亚迪科技有限公司,领着 20 多个人在深圳莲塘的旧车间里扬帆起航。

那时,日本的一条镍镉电池生产线需要几千万元投资,再加上日本禁止出口,王传福买不起也根本买不到这样的生产线。但世上无难事,只怕有心人。王传福根据企业的特点,充分利用中国人力资源成本低的优势,自己动手建造一些关键设备,然后把生产线分解成一个个可以人工完成的工序,结果只花了 100 多万元人民币,就建成了一条日产 4 000 个镍镉电池的生产线。

① Charney, A., Libecap, G. D. Impact of Entrepreneurship Education. *Insights: A Kaufman Research Series*[R]. Kauffman Center for Entrepreneurial Leadership, 2000.

② 田志明,黄应来. 内地新首富王传福解码:从电池大王到汽车狂人[N]. 南方日报,2009 - 10 - 02.

比亚迪的总体成本比日本对手降低了 40%。利用成本上的优势,比亚迪逐步打开了低端市场。为进驻高端市场,争取到大的行业用户和大额订单,王传福不断优化生产工艺、引进人才,并购进大批先进设备,集中精力搞研发,使电池品质稳步提升,销量不断上升。

1997 年,创业仅仅两年,比亚迪公司镍镉电池销售量达到 1.5 亿块,排名上升到世界第 4 位。

2000 年,王传福投入大量资金开始了锂电池的研发,很快拥有了自己的核心技术,并成为摩托罗拉的第一个中国锂电池供应商。

目前,比亚迪以近 15% 的全球市场占有率成为中国最大的手机电池生产企业,在镍镉电池领域全球排名第 1,镍氢电池领域排名第 2,锂电池领域排名第 3。

产业转型　不断超越

2003 年 1 月 23 日,比亚迪以 2.7 亿元收购了西安秦川汽车有限责任公司 77% 的股份,从而成为继吉利之后国内第二家民营轿车生产企业。

王传福认为,国内私家车市场每年增长 60% 以上,不做简直没有天理,所以"我下半辈子就干汽车了"。消息传出后,全无汽车生产经验的比亚迪遭到了很多人的质疑和反对。

无论是公司高管,还是将比亚迪带到香港上市的瑞银亚洲区主席蔡洪平,几乎一致强烈反对;收购秦川消息宣布后,比亚迪的股价连跌 3 天,由 18 港元跌至 12 港元。

但是王传福对此无比坚定。在王传福看来,汽车业恰恰就是比亚迪未来所依靠的新突破。

王传福认为,比亚迪的电池销售已经快要到达"瓶颈"期了,不可能再有什么大的发展。在这种情况下,要想公司长远发展,获取更多的利润,只有考虑公司的转型。

2007 年,王传福甚至放言说汽车业务要做"两个第一":"2015 年要成为中国第一、2025 年全球第一"。

2008 年 9 月,巴菲特宣布以 18 亿元人民币认购比亚迪的 10% 的股份,比亚迪声名鹊起。

根据比亚迪公布的 2010 年年报,这家手机电池大王及汽车业新秀实现营业收入 467 亿元,同比增长 18%,其中,汽车业务收入 216 亿元,占营业收入 46%。

截至 2011 年,短短 8 年里,比亚迪飞速跨过了 100 万辆的销量门槛,跻身汽车企业的"百万俱乐部"。

(三) 创业精神的作用

1. 创业精神是推动社会经济转型的原动力

富有创业精神的创业者采用"新组合"打破原有经营方式,代之以新的、更好的经营方式,乃至推动转型升级;或成功创办各类小微型企业,创造就业机会、增加收入和减少贫困。正是基于此,各国政府对创业的支持已成为一项极为重要的国家发展战略。根据对世界经济发展历史的考证,世界上经济发达的国家大都是创业精神强劲的典范。有的国家在现代化追赶时期,其创业精神大都表现强劲,这主要得益于国家政策创新释放了人们的创业精神;有的国家存在持久而强劲的创业精神,这主要得益于整个社会文化氛围的影响和人们价值追求。

欧洲新教徒迁移美国后,焕发出空前的创业热情,使得美国市场经济得以确立,企业得以创立,近代资本主义经济得以繁荣和发展。这种创业精神是美国爆发第二次、第三次技术革命的思想基础和精神动力。创业精神与高新技术相结合更是美国保持世界经济领先地位的"秘密武器"。

以色列只有 1.5 万平方千米国土面积和 710 万人口,却是全世界创业公司密度最高的国家,人均创业投资是美国的 2.5 倍、欧洲的 30 倍、中国的 80 倍、印度的 350 倍。更令人惊讶的是,该国在纳斯达克上市的新兴企业总数超过欧洲在纳斯达克上市的新兴企业总和,甚至超过日本、韩国、中国、印度四国的总和。仅 2008 年,以色列就吸引了近 20 亿美元的风险资本,相当于英国 6 100 万人口所吸引的风险资本,或德国和法国合计 1.45 亿人口所引入的风险资本总额。

在中国,创业精神指数排名在前的地区大都是改革开放的前沿,是非公有制经济发展十分活跃的地区。根据近年来以中小微型企业为主体的非公有制经济对各省(区、市)GDP 的贡献率来看,贡献率超过 60% 的广东、江苏、浙江等省份均是私营企业户数超过 70 万户、注册资金总额超过 2 万亿元的地区,并在地区 GDP、城乡居民工资性收入和财产性收入、拥有百强县数量等方面的排名皆位于全国前列。①

经济结构不合理,一个重要根源就是资源的非均衡配置。创业是将不同资源加以整合、开发利用并创造价值的过程。在市场经济条件下,创业者往往能够敏锐地发现市场在资源配置方面的"失误",创业者通过大量中小企业的创立和倒闭,会发现更多的市场机会,加速产品和服务的升级换代,更好地实现了市场供求平衡。而这种市场供求平衡的自发调整力量会促进社会资源优化的配置,进而优化经济结构,推动经济发展由粗放型向集约型转变。

2. 创业精神是个人实现人生价值的激励源

人活着应该有一定的梦想和追求,自我实现是人生追求的最高境界。马斯洛的需求层次论告诉我们,人类需要温饱、安全、关爱与归属感,但自我实现的最高需求层次则很少有人能够达到。

个人创业对于今天的中国则具有更为现实的意义。在创业精神激励下,创业者从事自己愿意做的事,按自己的意愿开拓属于自己的事业。创业过程尽管艰辛但却能给创业者带来很多乐趣,当你的想法一步步得到实施,当你亲手创建的公司一天天成长,当你的财富一年年积累,当你的业绩一次次得到社会认可的时候,成就感、满足感和自豪感就会油然而生,人生的最大快乐莫过于此,人生价值得以在创业中实现。而且,当创业者的财富积累到一定的程度后,往往就会有更高层次自我实现的欲望,往往以自己的财富来造福他人、造福社会,个人的创业精神就会发挥得淋漓尽致,正如美国的比尔·盖茨、巴菲特,中国的陈光标等。

3. 创业精神是和谐社会的稳定剂

弘扬创业精神、促进企业家成长有利于推进社会主义和谐社会的建设。每个人的创业精神可以体现在创立个人事业、服务于国家和社会的大业中。一个具有创业精神的人,不管他在社会生活中从事什么样的工作,担任什么样的职务,都会有更高的积极性、更富于创造性,这正是构建社会主义和谐社会的力量之源。

构建社会主义和谐社会首要的任务就是消除社会中的不和谐或影响和谐的因素,而解决就业矛盾就是其中很重要的方面。就业是民生之本,创业是就业之基。就业离不开创业,创业是最积极、最主动的就业,创业者通过"自谋职位"和"自我雇佣"实现就业的倍增效应,在就业弹性不断下降的背景下,"以创业促就业"是解决我国就业问题,特别是农村大量富裕劳动力就业的根本途径,对于构建和谐社会具有深远的战略意义。和谐社会要求共同富裕,创业精神激

---

① 林泽炎.创业精神应该成为一种国家竞争优势[N].中华工商时报,2012-08-23.

励全民创业，有利于全体人民在更大程度上分享发展成果，共同拥有更多、更公平的发展机会，享有更具保障的生活，实现共同富裕。

创业精神将在新时期将发挥更大的作用，有利于加快经济发展方式转变，促进经济社会又好又快发展。

（四）创业精神的培育

培育当代大学生的创业精神是建设创新型国家和人力资源强国的战略举措，是深化高等教育教学改革、提高人才培养质量、促进大学生全面发展的重要途径。

1. 在全社会大力弘扬创业文化

建设创新型国家，培育大学生的创业精神，必须在全社会，尤其是大学校园大力营造创新创业文化氛围，为创新创业型人才成长创造良好的社会环境。

中国有着几千年的悠久历史和灿烂文化，中华大地物华天宝、人杰地灵，历史上名人辈出，积淀了深厚的历史文化资源。充分利用和开发这些资源，繁荣发展先进文化，加快人文精神建设，对于全社会进一步凝聚和弘扬创业精神，推动创新型国家建设，具有重要作用。

培育创业精神、弘扬创业文化，首先要破除官本位意识，打破学而优则仕、商而优则仕的传统观念。通过创业教育引导大学生走出官场，走向市场，成为全民创业的倡导者和先行者；其次，要破除计划经济意识的束缚，弘扬一种重商的社会文化，像浙江人一样敢于白手起家，争当老板，吃苦耐劳，甘冒风险，合作拼搏，积极向上，形成人人追寻商机，处处推崇创业文化，大力弘扬创业精神，创造无穷的社会财富；再次，要使艰苦创业、自主创业、全民创业成为当代思想文化的显著特征，形成家业殷实、企业兴旺、事业发达的生动局面，使全国人民进一步增添创业的勇气、创新的锐气、创优的志气，把社会各个阶层和全体建设者建设和谐社会的积极性充分调动起来，使一切有利于创新创业的愿望得到尊重，创业活动得到支持，创业才能得到发挥，创业成果得到肯定，为"小康社会"广开活力之源。

2. 构建并完善创业型经济体系

创业精神产生于特定的经济和政治体系中。诺贝尔经济学奖获得者罗伯特·蒙代尔认为，企业家精神的培养不仅需要领导力、创造力、冒险精神等这些来自企业家自身的内功，成长环境也同样非常重要。企业家所处的环境自由度对于塑造企业家精神非常重要，政府应该为企业家提供自由发展的环境。

政府应当深化体制机制改革以激发人们的创业精神，着力改善软环境，加大开放力度，加快转变政府职能，为创业者和企业创造公平竞争的市场环境，创造有利于千千万万企业家脱颖而出的环境。为此，必须加快消除制约创业的制度障碍，建立创业绿色通道，降低创业门槛，扩大和规范市场准入，减少行政审批，规范行政执法，切实降低创业成本。通过优化制度环境，从体制机制层面到政策法规层面全面构建并完善创业型经济体系，充分释放和激发民众的创业热情，让最稀缺的企业家资源充分配置，以创造最大的经济和社会价值。

构建并完善创业型经济体系还必须建立健全创业服务体系，落实《中小企业促进法》，建立对创业辅导等小企业服务体系的财政支持制度，通过政府购买服务的方式，引导各类社会中介组织为创业者提供服务。根据各地产业布局和资源优势，加快建立健全为创业者提供服务的专门机构，尽快建立一支创业辅导专业队伍，支持创业辅导（孵化）基地建设，为小企业提供创业咨询、创业培训、政务代理、市场开拓、信息咨询等一条龙服务，努力形成功能完备的创业辅导服务网络。根据企业创业期出现的问题，适时提供管理咨询、法律咨询、技术支持等服务，提高创业者的创业能力和创业小企业的成活率。

3. 全面实施正规的创业教育

创业精神成为推动美国经济持续发展的一个重要因素,在很大程度上依赖于正规的创业教育。

我国创业教育的落后一度严重制约着大学生创业精神的培育和发展。2012年8月1日,教育部下发《普通本科学校创业教育教学基本要求(试行)》,强调面向全体高校学生开展创业教育,创业教育落后的状况被有力改变。

近年来,随着我国发展进入"新常态",国内经济下行压力持续加大,必须通过大众创业、万众创新,充分激发和释放新的消费潜力,唤醒社会资本投向新技术、新产品、新业态和新商业模式,加速中国经济结构转型升级。在此背景下,创业教育显得更加突出和重要。

2014年9月,在夏季达沃斯论坛上,李克强总理就提出,要在960万平方公里土地上掀起"大众创业""草根创业"的新浪潮;2015年3月5日,李克强总理在政府工作报告中又一次强调提出:推动大众创业、万众创新;[①]2015年7月,李克强总理更是一周之内三提"创新创业":"大力推动大众创业、万众创新,支持创新型企业特别是创新型小微企业发展,让各种创新资源向企业集聚,让更多金融产品和服务对接创新需求,用创新的翅膀使中国企业飞向新高度。"[②]

因此,"十三五"期间"大众创业、万众创新"将是长期性战略任务。高校应在"创新引领创业、创业带动就业"战略实施中发挥更大的作用,在高等院校实施正规的创业教育,把创业教育融入人才培养体系,贯穿人才培养全过程,中小学也应开始重视创业意识和创业能力的培养,同时在全社会开展多层次的创业知识培训,促使社会成员普遍具有良好的创业意识、创业精神和创业能力,形成赞赏创业、支持创业的社会氛围,从而逐步形成新的社会风尚和价值体系。

案例2-4:思路创新决定创业成败[③]

两个青年一同开山,一个把石块儿砸成石子运到路边,卖给建房人,另一个直接把石块运到码头,卖给杭州的花鸟商人。因为这儿的石头总是奇形怪状,他认为卖重量不如卖造型。三年后,卖怪石的青年成为村里第一个盖起瓦房的人。

后来,不许开山,只许种树,于是这儿成了果园。每到秋天,漫山遍野的鸭儿梨招来八方商客。他们把堆积如山的梨子成筐成筐地运往北京、上海,然后再发往韩国和日本。因为这儿的梨汁浓肉脆,香甜无比,就在村上的人为鸭儿梨带来的小康日子欢呼雀跃时,那个曾卖过怪石的人卖掉果树,开始种柳。因为他发现来这儿的客商不愁挑不上好梨,只愁买不到盛梨的筐。五年后,他成为第一个在城里买房的人。

再后来,一条铁路从这儿贯穿南北,这儿的人上车后,可以北到北京,南抵九龙。小村对外开放,果农也由单一的卖果开始发展果品加工及市场开发。就在一些人开始集资办厂的时候,那个人又在他的地头砌了一道三米高百米长的墙。这道墙面向铁路,背依翠柳,两旁是一望无际的万亩梨园。坐火车经过这里的人,在欣赏盛开的梨花时,会醒目地看到四个大字:可口可

①　李克强政府工作报告[EB/OL]. 人民网—人民日报. http://politics. people. com. cn/n/2015/0306/c1024 - 26645424. html,2015 - 03 - 06.

②　李克强何以一周三提"创新创业"[EB/OL]. 中国政府网. http://news. nen. com. cn/system/2015/07/19/ 018171066. shtml,2015 - 07 - 19.

③　穆林. 创业,先要炼就一双好眼睛[EB/OL]. 阿里巴巴创业资讯. http://blog. china. alibaba. com,2008 - 04 - 18.

乐。据说这是五百里山川中唯一的一个广告,那道墙的主人仅凭这座墙,每年又有四万元的额外收入。

20世纪90年代末,日本一著名公司的人士来华考察,当他坐火车经过这个小山村的时候,听到这个故事,马上被此人惊人的商业化头脑所震惊,当即决定下车寻找此人。当日本人找到这个人时,他正在自己的店门口与对门的店主吵架。原来,他店里的西装标价800元一套,对门就把同样的西装标价750元;他标750元,对门就标700元。一个月下来,他仅批发出8套,而对门的客户却越来越多,一下子发出了800套。

日本人一看这情形,对此人失望不已。但当他弄清真相后,又惊喜万分,当即决定以百万年薪聘请他。原来对面那家店也是他的。

第二节　知识经济发展与创业

一、经济转型与创业热潮的关系

(一) 经济社会发展不同阶段创业活动的特征

陈世清(2005)认为,人类社会经济发展过程可以视为人类创业的过程。人类创业经历了两大阶段:生存创业与生态创业。

人类第一次创业过程是生存创业,是指以实物和能源为主要的生产要素,以求生存为主要目的。这种求生存的创业方式以实物和能源的大量不可再生性的开采、利用、消耗为前提,社会经济增长方式主要依靠产品运营、资产运营和资本运营,生存创业的结果就是当今世界现有的各类传统产业。

20世纪90年代后,随着以信息社会和知识经济为特征的新经济时代的到来,社会经济发生着一系列深刻的变化,人类社会迎来了第二次创业——生态创业。第二次创业知识成为最重要的生产要素,知识运营成为知识经济时代的经济增长方式。所谓知识运营是指,通过知识对其他生产要素的渗透和整合,使知识在生产系统中占主导,使知识产业成为先导与主导产业,用知识经济的成果去改造传统产业是这一时期的显著特征。

二次创业本质上就是以知识产业为龙头,对人类第一次创业的成果——传统产业,按生态原则重塑改造为途径,以人与环境的协同为基础,以人类可持续发展为目标,以人的全面发展为归宿。[①] 在微观企业层次上,二次创业就是用知识运营带动资本运营,用资本运营带动资产运营,用资产运营带动产品运营,用产业结构升级带动产品更新换代。

改革开放以来,我国经济快速发展,成就举世瞩目。但其弊端也很明显:过分依赖资源投入,过分依赖低廉密集的劳动力,长期以来以中低科技为主,处在产业链前端和价值链低端,自主创新能力弱,缺乏核心技术和自主品牌,产品附加值低,生产方式粗放,大量消耗能源和严重环境污染。在当今国际竞争日趋激烈、人民币不断升值、劳动力价格不断提升、能源危机、生态

---

① 陈世清.经济领域的哥白尼革命[M].北京:中国时代经济出版社,2005.

恶化、中小企业生存日益困难的环境中，这种经济发展模式可以说已经走到了尽头，以二次创业推进中国经济转型、传统产业升级改造迫在眉睫。

当前我国的经济转型就是要从生存创业到生态创业的转型，从工业经济到知识经济的转型，从计划经济到市场经济的转型，市场经济核心机制从价格到价值的转型。[①]

（二）经济转型是创业热潮兴起的深层次原因

长期以来，创业被认为是促进创新和经济发展的动力。创业不仅关乎国家的兴衰，更是企业创造价值和保持竞争力的重要手段，是经济体"进化和再生"的主要动力。

面对经济转型和全球化激烈竞争的迫切需要，各国的竞争都聚焦在创业与创新水平上。创业是高新技术最终转化为现实生产力的桥梁，创业已成为一国经济持续发展的原动力和国家竞争力的源泉。创业者往往面对资源匮乏和不确定的市场风险，尤其需要通过创业与创新超越自身拥有资源的限制，运用社会资本、市场机会、领导才能和大胆创意，来实现资源在更大范围内的整合和价值创造。创业活动有效促进了科技成果向现实生产力的转化，使经济增长建立在多层次创新基础之上，从而为社会发展注入新的活力，有力推动了经济转型和社会进步。

顺应这一趋势，理论界也从基于商业领域内小企业创业的企业家精神出发，不断丰富着企业家精神的内涵，提出了基于公司型创业的公司企业家精神（corporate entrepreneurship）和基于社会非赢利组织创新的社会企业家精神（social entrepreneurship），分别关注大企业组织创新、新事业开拓途径和社会非赢利组织的创新问题，旨在建设创业型企业、构建创业型经济甚至是创业型社会。[②] 彼得·德鲁克指出，创业型社会的出现可能是历史上一个重要转折点，"在过去 10～15 年间出现在美国境内的创业型经济形态是近代经济与社会史上所发生的最重要、最能给人希望的事件"。

可见，知识经济、经济转型催生了创业热潮兴起，也为创业带来了不可多得的机遇。反过来，大量中小企业创业、市场化资源配置方式又成为经济转型、产业结构升级最重要的推手，创业在经济转型中的地位和作用更加突出，创业者成为经济转型的重要推动力量。

二、创业活动的功能属性

创业具有推动社会经济发展、增加就业、促进创新、创造价值等功能，同时也是解决社会问题的有效途径之一。

（一）推动社会经济发展

伴随着一浪高过一浪的创业热潮，中国的改革开放自 20 世纪 80 年代以来取得了前所未有的巨大成就，综合国力稳步提高，大批中小企业不断创立与发展，成为影响中国经济发展的关键因素。

一个社会创业活动发展得越好，人们的物质、文化生活水平也就越高，从而推动社会经济的繁荣与发展。因此，创业是经济增长的一个积极的促进因素。经济增长必然引起一系列产

①　陈世清. 对称经济学［M］. 北京：中国时代经济出版社，2010.
②　张玉利，杨俊. 国外企业家精神教育及其对我们的启示［J］. 中国地质大学学报：社会科学版，2004(8).

业结构、经济结构乃至社会结构的变化,而一系列的产业结构、经济结构乃至社会结构性变化又反过来可以推动经济的增长。当前中国经济结构调整的重点是发展高新技术产业和传统产业的升级改造,大量成功的创业企业必然会为社会经济注入新鲜活力,有利于促进整个社会生产力的发展。

创业活动有利于社会资源的合理配置,从而推进经济结构的战略性调整。创业企业要能够在市场中生存并获得发展,必须具备很强的竞争力,这就加剧了行业内竞争,形成优胜劣汰的局面。竞争的结果有利于资源向经营良好、效率更高的企业流动,从而促进社会资源的合理配置,产生较高的社会效益,推动社会主义市场经济的快速发展。

创业成功有利于促进知识向现实生产力的转化。一个国家知识密集型企业所占比重的大小,往往反映出这个国家科技实力与综合国力的强弱。知识密集型企业能够为社会带来相对较高的附加值,创造更多的社会财富。在当今中国,更多的创业企业正逐渐由具有较高知识水平的创业者创办,知识与管理已经成为重要的资本参与企业的分配。因此,创业成功有利于知识向资本的转化,资本借助知识又能发挥更强大的作用,这将有力地促进经济发展、财富增长和结构调整,提升国家整体竞争优势。

(二) 带动就业

扩大就业渠道、缓解就业压力是创业在经济社会发展中所发挥出来的一种非常重要的功能和作用。就业是民生之本,是人民改善生活的基本前提和基本途径。我国有 13 亿人口,是世界上人口最多的国家,就业压力在世界首屈一指。目前,中国的改革正进入攻坚阶段,产业结构正进行优化和调整,在这个重大经济转型期就业矛盾十分突出。

根据教育部、人保部门最新统计数字显示,近年大学毕业生就业形势非常严峻:2000 年,全国高校毕业生只有 107 万人;2003 年,毕业生人数首次突破 200 万人;2009 年突破 600 万人,2012 年 680 万人再创新高[①],2016 年全国高校毕业生人数可能达 770 万人,是新中国成立以来大学毕业生最多的一年。2016 年全国将有 1 000 万大学生在找工作。[②]

实施扩大就业的发展战略,促进以创业带动就业。这是基于中国国情,将过剩的劳动力资源转变为创造财富的人力资本,是我国转变经济增长方式的必然选择。

大学生是国家宝贵的人才资源,是全社会最富活力和创造力的群体。习近平致 2013 年全球创业周中国站活动组委会的贺信中指出:"青年学生富有想象力和创造力,是创新创业的有生力量。希望广大青年学生把自己的人生追求同国家发展进步、人民伟大实践紧密结合起来,刻苦学习,脚踏实地,锐意进取,在创新创业中展示才华、服务社会。"[③]李克强总理也多次强调指出:"教育部门和广大教育工作者要认真贯彻国家决策部署,积极开展教学改革探索,把创新创业教育融入人才培养,切实增强学生的创业意识、创新精神和创造能力,厚植大众创业、万众创新土壤,为建设创新型国家提供源源不断的人才智力支撑。"[④]

① 张丽华,杨明方.2012 年大学生毕业生人数 680 万再创新高[N].人民日报,2012-04-13.

② 冷清秋.2016 年预计大学毕业人数 770 万,有千万学生抢饭碗[EB/OL].聚高校新闻.http://xinwen.jgaoxiao.com/daxueshenghuo-xiaoyuanxinwen-41754.html.

③ 习近平寄语青年学生:在创新创业中展示才华[EB/OL].新华网.http://news.jschina.com.cn/system/2013/11/08/019221156.shtml.

④ 李克强.把创新创业教育融入人才培养[EB/OL].中新网.chinanews.com/shipin/2015/10-20/news604505.shtml.

据权威部门统计，每创业成功1人并稳定经营1年以上，平均带动5人就业。可见，促进以创业带动就业，不仅使创业者通过"自谋职位"和"自我雇佣"实现就业，而且实现了就业倍增效应，这是就业工作中最活跃、最有效的国家战略。

以微软为例，1975年盖茨和艾伦以3 000美元创业，到了1980年，微软员工达到38人；而截至2008年底，微软的全球员工总数达到创纪录的95 664人。[①] 联想1984年创业，最初是只有11个人、20万元资金的小公司；2014年10月26日，中国民营企业500强榜单发布，联想控股有限公司以2 266.46亿元的营业收入和综合实力名列第二，员工总数62 611人（含国际员工8 300人）。[②] 娃哈哈1987年由宗庆后与两名退休老师，靠着14万元借款创业起步；2015年8月25日，全国工商联在北京发布了"2015中国民营企业500强榜单"，杭州娃哈哈集团有限公司以720亿元的年收入获得第31位排名，拥有总资产300亿元，员工30 000人。[③] 由此可见创业的就业倍增效应多么巨大。

（三）促进创新

彼得·德鲁克指出"创业者首先需要具有创新精神"。据科技部、发改委和国家统计局等相关部门统计数据，全国每年取得的约3万项重大科技成果中，平均转化率仅为20%，实现产业化不到5%；高校科技成果转化率不到10%。[④] 而创业正是将创新成果转化为现实生产力的最有效途径，不仅如此，创业还可以进一步促进新发明、新产品或新服务的不断涌现，创造出新的市场需求，从而进一步推动和深化创新，提高了企业和整个国家的创新能力，推动经济增长。

创业之所以能够推动创新，首先在于激烈的竞争和短暂的超额利润压力使得企业不得不创新，不创新就难以生存；其次，市场对创新的奖励是超额利润和持续发展，而对于在创新方面落后企业的惩罚则是淘汰出局。因此，对于创业者来说，要想生存和发展，唯一方法就是持续不断地创新，没有创新的企业生存空间就会不断缩小，就不可能产生自己的核心竞争力，维持必要的竞争优势，将被无情地淘汰出局。

（四）创造价值

创业，让一切劳动、知识、技术、管理和资本的活力竞相迸发，一切创造社会财富的源泉充分涌流，因而创造出巨大的价值。如果能在全社会形成鼓励创业、勇于创业、善于创业的氛围，则必然促进千千万万创业企业家的涌现。一个企业家的产生为社会带来的可能仅仅是一个企业的发展，少量社会就业岗位的产生，但大量创业企业家的产生必定会对整个国民经济繁荣发展、对富民强国基本国策产生巨大的推动作用。

例如，自上世纪70年代以来，随着美国创业活动的蓬勃兴起，美国全国总财富从1970年的5 500亿美元增长到了2009年的14多万亿美元，财富总值中超过95%是从1980年开始创造的。这充分显现了创业创富、创造价值的巨大潜力。

---

① 美国经济危机备忘录[EB/OL]. http://blog. sina. com. cn/s/blog_4aefb05d0100cbra. html,2009－02－06.

② 中国民营企业联合会,中国统计协会,中国管理科学研究院企业研究中心. 2014中国民营企业500强[EB/OL]. 中国排行网. http://www. phbang. cn/finance/corporation/146058. html.

③ 中商产业研究院大数据库. 娃哈哈集团居2015年中国民营企业500强第31位收入720亿[EB/OL]. 中商情报网. http://www. askci. com/news/finance/2015/09/09/16533u69. shtml.

④ 成弈. 中国生物医药产业"十二五"将跨越式发展[EB/OL]. 中国经营网. http://www. cb. com. cn/1634427/20111116/299705_2. html.

案例 2-5："脸谱"的创富神话①

他在高中时放弃了百万美元年薪，毅然进入哈佛；他大学时是个宅男，但他创办的社交网络至今有 8.5 亿用户；他荣登全球福布斯富豪排行榜第 8 位，却一直住在租来的房子里；雅虎曾出 10 亿美元购买他的公司，可他说，Facebook(脸谱)是我的孩子，拒绝出售；28 岁的他曾和乔布斯、比尔·盖茨从容对话；他曾说："我的理想是接管世界。"

马克·扎克伯格(Mark Zuckerberg)出生于 1984 年，哈佛大学计算机和心理学专业辍学学生，是目前全球最年轻的自行创业亿万富豪，净资产超过 180 亿美元。

创建于 2004 年 Facebook 最初是马克为了方便看美女照而编写的 Facemash 网站。从一个哈佛校内网站，到全美人气最高的大学生社交网站，再发展为全球性的社交网站，仅仅用了 4 年时间。

2012 年 2 月 2 日，社交网站"脸谱"正式向美国证券会提交上市申请，该公司估值有望达到 1 000 亿美元。扎克伯格拥有 28.4% 的股权，若公司估值达到最高上限，他个人股票价值将高达 284 亿美元，投资者预言他的公司即将超越谷歌和微软！

新浪科技讯，2012 年 5 月 18 日晚间消息，Facebook 创始人、CEO 马克·扎克伯格今天在位于美国加利福尼亚州的 Facebook 总部敲响开市钟。此次 IPO 发行价为 38 美元，发售 4.2 亿股，融资规模将达 160 亿美元。按此发行价计算，Facebook 的估值为 1 040 亿美元，创下美国公司最高上市估值。Facebook 显然已经成为了互联网市场又一块重要的财富掘金地，"脸谱"的上市已造就了多名亿万富翁以及上千名百万富翁。

三、知识经济时代赋予创业的重要意义

(一) 知识创业

知识经济时代，知识成为最重要的生产要素，知识运营成为社会主要经济增长方式，知识产业成为龙头产业。创业者应当顺应人类社会经济增长方式的转型。

知识创业是指以知识运营为主要特征的创业，它包含以下三层含义。

(1) 产业知识化。设法提升创业项目的知识含量，瞄准"微笑曲线"高价值端进行创业。知识所创造的附加价值最高，知识可以使中小企业"小而强"，并得以竞逐全球市场。因此，除了在高新技术领域创业外，对于在传统制造业或服务业领域的创业，应当设法挖掘、填补或开发其知识内涵，以有效增强知识含量。例如增加设计、研发、文化、服务等；对商标、品牌、专利、核心技术等无形资产进行注册、保护、评估等环节的管理；对上下游的供应链关系做超前的疏通与培育等。对这些高质量的显性知识和隐性知识储备得越多越早，创业项目的知识含量就越高，创业者通过无形资源撬动和整合有形资源的能力就越强。

例如，近年被媒体关注的一则消息。一个复旦大学毕业生回乡创业卖鸡蛋，研制开发了品牌鸡蛋的"网上身份查询系统"，给鸡蛋注入新的理念，1 年多就赚了 35 万，胜过他父辈多年的传统农业运作模式。这其中不可忽视的一个重要因素，就是将知识和技术创新引入创业过程，提升了传统产业的知识和信息含量。

---

① 姜得祺，张鸥. 现在我们接管世界：马克·扎克伯格传[M]. 南京：江苏人民出版社，2012.

（2）知识产业化。将知识转化成生产力是当今时代经济转型的主流，事实上，我国有很多知识创新、科技创新成果被束之高阁，未能实现产业化。"2011诺贝尔奖得主北京论坛"上，人大常委会副委员长陈至立就尖锐指出，目前我国的科技成果转化率大约在25%，真正实现产业化的不足5%，与发达国家80%的转化率差距太大。这些科技成果中不乏市场前景良好的项目，如果创业者能够有效开发、转化并使其产业化，必能创造出巨大的社会财富，这就是知识的产业化。创业者可以通过专利的查询、科技成果博览会、展销会等多种途径了解相关信息，激发创业的灵感。

（3）提高获取知识与应用知识的能力。高度关注国际信息网络所创造出来的信息市场，抓住新一代网络技术发展的机遇，搜集并及时进行信息的分析、综合、提炼、创新并形成自己的独特优势。在此基础上，坚持不懈地进行科技创新和新产品的研究与开发，把企业已有的知识资源转化为现实的生产力，同时又催生出新的知识资源，进一步促进研究与开发，形成企业可持续发展的活力之源。

（二）"知本"创业

"知本"创业是指创业者应当高度重视和依靠人力资本。知识经济时代资本的衡量不再取决于你拥有多少房地产、设备、资金和技术，而取决于你拥有多少知识型人才或者说是人力资本。人力资本与人力资源的最大区别在于人力资本拥有"知本"，是稀缺性的人力资源，是企业获得和保持核心能力的必要条件，人力资本富有创新性的劳动是企业未来超额经济利润的直接来源，因而"知本"是企业不可或缺的宝贵资源，充分激励和发挥人力资本的潜能是创业成功的关键。创业者必须高度重视和全心全意依靠"知本"创业，更多吸纳并充分发挥人力资本创造知识、创造财富的潜能，善于利用其手中有限资源来换取超值的人力资本，"不求所有，但求所用"，激发人的创造力，促进人的全面发展才能更有效地培育与聚集人力资本，实现价值创造，才能真正吸引和留住优秀人才，促进企业稳定、和谐发展。

（三）生态创业

生态创业就是指以人与环境的协同为基础，以人类可持续发展为目标，以人的全面发展为归宿的创业行为。胡锦涛同志在党的十八大报告中提出，"建设生态文明，是关系人民福祉、关乎民族未来的长远大计。面对资源约束趋紧、环境污染严重、生态系统退化的严峻形势，必须树立尊重自然、顺应自然、保护自然的生态文明理念，把生态文明建设放在突出地位，融入经济建设、政治建设、文化建设、社会建设各方面和全过程，努力建设美丽中国，实现中华民族永续发展"。

知识经济时代，经济发展方式将加速向资源节约、环境友好、人与自然和谐相处的方向转变，生态文明建设已经列入中国现代五大建设之列，充分说明其重要性和战略意义。人类第一次创业（生存创业）大量以实物和能源的不可再生性的开采、利用、消耗为前提，其结果是消耗大量资源和能源，污染环境，生态破坏严重，经济发展之路已经走到了尽头。

创业者和创业团队应当顺应历史发展规律，在人类社会进入第二次创业的时代潮流中，坚持以生态创业理念推进创业过程，积极追求绿色、智能、可持续发展。具体包括：在创业选项时，坚决摒弃高能耗、高污染、高消耗的项目；创业过程中，始终把崇尚自然、保护环境、合理利用资源、节能减排降耗、绿色发展、循环发展、低碳发展作为企业不懈的追求；在企业文化构建上，将生态、环境、资源保护上升到企业伦理和价值观层面，坚持节约资源和保护环境的基本国策，凝练成为创业团队和全体员工自觉履行的社会责任。

（四）责任创业

知识经济时代，履行社会责任就是责任创业的基本要义。创业不单单是为创业者个人或创业团队少数人争取利益，新企业只要正式创立，客观上就成为社会的一员，与社会的发展息息相关，同呼吸、共命运。社会为企业提供了生存和发展的空间，提供了各项公共资源、制度保障和盈利可能，而企业则支配和消耗着属于全社会的资源，并对社会以及自然资源和环境带来负面影响，这些大都不是通过市场交易所能补偿的。因此，根据责权对等的原则，创业企业在生产产品/服务、创造价值、对股东利益负责的同时，必须承担起对员工、消费者、利益相关者、环境和整个社会的责任。

履行社会责任首先要满足社会需求、创造价值，企业才能在市场环境中生存，创造价值也是创业企业自身生存与和谐发展的客观需要。随着企业逐步发展，创业者/创业团队应当意识到，企业作为社会组织的一员，其创造的价值应该是多层面、多维度的，创造社会价值最大化而不是企业价值最大化才是企业的根本追求。无数事实表明，追求一己之私、一本万利、一夜暴富的企业注定是长不大、走不远的，狭隘的经济利润指标不可能实现企业综合价值的最大化。

知识经济时代，创业者应当具备更高的精神境界和道德力量，旨在为创造社会价值而不仅仅是追求个人财富、股东利益作为自己的使命，将企业经营目标与社会目标统一起来，把股东追求个体利益与兼顾公众利益、社会效益联系起来，企业才能健康、可持续地发展。

履行社会责任还表现在创业者/创业团队应当善待员工、关心员工的全面发展，关注用户、周边社区百姓等相关人群的利益诉求；既要追求生存与发展速度，也要高度重视生态与道德建设，努力实现循环经济、绿色可持续发展；既要考虑企业自身改革发展稳定问题，也要统筹企业与政府、企业与企业、企业与社会公众的关系，构建和谐社区。

案例2-6："波司登"的创业责任①

由农业部和多家中央新闻单位参与的"2005中国十佳小康村"评选在北京揭晓，常熟市古里镇康博村名列榜上。

近日，记者来到康博村村民集中居住的康博苑小区，只见草坪连片，绿树成荫，簇拥着幢幢红瓦白墙的别墅，亭台水榭，走道曲廊，倒映于碧波荡漾的人工湖面。徜徉其间，仿佛置身于景色宜人的城市时尚住宅区。326幢漂亮宽敞的现代化庭院式别墅，分成七个相对独立的组团，层次清晰，环境优美。全村415户1683人口中的90%已迁入这个小区居住。

小区内全部工程管线采用地下敷设，道路系统规划，高标准硬化，绿化覆盖率达到40%以上。水电、有线电视、通讯等配套设施完善，100%的家庭使用了液化气，90%以上的家庭装上了太阳能热水器。小区拥有12 000平方米的休闲广场和社区卫生服务站、文化活动中心、老年活动中心、小学、书报亭、农贸市场等各类服务设施，居民生活十分便利。

2004年10月，省建设厅专家考评组给予康博苑高度评价，称其在全省已建成的35个村镇文明住宅小区中户数最多、范围最大、设施最齐、结构最佳、环境最优，是全省创建省村镇文明住宅小区的典范。"欧元之父"、世界品牌实验室主席罗伯特·蒙代尔教授来到康博苑参观

---

① 周正荣，任志强."波司登"出巨资助建小康村[J].扬子晚报，2006-02-23.

访问时,对村民的生活赞不绝口。

康博苑小区的建设,波司登功不可没。在康博村这片土壤上成长起来的波司登,从创业之初就一直以回报乡亲为己任。上世纪80年代,企业还很弱小,赚钱不多,高德康为全村400多位老人每人买了一个铜制"汤婆子",供老人们冬天暖手脚。有了一定实力之后,波司登每年拿出20多万元,给全村每位老人发放生活费。先是发放现金,后来定期打入人手一张的银行卡上。这项举措一直延续到现在。全村1 200个劳动力,有98%在波司登公司工作。1999年,高德康当选为村支部书记。当时正是波司登改制后发展势头正旺的时候,但高德康欣然接受了村支书这一新的角色。上任之后,他立即着手康博苑小区的规划建设。资金从哪儿来?通过与镇领导商议,决定将镇里每年从波司登收取的各种费用的返还款,包括给高德康个人的奖励,全部用于康博苑小区的建设。

在规划部门专家的指导下,康博村按照"适度超前、功能明确、环境整洁、生态优美、富有特色"的原则,对全村土地、道路、住宅、绿化、休闲、市场、社区各个功能区进行科学布局。1999年9月16日,康博苑正式奠基,第一期工程拉开序幕。就在这一天,沿用了数百年的村名"山泾村"更改为"康博村"。2003年,小区基本成形,初具规模。2005年,相关配套工程全部竣工。小区别墅每幢两层加一个阁楼,建筑面积260平方米,实际造价27万元,每户村民只需出资11万元左右。波司登还对村民的旧房拆迁给予补贴,平均每户2万元。几年来,波司登公司为别墅修建、拆迁补贴和小区基础设施、配套工程建设共投入7 000多万元。

高德康说,波司登从乡村企业起家,发展成年销售额达65亿元的现代化大型企业,在全国羽绒服十大名牌中,波司登公司占了三个:"波司登"、"雪中飞"、"康博",其销量在同行业中连续11年占据全国第一。他深情地说:"企业发展了,不能忘记反哺农村,回报乡亲,我们要为建设新农村贡献一份力量。"

第三节　创业与职业生涯发展

一、广义和狭义的创业概念

创业的定义有狭义和广义之分。

狭义的定义为创业是不拘泥于当前资源约束,寻求机会,进行价值创造的行为过程。其标志性手段就是通过创建新企业(start-up),将自己的产品或服务推向市场,从而最终创造价值的一系列活动或行为过程。

广义的创业定义则是开创新事业,英文倾向于"entrepreneurship"一词。从广义角度看,所有创造新事业的过程都是创业,无论是创建新企业、企业内部创业,还是在职业生涯中开创了新的事业、实现了自己的价值和抱负,甚至泛指人类一切重大开拓创新的社会变革活动,都可视为创业。比如,毛泽东领导的新民主主义革命,就是开创了社会主义大业。

从广义角度看,显然,创业并不只是开办一家企业。知识经济时代的创业已经超越了"创建企业"的狭义概念,而更加注重开创事业、开拓局面、创新业绩等含义,创业已经成为实现人生理想、开创新的事业、创造社会财富、推动经济转型、实现社会变革的重要手段,是每个大学生应当具备的职业能力。

　　狭义的创业也许不是每个大学生的必经之路，但是通过创业基础的素质培养，完全可以将社会阅历、职场经验、行业知识、市场需求、专业技能、机会搜寻、人格塑造等宝贵的认知财富以"高度浓缩"的方式展示在受教育者面前，这对于每一个即将迈入社会的大学生来说极为重要。创业教育不是为了催生就业岗位而进行的教育，高校创业教育通过借助商业知识和商业活动的平台对学生进行综合素质培养以达到对学生的一种创新型教育，其核心价值是为了培育创新创业型人才，推进大众创业、万众创新。

二、创业能力对个人职业生涯发展的意义和作用

　　创业并不只是开办一家企业，创业能力并不只为创业者所特有。

(一) 创业能力具有普遍性与时代适应性

　　创业教育被联合国教科文组织称为教育的"第三本护照"，和学术教育、职业教育具有同等重要的地位。创业教育就是培养具有创新精神和创业能力的个体教育，创业教育并不要求每个学生都去创办自己的企业，都去当"小老板"，而是强调高等教育必须适应知识经济时代社会快速发展与急剧变化，以创新性和创造性为基本内涵，更加注重培养大学生积极应对环境变化的职业迁移能力和创新创业能力，成为职业岗位的主动创造者。

　　因此，创业并不排斥就业，恰恰相反，创业需要以就业为基础，是就业的延伸和深化。大学生创业教育真正给予大学生的是一种未来的发展观念和发展能力，使得学生在未来的激烈竞争中能更主动、更理智地去应对。因此，创业教育是学生未来个人职业生涯发展的极佳切入点和选择。在社会转型的历史阶段，职业岗位日益成为社会稀缺资源，客观上需要更多的大学生从被动求职者转变为职业岗位主动创造者，这正是发达国家高度重视并普遍实施创业教育的根本原因。创业者进入市场、创建企业，是在为自己搭建一个发挥聪明才智、施展抱负、奉献社会、报效国家的舞台。因而，创业是最高层次的就业，创业能力具有普遍性与时代适应性。

(二) 创业能力对个人职业生涯发展起着积极作用

　　创业的概念已不仅仅局限在自主创业上，更具有广义上的开创事业、开拓局面、创新业绩等含义，其内涵体现了开拓创新、创业能力和综合素质的提升与发展，而这些素质对于今天社会上各个领域的就职岗位都十分重要，因而对个人职业生涯发展起着积极作用。

　　首先，培育和提升创业能力，使大学生能够从职业生涯规划的层面上，更加深入了解创业的内涵，把创业作为一种可能的就业选择来看待，在做出创业选择时更加理性。创业是就业的选项之一，是一种主动的自我聘用，更是一种创造较高社会价值，实现个人理想的重要途径之一。可以说，创业给大学生一个做自己的机会。因为创业促使大学生从被动的职业接受变成主动的职业发展，促使大学生在人生挑战中探寻和铸就一个真正的自己，从而实现高质量的就业，实现人的自由而全面发展。①

　　其次，在创业能力培育过程中，帮助大学生了解商业运作的基本规律和过程，掌握初步创

----

　　① 李家华.创业重新遇到自己.光明日报,2013.

业技能和市场分析方法,更加深入地理解市场需求和职业环境,为大学生未来的职业选择提供了方向和正确引导,从而增强了职业生涯规划的科学性和可行性。

第三,创业能力的培育有效增强了大学生重要的职业素质,包括机会识别能力、团队合作能力、沟通能力、创新能力、管理能力、资源获取与整合能力等,从而提高了大学生毕业后的职场适应能力和竞争力,有助于提升个体职业生涯发展空间的高度和广度。一个真正的企业家需要具备创新精神、冒险精神、团队精神和敬业精神等,不论大学生今后是否实际创业,这些精神的培育对于大学生未来的职业生涯和事业发展都十分重要。

案例2-7:理性职业选择:让人生更加丰富多彩[①]

他大学毕业后,先在国企就职,后又考上了公务员,但最终选择了创业,一年内在南京六合连开了3家农副产品平价直销店。在南京市物价局近日公布的全市167家通过验收的平价直销店中,今年刚满24岁的经营者孔祥山的经历特别与众不同。

连开3家店,累并快乐着

位于六合华欧国际友好城的天天新鲜农副产品平价直销店,五六十平方米店内,青菜、萝卜、西红柿等各种蔬菜摆放得整整齐齐,前来买菜的居民络绎不绝。

这是孔祥山去年底在六合开的第一家平价直销店。一个多月前,他又在六合雄州街道的秦苑路、园林西路各开了一家平价直销店,这两家店的经营面积都比第一家店大。

"现在经营情况还不错,第一家店每天的经营额,从当初的1 000元左右上升到5 000元左右,已经在盈利;另外2家店也都已经能达到收支平衡。"孔祥山说,开店卖菜确实很苦很累,他经常早上5点半就起床,晚上11点多才收工,但他觉得这个事有奔头,生活得很充实很快乐。

先后辞掉国企和公务员工作

两年前,孔祥山从安徽合肥一家高校毕业,专业是工商管理,凭着优异的成绩顺利进入了当地一家国企,负责人事管理工作。相对于一线工人的忙碌,管理工作的安逸让他觉得是在浪费生命。随后,孔祥山又考上了皖北一个城市的公务员。但工作一段时间之后,孔祥山还是觉得公务员这个"铁饭碗"不适合自己,于是决定辞职创业,让自己的人生更加丰富多彩。

因为有几个小时候就一起玩的好朋友都在南京,孔祥山去年便来到了南京,先后考察了浦口、江心洲等地,最终决定在六合开始创业——种菜、卖菜,用自己在大学里所学到的专业知识和科学管理方法去实现自己的创业理想。

曾因种菜经验不足损失近10万元

创业的道路并不平坦。

去年,孔祥山利用手头的积蓄和朋友的帮助,凑齐了30多万元启动资金,先在六合横梁街道王子庙社区租了100亩土地开始种菜。但由于种植经验不足,没有对田间的排水系统做仔细研究,几场暴雨直接影响了蔬菜的成活率,给他造成了近10万元的经济损失。

面对困境,孔祥山没有放弃。他开始研究农业专业知识,向当地蔬菜种植户"取经",雇请工人专门负责基地蔬菜的栽种和管护,并邀请在南京高校学习农业专业的朋友作为基地的专业技术指导人员。经过一段时间的苦心钻研,他逐渐摸清了各种蔬菜的种植技术,蔬菜品种也不断地从时令蔬菜向反季节蔬菜"扩张"。

---

① 六佳,宁佳,邹伟.安徽小伙来宁连开3家平价直销店,辞掉安逸工作自主创业[J].南京日报,2012-12-04.

蔬菜大量上市后，正好赶上南京物价等部门大力推动平价直销店建设，孔祥山及时申请加入，把基地的菜直接运到自己的店里卖，省去了中间环节和成本，菜价比市场上普遍便宜15％～30％，深受居民欢迎。

目前，随着生意越来越好，原先反对孔祥山辞职创业的父母也开始支持他了。孔祥山非常看好平价直销店的前景，他正筹划着在南京开更多的平价直销连锁店，为居民带来更多的实惠。

（三）创业能力有助于就业者适应外部职业环境的变化

随着时代的发展，用人单位"除了要求受雇者在事业上有所成就外，正越来越重视受雇者的首创精神、冒险精神、创业能力、独立工作能力以及技术、社交和管理技能。"（联合国教科文组织亚太地区办事处于1989～1991年设立的"提高青少年创业能力的教育联合革新项目"东京会议报告）

人力资源专家认为，人的一生中职业转换一般达6～7次。美国的一些经济学家及统计学家曾利用近年的美国人口普查局（U. S. Census Bureau）的普查数据，统计美国人在职业生涯中一共从事了多少份工作。结果显示，1996年普通美国人为现有雇主的工作年限是3.8年，2000年是3.5年，2008年是4.1年。可见，职业迁移转换的频繁。

知识经济时代，"知识生产率"将取代传统的"劳动生产率"，迅猛发展的高新技术促进了知识性就业，也推进了经济结构和就业结构调整，每年都会有一批职业被淘汰，也有一大批新的职业诞生，就业者职业迁移转换将成为常态。因此，就业者首先需要打造自身适应职业快速变化的职业迁移转换能力，并逐渐形成职业能力储备，随时为外部变化造成的失业可能做好提前准备，以变应变，强者生存。

创业能力显然有助于就业者在职业生涯的发展变化中不断调整自我、更新自我、完善自我，以适应外部职业环境的变化。创业几乎都会经历失败的过程，但失败所获得的远比成功获得的更珍贵，更有长远价值。从发展方面来说，一个创业者因为其亲身创业历程会更加容易实现就业，即便创业失败，这些创业者也会因为各方面能力素质的提高以及在创业过程中所锻炼出来的能力，使他们能够依靠自己本身的能力解决自身的就业问题，实现未来的多次就业和避免失业。

【本章案例】

李开复职业生涯的转换[①]

李开复1961年出生于台湾台北市，祖籍四川省，是一位信息产业的执行官和计算机科学的研究者，被誉为"中国最有价值的职业经理人"。

1998年7月加盟微软公司，并于11月出任微软中国研究院（现微软亚洲研究院）院长；

2005年7月加盟Google，担任中国区总裁一职。

2009年9月4日，从谷歌离职，自主创业，现任创新工场董事长兼首席执行官。

21年的职业生涯，当摆脱职业经理人的身份之后，总结李开复在个人职业生涯发展中的

---

① 乐天. 李开复职涯发展的"三张王牌"[J]. 新前程，2009(10).

构成基因,即李开复手中的职业"王牌",对于正在打拼的职场人来说,或许有非常深刻的启示作用。

王牌一:不将"路"走到头

面对比上一份合同报酬更高的新合同,为什么李开复却选择了不再续签? 包括CEO施密特在内,Google管理层希望李开复能够续签合同。但真正决定性的因素不是老板们的态度,而是取决于签下合同之后,下一步个人职业生涯的发展轨迹究竟如何。

李开复之所以选择离开Google,是因为他发现自己即将进入个人发展的"瓶颈"阶段。这也是李开复职业生涯中最值得学习的一点——任何一个职业阶段,不要让自己职业生涯的"瓶颈"产生恶果之后,再去采取对策。

从职业生涯发展角度看,Google对于李开复的价值定位已经被锁定在对中国市场的范畴之内,李开复个人在Google全球的发展空间其实并不大。正如职业规划中的"职业锚"理论,对某个职位越是精通、高度专业化,具有强烈的不可替代性,个人的职业生涯发展反倒会因此产生阻碍效应——李开复对中国越熟悉,就会进一步被牢牢锁定在这一职位上。

另外,从个人的能力角度,Google未来4年的主要目标是提升中国市场份额,技术出身的李开复也清楚自己并不是此中的高手。而除去薪酬之外,Google显然已经不能够给予李开复更多的价值。

王牌二:将个人价值最大化

个人职业价值在合适的时机主动寻求最大化,以实现个人职业生涯的成功,这也是李开复另外一个职业生涯发展的原则。

1998年李开复之所以加入微软,负责在中国组建研究院,使自己的职业生涯得到一个跨越式的发展,根本上讲是自身的职业价值符合当时微软的需要:微软已经决定要在中国建设研究机构,最棘手的问题是找不到合适的人选来领导并管理。最优秀的人不了解中国的具体情况,了解具体情况的人又并非足够优秀……而李开复的华人身份、技术人员背景出身又拥有知名企业的管理经验,无疑成为了最合适的人选。

在进入微软的过程中,李开复始终保持了主动的姿态,通过在微软研究院工作的校友兼好友黄学东极力推荐,顺利加盟微软。2005年加盟Google前,李开复也是延续了这样的思维:承认自己主动发送了求职信,并表示对设立中国办事处很感兴趣。试想,如果不是李开复主动推销自己,即使拥有组建并管理微软中国研究院的经历,也未必能够得到后来出任Google中国总裁的机会。

现阶段,李开复的职业核心价值是什么? 正是在中国青年群体中巨大的号召力和影响力以及跨国企业职业经理人的工作经历。置Google千万美元的薪酬于不顾,去创办一家以青年创业为主的风险投资平台,恰恰使得他的职业核心价值得到了最大程度的"兑现"。

王牌三:紧握业界的浪潮

从卡内基梅隆大学留校任教开始,到如今与Google挥手作别,21年的职业生涯中,李开复一共换了5份工作。这一过程中,在李开复成功地实现自己从学校研究者到跨国企业高管的个人职业生涯转变的同时,其背后似乎也有着一脉相承的思维模式——通过变换工作的企业,紧紧把握住业界发展的浪潮。

1990年,李开复离开卡内基梅隆大学进入苹果公司,此时正值PC(个人计算机)在全球范围内普及化的高峰阶段,作为当时PC行业的领军企业,苹果几乎控制着整个图形桌面操作系统的市场；1996 年，李开复转投 SGI 出任网络产品部全球副总裁，此时互联网的热潮开始在美国兴起；1998 年李开复受命组建微软中国研究院，此时微软凭借全新的产品 Windows 98 奠定了自己在业界的霸主地位；2005 年，李开复跳槽 Google，搜索技术在全球范围内得到空前的发展和重视。

而如今选择离开 Google，创办一家以青年创业为主的风险投资平台，李开复显然也清楚地意识到了，自己未来的事业已经无法离开中国这个大环境，当下创业正是中国时下方兴未艾的一股热潮。

【本章要点】

创业是不拘泥于当前资源约束，寻求机会，进行价值创造的行为过程。创业的关键要素包括机会、团队和资源。创业机会是具有商业价值的创意，表现为特定的组合关系。

创业过程包括创业者从产生创业想法到创建新企业或开创新事业并获取回报，可大致划分为机会识别、资源整合、创办新企业、新企业生存和成长四个主要阶段。

创业精神是创业者在创业过程中重要行为特征的高度凝练，主要表现为勇于创新、敢当风险、团结合作、坚持不懈等。创业精神将在新时期发挥更大的作用，有利于加快转变经济发展方式，促进经济社会又好又快发展。

经济转型是创业热潮兴起的深层次原因。生存创业以实物和能源的大量不可再生性的开采、利用、消耗为前提，这样的增长方式已经走到了尽头，必须进行社会经济转型。而生态创业本质上就是以知识产业为龙头，对人类第一次创业的成果——传统产业按生态原则重塑改造，以人与环境的和谐共处为基础，以人类可持续发展为目标。

创业具有增加就业、促进创新、创造价值等功能，也是解决社会问题的有效途径之一。

创业并不只是开办一家企业。知识经济时代创业远远超越了"创办企业"的狭义概念，而更具有广义上的开创事业、开拓局面、创新业绩等含义，创业已经成为实现人生价值和理想抱负、为社会创造财富、推动社会经济转型和变革的最为重要的途径。

创业能力具有普遍性与时代适应性。创业能力对个人职业生涯发展起着积极作用。

【重要概念】

创业机会　创业过程　创业精神　经济转型　生存创业　生态创业　创业能力　职业生涯

【思 考 题】

1. 试述创业、创业机会的概念，能不能试举一例身边的创业机会？
2. 试述创业过程与主要阶段的划分，主要创业过程模型的内容和特点。
3. 为什么说经济转型是创业热潮兴起的深层次原因？
4. 简述狭义创业和广义创业的异同，对我们有何启迪意义。
5. 为什么说创业能力具有普遍性与时代适应性？其对个人职业生涯发展有何积极作用？

【参考文献】

［1］ Stefano Brusoni，Andrea Prencipe，Keith Pavitt. Knowledge Specialization，Organizational Coupling，and the Boundaries of the Firm：Why Do Firms Know More than They Make？［J］. *Administrative Science Quarterly*，2001，46(4)：597－621.

［2］ Robert G. Cooper，Elko J. Kleinschmitdt. Benchmarking Firms' New Product Performance & Practices［J］. *Journal of Product Innovation Management*，1999，16(4)：333－351.

［3］ Timmons，J. A. *New Venture Creation*［M］. 5 ed. Singapore：McGraw-Hill，1999.

［4］ William. B. Gartner. A Conceptual Framework for Describing the Phenomenon of New Venture Creation［J］. *Academy of Management Review*，1985(4)：696－705.

［5］ 杨俊. 创业过程研究及其发展动态［J］. 外国经济与管理，2004(9).

［6］ 王岩. 新时期创业精神的本质特征［J］. 南京航空航天大学学报(社会科学版)，2008(1).

［7］ 李肖鸣. 大学生创业精神导论［M］. 北京：清华大学出版社，2011.

［8］ 赵炎. 创业精神的主体要素［J］. 清华管理评论，2012(3).

［9］ 林泽炎. 创业精神应该成为一种国家竞争优势［N］. 中华工商时报，2012－08－22.

［10］ 王岩. 新时期创业精神的本质特征［J］. 南京航空航天大学学报(社会科学版)，2008(1).

［11］ 赵薇. 企业家创业精神视角下的高校创业人才培养模式研究［J］. 东岳论丛，2010(12).

［12］ 谢志远，刘元禄，等. 大学生创业创新精神培养的对策研究［J］. 高教探索，2011(1).

［13］ 罗玉华，游敏惠，胡敏. 论新时期高校毕业生创业精神培养［J］. 中国校外教育，2009(8).

［14］ 张玉利，杨俊. 国外企业家精神教育及其对我们的启示［J］. 中国地质大学学报(社会科学版)，2004(8).

［15］ 刘兴民，黄志斌. 创业企业家创业精神和心理素质的培育［J］. 现代管理科学，2009(10).

［16］ 许新宇. 基于职业生涯规划的大学生创业教育［J］. 科技创业月刊，2009(8).

［17］ 曹殊. 以创业教育带动创新人才的培养［N］. 中国教育报，2008－03－02.

第三章
创业者与创业团队

【学习目标】

1. 创业者、创业者素质与能力。
2. 创业动机的含义与分类,产生创业动机的驱动因素。
3. 创业团队内涵、组建创业团队的策略及其后续影响。
4. 创业团队角色配置与行为策略。
5. 管理创业团队的技巧和策略,创业团队的社会责任。

【引导案例】

应届大学毕业生:从5 000元到10个亿的创业传奇[①]

短短两年时间他由一名在校大学生成为全省最大网游公司总裁,让5 000元变成10个亿,这个传奇的缔造者是一位年仅23岁的应届大学毕业生,名叫金津。这位"创业楷模"和"史上最牛学生",高居2009年、2010年"中国大学创业富豪榜"榜首。

金津从小就是个十足的游戏玩家,他挣来的第一笔钱也和游戏有关。读初三的时候,金津和另外四人组队参加电子游戏竞赛,团队获得1 500元奖金,每人分到300元。那时候他就下定决心以后自己也要开发网游赚钱。

2003年,他考入了浙江理工大学。大家都在读书的时候,金津琢磨起了游戏,他投入了5 000元买点卡,由于当时竞争者少,需求旺盛,利润率非常高。他还在网上卖"装备",低价购进,高价卖出,硬是让5 000元变成了近100万元,赚到了他创业之途上的第一桶金。

金津并没有满足,他又瞄准了朝阳产业,也是杭州当时正大力扶持的产业——动漫游戏。

2005年,金津在杭州正式创业,他给自己的公司起了个名字——"渡口"。从此岸到彼岸,从传统产业到IT业,"渡口"似乎更多了一层含义。金津自己也说:"更想把它看作一个新的起点。"

"杭州正在打造'动漫之都',有着非常不错的创业环境和人才储备,而且给了年轻人许多创业的优惠政策。"金津至今记得当时筹建公司时,高新区直接给公司一整层楼的办公场地,而租金着实让他大吃一惊——免费。

短短两年内,渡口网络公司不仅在杭州、上海等地设立总部和分部,而且在全国11个城市建立了办事处。来自全国各地的300多名年轻大学生和这位年轻的总裁一起,共同构筑着他们的创业梦。

---

① 苗向东.游戏男孩金津:将5 000元变成10个亿[J].生意通,2009(11).

2009 年，当国际知名的风险基金对渡口公司进行战略性风险投资时，公司估值高达 10 亿元。如今，一栋高达 30 多层的属于自己的网游大厦正在江南大道上破土动工。

启示：杭州正在打造"动漫之都"，有着非常优越的创业环境和人才储备；此外，从马云、陈天桥到宗庆后，杭州造就了一个又一个从"不务正业"到成功创业的传奇故事，激励着无数像金津这样的年轻人。然而，最主要的，是因为从小对游戏的浓厚兴趣和对于父辈所从事传统产业的忧患意识，金津才执着地选择了网游这个高科技行业创业，并一往情深倾注出全部的心力。虽然高科技行业也存在风险，但无论从个人兴趣而言，还是"更希望可以在自己的家乡做出一番事业"，它都是一个让大学生具备比较优势的选择。

第一节 创 业 者

一、创业者

在欧美学术界和企业界，创业者被定义为组织、管理一个生意或企业并承担其风险的人。创业者的对应英文单词是 entrepreneur，具有两个基本含义：一是指企业家，即日常理解的在一个成熟的企业中负责经营和决策的领导人，更准确地说应该是那些具有创业特征如创新、承担风险、超前行动、积极参与竞争等的领导人；二是指企业创办人，即平时所说的即将创办新企业或者刚刚创办新企业的领导者。日本人把这些人称为"起业家"，也很形象。

需要强调的是，企业创办人是创业者，企业家在本质上也是创业者，企业家是那些在现有企业中具有创新精神和创业行为的领袖型人物。但在特定的研究环境下，当着重研究新创业或新业务的发动者时，更多使用"创业者"这一术语；当泛指具有创新精神和创业行为的商业行为人时，一般用"企业家"。对于一个新创企业，伴随着企业的成长，创业者所扮演的角色毫无疑问会发生转变，创业者就逐步成长为企业家。从企业生命周期看，当一个企业达到成熟期时，如果不能够保持创新就会走向衰退，因此，即便成功转变为企业家的创业者，仍然需要保持旺盛的创业精神。

创业者并不是特殊人群，创业本身并不神秘。具备一些独特技能和素质有助于成功创业，创业精神和创业能力是可以通过后天培养而习得。

创业教育创始人之一彼得·德鲁克指出："创业不是魔法，也不神秘。它与基因没有任何关系。创业是一种训练，而就像任何一种训练一样，人们可以通过学习掌握它。"另一位创业教育专家布罗克豪斯在《企业家精神与家族企业的比较研究》一文中也指出，"教一个人成为创业者，就如同教一个人成为艺术家一样。我们不能使他成为另一个梵高，但是我们却可以教给他色彩、构图等成为艺术家必备的技能。同样，我们不能使他成为另一个布朗森，但是成为一个成功的创业者所必需的技能、创造力等却能通过创业教育而得到提升。"可见，一个人通过适当的学习和实践经验的积累，在具备了一些基本的创业技能和素质后完全有可能成功创业。

实证研究也支持这样的观点：创业者可以通过创业教育培养和提高创业素质和能力。2000 年美国学者查尼（Charney，A.）和利贝卡（Libecap，G. D.）对亚利桑那大学创业教育的跟踪调查表明，参加创业教育的毕业生平均创业能力是非创业教育毕业生的 3 倍；创业学专业毕业生自己开办的公司或者雇佣他们的那些初创型公司，在销售额与员工数量的增长上比那些非创业学专业毕业生所在的公司约高 5 倍；创业学专业毕业生的平均工资、年收入比非创业学专业毕业生高出 27%；毕业后聚积的个人财富比其他专业学生要高出 62%。[1]

可见，创业者可以通过创业教育培养和提高创业素质和能力。

二、创业者素质

创业者素质是个综合性很强的概念，其内涵深刻丰富而且具有广泛的外延。

素质是能力发展的基础。创业者素质泛指构成创业者的品德、知识、才能和身体等诸多要素在特定时间和环境内的综合状态，是创业者主体通过学习和自身的实践而形成和发展起来的，具有内在的、本质的及相对稳定的身心要素的整体系统。

但对于创业者素质的界定，国内外众说纷纭。1992 年，美国的一个研究部门对数千名企业老板与最高管理层人员的调查结果显示，创业家（或企业家）最重要的 20 项素质与能力按重要程度排列顺序如表 3-1。

表 3-1 创业家素质与能力排序表

序号	素质与能力内容	序号	素质与能力内容
1	财务管理经验与能力	11	行业及技术知识
2	交流与人际关系能力	12	领导与管理能力
3	激励下属的能力	13	对下属培养与选择能力
4	远见与洞察能力	14	与重要客户建立关系的能力
5	自我激励与自我突破	15	创造性
6	决策与计划能力	16	组织能力
7	市场营销能力	17	向下级授权能力
8	建立各种关系的能力	18	个人适应能力
9	人事管理的水平	19	工作效率与时间管理水平
10	形成良好企业文化的能力	20	技术发展趋势预测能力

资料来源：田千里. 老板论[M]. 北京：经济科学出版社，2000.

美国百森商学院管理学专家威廉·D. 拜格雷夫将优秀创业者的基本禀赋归纳为 10 个"D"：理想（dream）、果断（decisiveness）、实干（doers）、决心（determination）、奉献（dedication）、热爱（devotion）、周详（details）、命运（destiny）、金钱（dollar）和分享（distribute）。

事实上，创业者的个性特征形形色色，成功的途径各有千秋，学者们对创业者素质的界定也不尽相同。我国《科学投资》杂志通过对上千案例的研究，发现成功创业者具有多种共同的特性，从中提炼出最为重要的中国创业者十大素质，具有一定的代表性。[2]

---

[1] Charney A., Libecap G. D. Impact of Entrepreneurship Education. *Insights：A Kauffman Research Series* [R]. Kauffman Center for Entrepreneurial Leadership, 2000.

[2] 辛保平. 中国创业者十大素质[J]. 科学投资, 2003(9)：34-61.

（一）梦想

一个人的梦想有多大，他的事业就会有多大。将"梦想"列在中国创业者素质的第一位，为什么？因为有梦想，想得到，而凭自己现在的身份、地位、财富得不到，所以要去创业，要靠创业改变身份、提高地位、积累财富、实现梦想，这就构成了许多创业者的人生之路。

习近平总书记提出：中国梦是民族的梦，也是每个中国人的梦，"只要我们紧密团结，万众一心，为实现共同梦想而奋斗，实现梦想的力量就无比强大，我们每个人为实现自己梦想的努力就拥有广阔的空间。"[①]因此，要创造条件为每个青少年播种梦想、点燃梦想，让更多青少年敢于有梦、勇于追梦、勤于圆梦。

案例3-1：一个没能实现的梦想成就了扎克伯格[②]

1992年的某个周四的下午，比尔·盖茨来到纽约的一所小学，看望那里的师生，并且给全体小学生做了一场励志报告。临走时，盖茨表示，自己会在某个周四的下午再次来学校看望大家，如果发现到时谁的课桌收拾得最整洁，最有条理性，谁就将会获得他免费赠送的一部个人电脑。电脑在当时还非常昂贵和稀有，大家自然都希望能得到。

因此当盖茨走后，每逢周四的下午，大家都会不约而同地将课桌收拾得整整齐齐，因为这是盖茨承诺来访的时间，而其他时候则不愿意动手收拾。但有一个学生却觉得盖茨有可能会在周四的上午就来，于是，每个周四的上午他就开始动手收拾课桌。

之后，他又觉得，盖茨也许会在除周四之外的其他日子里来访，于是他又决定每天都要收拾一次课桌，可是，每次收拾后不久，桌子便又会乱了，他想，如果刚好这个时候盖茨恰巧来了，那么自己之前付出的劳动和坚持岂不是白费了。

于是，他又决定，必须要让自己的课桌每时每刻都保持整洁，这样就万无一失了。

可遗憾的是，盖茨此后却一直也没能再来，其他的同学早就忘记了要继续收拾课桌，但这个学生却因此养成了一个随时保持整洁的习惯，并且从此学会了做事一定要有条理性和坚持性，正是日夕操持而潜移默化的行为与思维习惯让他在后来的人生中受益颇丰。

多年后，他终于再次见到了盖茨，但这次见面，盖茨并不是为了兑现当年的承诺——送他一台电脑，而是来送给他一件更大的礼物——用2.4亿美元购买他公司1.6%的股权，这还是因为他感激当年盖茨对他的无形影响而做出的让步。

不错，他创立的公司就是Facebook（脸谱网），世界第一社交网站，而他则是马克·扎克伯格。

（二）诚信

诚信是企业家的立命之本，是企业家最看重的财富品质。做事首先是做人，诚信是做人的第一品质，做人必须诚信，无诚信不能创造财富。

市场经济是法制经济，更是信用经济、诚信经济。没有诚信的商业社会将充满极大的道德风险，显著抬高交易成本，造成社会资源的极大浪费。

一些创业者为了获得眼前利益不惜违背商业道德、铤而走险，其实这是一种最短视的行

---

① 佚名.习近平主席如何诠释"中国梦"［EB/OL］.人民网.http://news.china.com/zh_cn/focus/2013lh/news/11136226/20130317/17731818.html.

② 牧徐徐.扎克伯格的"天价"习惯［J］.做人与处世,2012(12).

为。只有卓越的产品质量、良好的客户服务,再加上诚实守信等可靠的社会信誉,这个企业才能赢得众多顾客的信任,它的前途才会一片光明。

创业者的信誉是最重要的品质,要对股票持有者诚实守信,对职工诚实守信,对供应商和客户诚实守信。只有这样,才不会出现一夜暴富、财富又转瞬即逝的情况。一个人拥有良好的信誉就如同拥有一笔无形的财富,只要用心经营,不去损害它,就会是取之不尽、用之不竭的财富宝藏,可以一辈子享用。不论是你认识的还是不认识的人,都会尊重你,乐于同你交往,乐于同你合作。

(三) 勤奋

勤奋几乎是所有成功企业家的普遍特质。企业家在美好远景的鼓舞下,满怀激情,身先士卒,勤奋不辍,恰如为事业引擎源源不断地添加汽油,无论雨雪风霜,都将赋予其事业不断前进的无穷能量。

李嘉诚说过:"事业成功虽然有运气在其中,主要还是靠勤奋,勤劳苦干可以提高自己的能力,就会有很多机会降临在你面前。""2006 胡润百富榜"中国首富、被称为"全球女人白手起家挣钱最多的人"——玖龙纸业张茵认为:"勤奋和厚道是创业者第一要素"。

案例 3-2:天道酬勤[①]

宗庆后上山下乡 15 年,坚持理想,坚持挑灯夜读;1987 年创业,从儿童营养液到果奶,AD钙奶、纯净水、非常可乐、营养快线、婴幼儿配方奶粉……年年坚持推陈出新;每天超过 16 小时的工作时间(早上 7 点上班到晚上 11 点后下班);坚持自己走市场,看终端;每年出差 200 多天;每年亲笔撰写 100 多篇的销售通报。20 多年如一日!

2010 年大年初三,有媒体专门报道企业家如何过年,说到宗庆后时,记者是这么写的:"年三十陪员工吃年夜饭,百桌宴后再回家陪家人,娃哈哈集团董事长宗庆后迎接新年的方式一贯如此,只不过,年夜饭吃的桌数越来越多,家人能等到他回家吃团圆饭的时间越来越晚。大年初一,比平时多睡了半个小时的觉,宗庆后就起身去上班。2 月份本来就短,又去掉春节 7 天,对于他来说,时间真是不够用。年初四,开了一场市场分析会,而年初八还有零售商终端推广会。也因此,这几天的中午,宗庆后照样在办公室吃着盒饭"。

20 多年来,宗庆后就是凭着这样的一股劲,将娃哈哈打造成了国内饮料行业的龙头企业,同时,也被许多企业家和媒体誉为"中国最勤奋的企业家"。

(四) 忍耐

忍耐是创业者必须具备的素质。成语里有一句"艰难困苦,玉汝于成",还有一句"筚路蓝缕",意思都是说创业不易。《孟子·告子下》:"天将降大任于斯人也,必先苦其心志,劳其筋骨,饿其体肤,空乏其身,行拂乱其所为,所以动心忍性,增益其所不能"。可见,肉体上和精神上的折磨是创业者成功路上的必修课,创业者一定要有一种坚忍不拔、宠辱不惊的"定力"与意志。如果没有,那么一辈子给别人打工、做一个打工仔,或许是更合适的选择。

乔布斯在斯坦福大学毕业典礼上的演讲中自述当年的穷困潦倒:"当我休学之后,我没有宿舍,所以我睡在友人家里的地板上,靠着回收可乐空罐的 5 先令退费买吃的,每个星期天晚

---

① 王淑丽.“宗庆后式致富”更值得推崇[EB/OL].中国经济网. www.ce.cn,2010-03-20.

上得走 7 里的路绕过大半个镇去印度教的 Hare Krishna 神庙吃顿好吃的。追寻我的好奇与直觉,我所驻足的大部分事物,后来看来都成了无价之宝。"

万通集团董事长冯仑对忍耐另有见解:一旦确定要走上创业的路,必须做好牺牲的准备。

"你得牺牲房子,钱都用到创业上了;你得牺牲稳定的生活,创业有风险,没有百分百的成功;你得牺牲跟家人相处的时间,创业者大量的时间是面对不确定性,不确定的情况下你要花很多时间去摆平这些事;你还得牺牲面子、尊严,以前不屑做的,现在不做不行,创业做老板并不是件很爽的事,许多人都得罪不起,许多事都难以处理,许多委屈都需要你自己来承受。""所以这些牺牲的心理准备非常重要。当你开始创业的时候,至少前三年你得有做孙子的准备,否则你很难在万人之中冒出来。"①

案例 3-3:残疾人竟然成了中关村百万富翁第一人②

王江民 40 多岁到中关村创业,靠卖杀毒软件,几乎一夜间就变成了百万富翁,几年后又变成了亿万富翁,他曾被称为中关村百万富翁第一人。王江民的成功看起来很容易,不费吹灰之力。其实不然,王江民困难的时候,曾经一次被人骗走了 500 万元。王的成功,可以说是偶然之中蕴含着必然。

王江民 3 岁的时候患过小儿麻痹症,落下终生残疾。他从来没有进过正规大学的校门,20 多岁还在一个街道小厂当技术员,38 岁之前不知道电脑为何物。王江民的成功,在于他对痛苦的忍受力。

从上中学起,他就开始有意识地磨炼意志,"比如说爬山。我经常去爬山,500 米高很快就爬上去了,慢慢地爬上去也就不感觉到累。再一个就是下海游泳,从不会游泳到喝海水,最后到会游泳,一直到很冷的天也要下水游泳,去锻炼自己、在冰冻的海水里提高忍受力。比如:别人要游到 1 000 米、2 000 米,那么我也要游到 1 000 米、2 000 米,游到两三千米以后再上岸的时候都不会走路了,累得站不起来了。就这样锻炼自己,磨炼自己的意志。"当他 40 多岁辞职来到中关村,面对欺骗,面对商业对手不择手段、不遗余力的打击,都能够坦然面对。中关村能人虽多,却让这样一个外来的残疾人拔了百万富翁的头筹。

(五) 眼界

对于创业者来说,必须见多识广,广博的见识、开阔的眼界,可以很有效地拉近自己与成功的距离,使创业活动少走弯路。眼界决定了创业者的创业思路,一般而言,创业者的创业思路有几个共同来源:第一是职业,第二是阅读,第三是行路,第四是交友。这些往往都和眼界密切相关。

(1) 职业。由原来所从事的职业下海,对行业的运作规律、技术、管理都非常熟悉,人头、市场、渠道也熟悉,这样的创业成功的几率很大。

(2) 阅读。阅读使人思维敏捷,眼界开阔,信息丰富。对创业者来说,阅读就是工作,是工作的一部分,一定要有这样的意识。

因为阅读了一份报刊/书籍而启迪灵感,找到并抓住机会,获得创业第一桶金的例子数不胜数。代表性人物如华人首富李嘉诚、香港超级富豪霍英东、中国首富王传福,甚至还包括俄

---

① 优米网. 伟大是熬出来的——冯仑与年轻人闲话人生[M]. 北京:中国发展出版社,2011.
② 佚名. 中关村百万富翁第一人[EB/OL]. 中国创业致富. http://blog.sina.com.cn/zgcyzf,2012-02-17.

罗斯首富乌斯马诺夫。

阿利舍尔·乌斯马诺夫,生于1953年9月9日,经营矿石和钢铁生意起家,后进入电信和传媒行业。2014年3月,他以186亿美元身家,继续保持俄罗斯首富的地位。[①]

20世纪70年代末,乌斯马诺夫莫名地卷入一场政治陷害被判8年徒刑,1986年,当时的苏联领导人戈尔巴乔夫搞司法改革,复查疑案,他被提前释放。出狱后,一贫如洗的乌斯马诺夫拖着一条在狱中受伤的腿到处找工作、找机会。有一次,他在酒店和一个化工厂的工程师住在一个房间,后者留下了一本书。乌斯马诺夫无聊中翻阅此书,发现1吨塑料原料可以做3万到3.6万个塑料袋。当年,苏联物资匮乏,塑料袋多数人舍不得丢,总是洗洗再用。1吨原料卖437卢比,1个塑料袋卖1卢比。乌斯马诺夫马上借钱办了个工厂,淘到了第一桶金。

案例3-4:霍英东阅报获商机[②]

抗战胜利后的香港,百废待兴。一天,霍英东在翻阅一些报刊资料时,无意中看到香港政府的宪报,上面刊登不少拍卖战时剩余物资的通告。霍英东脑袋一转,心想:"有不少物资是目前市面上需要的,一买一卖,也许能赚些钱。"一次,他看中40部轮船机器,这些机器略经修理,就可使用。参加投标,须付100元的费用。他向妹妹借了100元参加投标,出价是1.8万元港币。几天后,港府通知霍英东,他中标了,要他准备1.8万元去取货。

接到中标通知,霍英东又发愁了:这1.8万元去哪拿?

霍英东搭船过海,到九龙去找一位好朋友。他把此事说给朋友听,希望朋友帮他想办法做成这桩买卖。这位朋友一听,很感兴趣,就一起去仓库看机器。看了机器,这位朋友对霍英东说:"别到处找人借钱了,干脆4万元,把这些机器卖给我算了。"

他的朋友给他4万元,他把1.8万元付给政府,然后把机器运到朋友处。这宗无本生意,霍英东净赚2.2万港元,身无半文的霍英东一跃成为一个小财主。

(3)行路。俗话说,"读万卷书,行千里路"。行路,各处走走看看,是开阔眼界、了解市场、跟踪变化的好方法。开阔的眼界意味着你不但在创业伊始有一个比别人更好的起步,有时候它甚至可以挽救你和你企业的命运。创意的来源,往往就源于眼界开阔。见钱眼开,莫如说眼开见钱,眼界开阔才能看见更多的机会,赚到更多的钱。

(4)交友。广交朋友,更是创业者必须高度关注并努力做好的事。因为,这是在编织创业成功所必需的人际关系网络,在为自己积累创业的人脉资源。

信息时代,交友的一个重要途径是互联网,尤其对于年轻人而言。创立Segmentfault的"90后"高阳,出身农村,自小所处环境信息闭塞。高阳将自己的成功归结为互联网带来的信息便利,"我大部分工作机会都是通过互联网认识然后获得的,包括我的原始人脉积累。"当年,他在网上发布一条信息希望去北京找一份工作,正在北京创业的MagnetjoyCEO郭启睿给他留言,"到我这儿来吧。"这家社交游戏开发公司的成长速度让高阳第一次意识到创业可能带来的数量级成功,成立没多久公司的流水收入超过1亿元人民币。

高阳此后在网络上组织了一个"丧心病狂的90后小组",组里有1/3的人在创业,60多人的项目加起来超过了5亿元人民币。[③]

① 江明,余驰疆.大牢里走出的俄罗斯首富[J].环球人物,2014(22).
② 冷夏.霍英东全传[M].北京:中国戏剧出版社,2005.
③ 李纯,雷顺莉.90后创业:你们打拼世界,我们定义世界[N].南都周刊,2014-08-20.

(六) 敏感

创业者需要具备敏锐的直觉,对外界环境变化保持高度关注和敏感,尤其是应对商业机会和市场变化快速反应。

案例 3-5:课余时间创办快递公司,大学未毕业即赚 500 万①

5 月 19 日下午,河北经贸大学 13 号学生宿舍楼旁的树上,悬挂着"博强快递——毕业生行李托运"的红色条幅,条幅下设有博强快递的摊位,旁边堆放着 12 个白色大包裹,里面是一些大四毕业生寄回家的物品。

身穿白色短袖 T 恤的 5 个身强体壮的小伙子,正在打理包裹。他们的身份既是本校学生,又是博强快递的代理,依据业务量大小提成。这些包裹都是他们从 5 层高的宿舍楼抬到楼下的。一些想要寄包裹的学生询问着情况,还有些已经寄出包裹的学生正在进行登记。

"包裹邮不回去,直接到公司找我!"河北体育学院大四学生、博强人力资源咨询有限公司总经理李海洋,亲临学校现场指导,很多学生看到他,直喊:"李哥!"

面带笑容的李海洋向同学们介绍了博强快递的特色。因为他现在也是大学生,所以做事情都是以服务学生为出发点,做的是"情感快递",他们的包裹不计重量,统一提供的袋子随便装,省内投递费 50 元,省外 60 元起价,比一些快递公司业务便宜 20 多元。

博强快递河北经贸大学总代理李帆同学说,他们 5 月 13 日就在这里设了摊位,截至 20 日,已经邮递出去 100 多个包裹。随着 6 月毕业时间的到来,快递业务会逐渐增加,预计会有 3 000 个包裹的快递业务,属于赚钱的黄金季节。

李海洋说,他们公司实际上独揽了位于石市的 30 多家高校的快递业务。

家贫志不贫,大三当上百万富翁

1988 年,李海洋出生在河北省承德市承德县岔沟乡下局子村一个贫苦家庭。父亲左手四级伤残,妈妈高血压,大姐罹患神经性分裂症,一家 5 口人,只有二姐和他是个健康人。家里穷得叮当响,以至于 2008 年 8 月,他收到河北体育学院运动训练系网球专业录取通知书的时候,连万元学费都掏不起。从那时起,年仅 20 岁的李海洋就发誓,一定要珍惜大学时光,发奋图强,10 年内成为百万富翁。没想到他仅拼搏了三年,就实现了这个梦想。

李海洋说,入学前,为了挣够 1 万多元学费,他到处打工。入学后,仍痴心不改,在保证学业不受影响的情况下,从大一开始,就给别人发广告单子,自己摆地摊卖手机贴膜。他创业赚取的第一桶金是卖"情侣卡",两个月赚了 50 万元。

一次偶然的机会,让他发现了高校快递这个利润丰厚的市场,说干就干,李海洋开办起了自己的快递公司。为了找到足够的学生给自己快递业务做代理,李海洋几乎跑遍了附近几家高校的每栋宿舍楼。而作为一名没资本、没经验的在校大学生,如何说服邮递公司跟自己签订合作协议是他创业之初面临的最大难题。

"如果做不了,我就把所有的收入全都给你!"李海洋的诚意打动了邮递公司,生意也慢慢走上了正轨,现在,李海洋已经包揽了石家庄市 30 多家高校的快递代理业务,并与 3 家快递和托运公司签订了合作协议,仅一个月的时间,快递业务就销售 16 万元。2011 年,年利润超过

---

① 李梓,李杰. 石家庄:体院一名大学生在校创业赚 500 万[EB/OL]. 燕赵都市网. www.yzdsb.com.cn,2013-05-23.

百万元。

敏锐关注市场,300多名大学生为他做代理

2012年,李海洋因父亲生病,休学一年,毕业时间推迟到2013年6月。

在休学的时间里,他一边照顾父亲,一边又创建了一家人力资源公司,谋划更大发展。他将人力资源公司发展方向锁定于文化产业,不仅为大学生服务,而且将来还要为小学生和中学生服务。也就是在这一年,他推出了一体化远程教育,在大学生考研、专接本考试、公务员考试、职业规划等方面,提供全套学习课程。大学生只要花498元,从他那里买一张学习卡,足不出户就可享受清华、北大等名校老师的教学。

从兼职为别人打工,再到自己当老板,实现了质的飞跃。但他的用工成本却是"零"。他赚钱的很多生意,都是通过公关首先获取总代理权,然后再代理给大学生。目前,有300多名在校大学生帮他销售学习卡,没有一分钱底薪,全靠销售业绩提成。凭借这种办法,每天学习卡销售额达万元,最多达五六万元。

6月份,他就要毕业了,屈指算来,这几年他至少积累了500万元财富。

评论:创业更能激发人的潜能和才智。李海洋创业成功在于,一是对身边的市场需求高度敏感和关注,看到机会就抓住不放,用信心和恒心坚持到底;二是"零成本"的商业模式,找大学生做代理,充分整合了高校的优势人力资源。当然,积累实践经验也很重要,李海洋自己就认为,如果自己兼职时间再长些,创业效果会更好。

(七) 人脉

创业不是引"无源之水",栽"无本之木"。创业需要资源,而其中最重要的是人脉资源,即创业者构建的人际关系网络或社会网络。一个创业者如果不能在最短时间之内建立自己最广泛的人际网络,那他的创业一定会非常艰难,即使其初期能够依靠领先技术或者自身素质,比如吃苦耐劳或精打细算,获得某种程度上的成功,我们也可以断言,他的事业一定做不大,正所谓,有钱比不过"有人"。

创业者的人脉资源,第一是同学资源,第二是职业资源,第三是朋友资源。

(1) 同学资源。同学之间本来就有守望相助的义务,在现今这个时代,带着商业或功利的目的走进学堂,也并没有什么不妥。同学之间因为平等相处、接触密切,彼此比较了解,同时因为少年人不存在利害冲突,成年人同学则大多数从五湖四海走到一起,彼此间也甚少利害冲突,所以友谊一般都较可靠,纯洁度更高。

赫赫有名的"福布斯"中国富豪南存辉和胡成中就是小学和中学时的同学,一个是班长,一个是体育委员,后来两人合伙创业,企业做大以后才分了家,分别成立正泰集团和德力西集团。目前,仅北京大学各种各样的同学会就不下几百个,据说其中有一个由金融投资家进修班学员组成的同学会,仅有200余人,控制的资金却高达1 200个亿!一位成功的创业者在接受记者的采访时说,他在中关村创立公司前,曾经花了半年时间到北大企业家特训班上学、交朋友。他开始的十几单生意,都是在同学之间做的,或是由同学帮着做的。同学的帮助,在他创业的起步阶段起了重要的作用。

与同学相似的,是战友;可以与同学和战友相提并论的,是同乡。共同的人文地理背景,使老乡有一种天然的亲近感。曾国藩用兵只喜欢用湖南人,中国历史上最成功两大商帮,徽商和晋商不管走到哪里,都是老乡拉帮结派,成群结伙的。正是同乡之间互为犄角,互为支援,才成就了晋商和徽商历史上的辉煌。同学资源和同乡资源,可并称为创业者最重要的两大外部

资源。

(2)职业资源。对创业者来说,效用最明显首推职业资源。所谓职业资源,即创业者在创业之前,在就业职场所建立的各种资源。充分利用职业资源,从职业资源入手创业,符合创业活动"不熟不做"的教条。尤其是在国内目前还没有像美国或欧洲国家一样,普遍认同和执行"竞业避止"法则的情况下,选择从职业资源入手进行创业,已经成为了许多人创业成功的捷径和法宝。

比亚迪的王传福创业前就是搞电池的;碧桂园的杨国强原先是搞建筑的;苏宁的张近东大学毕业后曾在一家服装企业工作,业余时间帮人安装空调,积累了第一桶金,并开始意识到空调销售、配送、安装、维修一体化的重要性,1990年张近东辞职创业专门销售空调,一举成为国内家电销售业翘楚。据调查,国内离职下海创业的人员,90%以上利用了原先在工作中积累的资源和关系。

案例3-6:大学生"卧底"取经为获职业资源[①]

创业不到一年便赚了几十万,还清了公司的所有贷款。南京信息职业技术学院通信学院大二学生陈烨创业不仅有眼光、能吃苦,还特别有创意,为了解行业最新动态,他利用假期到大公司去"卧底"取经。

学通信却创办传媒公司

"进入大学以来,我参加了学校和同学们组织的不少大小活动和比赛,每次活动的宣传费用和舞台费用都是很大一笔开销。加上学校给我们开设了专门的创业课程,我就想,与其请商家来做活动不如自己创业自己赚钱。"陈烨说,说干就干,怀揣着梦想,筹备资金、注册、购买设备……大二初,他的图文公司就成立了。"但图文既繁琐又耗时间,加上仙林区的价格战,我们一点优势都没有。"经过调研,他毅然放弃了"图文",转移到舞美策划上。

到大公司"卧底"取经

一般公司的舞美策划也就帮着调调灯光,调调音响。陈烨没有把自己的工作局限在这块。他购买了灯具音响等舞台设备,并亲自学习如何安装,以期能在承接的活动中做到最好。为了学到更好的技术,他还到一些大公司实习,学习人家的经验,以弥补自己公司的不足。

陈烨认为:"首先,创业开始再困难再辛苦,都要学会忍耐坚持,要以积累、学习经验为主;其次学会看清自己,到单位一切要从头开始,学会低调、做事勤快;最后,也是最重要的一点,人际关系是第一生产力!"

现在陈烨公司的业务越来越多。"不仅仙林大学城很多大学的活动都由我们来帮着做,很多品牌公司如江苏银行、中国福利彩票、健力宝的活动,也都找到了我们。"

"公司到今年9月份成立1年,目前已经还清了五十万元的贷款。"

(3)朋友资源。朋友应该是一个总称。同学是朋友,战友也是朋友,老乡是朋友,同事一样是朋友。一个创业者,三教九流的朋友都要交,朋友犹如资本金,对创业者来说是多多益善。"在家靠父母,出门靠朋友"、"多一个朋友多一条路"都是至理名言。

(八)谋略

商场如战场,在产品同质化严重、市场有限、竞争激烈的情况下,创业者的智谋,将在很大

---

① 吴笑欢.大二学生到大公司卧底取经创业一年净挣几十万[N].南京日报,2012-07-27.

程度上决定其创业成败。谋略,说白了就是一种思维的方式,一种处理问题和解决问题的方法。对于创业者来说,智慧是不分等级的,它没有好坏、高明不高明的区别,只有好用不好用,适用不适用的问题。

案例3-7:冯仑的"空手道"①

1991年,冯仑和王功权南下海南创业的时候,兜里总共才有3万块钱。3万块钱要做房地产,即使是在海南也是天方夜谭。但是冯仑想了一个绝妙的办法。信托公司是金融机构,有钱。冯仑就找到一个信托公司的老板,先给对方讲一通自己的经历。冯仑毕业于中共中央党校,曾在中央党校、中宣部、国家体改委和海南省委任职,经历很耀眼,对方不敢轻视;再跟对方讲一通眼前商机,自己手头有一单好生意,包赚不赔,说得对方怦然心动。冯仑提出:不如这样,这单生意咱们一起做,我出1300万元,你出500万元,你看如何? 这样好的生意,对方又是有这样的经历,有什么不放心? 好吧! 于是该老板慷慨地甩出了500万元。

冯仑就拿着这500万元,让王功权到银行做现金抵押,又贷出1300万元。他们就用这1800万元,买了8幢别墅,略作包装一转手,赚了300万元,这就是海南万通的第一桶金。

(九) 分享

作为创业者,一定要懂得与他人分享。一个不懂得分享的创业者,不可能将事业做大,甚至创业尚未成功就"财聚人散"。分享不是慷慨,对创业者来说,分享是明智。正泰集团的成长历史,有人说就是修鞋匠南存辉不断分享财富的历史。在南存辉的发家史上,曾经进行过4次大规模的股权分流,从最初持股100%,到后来只持有正泰股权的28%,每一次当南存辉将自己的股权稀释,把自己的股权拿出来,分流到别人口袋里去的时候,都伴随着企业的高速成长。但是南存辉觉得自己并没有吃亏,因为蛋糕做大了,自己的相对收益虽然少了,但是绝对收益却大大地提高了。

白手起家的郭凡生之所以成为亿万富翁,其成功的秘诀就在于懂得与人分享。慧聪公司是郭凡生1991年创立的,1992年慧聪的章程里已经写入了劳动股份制的内容。学经济出身的郭凡生这样解释他的劳动股份制:我们规定,慧聪公司的任何人分红不得超过企业总额的10%,董事会分红不得超过企业总额的30%。"当时我在公司占有50%的股份,整个董事会占有的股份在70%以上,有20%是准备股,但是连续8年,慧聪把70%以上的现金分红分给了公司那些不持股的职工。"

案例3-8:李嘉诚如何看待情和义②

李嘉诚一直认为,有钱要大家赚,利润更要让大家一起分享,做人不可自私自利,有情有义才有人愿意与之合作。作为最大投资商,你拿10%的股份很公正,拿12%也没什么,但是如果只拿8%的股份,将其余回报给那些曾经支持过你的人,虽让小利,但你将财源不断。重情重义不是用嘴巴说说那么简单,而是要实实在在地去做,从内心对每一个帮助过自己的人带着感激之情,要以实际行动来表达。

1973年,当世界危机波及香港的时候,李嘉诚做了一件功德无量的事,至今仍被香港商界

---

① 辛保平.成功创业:靠脑子不是靠力气[EB/OL].阿里巴巴.http://info.china.alibaba.com/detail/5965615.html,2006-11-16.

② 张笑恒.李嘉诚的哲学[M].万卷出版公司,2015.

传为佳话。香港经济的依赖性很强,塑料原料全部依赖进口,因此受价格的影响也最大。危机爆发前每磅塑料原料的价格是 0.65 港元,危机爆发后涨到每磅 4.5 港元。当时李嘉诚凭借在塑料业的实力以及在经商过程中获得良好的声誉,已经是香港塑料制造业商会主席,但他的经营重点已经逐步转移到地产上了,因此,这场塑料危机,对他的影响并不是很大。况且,长江塑料公司本身也有充足的原料储备。

尽管这件事与自己的利害关系不大,李嘉诚还是毫不犹豫地挂帅上阵。

在他的倡议和组织下,数百家塑料厂入股组建了联合塑料公司。原先单个塑料厂家的购货量太小,无法达到交易额度,现在由联合塑料公司出面,需求量比进口商还大,可以直接由国外进口塑料原料,进行交易。所购进的原料,全部按市价分配给股东厂家。在厂家的联盟面前,进口商的垄断也就不攻自破了。这样笼罩全港塑料业达两年之久的原料危机,一下被消除了。

不但如此,李嘉诚在这次救业大行动中,还将长江塑料公司的 12.43 万磅原料,以低于市价一半的价格救援待料的会员厂家。可以直接购入国外出口商的原料后,他又把长江塑料公司本身的 20 万磅配额,以原价优先转让给需求量大的厂家。在此次危难中,得到李嘉诚帮助的厂家达数百家。李嘉诚因此被称为香港塑料业的"救世主"。李嘉诚救人于危难中的义举,为他树立起崇高的商业形象,他的名气和声望回馈的无疑是不尽的生意和财富。

(十) 自省

自省其实是一种学习能力。创业既然是一个不断摸索的过程,创业者就难免在此过程中不断地犯错误。自省,正是认识错误、改正错误的前提。对创业者来说,自省的过程,就是学习的过程、进步的过程。成功创业者有一个共通之处,就是都非常善于学习,非常勇于进行自我反省。一个创业者,遭遇挫折、碰上低潮都是常有的事,在这种时候,反省能力和自我反省精神能够很好地帮助你渡过难关。曾子说:"吾日三省吾身。"对创业者来说,问题不是一日三省吾身、四省吾身,而是应该时时刻刻警醒、反省自己,唯有如此,才能时刻保持清醒。

案例 3-9:难以入眠的高德康[①]

高德康做波司登,经常"晚上睡不着,想心事。常常半夜里醒过来一身冷汗。"

高德康,江苏常熟白茆镇山泾村的一个农民。1976 年,高德康组织了村里一个缝纫组,靠给上海一家服装厂加工服装赚钱,每天要从村里往返上海购买原料,递送成品。"从村里到上海南市区的蓬莱公园,有 100 公里路。我骑自行车每天要跑个来回,骑了几次车就不行了。于是我就挤公共汽车,背着重重的货包挤上去,再挤下来,累得满头大汗。因为我挤车也是在上班时间,车挤得不得了。我背着货包好不容易挤上去,车上的人闻到我一身臭汗,就把我推下来,有一次把我的腰都扭伤了。有时候他们还要骂一句,你这个乡下人,乡巴佬。神气得不得了……可是包重呀,你把我推下来,我怎么办? 那个时候我是哭也哭不得,我想那些人一点都不理解我。有时甚至考虑还要不要和上海人做生意? 但是不去上海,家里就没有活干,吃不上饭。只能上,乖乖地上。做生意龙门要跳,狗洞要钻,没办法的,只能受点委屈。"在这种情况下,高德康睡不着觉。

后来他的事业做大了,波司登已经成为了中国羽绒服第一品牌,自己也变成了千万、亿万

① 辛保平. 中国创业者十大素质[J]. 科学投资,2003(9).

富翁了,却仍然常常睡不着觉。高德康总是在反省自己,为了一些想不明白的问题,他还特意跑到北大、清华上了一年学。他说:"我经常总是在听人家讲,听了以后抓住要害,再在实践中去检验,到最后看结果,看到底是不是真的。"

三、创业能力

面对创业机会,能否有效地把握并成功实施创业决策,就必然涉及创业能力。创业能力涉及面很广,主要包括创新能力、学习能力、经营管理能力和人际关系能力等。大多数创业能力主要通过后天培养而习得。

(一)创新能力

彼得·德鲁克曾指出:"创业者首先需要具有创新精神。"新经济的本质就是创新,就是鼓励和促使个人的创新潜能得到充分激发。

在激烈的市场竞争中,缺乏创新的企业很难站稳脚跟,改革和创新永远是企业活力与竞争力的源泉。正是创业者持续不断地创新,创业企业才一步步成长壮大,产生了像华为、中兴、三一重工、海尔、联想、沙钢等这样一批世界级大型企业,也产生了像百度、腾讯、阿里巴巴等这样一批横空出世的新兴信息产业,还产生了像天地伟业、中芯电子、华中数控等这样一大批"小而强"科技型企业。

案例 3-10:大三学生创业打造"透明农场"[①]

在南京农业大学有家金麦云蔬菜配送点,这里的蔬菜比菜场贵好几元一斤,却卖得很火。配送点每天为附近100多户居民送货上门,一个月能卖掉一万多斤蔬菜。这里的蔬菜究竟有什么秘密呢?配送点的老板是南农大大三学生张轩,从大一起他就当起"卖菜仔",打造起"透明农场",他的蔬菜从种子、土壤、化肥到农药全程公开,居民在电脑上随时能看到蔬菜的生长情况。近日张轩当选2012年度"中国大学生自强之星"标兵。

为了创业下地种菜

"我的家在城乡接合部,我的外公是一个很朴实的农民。"2012年张轩的外公病重,"他眼睛不好,耳朵却很灵,听到新闻报道中常讲到'蒜你狠''豆你玩'等问题,我发现他的眼泪都流了出来,超出了他们那个时代良知所能承受的范围。"这一幕深深触动了张轩,"土壤重金属化、农药过量,部分农产品质量存在问题是事实,我看到的是身边大部分农民都在勤勤恳恳地种田。有什么办法能改变这个现状呢?"张轩心中萌生创业的念头,"我们来打造一个生态农业园,让城市居民放心购买生态园里的农产品。"大一暑假起,他就跟着农学老师下农场,一蹲就是两个月。"要学的东西太多,比如检测土壤,看重金属是否超标;学怎么使用农药;甚至学种菜,一个夏天浑身晒得黝黑,手臂、脸都脱皮了。"

用物联网打造"透明农场"

磨练一段时间后,张轩和其他四名同学合伙成立了南京金麦风农业科技有限公司。"我们的想法是先打造一个现代化农场。"张轩和伙伴们用上了物联网技术。在老师的帮助下,经过

---

① 许天颖,蔡蕴琦.为了创业下地种菜大三男生当老板办蔬菜配送点[N].扬子晚报,2013-05-15.

几番波折,张轩终于说服了常州一家农场,"老板投入了15万元,学校的创业基金支持5万,我们几个同学凑了4万多。"张轩的合伙人、南农大大三的曾凡功介绍说,现代农场里面有一套完整的物联网感应设备,控制采集系统、温感、光感等设备。"经过智能化改造,40亩地只需要10个人,既减轻了成本,也减少了污染。"农场里还装有摄像监控,"我们开发了一个网络平台,登录后可以看到农场里面的一举一动,物联网还提供一个信息库,这块地用的是什么种子、化肥的品牌,撒了多少农药,点点鼠标都能查到。对于消费者来说,这个农场是透明的。"曾凡功说,如果出现病虫害等问题,他们还请农业专家通过远程视频进行"问诊"。"专家凭平台账号登录进去,上面会有农场的反馈,一些图片,长了什么虫,生了什么病,他在线解答。"

建立透明农场还只是第一步,"解决销售渠道,才能提高农民的积极性。"张轩的技术研发团队又在网络平台上研发出网上订购蔬菜系统。第一个配送点就选在南农大。"我们在南农大附近,挨家挨户上门推销。开始一天只能卖几斤,大家觉得我们的蔬菜卖得比市场贵10%~20%。当我们打开网络平台,向居民展示农场的种植实时画面时,很多人开始动心了。"曾凡功告诉记者,前段时间蔬菜供不应求,2013年张轩的透明农场从常州的那一个扩展到四个,农产品品种丰富了起来,"有蔬菜基地、大米基地,也有养鸡场,我们严格按照国家对有机食物的标准来打造农场。"现在蔬菜配送点每个星期都是几千斤的蔬菜,每个月是一万斤。"很多居民办了年卡,我们请营养老师配餐,每天配好种类送上门。"

希望能解决食品安全难题

"我们从大一开始摸索,到大三初见规模,坚持了两三年,第一批客户正是南农老师。"张轩透露,他们目前正在进行大客户拓展,"农产品可以定制。比如可以提前一年下单,希望得到什么样的农产品。我们负责来找合适的农场,打造安全的现代种植环境,配送安全的种子、化肥和农药,整个过程对客户公开。一年后按照客户要求交货。"张轩说,"我们提出'透明农业'。希望整个社会,城市中的孩子,能对农民、农业有个深入了解,并从服务模式上探索一条解决中国食品安全的途径。"

(二) 学习能力

人类已步入知识经济新时代,一次性学校"充电"、一辈子工作中"放电"的时代已成为历史,终身不断学习必将成为一种重要的生存方式和生活方式,同时也必将成为人们追求幸福与财富品质的主要诱发因子及原动力。

终身学习的价值就在于培养一种学习习惯,使得人生各阶段都能获得相应的学习机会,不断提升自身能力和素质,如此才能应对知识经济和信息时代的挑战。

案例 3-11:终身学习的创业典范[①]

"不学习,就死亡",这就是新希望集团总裁刘永好的一个观点。刘永好把学习视为日常必修课,他随身都携带一支笔和一个本子,把学习到的东西都记在上面,并且每年花1/3的时间用在与国际国内优秀人士的交流上。

世界最大的微波炉生产企业格兰仕的总裁梁庆德42岁才开始创业,只有小学文化。但30多年来,梁庆德坚持学习、不断超越自我,员工们亲切地称梁庆德是"交通大学"毕业生。因为梁庆德无论在飞机、火车还是汽车上都始终坚持学习,可谓手不释卷,正是这种坚持不懈的

---

① 刘志伟.企业生存策略[M].北京:中国纺织出版社,2007.

学习精神，带动了整个企业的学习热情，使得格兰仕一步步成长壮大。

2009年的中国首富——沙钢沈文荣学历不过中专，学的又不是冶金专业，但他对"钢铁"不耻下问、谦虚好学在国内外同行中是出了名的。他的办公室、家里，堆满了全球有关冶金的书籍杂志，一谈到钢铁技术他就像吃了兴奋剂，一谈到风花雪月他就打瞌睡。一次他去法国旅游，在埃菲尔铁塔下打起呼噜震怒了法国导游：他还从来没有看到一个像这样对铁塔不仰慕的人。

波司登的高德康只有小学文化，而他现在最大的爱好竟然是看书。"时间再紧张，学习也不能马虎。"随着波司登的发展壮大，工作越来越繁重，在时间很紧的情况下，高德康坚持每个月集中3天时间学习，把自己的思路理顺。高德康认为，"作为一个领导来说，不一定整天忙得不得了就是好领导，你必须把思路理顺，有一种思维的状态来考虑这个企业的发展。"

(三) 经营管理能力

成功的创业者应当具备决策能力、组织协调能力、资源整合能力、交往沟通能力等经营管理才能，才会拥有一批坚定的追随者和拥护者，才能使组织有序运营，取得良好绩效。经营管理能力已成为决定创业活动的效率和成败的关键因素。

《全球创业观察中国报告》通过对2002～2007年中国创业能力的总体变化的研究发现，相对于所有GEM成员的总体水平，中国在创办企业的经验和技能方面较为欠缺。大多数创业者缺乏创办新公司的经验，未能组织创办公司所需的各种资源，也不知道如何管理这样一家新成立的小公司。在调查对象中，拥有创业经验和技能的人比例为38.9%，相比较前几年，这一比例变化不大。[①]　可见，努力提高经营管理能力已成为中国创业者的当务之急。

(四) 人际关系能力

人际关系能力是指妥善处理组织内外关系的能力，包括激励能力、说服能力、沟通能力及谈判能力等。自创业起步，创业者就需要取得组织内外诸如员工、股东、顾客、政府、银行、供应商甚至所在社区等的支持帮助。良好的人际关系能力是建立和谐人际关系与搭建广泛社会关系网络的基础，良好的"人脉"会为创业者提供许多重要信息和资源，是创业企业生存和发展的必要条件。为此，创业者必须具备与利益相关者打交道时处理各种人际关系的能力。

案例3－12："中国女大学生创业第一人"谈人际关系能力[②]

2009年3月，广州日报记者采访了"中国女大学生创业第一人"——原华中科技大学学生李玲玲——一位现在身家已达4千多万的女企业家。

17岁时，李玲玲发明"高杆喷雾器"，受到诺贝尔奖得主杨振宁颁奖。一年后，她考入华中科技大学(原华中理工大学)，1999年，她发明的防撬锁在第七届中国专利博览会上获金奖。1999年7月，高杆喷雾器和防撬锁两项专利被武汉世博公司看好，成为世博公司第一笔投资的对象。双方签订协议：由世博公司出资60万元(实际到账10万元)，创立天行健科技开发公司。李玲玲以专利入股，占公司四成股份，出任公司董事长兼总经理，世博公司占六成股份。

但事情并没有按既定轨道运行，不到一年时间，公司匆匆倒闭收场，这个"中国女大学生创业第一人"就这样迅速陨落。

---

①　高建，等.全球创业观察中国报告(2007)[M].北京：清华大学出版社，2008.

① 高建，等.全球创业观察中国报告(2007)[M].北京：清华大学出版社，2008.
② 梁硕芳.大学生创业第一人：毕业就创业成功率不高[N].广州日报，2009－03－17.

　　李玲玲总结自己最初创业失败的原因时谈到,"最大的障碍还是在于人际关系的处理不当","大学生整个创业圈子都有一个与生俱来的缺陷,那就是办事无头绪,人脉资源匮乏,不会处理人际关系。"她说,天行健公司倒闭后,2001年,她在长沙又开一家公司,半年也挺不下去了,原因也还在于缺乏处理人际关系的能力。

四、创业动机的含义与分类

　　动机,在心理学上是指由特定需要引起的,欲满足各种需要的特殊心理状态和意愿。动机是激励和维持人的行动,并将行动导向某一目标,以满足个体某种需要的内部动因。

(一) 创业动机的含义

　　创业动机的概念学者们众说纷纭。Timmons(1994)综合各种观点后指出,创业动机是各种环境因素和创业者个人特征的产出。Shane,Locke和Collins(2003)认为,创业动机是个体的一种意愿和自发性,这种意愿会影响人们去发现机会、获取资源以及开展创业的活动。Baum和Locke(2004)认为,创业动机是创业者在追求成就的过程中,在头脑中形成的一种内部驱动力,有目标导向和自我效能感两个衡量指标。何志聪(2004)则认为创业动机是内化为创业者个体的目标,激励创业者的行为,激励创业者去寻找机会,把握机会,并最终实现创业成功的动力。

　　综上所述,创业动机是引发个体从事创业活动,并使活动朝向创业目标,激励和引导个体为实现创业成功而行动的内在动力。

(二) 创业动机的类型

　　布鲁斯·R.巴林格,R.杜安·爱尔兰(2006)提出三类基本创业动机:一是做自己的老板;二是追求自己的创意;三是获得财务回报。[①] 粘永昌(2009)提出我国大学生创业的四类动机。[②]

1. 生存的需要

　　由于经济的原因,许多家庭越来越难以负担昂贵的学费,虽然国家有助学贷款、奖学金制度,但也不能完全解决问题。在沉重的经济负担压力之下,为了顺利完成学业,这部分学生中的一部分人利用课余时间打工来维持正常的学习和生活。在打工的过程中一部分具有创业素质的大学生会发现商机并且去把握它,从而开始走上了创业的道路。

2. 就业的需要

　　当前,我国大学生就业形势相当严峻,一方面表现为需求不足,另外一方面表现为大学毕业生的工资待遇降低。在这种情况之下,为了找到一份自己满意的工作,有一部分大学生也开始了创业。

3. 成长的需要

　　随着大学生年龄的增长,对于参与社会和自我成长的需要逐渐强烈。一部分大学生为了增加自己的实践经验,丰富自己的社会阅历,为了今后的发展或实现某个目标做好经济上的、

---

① 布鲁斯·R.巴林格,R.杜安·爱尔兰.创业管理:成功创建背后企业[M].张玉利,等译.北京:机械工业出版社,2006.

② 粘永昌.大学生创业动机与创业模式探析[J].法制与社会,2009(15):252-253.

经验上的准备,在条件成熟的情况下也会利用课余时间走上创业道路。这类创业者往往以锻炼为目的,承受失败的能力较强。同时由于压力较小,失败和半途而废的比例也比较高。

4. 自我实现的需要

心理学研究表明:25~29 岁是创造力最为活跃的时期,这个年龄段的青年正处于创造能力的觉醒时期,对创新充满了渴望和憧憬。另外,由于大学生所处的环境,他们往往更容易接触一些新的知识、科技发明和科研成果,或者他们中的一部分人本身就拥有具有自主知识产权的科技成果,为了实现科研成果的转化,其中一部分人也开始了自己的创业生涯。

五、产生创业动机的驱动因素

创业者选择创业的动机受诸多直接和间接因素的影响。

Gilad 和 Levine(1986)提出了创业动机的"推动理论"(Push Theory)和"拉动理论"(Pull Theory)。推动理论认为个体是被外在的消极因素"推动"去创业的,例如失业或寻找工作困难,或对当前工作不满意、工资低、非弹性工作制等,这些生活压力因素激活了创业者创业动机;而拉动理论则认为个体在创业活动中被寻求独立、理想、人生目标等自我实现的需求因素所吸引。显然,推动因素形成的主要是生存型创业者,按照马斯洛的需求层次理论,生活压力使得他们处于生理需求或安全需求等较低的需求层次;而拉动因素形成的主要是机会型创业者,他们的创业动机主要受自我实现需求的激励,因此需求层次高于生存型创业者。学者们普遍认同,主要是"拉动"因素激励个体成为创业者(Keeble,Bryson & Wood,1992;Amit & Muller,1995;Orhan & Scott,2001)。

Gilad 和 Levine 还在其研究的基础上总结出创业活动的影响公式:

$$E_t = E(PL_t, PS_t, O_t)$$

式中,E_t 表示在 t 时的创业活动的程度,受到在 t 时测得的"拉动"力量强度(PL)、"推动"力量强度(PS)和除这两个因素以外的其他影响因素的力量强度(O)三者的共同作用。

高日光等(2009)通过实证分析提出我国大学生创业动机驱动因素的 4 个内容维度和 16 种典型行为的模型。见表 3-2。

表 3-2　大学生创业动机驱动因素及典型描述

维度	追名求富	家庭影响	环境支持	自我实现
驱动因素描述	为了提高社会地位	亲戚朋友鼓励创业	学校创业氛围浓厚	实现自身的价值
	羡慕权力和地位	亲戚朋友拉你入股	学校提供基金和条件	证明自己的才华
	崇拜创业偶像	亲戚朋友创业影响	国家提供优惠政策	提升自己的素质
	为了发财致富	家庭能提供帮助	当地政府积极扶持	发挥自己的专长

资料来源:高日光、孙健敏,周备.中国大学生创业动机的模型建构与测量研究[J].中国人口科学,2009(1).

综上所述,创业动机是个体因素与环境因素相互作用的产物,并且创业动机的驱动因素并非是单一的,往往是多维的,具有动态复杂性。

第二节 创业团队

无论是在传统的制造业、服务业,还是在现代的高新科技领域中,由团队创业的企业要比个人创业的企业多得多。用 Kamm 等(1990)的话来说,"团队创业现象如此普遍,以至于无论从创业所在地域或行业、创业类型还是创业者性别来看,大多数新创企业都是由团队创办的"。[①] 从创业绩效看,团队创业无论是成功率还是新创企业的绩效表现,都要比个人创业好得多(Lechler,2001)。[②]

一、创业团队及其对创业的重要性

(一) 创业团队的内涵

创业团队是一种特殊团队,学者们从不同角度对创业团队给出定义。

Kamm、Shuman、Seeger 和 Nurick(1990)从所有权角度指出,创业团队是两个或两个以上参与公司创立过程并投入同比例资金的个人。但从各国高科技创业团队的情况来看,创业团队成员的出资比例因个人经济条件而各不相同。因此,郭洮村(1998)对创业团队的定义进行了修正,他认为创业团队是指两个或两个以上参与公司创立过程并投入资金的个人。

从参与时间的角度,Gaylen N. Chandler 和 Steven H. Hanks(1998)指出,创业团队指的是在公司成立之初执掌公司的人或是在公司营运的头两年加盟公司的成员,但不包括没有公司股权的一般雇员。

朱仁宏等(2012)综合国外多种创业团队定义提出,创业团队是由两个或两个以上具有共同愿景和目标,共同创办新企业或参与新企业管理,拥有一定股权且直接参与战略决策的人组成的特别团队。

创业团队有广义和狭义之分。狭义的创业团队是指由两个以上具有一定利益关系、共同承担创建新企业责任的人组建形成的工作团队。广义的创业团队不仅包含狭义创业团队,还包括与创业过程有关的各种利益相关者,如风险投资商、供应商、专家咨询群体等。

(二) 创业团队的重要性

创业团队是团队而不是群体。团队中成员所作的贡献是互补的,而群体中成员之间的工作在很大程度上是互换的。即在团队中离开谁就可能不行,而在群体中离开谁都无所谓。

与个体创业相比较,团队创业具有多方面的优势,对创业成功起着举足轻重的作用。一个喜欢单打独斗的创业者固然可以谋生,然而一个团队的领导者却能够创建出一个组织或公司,而且是一个能够创造重要价值并获得丰厚回报的公司。创业团队的凝聚力、合作精神、立足长

---

① Kamm J. B. , et al. Entrepreneurial Teams in New Venture Creation: A Research Agenda [J]. *Entrepreneurship Theory and Practice*, 1990, 14(4): 7-17.

② Lechler T. Social Interation: A Determinant of Entrepreneurial Team Venture Success [J]. *Small Business Economics*, 2001, 16(4): 263.

远目标的敬业精神会帮助新创企业度过危难时刻，加快成长步伐。团队成员之间的互补、协调、支援、合作和努力，对新创企业起到了降低管理风险、提高管理水平的重要作用。

拜尔斯公司合伙人约翰·都尔认为，"当今世界拥有丰富的技术、大量的创业者和充裕的风险资本，而真正缺乏的是出色的创业团队。如何创建一个优秀的团队将会是你面临的最大挑战。"组建一支优秀的创业团队对于成功创业十分必要和重要。

二、创业团队的优劣势分析

依据不同逻辑组建创业团队既可能带来优势，也可能带来障碍，对后续创业活动会带来潜在影响。

（一）创业团队的优势

"人是最宝贵的资源"，优秀的创业团队是新创企业的基石，是任何新创企业人力资源的关键组成部分。一流的创业团队能够带来出色的知识、经验、技能和对公司的承诺，团队成员间强烈的和有效的工作关系对任何新创企业来说都是一笔宝贵的财富。

与个体创业相比较，团队创业具有多方面的优势。优势互补、资源共享、拓宽渠道、凝聚智慧、群策群力、降低风险。

大量的实证研究也表明，团队创办的企业在存活率和成长性两方面都显著高于个人创办的企业（Timmons，1990）。20世纪60年代美国一项针对104家高科技企业的研究报告指出，在年销售额达到500万美元以上的高成长企业中，有83.3%是以团队形式建立的；而在另外73家停止经营的企业中，仅有53.8%有数位创始人。而这一模式在一项针对美国波士顿地区"128公路100强"企业的研究中表现得更为明显：100家创立时间较短、销售额高于平均数几倍的企业中，70%都是属于团队创业的类型。

（二）创业团队的劣势

创业团队也可能带来障碍，对后续创业活动会带来潜在的风险。

近年来，中关村每年的企业倒闭率一直保持在25%左右，其中很重要的一个原因就是创业团队内部不团结。企业倒闭后，原来的创业伙伴基本上都是分道扬镳，能够继续共事的相当少（邓靖松，2007）。核心创业成员合作破裂，往往会导致创业团队解体或解散，创业团队解体的较好结果是新企业分拆或由某个或某些成员接盘，而最糟糕的结果是破产清算。

1. 团队成员个性不合带来风险

因为经验、友谊和共同兴趣结成合作伙伴，发现商业机会后共同创业的例子比比皆是。这种关系驱动的模式比较适用中国文化的特点，其团队的稳定性相对较高。但人际上的交集往往掩盖了团队成员性格上的差异、处理问题态度，关系的远近亲疏也经常会成为制约团队发展的瓶颈。如果创业成员之间因为性格、个性、兴趣不合，很容易导致创业磨合期就出现分歧甚至分裂，引发团队解散的风险。

案例 3-13：两位史蒂夫分道扬镳[①]

两位史蒂夫——史蒂夫·乔布斯与史蒂夫·沃兹尼亚克(绰号沃兹，The Woz)曾是老友，在1976年共同创立了苹果电脑。在创办苹果的过程中，沃兹与乔布斯堪称黄金组合，一个搞技术，一个负责市场，又迎合了个人电脑兴起的第一波浪潮，苹果很快就风生水起。

乔布斯和沃兹尼亚克是这样一对"兄弟"，其中一人毕生致力于管理公司，用各种手段激起消费者的欲望，创造盈利的神话；而另一人则言谈幽默，爱好技术，对一些小玩意感兴趣，在世界上挖掘趣闻，并乐在其中。

沃兹是技术牛人，在苹果公司发展初期，沃兹在公司里的作用很重要，他在1970年代中期创造出苹果一号和苹果二号，苹果二号风靡普及后，成为1970年代及1980年代初期销量最佳的个人电脑，苹果公司早期产品的专利权属于共同创办人沃兹。罗伯特·克林利曾在他的著作《偶然帝国》一书中说："沃兹称得上是苹果公司首席雇员。因为从技术的角度来看，沃兹就是苹果电脑。"但没过多久，两位共同创始人的矛盾就公开化了。

乔布斯创业早期常被批评为脾气坏、顽固、倔强、喜怒无常。他有着近乎摇滚明星的坏脾气，是一个小心眼的微观管理者，让自己的雇员不能不时刻分心提防。乔布斯的任性以及这种自我为中心的工作作风得罪了太多的人，让他迅速走向危机。1985年，苹果董事会最终投票作出了一个艰难的决定：剥夺了乔布斯在苹果公司的一切公职。

就在这一年，沃兹也离开了苹果。

两位史蒂夫共同成就了一家伟大的公司。但是，这两个伟大的人物终究未能一直携手。

2. 利益分配争议带来风险

曹垣亮(2006)对200多位创业者"创业管理调查"表明，团队散伙排在前三位的原因是团队矛盾(26%)、利益分配(15%)、有效沟通(12%)。团队矛盾的背后或多或少的有利益的成分在，这两项合计占41%，而被竞争对手打败的只有1%。[②]

创业初期，一起打拼的伙伴很容易有共患难精神，但是等到要"同甘"的时候，例如利益分配时，若团队在组建初期没有明确完善的分配方案，则随着企业的成长壮大、股票价值的与日俱增，就会因分配不公导致团队矛盾激化。人的自利性使得多数成员潜意识中往往认为自己贡献更大，都会有"这个公司没有我早垮了，而我只得到如此少的利益"这种想法。

因此，"先小人后君子"，凡涉及权利义务与利益分配问题，必须一切先说清楚、讲明白、形成书面协议，不能感情用事，也不能回避不谈。利益分配问题越早提出来讨论越好。

3. 团队成员经营理念不同带来风险

创业之初，团队成员选择难免出现随意性和偶然性，或是在团队中承担某种角色的人才过多，团队成员之间角色和优势重复；或是团队成员的经营理念、处理问题方式不一致，团队思想不统一；或是随着企业的成长，有些成员能力难以适应更大规模、更加规范的企业经营管理的需要，都会引发各种矛盾，最终导致整个创业团队的散伙。这种情况是非常普遍的，一个典型的例子就是联想的倪光南和柳传志。柳传志是一位有科技背景的企业管理者，而倪光南是一名著名的科学家，他们的分歧是经营理念的不一致，柳传志是市场导向，而倪光南是技术导向，这一根本的分歧导致了曾被誉为"中关村最佳拍档"的联想创业组合的分裂。

---

① 姜洪军.曾与乔布斯创业沃兹苹果传奇之后淡出江湖字号[N].中国计算机报，2012-10-23.

② 曹垣亮.创业股东利益博弈分析[J].科技创业月刊，2006(1).

4. 目标不一致带来风险

在创业初期，创业团队的目标一般并不十分清晰和明确，随着创业的进程以及外界环境的变化，团队成员可能会发现原先确定的目标和现实之间存在差距。此时如果团队成员之间缺乏沟通，意见难以调和，或是个人目标与组织目标出现较大的不一致，甚至有些成员不认可公司的目标和战略，价值观有冲突，那么团队面临着解散的风险。

案例3-14：我的三次合作创业经历①

我曾经历三次创业合作。第一次那是2003年的6月份，我刚刚从公司辞职，带着一个同事合作一个项目的代理。我们资金合在一起，他因为还要上班，我负责整个经营，他负责财务，其间遇到很多从没有遇到的问题，我们一起协商解决，在困难的时候确实感觉到合作的力量，至少问题面前商量的人多，智慧就多，问题就好解决。我们做的非常好，同行开始败落，我们成为最后的胜利者。

第二次合作在2004年10月份，随着我们合作发展的不断进步，我的其他朋友要求一起参与，做全国市场。因为各种原因，由我的一个朋友做法人，全权负责经营，他不懂得我们这块业务，导致合作过程中出现一系列问题：分工不明确，合作没有书面严格的原则要求，出现外行管理内行、合作不信任、运作不踏实、内部缺乏监督制约等，带来很大的风险与危机，结果一步步走向失败。

第三次合作。我们组建了股份公司，在吸取第二次合作失败的基础上，我选择的合作伙伴，虽然他比较精明多疑，但是我们在合作前制定了协议，大家必须遵守制度。虽然多次发生股东意见分歧，但是面对原则，大家不敢妄动。运营开始慢慢好转，现在我们的项目，已经打开全国市场，并且地方市场也在好转。

总结三次合作：第一次合作2人，简单约定，一个全面负责，一个负责财务，下班去帮忙一下，经营很好。主要是分工明确，处理好合作的原则问题，财务互相监督，分配规则大家意见一致；第2次合作5个人。老总不是内行，作风松散，合作前只有股权分配办法，没有发展的纲要，没有良好的监督以及预算机制，不能很好地协调与制约，出现几个人一起管理，失败是难免的；第3次合作3人，合作伙伴各有特长。外行是大股东，刚开始主要全盘操控市场，但是因为合作前达成协议，对于企业发展不能提出好的发展方案、没有解决问题的能力，就自动退出管理层。此外，财务等各项监督机制完善，各股东明确自己的责任，严格遵守协议原则规定的内容，保证了市场开拓的通畅。

评论：创业团队人员多少不是成败的关键因素。关键因素是：第一，合作原则要明确，要能够互相监督，股权分配、财务清晰；第二，能者上，庸者让；第三，合作应当尽可能做到优势互补、资源共享。

---

① 佚名. 合伙创业的好处有什么？［EB/OL］. http://info. biz. hc360. com/2011/03/030832152387. shtml, 2011－03－03.

三、组建创业团队的策略及其后续影响

如何组建创业团队并无明确的标准答案,理论研究的结论和创业实践的结果常常自相矛盾,真所谓"一半是科学,一半是艺术"。这是由于创业团队的成员往往是个性各异,能力、知识、经历、志趣、背景差异很大的个体,凝心聚力、团结协调、激励并发挥每个成员的聪明才智需要领导艺术;而根据团队成员组成的不同特征,在特定创业环境中采取恰当的后续管理措施维护团队的稳定和绩效则体现为科学性。

(一)组建创业团队策略

1. 组建人数

一般而论,3 人及以上就形成了群体,当群体有了共同的奋斗目标就形成了团队。创业之初,核心创业团队人数不宜过多,通常控制在 3~5 人。人数太少,难以发挥团队优势,太多则无暇顾及,思想意见难于统一。不过,非常有趣的是,美国的英特尔、惠普、微软、苹果、雅虎、谷歌这些技术流企业的共同创始人数目均为 2 人。

2. 组建模式

(1)合伙制。合伙制是由各合伙人订立合伙协议,共同出资、合伙经营、共享收益、共担风险,并对合伙企业债务承担无限连带责任的盈利性经营组织。创业团队投资采取合伙制,有利于将激励机制与约束机制有机结合起来。合伙人执行合伙企业事务,有全体合伙人共同执行合伙企业事务、委托一名或数名合伙人执行合伙企业事务两种形式。

在我国现阶段,主要有四种合伙方式:亲戚内合伙、家族内合伙、朋友间合伙、同事间合伙。咨询类、律师事务所和会计师事务所多采用合伙制形式,在我国农村,农民们创办的很多企业也都采用了合伙制形式。不同类型的合伙形式都有其自身的优势和不足。就家族内合伙制来说,创业初期,创业者凭借血缘、家族关系,能够以较低的成本迅速网罗人才、聚集资本、团结奋斗,从而使企业能在短时间内获得竞争优势,且内部信息沟通顺畅,对外部市场信息应对及时,总代理成本比其他类型的企业低。这类企业的缺点是难以得到真正优秀的人才、资金筹集量较小,在某种程度上制约其迅速发展。

(2)公司制。创业团队采用公司制形式,即设立有限责任公司或股份有限公司,运用公司的运作机制及形式进行创业。采用公司制的优势主要体现在:一是能有效集中大量资金进行投资活动;二是公司以自有资本进行投资有利于控制风险;三是投资收益公司可以根据自身发展,作必要扣除和提留后再进行分配;四是随着公司的快速发展,可以申请对公司进行改制上市,使投资者的股份可以公开转让,套现资金可用于循环投资。一般非家族成员的创业者采用公司制较多。

3. 组建原则

(1)优势互补。创业团队虽小,最好"五脏俱全"。团队成员不能是清一色的技术流成员,也不能全部是搞终端销售的,优秀的创业团队应该是每个成员各有长处,大家结合在一起,正好互补,相得益彰。在一个创业团队中,如果出现两个核心成员优势重复,重要能力完全一样,那么今后必然少不了各种矛盾的出现,甚至导致整个创业团队散伙。这样的例子举不胜举。

(2)共同的价值观。创业团队的成员应该是一群认可团队价值观的人,团队的目标应该

是参加团队的每个成员所认可的，是团队的共同目标。没有共同的价值观和目标，那就不是一个创业团队，而是一群乌合之众。

（3）确立好团队主管。创业团队必须确立团队领袖，团队领袖责无旁贷地担当起权威主管的职责，他应当有宽广的胸怀和高尚品质，有较高的素养和能力来组建、凝聚团队，并在激发团队热情和创造力、维系团队稳定方面起着非常重要的作用，在创业过程中随时做好团队成员间的沟通、协调与激励，使团队的整体水平不断提高，适应企业成长的需要。

创业团队领袖是创业团队的灵魂，是团队力量的协调者和整合者。

创业团队领袖应该不仅仅靠资金、技术、专利来决定的，也不是谁出了好点子、谁最先提出创意就谁当头。团队领袖应当是在多年共事基础上，在长期创业实践过程中团队成员发自内心认可、拥戴和胜任的带头人。不过，创业之初，由于缺乏了解和实践检验，通常由发起人或大股东暂行创业团队主管职责。

（二）不同策略下组建创业团队的后续影响

1. 稳定性与流动性

维持创业团队的稳定性无疑十分重要，创业团队管理的重点就是在维持团队稳定的前提下发挥团队多样性优势。但稳定不等同于团队的固化与僵化。创业之初，团队成员选择难免出现随意性和偶然性，或是价值观不一致，或是团队某种类型的人才过多、团队成员之间角色和优势重复，或是随着企业的成长，有些成员能力难以适应更大规模、更加规范的企业经营管理的需要。因此，创业团队应当保持适度的流动性，呈现动态性与开放性。一方面，要努力发现和吸纳真正优秀的、价值观相合、优势互补型人才，为团队不断补充新鲜血液；另一方面，对于不适应企业发展需要的团队成员要设计好退出机制。对于寻求更好发展空间而想退出的成员，哪怕是企业紧缺、急需的人才，也不要强留硬阻。因为这样的成员即便强行留下，也往往是"身在曹营心在汉"，会造成企业更多的内耗。

毫无疑问，在稳定的前提下，适度的流动性是团队实现成员不断优化，从而实现资源不断优化，进而促进新创企业不断成长的重要手段之一。

2. 同质性与异质性

"物以类聚，人以群分"。创业者往往倾向于欣赏和选择那些在背景、教育、经历、志趣上与自己非常相似的人。然而，"相似性"即同质性倾向存在着严重的缺点，最为突出的一点是冗余问题，相似的人越多，他们的知识、经验、技能和欲望重叠的程度就越大，内耗随之增加，创业之路愈加凶险。因此，组建创业团队的第一原则就是，建立优势互补的团队。

当创业团队的所有成员在各重要方面都高度相似时，成功不太可能出现。理想的状况是，如果一个团队成员所缺少的东西可以由另一个或者更多的其他成员提供，那么，整体将大于各部分之和，因为团队能够整合人们的知识和专长。[①] 因此，在很多情况下强调创业团队的互补性、异质性可能是更好的策略，因为团队成员在知识、技术、经验和社会资本方面存在的异质性和高度互补性，能提供给新企业多样化、丰富的人力资源基础。

不过，实践中存在很多相反的例子。经历相同、趣味相投且技能相近的如微软比尔·盖茨和童年伙伴保罗·艾伦，惠普的戴维·帕卡德和大学同学比尔·休利特，创业后团队合作良

---

① Carpenter, M. A., Geletkanycz, M. & Sanders, W. G. Upper Echelons Research Revisited: Antecedents, Elements, and Consequences of Top Management Team Composition[J]. *Journal of Management*, 2004, 30: 749－778.

好、业绩惊人;三一重工的梁稳根、袁金华、毛中吾、唐修国是同事,也是好兄弟,四人辞职创业、共同奋斗成就了今天中国重工业的脊梁;腾讯创业的"四大金刚",马化腾、许晨晔、张志东和陈一丹是大学或中学同学,共同的兴趣和理想将他们结合到一起,团队"相似性"极高,但创业至今合作良好、成绩斐然。相反,知识、技能互补,堪称"黄金搭档"的苹果乔布斯与沃兹、联想的倪光南和柳传志却最终分道扬镳。

由此可见,创业团队的成员究竟是考虑同质性还是异质性,并非是绝对的。Hmieleski 和 Ensley(2007)的实证研究表明:在动态变化的环境中,异质性团队由指令型领导者领导表现最佳,而同质性团队由授权型领导者领导则表现最佳;但在稳定的环境中情况刚好相反。美国北卡罗来纳大学的迈克尔·恩斯利(Ensley,1999)教授对美国《公司》500 强企业的实证研究也表明,在动荡的环境下,创业团队的异质性能够发挥积极的作用,或者说,动荡的环境需要创业团队具有异质性特征。[1]

实践中很难说究竟依据哪种逻辑组建的创业团队更好。通常,按照恩斯利的研究,如果创业机会蕴含的不确定性较高,价值创造潜力较大,往往也意味着创业过程面临的任务就越复杂,越具有挑战性,此时采用理性分析逻辑组建的异质性创业团队可能会更好地应对创业过程中的障碍与风险。而如果创业机会蕴含的不确定性较低,价值创造潜力一般,这种情况下创业团队成员之间的团结协作和信任感更加关键,此时采用非理性逻辑组建的同质性创业团队更可能成功。例如,在服装、零售、餐饮等传统产业,夫妻店、兄弟店、父子店比比皆是。[2]

四、创业团队的管理技巧和策略

创业是基于对理想的追求,来自于一股激情的支撑。创业之初,团队成员可能彼此都有高度的承诺与无悔的付出,但随着时间流逝、企业成长,权力分配、理念分歧、利益冲突等问题就会浮出水面,创业团队必须高度重视并妥善解决这些问题,才能确保团队的稳定。

(一) 确立团队领袖

企业需要权威的主管,创业团队也必须要有强势领导人。团队成员共同创业,但谁应该是主导者? 谁来做最后决定? 在发生利害冲突或彼此意见严重分歧时由谁来裁定拍板?

创业团队领袖是创业团队的灵魂,是团队力量的协调者和整合者。创业团队必须确立团队领袖,团队领袖责无旁贷地担当权威主管的职责,他必须有宽广的胸怀和高尚品质,有较高的素养和能力来组建、凝聚团队并在激发团队热情和创造力、维系团队稳定方面起着非常重要的作用,在创业过程中随时做好团队成员间的沟通、协调与激励,使团队的整体水平不断提高,以适应企业成长的需要。

(二) 创业团队管理的重点是在维持团队稳定的前提下发挥团队多样性优势

互补型创业团队成员的多样性往往带来团队成员在个性、特长上很大的差异,也使得团队

① Ensley, M. D. , Amason, A. C. Entrepreneurial Team Heterogeneity and the Moderating Effects of Environmental Volatility and Team Tenure on New Venture Performance[EB/OL]. http://fusionmx. babson. edu/entrep/fer/papers99/XXVII/XXVII_A/XXVII_A. html.

② 张玉利. 创业管理[M]. 第 2 版. 北京:机械工业出版社,2011:59 - 61.

管理承受巨大压力。必须保证团队成员间通畅的沟通渠道,缺乏有效沟通与协调,就难以达成一致的目标,导致严重的后果。要维持团队的稳定性,加强有效沟通与协调就应当成为创业团队的主要工作方式,团队领袖在组织团队和管理团队时,应当努力掌握和提高沟通与协调能力,善于倾听不同意见,善于概括总结出正确的意见,克服分歧和矛盾。

从人力资源管理的角度来看,建立优势互补的创业团队是保持创业团队稳定的关键,而对于非理性逻辑组建的创业团队,创业者应当注意吸纳并培养具有不同专长的核心员工、聘用外部专业顾问,来增强团队的互补性。实践表明,创业团队规模越大,团队成员的经验越是各不相同(原则是要求互补性),新企业存活的几率就越高,其成长也将越快。

根据团队成员的个性特征和能力,创业者在组建创业团队时应当结合团队的领导角色,对团队成员进行恰当的岗位配置,尽可能把"主内"与"主外"、耐心的"总管"和具有战略眼光的"领袖"、擅长技术与精通市场等方面的人才凝聚在团队中,在维持团队稳定的前提下充分发挥团队多样性整体优势。

毫无疑问,创业团队需要发展。在保持核心团队成员稳定的前提下,通过吸纳新成员和让部分既有成员退出的方式来调整创业团队的成员构成,是团队实现成员优化,从而实现资源优化,进而实现成功创业并促进新创企业成长的重要手段之一。

案例 3-15:不离不弃的创业团队[①]

外界常常用"沉浮"、"动荡"来形容对史玉柱团队的印象,但谁也不能否认其"嫡系"十分稳固。陈国、费拥军、刘伟和程晨被称为史玉柱的"四个火枪手"。史在二次创业初期,其身边人很长一段时间没领到一分钱工资,但这四人始终不离不弃,一直追随左右。

按刘伟的介绍,尽管经历了巨人公司数年的停业,但脑白金分公司的经理有一半都是最初跟随史玉柱起家的人马,这些人在脑白金已工作六七年,而脑白金和征途的多数副总更是早在1992至1994年期间便是巨人公司的员工。

人们的疑惑在于,史玉柱,这位出身于技术而又近乎偏执的独裁者,何以在"巨人"倒下之时,整个团队二十余人几乎都没有离开他,却追随他蛰伏了数年而后东山再起?从最早的计算机产品到保健品,再到现在的网游,几乎是同一帮人马在策划运作。究竟是什么原因,使这批人才聚集在这个鬼才身边?

作为史玉柱"新嫡系"的征途项目负责人纪学锋,是史玉柱成立征途公司时挖来的第一批网游骨干之一,他的看法是:"公司各方面都很开明公平,只要有实力,就会有机会。在管理上不会拘泥于太多的规则,大家做事的时候拼命做,小事则不拘泥于细节,整个过程能够让人实现个人价值。很多企业包括外企规则管理,把人管得太死。"巨人大厦失败后,对于怎样维系团队的奋斗向上、保证企业的向前发展,史玉柱的做法是:不定目标,缜密论证,步步推进,一咬到底。这一习惯,贯穿着征途两年多的发展轨迹。

脑白金2001年销量突破了13亿,史玉柱随即授权大学时睡在他上铺、时任上海健特总经理的陈国打理日常事务。翌年,陈国发生车祸。据知情人士透露,当时史玉柱正在兰州开会,撂下电话后连夜飞回上海,赶到医院时陈国已奄奄一息。和巨人的倒掉相比,这件事对于史玉柱的打击同样巨大,公司把所有业务全都停掉专门处理陈的后事。史玉柱在后来回忆时表示,

---

① 朱敏. 史玉柱和郭广昌谈创业团队管理:两种类型的"孔雀王"[N]. 新经济导刊,2008-01-03.

那是一种"断臂之痛"。从此，史玉柱对车要求很高，"坐 SUV 为主，另外加了一条规定，干部离开上海禁止自己驾车"，他和公司高层每年清明都要去给陈国扫墓。

史没有在陈国去世后重新接管脑白金，而是将担子交给了文秘出身的刘伟。"刘伟做上海健特副总，她分管那一块，花钱就是比别人少很多。"史玉柱说，"跟了我十几年，没在经济上犯过一回错，我自然非常相信她。"刘伟表示，自己虽然能叫出这三百多个县、市、省办事处经理的名字，但具体管理还需要史玉柱提供思想和方法。

史玉柱力求让每一个员工明白，评价业绩"最终凭的是功劳而不是苦劳"。公司只有一个考核标准，就是量化的结果。正是以结果论英雄，他才培养了一个强有力的队伍。他用人的一个原则是"坚决不用空降兵，只提拔内部系统培养的人"。他认定的理由是，内部人员毕竟对企业文化的理解和传承更到位，并且执行力相对更有保障。对于一个商业模式定型、管理到位的企业来说，执行的保障比创造的超越更为重要。从这个方面来讲，史玉柱是个典型且极端的实用主义者。

在检讨巨人集团失败的教训时，史玉柱曾表示，原来公司董事会是个空壳，决策就是由自己一人说了算，认识到了"决策权过度集中危险很大"。

今天，这位自诩为"著名的失败者"的成功者似乎已经洗心革面，他说："独裁专断是不会了，现在不管有什么不同想法，我都会充分尊重手下人的意见。"由此，他成立了七人投资委员会，任何一个项目，只要赞成票不过半数就一定放弃。

（三）公平感知与利益分配

对公平的感知是创业者所面临的既棘手又关键的问题。根据经济学原理，人们在经济活动中都有自利性倾向。一般说来，人们希望贡献与回报对等，并且希望这种对等对任何人都一样，这样贡献大的人所获得的回报应当越高，这就称之为分配公正。但自利性偏见导致人们在认知上总是夸大自己的贡献，然后得出结论认为，事实上没有被公正地对待。

当成员感觉利益分配不公正时，创业团队的冲突就不可避免。一种表现就是消极对待——减少努力或推卸责任，而更具破坏性的反应则是分裂退出——愤愤不平的合作者会选择离开企业，把他们的经验、知识、技术甚至关键性资源带走。如果这些人是团队的核心成员，这可能标志着新创企业开始走向死亡。

因此，创业团队必须高度重视和谨慎对待公平感知与利益分配。

（1）重视契约精神。创业之初，就必须把所有权分配方案写入公司章程，以契约形式明确团队成员的利益分配机制，这是创业团队长期稳定的制度保障。在实际操作中，依据出资额确定股权分配比例是常见的做法，但对于没有投入资金却持有关键技术的团队成员，则需要谨慎考虑技术的商业价值，在资金和技术之间做出合理的权衡；此外，从企业长远发展考虑，还应给未来进入公司的优秀人才预留部分股权。

（2）体现个人贡献差异。个人贡献要以团队成员在整个创业过程中的表现为依据，而不仅仅是某一阶段的业绩。利益分配要公平、公正，报酬就必须与业绩挂钩，切实体现出贡献越大所获得报酬越高。

（3）关注成员利益诉求。不同类型的人员对于利益分配的诉求不尽相同。有些成员将物质追求放在第一位，而有些成员则是希望能够获得荣誉、发展机会、能力提高等其他利益。因此，创业团队的领导者必须加强与团队成员的沟通交流，针对各成员的利益诉求采取恰当的方式，并能够根据团队成员的期望进行适时调整，这是有效激励的重要前提。

（4）坚持控制权与决策权的统一。所有权的分配本质上是对公司控制权的分配方案。实践表明，股权比例最大的团队成员如果不拥有公司的控制权，则创业初期就非常危险，因为该成员极有可能挑战决策者的决策权威，进而引发团队矛盾和冲突。

案例 3-16：马化腾五兄弟——难得的创业团队[①]

从当年 5 条电话线和 8 台电脑所组成的局域网，到今天为 4 亿注册用户提供基于 QQ 的各种通信服务、全球市值名列第 3 位的创新型互联网企业；从当初只是 5 个人的创业团队、5 万元创业起步，到 2004 年 6 月上市后的 8.98 亿港元身价；从 14 年前 10 多坪的一间办公室，到今天高度 190 多米建筑面积 8.8 万平方米的腾讯大厦。腾讯公司 2010 年实现收入人民币 196.46 亿元，同比增长 57.9%，实现净利润 80.54 亿元，同比增长 56.2%。

腾讯创造出如此奇迹靠的是团队。

1998 的秋天，马化腾与他的同学张志东"合资"注册了深圳腾讯计算机系统有限公司。之后又吸纳了三位股东：曾李青、许晨晔、陈一丹。这 5 个创始人的 QQ 号，据说是从 10001 到 10005。为避免彼此争夺权力，马化腾在创立腾讯之初就和四个伙伴约定清楚：各展所长、各管一摊。马化腾是 CEO（首席执行官），张志东是 CTO（首席技术官），曾李青是 COO（首席运营官），许晨晔是 CIO（首席信息官），陈一丹是 CAO（首席行政官）。

之所以将创业 5 兄弟称之为"难得"，是因为直到 2005 年的时候，这五人的创始团队还基本是保持这样的合作阵形，不离不弃。直到腾讯做到如今的帝国局面，其中 4 个还在公司一线，只有 COO 曾李青挂着终身顾问的虚职而退休。

在企业迅速壮大的过程中，要保持创始人团队的稳定合作尤其不容易。在这个背后，工程师出身的马化腾从一开始对于团队合作的理性设计功不可没。

从股份构成上来看。5 个人一共凑了 50 万元，其中马化腾出了 23.75 万元，占了 47.5% 的股份；张志东出了 10 万元，占 20%；曾李青出了 6.25 万元，占 12.5% 的股份；其他两人各出 5 万元，各占 10% 的股份。

虽然主要资金都由马所出，他却自愿把所占的股份降到一半以下，47.5%。"要他们的总和比我多一点点，不要形成一种垄断、独裁的局面。"而同时，他自己又一定要出主要的资金，占大股。"如果没有一个主心骨，股份大家平分，到时候也肯定会出问题，同样完蛋"。

保持稳定的另一个关键因素，就在于搭档之间的"合理组合"。

据《中国互联网史》作者林军回忆说，"马化腾非常聪明，但非常固执，注重用户体验，愿意从普通用户的角度去看产品。张志东是脑袋非常活跃，对技术很沉迷的一个人。马化腾技术上也非常好，但是他的长处是能够把很多事情简单化，而张志东更多是把一个事情做得完美化。"

许晨晔和马化腾、张志东同为深圳大学计算机系的同学，他是一个非常随和而有自己的观点，但不轻易表达的人，是有名的"好好先生"。而陈一丹是马化腾在深圳中学时的同学，后来也就读深圳大学，他十分严谨，同时又是一个非常张扬的人，他能在不同的状态下激起大家的激情。

---

① 樊力．马化腾：打开腾讯[J]．商界，2011(7)．

如果说，其他几位合作者都只是"搭档级人物"的话，只有曾李青是腾讯5个创始人中最好玩、最开放、最具激情和感召力的一个，与温和的马化腾、爱好技术的张志东相比，是另一个类型。其大开大合的性格，也比马化腾更具备攻击性，更像拿主意的人。不过或许正是这一点，也导致他最早脱离了团队，单独创业。

后来，马化腾在接受多家媒体的联合采访时承认，他最开始也考虑过和张志东、曾李青三个人均分股份的方法，但最后还是采取了5人创业团队，根据分工占据不同的股份结构的策略。即便是后来有人想加钱、占更大的股份，马化腾说不行，"根据我对你能力的判断，你不适合拿更多的股份"。因为在马化腾看来，未来的潜力要和应有的股份匹配，不匹配就要出问题。如果拿大股的不干事，干事的股份又少，矛盾就会发生。

当然，经过几次稀释，最后他们上市所持有的股份比例只有当初的1/3，但即便是这样，他们每个人的身价都还是达到了数十亿元人民币，是一个皆大欢喜的结局。

可以说，在中国的民营企业中，能够像马化腾这样，既包容又拉拢，选择性格不同、各有特长的人组成一个创业团队，并在成功开拓局面后还能依旧保持着长期默契合作，是很少见的。而马化腾成功之处，就在于其从一开始就很好地设计了创业团队的责、权、利。能力越大，责任越大，权力越大，收益也就越大。

五、创业团队的社会责任

（一）企业社会责任的概念

企业社会责任（corporate social responsibility，CSR）是指企业在创造利润、对股东承担法律责任的同时，还要承担对员工、消费者、社区和环境的责任。

"企业的社会责任"概念最早于1924年由英国人奥利文·谢尔顿（Oliver Sheldon）提出。直至1953年，霍华德·博文（Howard Bowen）发表了《商人的社会责任》一书后，人们才真正地开始了这场关于"企业社会责任"的现代讨论。霍华德·博文将企业社会责任定义为：企业家按社会的目标和价值向相关政策靠拢，做出相应的决策，采取合理的具体行动的义务。

1997年，总部设在美国的社会责任国际组织（Social Accountability International，SAI）发起并联合欧美跨国公司和其他国际组织，制定了SA8000社会责任国际标准。该标准是全球首个道德规范国际标准。SA8000对社会责任的定义是：公司对于整个社会肩负起应有的责任，以遵从及尊重国家规定的一些关于人权、平等机会、生活基本需要、合理的劳动待遇、健康与安全等法规或条例。SA8000认证标准共有三个部分54项条款，由九个要素构成社会责任管理体系：童工、强迫劳动、健康与安全、结社自由及集体谈判权利、歧视、惩戒性措施、工作时间、工资报酬、管理体系。2001年12月SAI发表了SA8000标准第一个修订版，即SA8000：2001。SA8000标准原则上每4年修订一次。

近年来，有关社会责任思想广为流行，连《财富》和《福布斯》这样的商业杂志在企业排名评比时都加上了"社会责任"标准，可见国际社会对企业社会责任的重视。但迄今关于社会责任尚无统一的定义。

新世纪以来，我国开始关注社会责任。2006年1月1日起施行的新的《中华人民共和国公司法》第5条明确规定：公司从事经营活动，必须遵守法律、行政法规，遵守社会公德、商业道德,诚实守信,接受政府和社会公众的监督,承担社会责任。

2008年,国务院国有资产监督委员会发布《关于中央企业履行社会责任的指导意见》,这是我国企业履行社会责任的第一个正式文件。

(二) 企业承担社会责任的必要性

美国学者戴维斯(1960)就企业为什么以及如何承担社会责任提出了自己的看法,该观点被称为"戴维斯模型"。[①]

(1) 企业的社会责任来源于它的社会权力。由于企业对诸如少数民族平等就业和环境保护等重大社会问题的解决有重大的影响力,因此社会就必然要求企业运用这种影响力来解决这些社会问题。

(2) 企业应该是一个双向开放的系统,即开放地接受社会的信息,也要让社会公开地了解它的经营。为了保证整个社会的稳定和进步,企业和社会之间必须保持连续、诚实和公开的信息沟通。

(3) 企业的每项活动、产品和服务,都必须在考虑经济效益的同时,考虑社会成本和效益。也就是说,企业的经营决策不能只建立在技术可行性和经济收益之上,而且要考虑决策对社会的长期和短期的影响。

(4) 与每一项活动、产品和服务相联系的社会成本最终应该转移到消费者身上。社会不能希望企业完全用自己的资金、人力去从事那些只对社会有利的事情。

(5) 企业作为法人,应该和其他自然人一样参与解决一些超出自己正常范围之外的社会问题。因为整个社会条件的改善和进步,最终会给社会每一位成员(包括作为法人的企业)带来好处。

张圣兵(2012)对企业为什么承担社会责任作出有说服力的解释:企业作为社会经济发展的主体,享有社会赋予的相应权利,支配和消耗着属于全社会的资源,并对社会以及自然资源和环境带来负面影响,这些大都不是通过市场交易所能补偿的。因此,根据责任和权利对等的原则,企业不仅应为社会提供产品和服务、推进社会经济发展,还需承担相应的社会责任。[②]

(三) 企业社会责任的内容

社会学家卡罗尔(Carroll,1979)提出企业社会责任内容的四层次框架模型:第一层次即最基本层次是经济责任;第二层次是法律责任;第三层次是伦理责任;第四层次是企业自行裁判的责任,也是最高层次的责任。[③]

陈迅、韩亚琴(2005)结合我国国情,依据社会责任与企业关系的紧密程度提出企业社会责任分级模型——企业社会责任的三层次理论。[④]

(1) 基本企业社会责任。包括对股东负责;善待员工。

(2) 中级企业社会责任。包括对消费者负责;服从政府领导;搞好与社区的关系;保护

---

① Davis, K. Can Business Afford to Ignore Social Responsibilities [J]. *California Management Review*, 1960 (2;3): 70 - 76.

② 张圣兵. 企业为什么应承担社会责任[N]. 人民日报, 2012 - 07 - 19.

③ Carroll A. B. A Three-dimensional Conceptual Model of Corporate Social Performance [J]. *The Academy of Management Review*, 1979(4): 497 - 505.

④ 陈迅, 韩亚琴. 企业社会责任分级模型及其应用[J]. 中国工业经济, 2005(9).

环境。

（3）高级企业社会责任。包括积极慈善捐助；热心公益事业。

陈、韩还通过问卷调查和数据统计分析得出上述分类方法是合理的结论，并指出我国企业承担社会责任的状况尚处在基本企业社会责任阶段。

（四）创业团队如何承担社会责任

无数事实和案例表明，缺乏社会责任、损害公众利益的企业注定是长不大，走不远的。中国经济正处于高速发展的转型期，中国的企业也正处在一个充满挑战和机遇的历史阶段。创业团队要想开创自己的事业，要想有所作为，必须摆正企业与社会的关系，充分履行企业的社会责任。

惠普创始人戴维·帕卡德就曾提出："一个企业对社会的责任远远重要于对股东的责任。"这位亿万富翁住在一栋简朴的房子里，却为许多大学和公益基金会捐了无数款项。马云也曾提出：办企业的目的就在于承担社会责任，为社会创造价值。社会责任不该是一个空的概念，也不单纯局限于慈善、捐款，而是与企业的价值观、用人机制、商业模式等息息相关。让员工快乐工作成长，让用户得到满意服务，让社会感觉到我们存在的价值，这才是阿里巴巴的社会责任感所在，至于捐钱和社会回报，那是水到渠成的事。

（1）树立和强化全员社会责任意识。创业之初，创业团队必须学习和了解社会责任相关知识和内容，树立和强化全员社会责任意识，正确处理好股东、客户、员工及其利益相关者之间的利益关系，不仅要对股东、员工负责，还要对客户、供应商负责，对自然环境负责，对社会经济的可持续发展负责。明确将承诺和履行社会责任的内容写进公司章程，使之成为团队共识，并落实到每个成员实实在在的自觉行动之中。

（2）承担并履行经济责任。创业团队在为客户、合作伙伴、利益相关者创造价值的同时，应当努力实现企业的价值最大化，诚信经营、确保质量、善待员工，在不断提高员工薪酬和福利待遇的同时，努力实现企业稳定可持续发展。

（3）承担并履行法律责任。目前，我国一些企业在创业过程中大股东侵犯小股东的利益、企业侵害员工基本权益、污染环境、破坏生态、假冒伪劣坑害消费者等问题相当突出。因此，企业必须自觉遵纪守法、合法经营，遵守承诺，全面履行合同义务，不断打造企业新的竞争优势。

（4）积极承担社会公益责任。创业企业要像其他自然人或企业一样，在慈善、教育、环保和文化等方面做一些力所能及的事情，因为整个社会环境条件的改善和进步，最终会给社会每一位成员（包括创业团队和创业企业）带来好处。

事实上，创业团队履行社会责任并不意味着只是在付出。企业履行社会责任与经济绩效之间存在着正相关关系。首先，企业承担对内部员工的责任，使员工和社会受益，会促进员工的努力工作，为企业创造更多的价值，这是激励机制的体现。其次，企业对外部社会承担责任，热情支持公益事业，形成良好的社会口碑，是对企业信誉和社会形象的投资，不仅有助于改善和营造更为和谐的发展环境，而且反过来，对企业的发展将产生强劲的支持作用，为企业长远发展提高了信誉、品牌和企业形象，有利于企业经营绩效的持久提升。因此，企业履行社会责任首先就是企业本身的发展。

【本章案例】

不是"中国首富",却是"中国首善"①

陈光标1968年7月生,江苏泗洪人,1990年参加工作,工商管理硕士,江苏黄埔再生资源利用有限公司董事长。作为全国优秀企业家,不惑之年的陈光标,不是中国首富,也不是南京首富,可他却是"中国首善",成为亿万人尊崇的东方慈善巨人。

陈光标对财富的理解是,如果有一杯水,你可以自己独享;如果有一桶水,你可以存放在家中;如果有一条河,你就要学会和他人分享。他强调,我们每赚的一分钱里都有国家的无形股份,我们应当与政府共同履行社会责任,与社会共同分享财富。陈光标的这个思想与科学发展观高度统一。

早在上小学时,陈光标就用挑井水卖的钱,帮邻家小孩交学费,从此迈开了他慈善人生的第一步。从1996年创业至今,他已向社会捐赠达10亿元,慈善恩泽惠及四面八方。他曾为地处海拔4 000多米的青海玉树藏族自治州的孩子们一次性捐建了46所光彩希望小学;台风莫拉克重创台湾,陈光标在第一时间第一个倡议,并且作为首个民营企业家给台湾台风受灾地区捐赠500万元;"非典"期间,向江苏省捐赠了800台远红外线温度检测仪和200万元现金;针对冰雪灾害天气对公路、机场等主要交通枢纽堵塞造成的危害,陈光标购买了20多台铲雪车以备应急使用,体现了"中国首善"时时刻刻把社会责任、公益事业放在首位的高尚情怀。在全球金融危机时期,陈光标成为唯一一个捐赠过亿的中国民营企业家……

"五一二"汶川大地震发生后两个小时,陈光标调集推土机、挖掘机、吊车等共计60台重型机械,率120多人的救灾队伍合力向灾区进发。这支队伍几乎与军队同时抵达了灾区,成为首支自发抗灾抵达地震灾区的民间志愿者突击队。在灾区的废墟中,陈光标抱、背、抬出200多名遇难者的遗体,并亲手救出11名幸存者,参与掩埋遇难者尸体近万具。期间,陈光标把60台重型机械赠送灾区使用,捐赠帐篷3 000顶、收音机20 000多台、电视机1 000台、电扇1 500台、大米170吨,现场发放现金785万元。"5·12"周年之际,他又将2 000台电脑送往四川支持教育,并启动200万元的"留守儿童"、"留守老人"基金……

2010年9月他在其公司网站上刊出了致比尔·盖茨和巴菲特的一封信,称死后全捐50余亿人民币财产。中国民营企业家的义举不但感动了中国,也感动了世界。

【本章要点】

狭义的创业者是指参与创业活动的核心人员。创业者并不是特殊人群,具备一些独特技能和素质有助于成功创业,大多数创业能力可以通过后天培养而习得。

创业者素质是创业者主体通过学习和自身实践而形成和发展起来的,具有内在、本质的及相对稳定的身心要素整体系统。创业者可以通过创业教育培养和提高创业素质和能力。

创业动机是引发个体从事创业活动,并使活动朝向创业目标,激励和引导个体为实现创业成功而行动的内在动力。创业者选择创业的动机受诸多直接和间接因素的影响。

创业团队是由两个以上具有一定利益关系、共同承担创建新企业责任的人组建形成的工作团队。创业团队是团队而不是群体。与个体创业相比较,团队创业具有多方面的优势,对创

---

① 王振家.陈光标现象[J].光彩,2012(6).

业成功起着举足轻重的作用。

依据不同逻辑组建创业团队既可能带来优势,也可能带来障碍,对后续创业活动会带来潜在影响。组建创业团队在知识、技能和经验方面主要关注互补性,而在个人特性和动机方面则应考虑相似性。

创业团队领袖是创业团队的灵魂,是团队力量的协调者和整合者。创业团队管理的重点是在维持团队稳定的前提下发挥团队多样性优势。

企业社会责任是指企业在创造利润、对股东承担法律责任的同时,还要承担对员工、消费者、社区和环境的责任。主要包括:基本企业社会责任(包括对股东负责,善待员工);中级企业社会责任(包括对消费者负责,服从政府领导,搞好与社区的关系,保护环境);高级企业社会责任(包括积极慈善捐助;热心公益事业)。

【重要概念】

创业者 创业者素质 创业动机 创业团队 岗位配置 社会责任

【思 考 题】

1. 什么是创业者? 创业者应当具备哪些品质?
2. 哪些素质为成功创业者所特有? 为什么说诚信是创业者首要的财富品质?
3. 什么是创业动机? 产生创业动机的驱动因素有哪些?
4. 简述创业团队组建的策略及其后续影响。
5. 如何加强创业团队的管理?
6. 什么是企业社会责任? 创业团队为什么和如何承担社会责任?

【参考文献】

[1] George G. Brenkert. Innovation, Rule Breaking and the Ethics of Entrepreneurship [J]. *Journal of Business Venturing*, 2009, 24(5): 448 - 464.

[2] Barney J. Firm Research and Sustained Competitive Advantage [J]. *Journal of Management*, 1991, 17(1): 99 - 120.

[3] BUSENITZ L. W., et al. Entrepreneurship Research in Emergence: Past Trends and Future Directions [J]. *Journal of Management*, 2003, 29(3): 285 - 308.

[4] Robert J. Sternberg. Successful Intelligence as a Basis for Entrepreneurship [J]. *Journal of Business Venturing*, 2004, 19(2): 336 - 347.

[5] Simon C. Parker. Intrapreneurship or Entrepreneurship [J]. *Journal of Bsiness Venturing*, 2009, 19(5): 19 - 41.

[6] Amit, R., Muller, E. Push and Pull Entrepreneurship [J]. *Journal of Small Business and Entrepreneurship*, 1995, 12(4), 64 - 80.

[7] Baum, J. R., Locke, E. A. The Relationship of Entrepreneurial Traits, Skill, and Motivation to Subsequent Venture Growth [J]. *Journal of Applied Psychology*, 2004 (89): 587 - 598.

[8] Boyd, N. G., Vozikis, G. S. The Influence of Self - efficacy on the Development of

Entrepreneurial Intentions and Actions [J]. *Entrepreneurship Theory and Practice*, 1994(18):63-90.

[9] 温源,陈恒.创新驱动创新至[N].光明日报,2012-11-20.

[10] 范巍,王重鸣.创业倾向影响因素研究[J].心理科学,2004(27).

[11] 顾桥,梁东,赵伟.创业动机理论模型的构建与分析[J].科技进步与对策,2005(22).

[12] 姜红玲,王重鸣,倪宁.基于因子分析的创业特质探索研究[J].心理科学,2006(29).

[13] 曾照英,王重鸣.关于我国创业者创业动机的调查分析[J].科技管理研究,2009(29).

[14] 黄海燕.浅析创业团队的组建[J].商场现代化,2008(9).

[15] 彭莹莹,范京岩,段华.创业团队构建风险分析与控制[J].科技经济市场,2007(11).

[16] 曹垣亮.创业股东利益博弈分析[J].科技创业月刊,2006(1).

[17] 段锦云,王朋,朱月龙.创业动机研究:概念结构、影响因素和理论模型[J].心理科学进展,2012(5).

[18] 顾桥,喻良涛,梁东.论创业者能力与企业成长的关系[J].科技进步与对策,2004(12).

[19] 高建,姜彦福,等.全球创业观察中国报告(2007)——创业转型与就业效应[M].北京:清华大学出版社,2008.

[20] 马丁·J.格伦德.成功企业家的9大素质[M].北京:中信出版社,2004.

[21] 辛保平.中国创业者十大素质[J].科学投资,2003(9).

[22] 刘元春.企业的起源——两种理论解说的比较分析[J].当代经济研究,1995(4).

[23] 李姝.后危机时代基于竞争战略的企业社会责任研究[J].现代管理科学,2011(1).

[24] 王飞绒,陈劲,池仁勇.团队创业研究述评[J].外国经济与管理,2006(7).

[25] 陆建军.团队精神[M].北京:中华工商联合出版社,2010.

[26] 陈向东.做最好的团队:打造卓越团队的九大黄金法则[M].北京:中信出版社,2010.

[27] 柯林·格雷厄姆.怎样锻造"黄金团队"[J].中欧商业评论,2010(1).

[28] 谢科范,吴倩,张诗雨.基于七维度分析的创业团队岗位配置与角色补位[J].管理世界,2010(1).

第四章
创业机会和创业风险

【学习目标】

1. 什么是创业机会? 创业机会从何而来?
2. 了解创业机会及其识别要素。如何评价某个机会是有价值的创业机会?
3. 了解创业风险类型以及如何防范风险。
4. 了解由创业机会开发商业模式的过程,掌握商业模式设计策略和技巧。

【引导案例】

一个好点子,净挣100多万[①]

饶翔在读研时已经开始协助导师做一些项目。"当时我们专业就业很好,同学都不愁工作。"饶翔说,而他则觉得只有把技术化为产品,为生活提供便利才更有成就。

2003年,南京邮电大学博士2年级的他开始了自己的创业计划。他"挖"来了一些已在中兴、华为这些大公司上班的同学,一起创办了安讯科技(南京)有限公司。

2005年时,联通推出了无线上网卡业务,在电脑上插上联通的一种卡,电脑就可以随时随地上网。但是,用户的无线上网卡有时会突然不能上网。"这不是卡坏了,而是卡里面的流量用完了。客户只需去营业厅续费即可,但很多客户对此并不清楚。"

能不能在客户上网时,设计一个小软件,告诉他无线上网卡里的流量用了多少,还剩多少?饶翔说,他们瞄准这一市场空白点,打造"无线上网卡用户维系关怀"业务。

为方便客户续费,他们还开通了网上银行续费业务,通过网络教程,教客户使用。"就是这么一个小小的业务,就使得联通在无线上网卡这项业务上,一年内获得了两千万元的续费额,客户群遍布11个省110万人。"饶翔说,两三年下来,这项业务为安讯挣了100多万。

2007年,饶翔随江苏一个考察团到美国考察,当时第一代的iPhone在美国刚刚上市,裸机400美元一只,但是要入美国的网络,否则用不起来。

考察团里其他人都不敢买,就他"吃了螃蟹"。

"拿到手机后,我就开始研究。那天晚上一直琢磨到凌晨3点,终于解锁成功。"饶翔说,把玩了之后,他觉得iPhone真的很好用,一定会火。于是,接下来的时间内,公司的业务有一部分就转向了围绕iPhone的软件开发。

正是凭着这样一种敏锐的直觉,在iPhone进入中国后,安讯成功打造了联通的第一个iPhone视频门户。如今,公司正在做上网导航软件,给iPhone用户推荐应用程序。

---

① 张前,谈洁.南邮博士创办公司打造"人脑"手机[N].南京日报,2012-03-14.

"我们的理想是，你对着 iPhone 说，'我要找一家有浪漫情调的餐馆'，它就能显示一公里范围内的意大利或法国餐馆……"

饶翔说，公司 2009 年到 2011 年期间，营业额的增长每年均超过 100％。

第一节　创业机会识别

本质上，成功创业者就是及时识别创业机会进而成功开发了创业机会的人。

近几十年来，研究者们都试图回答这样一个问题，即创业者原动力是什么？最初，学者们是从"特质论"出发，认为创业者具有异于常人的特殊个性特质，从而成功创业，但这类观点遭到了许多学者的质疑和批评。

1979 年，纽约大学教授柯兹纳(Kirzner)首次指出，创业是一个机会发现活动，创业者往往对机会保持高度的警觉性，机会发现是创业中重要一个环节。Shane 和 Venkataraman(2000)指出，解释如何发现和开发创业机会是创业研究领域应当关注的关键问题。

创业机会识别作为创业活动的初始阶段和核心环节，对于新创企业起步与发展方向至关重要。创业机会识别源于创意的产生。

一、创意与机会

(一) 创意的概念

创意(Create)是具有一定创造性的想法或概念。

创意的核心是创造性思维，其突出的标志是具有新颖性、独特性，创造性思维往往带有随机性和突发性，因此又常被称为"灵感"。

灵感的出现是以长期的、辛勤劳动与科学思考为前提，没有知识和实践经验的积累，根本不可能有任何灵感的产生。因此，创意来源于生活的积累。创意的新颖性、独特性要求创意者深入思考、努力实践、全面涉猎多学科知识，提高知识素养和思维能力，日积月累，厚积薄发。

创意是否具有商业价值存在不确定性。好的创意应当具备实用性和价值性，即能够付诸实施，并能给消费者带来真正的价值，但创意的价值需要通过市场检验。

但凡具有商业价值的创意，尤其是具有重大价值的创意往往能够点石成金，激活创业活动，推动产业升级，甚至创造出全新的产业，极大地推动社会进步，并获得巨大经济效益。比如迪斯尼动画人物米老鼠形象的创意，开发出动画、玩具、娱乐、旅游、餐饮、影视等相关产业链无数创业机会，仅米老鼠形象的授权使用，一年产品销售额达就高达 47 亿美元。《达·芬奇密码》所衍生出的电影、腕表、游戏、旅游……相关产品和行业，至今已创造出约 10 亿美元的营业额。

案例 4-1：迪斯尼的卡通创意[①]

当年，年轻的美术设计师迪斯尼因为经济拮据，与太太租住在一间破陋的屋子里。无论白

---

① 佚名. 征服命运[J]. 学苑创造，2008(12).

天黑夜,都有成群结队的老鼠在房间里上窜下跳,疲于奔命的迪斯尼夫妇也常借着老鼠的滑稽动作慰藉心情。

一天,因付不起房租,他们被房东赶了出去。穷困潦倒的年轻夫妇只好来到公园,坐在长椅上暂度时光。太阳开始西沉,夜幕即将降临,迪斯尼夫妇几乎感到穷途末路。这时,从迪斯尼的行李包里忽然伸出一个小脑袋,原来,那是他平时最喜欢逗弄的一只老鼠,想不到一只小动物也有点人情味,跟着他们一起离开了公寓。迪斯尼望着老鼠那滑稽的面孔,脑海里忽然冒出一个前所未有的创意,他惊喜地叫了起来:"对啦,世上像我们这样的穷人一定不少,他们也得有自己的快乐,让可爱的老鼠去逗他们开心吧。"

第二天,迪斯尼便开始了别出心裁的创作,不久,一个活泼可爱的"米老鼠"(Mickey Mouse)卡通形象来到人间,一家公司老板慧眼识珠,特邀迪斯尼合作制作米老鼠卡通连环画和电影。

迪斯尼靠"米老鼠"开始了自己的创业生涯。

(二) 机会的内涵

创业是建立在机会基础之上的,机会发现是创业的基础和前提。Kirzner(1979)对机会的定义最具代表性:机会就是未明确的市场需求或未得到充分利用的资源或能力。

不同的研究视角对机会的理解存在差异。

从静态角度看,创业机会是客观存在的,以 Kirzner 为代表的奥地利经济学派基于此还创立了机会发现理论。Hulbert 等(1997)认为机会实际上是一种亟待满足的市场需求,这种潜在的市场需求如此旺盛,因而对于创业者来说,实现该需求的商业活动相当有利可图。[1] Ardichvili 等(2003)认为,机会事实上意味着创业者探寻到的潜在价值。Sarasvathy(2003)认为机会就是利用现有资源去更好地达到预定目标的一种可能性。

动态角度则强调了创业者的努力在机会识别中的重要作用。熊彼特在1912年出版的《经济发展理论》中提出,通过创造性地打破市场均衡,才会出现企业家获取超额利润的机会。Venkatraman(2000)认为机会并不是客观存在的,是由主动型创业者创造出来的,机会的创造内生于想象和创造一个更美好未来的交互活动中,其结果就是创业者创造出一个新市场。Shane(2001),Eckhardt、Shane(2003)提出,机会是个体获取、修理并解读信息价值的过程。

机会究竟是客观存在,还是主观创造出来的,学者们尚存争议。但可以肯定的是:① 机会总是存在的,一种需求得到满足,另一种需求又会产生;一类机会消失了,另一类机会又会出现。② 大多数机会不会显而易见,需要发现和挖掘。因为显而易见的机会会被过度开发利用而过早丧失价值。

创业学所讨论的"机会"主要指"市场机会"、"商业机会"或"创业机会"。

---

① Hulbert B., Brown R. B., Adams. Towards an Understanding of "Opportunity" [J]. *Marketing Education Review*,1997,3(10):67-73.

二、商业机会与创业机会

(一)商业机会

1. 商业机会的内涵

清华大学雷家骕教授认为,机会是指实现某种目的的可行的突破口、切入点、环境、条件等。商业机会是指实现某种商业盈利目的之可行的突破口、切入点、环境、条件等。

商业机会是创业行为的起点。一个人只有在发现商业机会后,才可能进一步考虑能否配置到必要的资源以及如何利用这个商业机会去最终盈利,进而着手开始创业。对于创业者而言,真正的商业机会比资金、团队的智慧、才能或可获得的资源更为重要。"创业研究之父"蒂蒙斯教授就认为,创业过程始于商业机会,而不是资金、战略、网络、团队或商业计划。

一个好的创意未必是一个好的商业机会。例如,你可能通过一项新技术发明了一个非常有创意的产品,但是市场可能并不需要它;或者,一个创意听起来不错,但是在市场上没有竞争力,或不具备必要的资源;或尽管市场有需求,但是需求的数量不足以收回成本,那也不值得考虑。事实上,在新产品开发过程中有超过80%都是失败的,很多发明家的想法听起来很好,但是经受不住市场的考验。如何将一个不错的想法或创意转化成一个商业机会?一个简单的答案就是,有市场需要且收入超过成本能够获得利润。

2. 商业机会的类型

商业机会存在于我们的生活环境中,存在于市场环境中。不同人所能够观察到的商机是千差万别的,只不过那些独到的或者说另辟蹊径的商机发现,更容易让某一位创业者获得成功而已。商业机会可以分为如下几种类型:

(1)环境机会与创业机会

在环境变化的同时消费需求也随之变化,市场客观上就存在着许多尚未满足的需要,即商业机会。由于这些商业机会往往是因为环境变化而形成的,因此称为环境机会。当环境机会符合创业者的资源禀赋、能力与创业目标,即创业者能够开发利用才可能转化为创业机会。

(2)显性的市场机会与潜在的市场机会

在市场上,明显地没有被满足的现实需求,就是显性的市场机会;如果未能满足的需求尚未完全为人们意识到、隐而未见的,就是潜在的市场机会。显性商业机会由于显而易见,抓住并利用这种机会的创业者较多,因而难以取得机会效益,即先于他人进入市场而取得的竞争优势和超额利润。潜在的市场机会虽然不易于为人们发现和识别,寻找和识别难度大,但由于抓住和利用这种机会的创业者人数少,因而机会效益高。

(3)当前市场机会与未来市场机会

在当前的市场环境中出现的未被满足的需求,称为当前市场机会。在当前的市场上仅仅表现为一部分人的消费意向或少数人的需求,但随着环境的变化和时间的转移,在未来的市场上可能发展成为大多数人的消费倾向和大量的需求,则称为未来市场机会。创业者如果能寻求到并正确评价未来市场机会,提前开发产品/服务,并在机会到来之时迅速将其推向市场,最易于取得行业领先地位和竞争优势。这种机会效益较高,但本身也隐含着一定的风险性。重视未来市场机会并不意味着可以轻视当前的市场机会,否则企业将失去经营的现实基础,而对未来市场机会缺乏预见性和相应准备,对企业今后的发展极为不利。因此,创业者应将这两种市场机会的寻找和分析工作结合起来进行。

(二) 创业机会

迄今有关创业机会并无统一的学术定义。英国雷丁大学经济学教授 Casson(1982)认为,创业机会是一种新的"目的—手段(means-end)"关系,它能为经济活动引入新产品、新服务、新原材料和新组织方式,并能以高于成本价出售的市场情况。[①] Scott Shane 和 Eckhardt(2003)提出,创业机会本质上是一种能带来新价值创造的"目的—手段关系"。所谓"目的"指的是创业者计划服务的市场或要满足的需求,表现为最终产品或服务;所谓"手段"指的是服务市场或满足需求的方式,表现为用于供给市场最终产品或服务的价值创造活动要素、流程和系统。

创业机会是指具有商业价值的创意,表现为特定的组合关系。

奥地利经济学派认为,创业机会与商业机会的根本区别在于利润或价值创造潜力的差异,创业机会是一种独特的商业机会,它具有创造超额经济利润的潜力,而一般的商业机会只可能改善现有的利润水平。

三、创业机会的特征与类型

(一) 创业机会的特征

Timmons(2005)认为,创业机会"具有吸引力强、持久、适时的特性,它根植于可以为客户或最终用户创造或增加价值的产品或服务中"。[②]

一般来说,一个好的创业机会应具备以下特征。

(1) 真实的市场需求。即那些具有购买力和购买欲望的消费者有未被满足的需求,真实的市场需求能对创业者和消费者双方都产生吸引力。

(2) 能够收回投资。即创业者在承担风险和投入资源之后,可以带来回报和收益,因而创业项目应该具有一定的持久性。

(3) 能够创造更高价值。即消费者认为购买你的产品或服务比购买其他的产品或服务能够获得更高的价值。

(4) 具备可行性。即不超出创业者所能具备的资源、能力、法律等必备条件范围。

(二) 创业机会的类型

根据不同的角度,创业机会有多种分类方法。

(1) 从创业机会的来源角度,可分为技术机会、市场机会和政策机会三类。

技术机会,即技术变化带来的创业机会,主要源自新的科技突破和社会科技进步。通常,技术上的任何变化,或既有技术的新组合,都可能给创业者带来某种商业机会。历史上每次划时代的创新成果往往都是通过创业进入市场,进而催生出一个或若干庞大的产业部门,为社会带来巨额财富。

市场机会,即市场变化产生的创业机会。一般而论,主要有以下四类情况:市场上出现了

---

① Casson M. *The Entrepreneur: An Economic Theory* [M]. Totowa: Barnes & NobleBooks, 1982.
② 杰弗里·蒂蒙斯,小斯蒂芬·斯皮内利. 创业学[M]. 北京:人民邮电出版社,2005.

与经济发展阶段有关的新需求；当期市场供给缺陷产生的新的商业机会；先进国家(或地区)产业转移带来的市场机会；从中外比较中寻找差距，差距中往往隐含着某种商机。

案例 4－2：机会总是青睐有准备的人①

2003 年，陈斯毅进入无锡职业技术学院学习计算机网络。

然而，在校园热闹的地摊边，经常会出现陈斯毅的身影。课余闲暇，"不务正业"的他便和朋友合伙卖袜子，并由此挖到了人生的第一桶金。

2006 年大学毕业后，陈斯毅就有了创业的念头，但考虑到自己的经验、阅历，陈斯毅决定还是先到社会锻炼一番，学习并积累经验。

他的第一份工作是在无锡新网咨询有限公司从事销售工作。入职不久，他就给自己制定了一个目标——两年之内，成为市场部经理。从最基础电话拜访，到后来负责项目的洽谈、方案的协商、工程施工、项目监督等工作，随着业绩的显著提升，陈斯毅如愿升任市场部经理。2008 年底，他又应聘到无锡灵瑞科技有限公司，从事弱电系统工程和网络产品的销售及技术服务等工作。

职场历练中发现市场需求

有了两个公司的任职经历和三年的销售经验，陈斯毅不仅得到了许多关于弱电系统工程和网络产品技术服务行业的宝贵经验，而且积累了一定的人脉关系。他很得意于当初的选择，并强烈感受到，他的创业梦想不再遥不可及。

迅速成长起来的陈斯毅敏锐地察觉到，无锡新区的众多企业需要进行弱电系统及网络工程的建设和维护，这个市场非常诱人。2009 年底，陈斯毅毫不犹豫地走上了自主创业的道路，开设了无锡卓远网络科技有限公司。

"我创业并不是为了钱，而是为了丰富自己的人生，在创业中学习。此外，在无锡，我有很多同学，我希望能建立一个良好的平台，把大家聚集起来，共同发展。"陈斯毅说。

从办公场所的租赁、装修，办公设备的购置，到公司的注册申请、税务登记以及营业执照的办理，事无巨细，都需要陈斯毅亲自打理。公司现有的 8 名工作人员，都是他从学弟学妹中精心挑选的。陈斯毅说，自己当年也是一名普普通通的大学毕业生，现在自己有能力为学弟学妹们提供就业岗位，就会尽量给予他们锻炼自己的机会。在口头鼓励之余，陈斯毅经常亲自给学弟学妹当辅导老师，教导和培训他们。

创业道路需要不断开拓

喜欢健身、跑步、打球的陈斯毅现在几乎没有空暇时间，公司的运营和发展成了他生活的重心。"开公司不能只是卖卖电脑、修理配件、维护系统。系统集成的涵盖面很大，比如电话网络、综合布线、监控系统、闭路电视系统、报警系统、考勤系统、广播系统等，从低端到高端，这一块的工程我们都可以做。此外，为了提供更为完善的服务，我们还承接了一些企业的 IT 外包服务，例如，在新区，我们承诺客户一小时内上门服务。服务第一，质量第一，是我们永远的追求。高质量的系统解决方案服务是我们赢得客户的关键。"陈斯毅爽朗地说。现在公司已为无锡、溧水、南通、常熟、宜兴、江阴等地的 30 多家企业提供 IT 包年服务。

2011 年初，陈斯毅的公司成立仅一年时间，营业额就达到了百万。陈斯毅说，自己的事业

---

① 江苏省高校招生就业指导服务中心.激情年华——江苏 75 位大学生创业纪实[M].江苏教育出版社，2011：186－188.

才刚刚起步，今后公司的业务发展将侧重于物联网相关项目，加强对新技术和新知识的了解，不断拓宽公司的业务面，将秉持服务和质量第一的原则，把公司做强做大。

政策机会。即政府政策变化所赐予创业者的创业机会。随着经济发展、社会变革、科技进步等，政府必然也要不断调整自己的政策，而政府政策的变化，就必然给社会带来新的创业机会。比如，随着近年我国供给侧结构性改革的推进，实体经济将会产生大量新需求。固投资需求而导致资本不足，专业人员与技工不足，土地供应、水电气资源、营销力量等不足，这就会给很多行业带来新的发展机遇。一方面，随着居民收入水平进一步提高和中等收入群体的崛起，居民消费不仅会对"衣、食、住、行"等基本生存需求提出更高的追求，还会朝向文化、教育、旅游等更高层次享受需求倾斜，必将给教育、金融、文化、旅游、餐饮、保健、房地产等服务领域创造大量创业机会；另一方面，随着经济转型升级进入关键时期，包括钢铁、煤炭、水泥在内传统行业间的并购重组将会加快，而包括生物医药、高端制造等在内的新兴产业将持续发展，这不仅将创造大量资金与人才需求，还会为科技研发、技术培训、财务精算、资产管理、保险审计、法律顾问等高端服务领域提供更多的创业机会。

(2) 从目的—手段关系的明确程度，可分为识别型机会、发现型机会和创造型机会三类。见表 4－1。

表 4－1　根据目的—手段关系明确程度的机会分类

手段＼目的	明确	不明确
明确	识别型机会	发现型机会
不明确	发现型机会	创造型机会

所谓目的是指创业主体在观念上事先建立的创业活动的未来结果或目标，手段则是指实现创业目的的方法和途径。借助于一定的手段才能实现一定的目的，这是人类活动的一个基本特点。

识别型机会是指市场中的目的—手段关系十分明显，比如市场明显供不应求或供应根本无法满足需求时，人们已经察觉到问题的存在，并且解决此类问题的手段也很明确，创业者就可通过目的—手段关系的有效连接来识别出机会。一般来说，识别型机会多处于供需尚未均衡的市场。例如，我国改革开放之初，这类机会就非常之多，无需复杂的辨识过程，满足市场需求的手段对创新程度要求不高，只要拥有一定的资源就可以进入市场获利，"倒爷"因此成为这一阶段主要的创业者。

发现型机会则指当目的或手段任意一方的状况未知，等待创业者去发掘机会。比如，一项技术被开发出来，但尚未实现产品的商业化转化，此时就需要创业者通过不断尝试来挖掘潜在的市场机会。复印机发明就是个典型的例子。美国人切斯特·卡尔逊 1938 年首次成功地试制出第一个静电复印图像，开启了人类发明复印机的创举。但在随后的几年时间里，卡尔逊被包括 IBM 和通用电气在内的 20 多家公司拒绝，这些大企业根本不相信在已经拥有碳素复写纸的市场上，笨重复杂的复印机还能有什么价值。直到 1947 年，哈罗德公司(今天的施乐公司)才决定投资研发卡尔森的发明专利，1960 年 3 月，哈罗德公司正式推出 900 公斤重的 914 型复印机，并迅速被市场所接受。1968 年，施乐公司的年销售额达到 11 亿美元，成为美国历史上第一家依靠一项技术在十年之内收入达到 10 亿美元的公司(第二家是苹果)，施乐成为全美国的明星。IBM 的前总裁小沃森在总结一生的得失时说，他一生最大的失误就是没有投资卡尔森的复印机。

我国每年有大量的科技成果束之高阁未能进行市场转化，亟待创业者理性分析市场，寻找市场空缺，发掘有价值的发现型市场机会。

创造型机会指的是目的和手段皆不明朗的商机，因此创业者要比他人更具先见之明，这种机会开发难度非常大，但往往能为创业者带来巨额利润。可以预言，随着科学技术的迅猛发展、市场供过于求程度的加剧，未来社会创造型创业机会将占据主导地位。通过创新目的—手段关系，深层次发掘和引导市场需求，带动新兴产业的发展和产业结构升级，不仅需要创业者的创造性资源整合能力与敏锐的洞察力，更需要创业者的创新思维与智慧。

四、创业机会的来源

关于创业机会的来源，理论界尚未形成权威共识。

Timmons 认为，创业机会主要是来自改变、混乱或是不连续的状况。[①] 德鲁克提出机会的七种来源：意外之事；不协调；程序需要；产业和市场结构；人口变化；认知、意义和情绪上的变化；新知识。[②] 美国凯斯西储大学创业学教授谢恩(Scott Shane)的观点比较有代表性，他提出产生创业机会的四种变革：技术变革、政治和制度变革、社会和人口结构变革与产业结构变革。[③] 可见，创业机会主要来自于一定的市场需求和变化。

徐本亮(2010)提出，我国创业机会主要源自于问题、变化、创造发明、竞争和新知识、新技术的产生五个方面。[④]

(一) 问题

创业的根本目的是满足顾客需求，顾客需求在没有满足前就是问题。寻找创业机会的一个重要途径是善于发现和体会自己和他人在需求方面的问题或生活中的难处，新的需求的出现以及需求方式的改变往往产生新的问题，有经验的创业者就可能从中找到富有价值的创业机会。

案例 4-3：五笔字型与王码公司创业[⑤]

有五千年中华文明的汉字，在电脑时代遇到了历史性的挑战。如果汉字无法进入 26 个键位的现代电子计算机，就难以适应信息时代，那么汉字就将有被淘汰的危险。

20 世纪 70 年代初，名不见经传的青年王永民决心在茫茫的汉字汪洋中奋勇开拓，他以《现代汉语词典》为研究对象，把密布在其中的 12 000 多个汉字，逐字拆分，反复琢磨，终于在汉字输入技术上获得突破性的发明创造。

1983 年"五笔字型"终于突破了汉字电脑化的"瓶颈"，在国内引起轰动，被新华社评价为不亚于活字印刷术的伟大发明。1998 年，王永民推出 98 版五笔字型输入法，提出了世界上第

① 蒂蒙斯. 战略与商业机会[M]. 北京：华夏出版社，2002.
② 彼得·德鲁克. 创新与企业家精神[M]. 蔡文燕译. 北京：机械工业出版社，2007.
③ 张玉利. 创业管理[M]. 第 2 版. 北京：机械工业出版社，2011.
④ 徐本亮. 发现你身边创业机会的五大来源[N]. 解放日报，2010-04-22.
⑤ 颜煦之. 世界富豪故事 100 篇[M]. 南京：江苏少年儿童出版社，1999.

一个汉字键盘输入的全面解决方案,获得了中、美、英三国专利,Microsoft、IBM、CASIO、日立等20余家公司先后购买了专利使用权,联合国总部也在使用王码五笔字型技术。王永民被誉为"把中国带入信息时代的人"。

1998年,王永民创办了王码公司,经营"五笔字型"汉卡。

"五笔字型"汉卡给王永民创造了可观的经济效益。在那个年代,王码公司一年的纯利润就已经达到上千万元。

(二) 变化

创业机会大都产生于不断变化的市场环境,环境变化了,市场需求、市场结构必然发生变化,就会给各行各业带来良机。变化是创业机会的重要来源。

彼得·德鲁克将创业者定义为那些能"寻找变化,并积极反应,把它当作机会充分利用起来的人"。变化主要来自谢恩所说的四种变革:技术变革、政治和制度变革、社会和人口结构变革与产业结构变革。比如,数码时代的到来,传统使用胶卷的照像及其冲印技术、磁带录音录像技术等面临被淘汰,数码技术引发许多新的创业机会;居民收入水平提高,私人轿车的拥有量不断增加,就会派生出汽车销售、修理、配件、清洁、装潢、二手车交易、陪驾等诸多创业机会;人口结构的变化,则出现老年保健用品、养老护理、为独生子女服务的业务项目。

中国正处于经济社会发展的转型期,无论是政治制度、社会和人口结构,还是产业结构都在发生持续而深刻的变革,从这个意义上讲,中国的创业机会远比发达国家多,这也是近年来外国投资者纷纷到中国投资、大批海外留学人员矢志回国创业的基本动因。

(三) 创造发明

创造发明提供了新产品、新服务,更好地满足顾客需求,同时也带来了创业机会。

在人类社会发展史上,每次重大的发明创造都引起产业结构的重大变革,产生无数的创业机会。200多年前,蒸汽机推动了第一次工业革命,催生了众多产业部门;100多年前第二次工业革命中诞生了发电机、内燃机、汽车、电话机等一批革命性创新产品,引发了全球性创业高潮;上世纪50年代之后,半导体、计算机、集成电路、互联网等发明创造将人类带入了崭新的信息时代,开创了许许多多新的产业部门。即使你不能发明新的东西,但如果能跟上时代的步伐,成为销售和推广新产品、新服务或新技术的人,也会带来无限商机。

案例4-4:中专生从发明创造到高科技创业①

电脑USB接口芯片、有线电视机顶盒接收信号的芯片、单位网络设置内网和外网的隔离卡芯片、税控机芯片……这些过去需要依赖进口的芯片,目前很多已被南京一家企业的产品所取代。这家企业就是位于中国(南京)软件谷的江苏沁恒股份有限公司。

2004年,王春华来宁创办高科技企业,仅过了4年,"沁恒"就在软件谷买下25亩地,建设研发大楼。前不久,又开始建设二期工程。年内新大楼竣工后,两幢大楼总面积将达3万平方米。

王春华1995年毕业于江苏省城镇建设学校。毕业后留校工作不久,跳槽到常州一家电子

---

① 吕宁丰."中专生"王春华在宁创办高科技企业并入选[N].南京日报,2012-04-03.

公司从事软硬件开发,研发出多款银行卡刷卡机和密码键盘。

2000年,他以自己的研发成果在常州创办一家计算机公司,这些创业经历为他来南京创业做了铺垫。

记者采访"沁恒"总经理王春华时,他说,南京是创业的福地,自己是中专生,"'沁恒'创业成功,就是抓住自主研发,创出自主品牌,让别人为我打工。"

王春华只有"中专"学历背景,但作风却极具个性:尽管去年"沁恒"销售收入超亿元,公司名下购买了奔驰、宝马、奥迪等名车,王春华却依然骑自行车上班。"名车是给客户坐的,"王春华说,"我从家里到公司只有十几分钟路程,骑车挺好,绿色又环保。"

2012年,王春华入选南京市321人才计划首批科技创业家,并获得100万元的创业启动扶持资金。

(四) 竞争

如果你能弥补竞争对手的缺陷和不足,这也将带来新的创业机会。看看你周围的公司,你能比他们更快、更可靠、更便宜地提供产品或服务吗?你能做得更好吗?若能,你也许就找到了机会。

案例 4-5:竞争对手眼里的华为[①]

我曾经在一家刚进入中国的外企工作,正好和华为的传输设备竞争,大家都鼓足了劲要占领华为、中兴、烽火的市场,认为我们的产品比他们要好很多:第一个拿到信产部入网许可证,价格基本一致,没有理由输给华为。当初我们预定的目标是区域销售额达到人民币1亿元,虽说数字不是很大,但对于一个刚刚成立的公司来说已经是一个非常大的挑战,可惜一年的时间过去了,我们只签了一单30多万元的合同,办事处也随之解散,并不是我们几个销售员不努力,回头想想有太多失败的原因。

(1) 虽然拿到了信产部许可证,但是省级许可证没有拿到,这就意味着电信、网通、移动、联通没有办法采购我们的设备。只有铁通可以销售设备,但是需求量太少。

(2) 公司影响力太小,只有1/10的客户听说过我们公司。

(3) 延续性建设差,运营商拥有华为、中兴、烽火等家众多设备,他们的技术人员也不愿意再学习另一品牌的技术和配置。

(4) 市场调研工作做得太少。这些要学习国外大公司请咨询公司做市场调研。

我后来在一家集成公司工作,以前销售的是CISCO(即思科公司,全球领先的网络解决方案供应商)的设备,现在已经完全转向华为产品,不是因为华为的价格低,更不是华为的设备性能优越,至今我坚信路由器、交换机只有CISCO的最好,其他公司与之差距不是一个档次。而众多原先的CISCO金牌、银牌代理商都转而做华为的产品,因为做华为的利润丰厚,客户认可程度越来越高。很多时候是客户指定了品牌,同时代理商也极力向客户推荐华为产品。我遇到一个CISCO的销售人员,一脸哭丧地对我说:"我都想辞职了,在哪都打不过华为,打什么输什么,投标也投不中,即使低价格也不行!"

华为可以说现在是遍地开花,国内市场不用说了,国际市场更是打入欧洲、北美,这些都是中国同业所没有想到的,有谁能想到竟然有中国的公司会在高科技的通信行业上闯入欧洲和

---

① 于阳.竞争对手眼里的华为[J].IT时代周刊,2005(19).

北美呢？但是华为做到了，华为通过和3.com公司的合作很好地打开了国际市场，回头看一下中兴就差一些了，中兴的数通产品在国内卖得不好，更不要说海外了。虽然在传输、交换上势头也很猛，但比华为却差多了。

我承认华为在产品研发的巨资投入是它成功的一部分，但是它真正成功之处，我认为是它打动了另外一个"客户"，这个"客户"就是代理商。

举个数通产品的例子，原来的CISCO代理商纷纷倒向华为，这无形中给华为带来了成千上万的销售队伍，而CISCO则面临了越来越多的竞争对手，焉能不败？正是因为CISCO放松了与代理商之间的联系，很多公司都说CISCO太牛了，对代理商的态度很不友好；而华为则不一样，没有费太大的力就拉拢了一大批代理商，每天都去代理商那里坐坐，很多市场都是代理商在帮忙打CISCO，现在又搞金牌、银牌、三星、四星，代理商争先恐后地去申请，技术人员也都开始考虑拿HCSE、HCTE（华为资格认证）等等证书。可以说华为学习了CISCO，但青出于蓝更胜于蓝。CISCO现在后悔了，不断推出红利积分等等政策，但是麻烦得要命，要有专业化认证，还要上网注册，都是英文，几个总代理也不是很积极。

华为还有一点比较厉害就是员工队伍。外企注重人性化，对员工福利非常好，出差住五星、打的随便；看看华为员工真是有点比不上，省内出差住的也就不足200元标准，每天补助50元，不够CISCO员工一个零头，所以华为设备价格才会低。而且很多员工都是非本地化。这种政策好啊，销售员的家不在当地，销售员可以每天都无所顾忌地与客户交流沟通，售前、售后可以每天都加班到深夜，没有了家庭的压力，工作也就无后顾之忧了。虽然员工惨了点，可是却为公司创造了巨额利润。

华为员工的压力是所有通信厂商中最大的，所以干劲也是最足的。绝对有点老一辈革命者的味道，不怕苦不怕累，当然待遇也是不菲的，这样的队伍是最可怕的。

所以我总结华为的成功来自三点：巨额资金投入产品研发；压力下的销售队伍，庞大的销售队伍；最重要的一点就是，良好的代理商政策，这就是当代的土地革命，得民心者得天下也。

（五）新知识、新技术的产生

新知识、新技术的出现改变了企业间的竞争手段和模式，也使得拥有新知识、新技术的人成功地发现和利用机会的能力大大提高，从而使得创业机会激增。比如，近年来，移动互联网、3D打印、云计算、纳米技术、绿色制造等新的技术必将带来无限的创业机会。

案例4-6：两分钟内能变成电动车的自行车①

电动车身材笨重，速度快；自行车轻便，但上坡时却很费力。如果将两者优点结合，会怎么样呢？在刚刚结束的第二届全球创客大赛中，南京理工大学"万新之队"的"Modular Electric Bicycle（模块化电动车）"项目，让自行车两分钟内变成电动车，赢得评委们的一致好评，并斩获创客组唯一一个一等奖。

小身材大能量

"万新之队"是由南京理工大学设传学院2013级学生谢卓等三位同学携同两位南京创客万建新、方海平组建的。因为共同的爱好，让相识在南京创客空间的五个人组成了一个队。

"模块化电动车"整个车身以黑色为主，配上寥寥数笔红和黄的点缀，让车子看起来时尚感

---

① 稽苏婷，杨甜子. 南理工学生发明会"发电"的自行车[N]. 扬子晚报，2016-05-05.

十足。无论是外形还是体积,都与普通山地自行车相差无几。但仔细观看车身的细节,就会发现其中的奥妙。"模块化电动车"的车头部分有一块黑色正方体造型的电源模块。据谢卓介绍,模块里面是锂电池和电量显示表,主要负责储存电能和动力输出。模块外设 USB 接口,可为各种中小型电器充电。当电量过低时,显示表也会及时发出信号。

车座的下方,是一块由无刷电机和调速器组成的动力模块,负责动力传输以及动力控制,同时也能转化动力为电能,直接给电源模块充电。车轮的横轴上有五块类似风扇的扇叶,它可以在车轮旋转时产生风力,带动力模块发电。

除此之外,链条的设计也十分人性化。它依据人脚踏力度,产生不同强度的链条张力信号,让人享受最舒适的骑行体验。

一车多用经济环保

"我们的自行车不仅可以在自行车和电动车之间互相切换,而且还能转换到智能助力功能,消费者只花一辆电动车的钱,就等于买了三辆功能不同的车,经济又实惠。"谢卓说。"模块化自行车"全车都使用市场上已有的零件和部件,无需额外加工,为模块化自行车的生产提供极大的方便。

"模块电动车"也是户外骑行爱好者的福音,在途中停下休息时,此时只需 2 级以上的风力,风力涡轮就会带动轮胎转动发电。获取的电能,可支撑户外活动时 LED 照明和手机充电。

团队在设计的过程中,除了考虑到实用性,也十分注重环保性。"模块化电动自行车"以绿色锂电池作为供电能源,短途出行完全可代替汽车。

尽管这项发明的市场化还有不少路要走,但无疑将给中国这个自行车大国带来一系列极好的创业机会。

五、影响机会识别的关键因素

识别和选择合适的创业机会是创业者最为重要的能力。识别创业机会受到历史经验等多种因素的影响,因为从本质上说,机会识别是一种主观色彩浓厚的行为过程。

根据现有的文献研究,影响机会识别的关键因素主要集中在创业者的创业警觉性、先前经验、认知因素、社会关系网络等几个方面。

(一)创业警觉性

创业者与普通人不同在于,他总是自发地关注他人忽略的市场环境特征。警觉的创业者时刻注意着市场,对机会存在的潜在性保持着敏感、警惕以及洞察力,一旦发现创业机会就会采取相应行动并努力获取利润。

纽约大学经济学教授 Kirzner(1979)认为,创业警觉性对机会发现具有关键性影响。由于个人在知识上不是全能的,所以他不能够发现所有的创业机会,只有具有警觉性的企业家才可能发现机会并利用机会而获得利润。[①]

由于认知上的偏差和可能的错误,先入市场的创业者可能会遗漏一些创业机会,后来的创

---

① Kirzner I. M. *Perception, Opportunity, and Profit: Studies in the Theory of Entrepreneurship* [M]. Chicago: The University of Chicago Press, 1979.

业者因为知识的增加就会敏锐地发现机会。可以说,正是创业者对机会的警觉发现使得非均衡的市场过程逐渐趋向于均衡,创业者在由非均衡的市场向均衡市场转变过程中能够发现利于自己发展的创业机会。

(二) 先前经验

创业者的先前经验是识别机会的认知基础,在机会识别过程中起着非常重要的作用。先前经验的积累受创业者既往的工作经历、创业经历以及所接受过的教育培训等方面的影响。

Shane(2000)指出,个体先前工作经验中所积累的顾客问题知识、市场服务方式知识、市场知识造就了创业者的"知识走廊",导致创业者在面对同样的机会信息时,解读出的往往是与其先前知识密切关联的机会。[1]

不少研究表明,经验丰富的创业者掌握了有关市场、产品、资源等有价值信息,因而强化了其发现创业机会的能力;有创业经历的创业者则因体验过机会发现过程,积累了洞察信息、发现机会的隐性知识,有助于强化其对机会信息的警觉性,从而更容易识别到新的创业机会。

1989 年对美国《公司》500 强企业创建者的调查报告显示,43%的被调查者是在为同一产业内企业工作期间获得新企业创意的。这个结果与美国独立工商企业联合会(NFIB)的研究相一致。

案例 4 - 7:高职院校"90 后"的创业富豪[2]

"2009 中国大学创业富豪榜"上榜的唯一"90 后"创业富豪是丁仕源。

丁仕源,1990 年生,2008 年考入深圳职业技术信息学院,2009 年正式注册成立深圳市丁叮文化产业发展有限公司。

白天,他是深圳信息职业技术学院大一学生,周末、课余和闲暇,他开着自己的车往返于学校与公司之间,不停变换着学生与总经理的双重角色。

2010 年,丁仕源又上榜"2010 中国大学创业富豪榜",拥有财富已经高达 1 200 万元,成为中国"90 后"创业领跑者(排名第 50 位)。

据悉,丁仕源有着"富二代"的身份,却并不是靠殷实的家业铺路,一直到 18 岁时,他才得到了父母的支持。

专家们认为,丁仕源比他人更早地进入了创业准备及实践过程,因而尽管年轻,却已经积累和掌握了较为丰富的创业实践经验。

12 岁,小学刚毕业,丁仕源已在业余时间里学习了新闻、营销、心理学等课程,并利用课余时间创业办文化公司,成为千名模特的经纪人;

14 岁,担任服装报记者、广告客户主管、总编助理;

16 岁,进军娱乐圈,多次成功策划执行大型文体活动及世界选美赛事;

17 岁,担任多家文化传播公司总经理、策划总监等职务;

18 岁,开创丁叮文化产业发展有限公司,并担任法人代表及执行董事兼总经理,创办全国高校联盟——创亿社;

19 岁,"2009 年中国大学生创业富豪榜"唯一一名 90 后;

---

[1]　Shanes. Prior Knowledge and the Discovery of Entrepreneurial Opportunities [J]. *Organization Science*,2000(4): 448 - 469.

[2]　周逸梅. 中国大学创业富豪榜出炉,人均财富近 2 600 万元[N]. 京华时报,2009 - 06 - 30.

20 岁,获深圳龙岗区青年创业大赛银奖,广东省"挑战杯"创业大赛金奖。

(三) 认知因素

认知过程是产生创意、激发创造力、识别机会的基础。认知因素如创业意识、创新思维等本身就是创业能力的重要组成部分,是个体识别创业机会的重要前提。

Shane(2000)认为,创业机会的发现取决于两个必要条件:第一,个体获取承载创业机会的信息;第二,个体合理解读这些信息并识别其中蕴含的价值。机会认知就是感知和认识到机会,就是合理解读信息并识别出其中蕴含价值的过程,从而机会由模糊到清晰,由初始的发现到创业的决策行动,这是学习的过程,也是机会的认知和识别过程。

创业认知因素结构通常是由商机、资源、组织、管理、风险和利益等一系列相关因素的结构化知识所组成。研究表明,良好的创业认知因素结构在创业中具有重要的作用,有助于创业者识别机会、构建商业模式、整合资源、制定创业计划。创业者的创业认知因素结构一旦建立,又成为其学习新创业知识和感知市场信息的极为重要的能量或基础,从而促进创业者的创业警觉性,使其更能敏锐感知到市场的变化,并迅速洞察这种变化所带来的商业价值。

1993 年的一天,王传福在一份国际电池行业动态上读到,日本宣布本土将不再生产镍镉电池,专门研究和生产电池的王传福立刻意识这一变化将引发镍镉电池生产基地的国际大转移,他意识到自己创业的机会来了。这就是典型的先前经验和认知因素作用的结果。

案例 4 - 8:塑胶花的市场机遇[①]

1950 年夏,李嘉诚向亲友借了 5 万港元,加上自己全部积蓄的 7 000 元,正式创办"长江塑胶厂"。一天,李嘉诚翻阅英文版《塑胶》杂志,看到一则不太引人注意的小消息,说意大利某家塑胶公司设计出一种塑胶花,即将投放欧美市场。李嘉诚立刻意识到,战后经济复苏时期,人们对物质生活将有更高的要求,而塑胶花价格低廉,美观大方,正合时宜,于是决意投产。

李嘉诚率先在香港推出塑胶花,随即成为热销产品,很快打入香港和东南亚市场。同年年底,欧美市场对塑胶花的需求也愈来愈大,"长江"的订单成倍增长。直到 1964 年,前后 7 年时间,塑胶花为李嘉诚赚得数千万港元的利润,赢得了创业第一桶金。

(四) 社会关系网络

很多创意来自于企业外部,要想及时而经济地获得这些创意,就必须与外部的社会建立广泛的联系。社会关系网络不仅提供了孕育创意的土壤,其深度广度也影响着机会的识别。

张玉利等(2008)通过调查问卷的实证分析认为,社会交往面广、交往对象趋于多样化、与高社会地位个体之间关系密切的创业者更容易发现创新性更强的机会。而创业者先前经验调节着上述影响机制,相对于经验匮乏的创业者而言,经验丰富的创业者更容易从高密度的网络结构中发现创新性更强的机会。[②]

创业者的社会关系网络是其在长期的生活当中积累的"人脉","人脉"会提供许多重要信息和资源,这些信息和资源有助于发现创业机会。Aldrich(2003)就提出,创业者往往在社会交往过程中获得承载机会的信息并发现创业机会。Hills 等(1997)认为,利用社会网络资源获

---

① 苏广东."超人"李嘉诚[J].公关世界,2006(2).

② 张玉利,等.社会资本、先前经验与创业机会[J].管理世界,2008(7).

悉创业机会的创业者(Network Entrepreneurs)将比那些单独的创业者要识别出更多的机会。

六、识别创业机会的一般过程

Kraekhardt(1995)认为,机会识别是对开发有利可图新业务可能性的感知,是从创意中筛选合适机会的过程。这一过程包括两个步骤:首先判断该机会是否在广泛意义上属于有利的商业机会;其次是考察对于特定的创业者来说,这一机会是否有价值。[①] Lindsay N. J. 和 Craig J. (2002)进一步将创业机会识别过程分为机会搜寻、机会识别和机会评价三个阶段。

识别创业机会是思考和探索互动反复,并将创意进行转变的过程。见图 4-1。

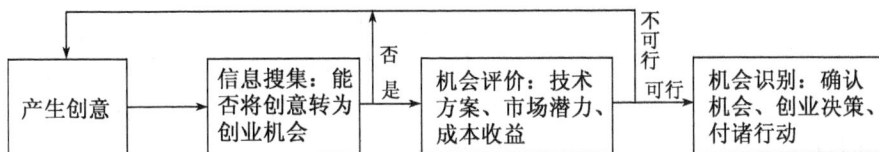

图 4-1　创业机会识别的过程

(一) 形成创意

创业开始的关键可能来源于一个新产品或服务的较完美的创意,而创意往往来源于对市场机会、技术机会和政策变化信息的感知和分析,来源于创业者在个人先前经验基础上的创新性思考和"灵感"乍现。

(二) 创业机会信息的收集

创业机会信息的收集是使创意变为现实的创业机会的基础工作。

创业者应当通过多种方式和渠道收集、分析和解读有关特定的产业、技术、市场、政府政策等相关因素的信息,这些信息能够影响创业者对机会的最初识别。Shane(2000)认为,创业者感知创业机会的过程其实就是搜集、处理信息的过程,机会的发现依赖于个体获取蕴含创业机会的信息,对信息进行有效地解读,以及识别出机会所蕴含的价值。[②]

(三) 创业机会评价

评价是仔细审查创意并分析其是否可行的阶段,主要包括技术方案评价、市场潜力评价和成本收益评价。评价是机会识别中的关键环节,要求创业者对创意的可行性客观、公正地评判。具体创业机会评价方法将在下一节讨论。

(四) 识别创业机会

创业者利用各种渠道和方式,收集有关市场和需求的变化信息,从中发现尚未满足的需求或既有的产品/服务、原材料、组织方式等存在差距或缺陷,就可能找到改进或创造目的—手段关系的可能性——创业机会,在此基础上对可能的创业机会进行评价,分析评价结果就能识别

① Kraekhardt D. Entrepreneurial Opportunities in an Entrepreneurial Firm: A Structural Approach [J]. *Entrepreneurship Theory and Practice*, 1995, 12(3): 49 - 67.

② Shane S., Venkataraman S. The Promise of Entrepreneurship as a Field of Research [J]. *Academy of Management Review*, 2000, 25(1): 217 - 226.

出真正有价值、具有市场潜力且可行的创业机会。

七、识别创业机会的行为技巧

(一) 从国家经济发展趋势中判断商机

创业者一定要眼界开阔,关注并研究国家宏观经济政策和行业发展态势,这是大势。国家鼓励发展什么,限制发展什么,行业未来发展趋势如何,都与创业机会密切相关。顺着国家鼓励的方向、跟上行业发展的态势,创业就会事半功倍,做反了方向则一定鸡飞蛋打。

比如,根据 2016 年《政府工作报告》和"十三五"规划纲要,下列十大产业将在未来 3 到 5 年内大有作为:农村电子商务、新能源汽车、绿色建筑建材、节能环保产业、创业服务业、农产品精深加工、铁路、旅游、清洁能源、互联网等。因此,近年内选择在这些领域创业,显然会有更多的政策利好和发展机遇。又如,国家近年来放宽准入,鼓励民间资本进入铁路、市政、教育、金融等领域,创业者就可以放手在这些产业中发掘金矿。

(二) 市场环境变化孕育商机

变化中常常蕴藏着商机,许多创业机会产生于不断变化的市场环境。环境变化将带来产业结构的调整、消费结构的升级、思想观念的转变、政府政策的变革、市场利率的波动等等。例如,在国有企业民营化的过程中,创业者可以在交通、电信、能源等产业中发掘创业机会;循环经济、绿色制造的理念将变革传统的生产和消费模式,带来节能减排、废物回收、材料更新、循环利用等创业机会;移动互联网、3D 打印技术、云计算等高新技术的出现,必将引发新一轮产业革命。任何环境变化都能引发,甚至创造出新的创业机会,需要创业者凭着自己敏锐的嗅觉去发现和识别。

(三) 资源整合创造无限商机

创造性地整合资源,不仅可以创造出新的价值,还可以带来无尽的商业机会。Kirzner (1997)就认为,机会是一种通过对资源的创造性整合,满足市场及客户的需求的渠道。

案例 4 - 9:美特斯邦威的资源整合[①]

美特斯邦威是温州农民周成建 1995 年创立的一家民营企业。

2008 年 8 月,美特斯邦威成功在深圳交易所上市,当年销售额达 70 亿元。目前,美特斯邦威商标被认定为中国驰名商标。2009 年"中国新财富 500 富人榜":周成建名列第三,拥有财富 166.2 亿元。

令人诧异的是,这家休闲服装公司自己既不生产一件成衣,也不销售衣服,它的成功从何而来? 答案是基于资源高效整合的"虚拟经营"。

通常服装行业的高价值环节在于品牌、研发、销售环节,而低价值环节在于生产、原料供应环节。在资源有限的情况下,美特斯邦威将资源和精力放在高价值的品牌和研发上。

在生产采购上,充分整合利用社会资源和国内闲置的生产能力,在广东、上海、江苏等地有 300 多家生产厂家为公司定牌生产,形成年产系列休闲服近 5 000 万件的强大生产基地。

---

① 钱经.美特斯邦威周成建:身价百亿的裁缝不好当[EB/OL].网上轻纺城.www.QFC.cn.,2012-09-14.

在销售上,利用品牌效应吸引加盟商加盟,拓展连锁专卖网络,形成3 000多家加盟店规模。通过公司内外部网络和电子商务平台,完整的一、二、三、四线城市布局,有效地实施渠道整合、货品整合和营销整合。

通过高效资源整合,设计出全新的商业模式,美特斯邦威取得了不凡的业绩。

(四) 科技发展催生商机

世界产业发展历史告诉我们,几乎每一个新兴产业的形成和发展都是技术创新的结果。产业转型、技术创新、产品换代都会带来前所未有的创业机会,创业者如果能够及时了解最新的科技发展动态,持续跟踪产业发展、技术创新的步伐,即使不发明新的东西,也会从其推广、应用、销售、维护、开发、咨询等项服务中开发出新的市场机会。

(五) 市场"空缺"蕴含商机

市场的"缺口"或"边角"往往蕴含了大量被人们忽略而未被满足的市场需求,充分开发利用这些机会空间,另辟蹊径、人无我有、人有我新,就一定能够出奇制胜。

案例4-10:市场空缺成就"我爱我家"①

"我爱我家"的创始人陈早春,1995年起在上海帮老外租房买房的过程中,发现了一个市场空缺:老洋房投资。上海有很多老洋房,他承租过来按照外国人的口味重新装修,改造成住宅出租,这个创业机会为陈早春带来了丰厚的回报。

直到今天仍被业界称为传奇的是他接手华山路上的李鸿章私家花园"丁香花园"的案子,据说其租下装修后再转租,为其带来了不下2 000万元的收入。2005年,陈早春以20亿人民币的资产位列国内福布斯富豪榜第70名,成为业界的"黑马"。

从复旦大学毕业时的两袖清风到亿万富豪,陈早春只用了十年时间。

(六) 解决问题过程中发掘商机

问题往往隐含了被精巧掩饰的商业机会。许多创业者都是从发现问题开始,在解决问题的过程中,找到满足消费者需求、能为消费者创造价值的方案后,往往就能捕捉到极具市场前景的商机。

几年前海尔总裁张瑞敏出差四川,听说海尔洗衣机在四川销售受阻,原因是农民常用洗衣机洗地瓜,排水口一堵农民就不愿意用了。于是,海尔集团就根据当地农民的需要开发出一种排水管口粗大、既可以洗衣又可以洗地瓜的洗衣机。这种洗衣机生产出来后,大受欢迎,畅销西南农村市场。

案例4-11:"牛仔裤"诞生的启示②

美国"牛仔大王"李维斯的故事多年来为人们津津乐道。

19世纪50年代,李维斯像许多年轻人一样,带着发财梦前往美国西部淘金,途中一条大河拦住了去路,李维斯设法租船,做起了摆渡生意,结果赚了不少钱。在矿场,李维斯发现由于采矿出汗多,饮用水紧张,于是,别人采矿他卖水又赚了不少钱。李维斯还发现,由于跪地采矿,许多淘金者裤子的膝盖部分容易磨破,而矿区有许多被人丢弃的帆布帐篷,他就把这些旧

① 朱俊飞.陈早春:做中国富豪的"生活教练"[J].职业,2008(8).
② 李英华.Levi's——世界牛仔裤之父[N].河南日报,2006-06-28.

帐篷收集起来洗干净,做成裤子销售,"牛仔裤"就这样诞生了。

李维斯将问题变商机,最终实现了他的财富梦想。

(七) 竞争对手的缺陷隐藏商机

研究竞争对手,从中寻找其产品或服务的弱点,若能有效弥补其缺陷和不足,在激烈的竞争中胜出,就很可能从中找到重要的创业机会。

案例 4-12:分析竞争对手缺陷,找到出路[1]

1984 年,刚接手乡镇小轧钢厂任厂长的沈文荣就面临危机,仅周边乡镇的小轧钢厂有 30 多家,竞争惨烈。

经过调研分析,沈文荣发现市场急需窗框钢,众多小轧钢厂规模质量上不去、做不了,而大企业又不屑一顾。于是,沈文荣第一个重大决策就是收缩产品线,将窗框钢作为主导产品。仅凭这一个产品,一举在国内市场占据了 3/5 的份额,为沙钢的未来发展赚取了第一桶金。

第二节　创业机会评价

创业机会评价是创业机会识别和选择的一个重要的环节。可以说,选对了创业项目,就意味着创业成功了一半。因此,对于创业机会的评价,必须慎重并采取科学的方法。

一般而论,创业机会评价可以从产品、技术、市场与效益等几大方面进行评估。值得指出的是,创业者一般不会列举太多评价指标,一般创业机会比较模糊,很多指标无法准确地估算,所以创业者更多的是凭借自己的先前经验、商业敏感抓住几个重要指标分析,表现更多的是主观判断而不是科学分析。

一、有价值创业机会的基本特征

有价值的创业机会具有价值性、可行性、时效性等基本特征。

美国百森商学院蒂蒙斯教授(Timmons)在《21 世纪创业》中提出创业机会四个特征[2]:① 它很能吸引顾客;② 它能在商业环境中行得通;③ 它必须在机会之窗存在的期间被实施。机会之窗是指商业创意被推广到市场上去所花费的时间,若竞争者已经有了同样的想法并把产品推向市场,那么机会之窗也就关闭了;④ 必须有必要的资源(人、财、物、信息、时间和技能)。

1. 价值性

在上述特征中,能吸引顾客是条件,这体现出创业机会的价值性。只有能为消费者创造新价值或增加原有价值,才能对顾客和创业者双方产生吸引力,才可能具有良好的市场前景,才可能有创造超额经济利润的潜力。

① 魏珍妮. 钢痴沈文荣:就喜欢摆弄钢铁[N]. 中国产经新闻报,2009-05-21.
② Timmons J. A. *New Venture Creation*: *Entrepreneurship for the 21th Century* [M]. 5th ed. McGraw-Hill, 1999.

2. 可行性

在"商业环境中行得通"是前提。说明创业机会必须适合创业者所处的市场环境,创业者才有可能开发和利用这种机会,这就是创业机会的可行性。否则,机会再好,创业者却因条件缺乏(包括必要的资源——人、财、物、信息、时间和技能)而无法加以利用,这样的市场机会对于特定的创业者不能称之为创业机会。

3. 时效性

创业机会必须在机会窗口存续的期间被实施。机会窗口存续的期间是创业的时间期限,即时机,所谓"机不可失,时不再来"。一旦新产品市场建立起来,机会窗口就被打开了,机会窗口一般会持续一段时间,不会转瞬即逝,但也不会长久存在。随着市场的成长,企业进入市场并设法建立有利可图的定位,当达到某个时点,市场成熟,机会窗口即被关闭。因此,特定的创业机会仅存在于特定的时段内,创业者务必要把握好这个"黄金时间段",这体现出创业机会的时效性。

二、创业机会评价的基本框架

创业机会评价有利于应对并化解环境不确定性。

(一) 蒂蒙斯的创业机会评价框架

Timmons(1999)提出了包含 8 项一级指标、53 项二级指标的评价指标体系,几乎涵盖了其他一些理论所涉及的全面内容,包括行业和市场、经济因素、收获条件、竞争优势、管理团队、致命缺陷、个人标准、理想与现实的战略差异等方面,被认为是目前最为全面的创业机会评价指标体系。[①]

1. 行业和市场

(1)市场容易识别,可以带来持续收入;

(2)顾客可以接受产品或服务,并愿意为此付费;

(3)产品的附加价值高;

(4)产品对市场的影响力高;

(5)将要开发的产品生命长久;

(6)项目所在的行业是新兴行业,竞争不完善;

(7)市场规模大,销售潜力达到 1 千万到 10 亿美元;

(8)市场成长率在 30%～50%甚至更高;

(9)现有厂商的生产能力几乎完全饱和;

(10)在五年内能占据市场的领导地位,达到 20%以上;

(11)拥有低成本的供货商,具有成本优势。

2. 经济因素

(12)达到盈亏平衡点所需要的时间在 1.5～2 年以下;

(13)盈亏平衡点不会逐渐提高;

---

① Timmons J. A. *New Venture Creation: Entrepreneurship for the 21th Century* [M]. 5th ed. McGraw-Hill,1999.

（14）投资回报率在 25％以上；

（15）项目对资金的要求不是很大，能够获得融资；

（16）销售额的年增长率高于 15％；

（17）有良好的现金流量，能占到销售额的 20％～30％以上；

（18）能获得持久的毛利，毛利率要达到 40％以上；

（19）能获得持久的税后利润，税后利润率要超过 10％；

（20）资产集中程度低；

（21）运营资金不多，需求量是逐渐增加的；

（22）研究开发工作对资金的要求不高。

3. 收获条件

（23）项目带来的附加价值具有较高的战略意义；

（24）存在现有的或可预料的退出方式；

（25）资本市场环境有利，可以实现资本的流动。

4. 竞争优势

（26）固定成本和可变成本低；

（27）对成本、价格和销售的控制程度较高；

（28）已经获得或可以获得对专利所有权的保护；

（29）竞争对手尚未觉醒，竞争较弱；

（30）拥有专利或具有某种独占性；

（31）拥有发展良好的网络关系，容易获得合同；

（32）拥有杰出的关键人员和管理团队。

5. 管理团队

（33）创业者团队是优秀管理者的组合；

（34）行业和技术经验达到了本行业内的最高水平；

（35）管理团队的正直廉洁程度能达到最高水准；

（36）管理团队知道自己缺乏哪方面的知识。

6. 致命缺陷问题

（37）不存在任何致命缺陷问题。

7. 个人标准

（38）个人目标与创业活动相符合；

（39）创业家可以做到在有限的风险下实现成功；

（40）创业家能接受薪水减少等损失；

（41）创业家渴望进行创业这种生活方式，而不只是为了赚大钱；

（42）创业家可以承受适度的风险；

（43）创业家在压力下状态依然良好。

8. 理想与现实的战略差异

（44）理想与现实情况相吻合；

（45）管理团队已经是最好的；

（46）在客户服务管理方面有很好的服务理念；

（47）所创办的事业顺应时代潮流；

（48）所采取的技术具有突破性，不存在许多替代品或竞争对手；

（49）具备灵活的适应能力，能快速地进行取舍；

（50）始终在寻找新的机会；

（51）定价与市场领先者几乎持平；

（52）能够获得销售渠道，或已经拥有现成的网络；

（53）能够允许失败。

蒂蒙斯机会识别指标体系的缺点也比较明显（林嵩，2007）。① 指标多而全，导致主次不够清晰，实践中在对创业机会进评价时，很难做到对各个方面的指标量化设置权重、实现综合评分的效果；② 各维度划分不尽合理，存在交叉重叠，这也在一定程度上影响了机会评价指标的有效性；③ 蒂蒙斯创业机会评价体系主要是基于风险投资商的风险投资标准建立的，这与创业者的标准还是存在一定的差异性，风险投资商的标准更具有主观性，而创业者的标准更具有客观性。

（二）刘常勇的创业机会评价框架①

我国台湾的创业学教授刘常勇（2002）归纳的创业机会评价框架比较简单，且具有一定代表性。他认为创业机会评价主要围绕市场和回报两个层面展开。

1. 市场评价

（1）是否具有市场定位，专注于具体顾客需求，能为顾客带来新的价值；

（2）依据波特的五力竞争模型进行创业机会的市场结构评价；

（3）分析创业机会所面临的市场规模大小；

（4）评价创业机会的市场渗透力；

（5）预测可能取得的市场占有率；

（6）分析产品成本结构。

2. 回报评价

（7）税后利润至少高于5％；

（8）达到盈亏平衡的时间应该在两年以内，如果超过三年还不能实现盈亏平衡，则这样的创业机会是没有价值的；

（9）投资回报率应高于25％；

（10）资本需求量较低；

（11）毛利率应该高于40％；

（12）能否创造新企业在市场上的战略价值；

（13）资本市场的活跃程度；

（14）退出和收获回报的难易程度。

需要强调的是，常规的市场研究方法不一定完全适用于创业机会评价，尤其是原创性创业机会的评价。

---

① 刘常勇.创业管理的12堂课[M].北京：中信出版社，2002.

三、个人与创业机会的匹配

创业活动是创业者与创业机会的结合，影响创业机会识别既有主观因素，也有客观因素。由于创业者个性特质的差异，更由于各个创业者所面临的创业环境和资源约束条件的不同，创业者尽管发现了创业机会，但这并不意味着要创业，更不意味着成功就在眼前，因为并非所有机会都适合每个人。

（一）判断创业机会是否适合自己的主要根据

学者们普遍认同，一方面，创业者识别并开发创业机会；另一方面，创业机会也在选择创业者。只有当创业者和创业机会之间存在着恰当的匹配关系时，创业活动才最有可能发生，也更可能取得成功。联想控股董事长柳传志就反复提醒创业者：在转身做企业时，需想清性格是不是适合做企业。

张爱丽（2009）在借鉴多学科有关创业机会研究成果基础上，提出个人特质和机会特征匹配理论，为创业机会的识别过程提供了有价值的见解。[①]

（二）个人特质和机会特征匹配"两阶段"理论

Kraekhardt(1995)就提出，机会识别过程包括两个步骤：首先判断该机会是否在广泛意义上属于有利的商业机会；其次是考察对于特定的创业者来说，这一机会是否有价值。从个人特质和机会特征匹配的视角，张爱丽深化了 Kraekhardt 的观点，提出了创业机会识别的"两阶段"理论。

1. 识别"第三人机会"阶段

所谓"第三人机会"是指，对于某些市场主体而言感知到的某种潜在机会。创业者依据先前经验和认知因素，对外部信息进行搜集、分析和甄别，通过增补型匹配、互补型匹配和结构性匹配三种方式，识别出第三人机会。这相当于 Kraekhardt 提出的第一个步骤——"判断该机会是否在广泛意义上属于有利的商业机会"。

其中，增补型匹配是指有关顾客的信息与创业者所掌握的知识相同或相似，或者有关技术的信息与创业者所掌握的技术知识相同或相似，这种匹配会增强创业者的创业意图；互补型匹配是指个人因素或机会因素能在一定程度上改善创业环境或者补充创业环境所缺少的东西。比如，创业者掌握了有关顾客需求的先前经验，外部环境提供了相关新技术的信息，如果这种新技术信息能用来解决创业者认知的顾客需求，那么，创业者先前掌握的关于顾客问题的知识与外部环境提供关于新技术的信息就属于互补型匹配。显然，互补型匹配有利于识别创业机会；结构性匹配是指已知某种知识关系（如某种技术或服务适合应用于某类顾客），通过直接推理、类比推理、相似性比较、模式匹配等方式，把这种知识关系应用于改进新的、潜在的或实际的顾客需求与创业者所拥有的知识、技术和服务方法或新技术之间的匹配上。

2. 识别"第一人机会"阶段

"第一人机会"则是指对于创业者本人而言有价值的机会。创业者在考察创业机会时会重点考察机会特征中的盈利性和不确定性，而机会的创新性与机会的盈利性和不确定性密切相

---

① 张爱丽. 试析个人因素与机会因素的匹配对创业机会识别的作用[J]. 外国经济与管理，2009(10).

关；又由于创业者个人的认知因素、成就需要、自我效能感被认为是最为重要的个人特质。[1]
因此,在识别出第三人机会的基础上,若该机会的创新性、盈利性和不确定性程度,能与特定创业者个人特质中认知因素、成就需要和自我效能感相匹配,那么创业者就可能感知和识别出第一人机会。

如果两者不能匹配,那么创业者就会放弃第三人机会。

可见,创业机会是否适合自己的主要依据在于机会特征与个人特质的匹配,见图4-2。

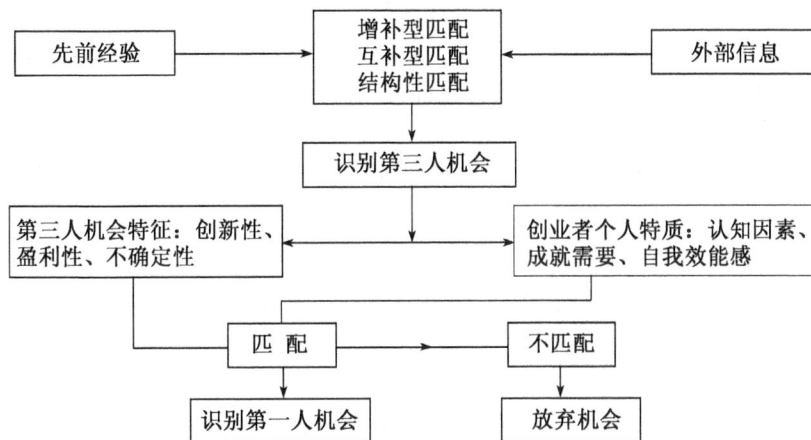

图4-2　基于个人特质与机会特征匹配的创业机会识别模型框架[2]

四、创业机会评价的特殊性

尽管创业机会评价已经构建了不少定性、定量的评价体系和模型,但机会的识别与把握却依然一半是科学,一半是艺术。这是因为创业机会评价具有多方面特殊性。

1. 机会信息的不对称性

创业者在创业机会的解读上通常面临信息的不对称。识别好的创业机会本身需要具备的知识、信息、资源、社会关系网络很多,要求创业者具有丰富的工作经验和社会阅历、广博的知识结构和广泛的社会关系网络,但创业者往往由于知识结构、工作经验、个人特质和资源禀赋方面的差异和局限性,必然影响对特定创业机会评价的准确性。

2. 创业环境的不确定性

随着经济全球化、信息化和科学技术的迅猛发展,今天的创业者面临的是一个更加复杂多变的、不确定的市场环境,而且往往机会创造价值的潜力越大、科技含量越高,不确定性就越大,信息也就越不完全,创业者就越难作出全面、准确的评价。当然,环境的不确定性并非只有消极作用,它会提供开创新事业的诸多机会,创业正是对环境不确定性的回应,而且这种应对结果往往进一步催生大量新的不确定性机会。

① Ajzen, I. Theory of Planned Behavior [J]. *Organizational Behavior and Human Decision Process*, 1991, 50(2): 179-211.

② Krueger J. R., Norris F., Reilly, Michael D., and Carsrud, Alan L. Competing Models of Entrepreneurial Intentions [J]. *Journal of Business Venturing*, 2000, 15(5/6): 411-432.

3. 创业者的有限理性

有限理性（bounded rationality）的概念最初是阿罗提出的，他认为有限理性就是人的行为"既是有意识的理性，但这种理性又是有限的"。

首先，有限理性与创业环境的不确定性密切相关。人们对环境的预测能力和认识能力是有限的，人不可能无所不知。其次，创业者个人特质尤其是性格特征、认知因素、职业兴趣存在很大差异，即便是面对同一机会，不同的创业者也会表现出不同的看法和评价。此外，由于受到情境的影响，在很大程度上创业者的创业警觉性往往依靠以往的经验直观推断或偏见的方式。在复杂情境下，一个人不可能获得所有的信息来做出合理的决定，因此，人们只具有有限的理性。此时，创业者的冒险精神、创造力起着关键性作用。

4. 多种其他因素的影响

创业机会识别与评价还受到创业者性别、创业团队、地域差异等多种因素的影响。

2001年的一项调查显示，大约55%的女性所领导的企业集中在服务行业，17%集中在零售业，只有小于2.5%的企业属于运输、通信、公用事业或制造业。[1] 李兰（2003）通过1996～2001年六次企业家跟踪问卷调查发现，从事批零贸易和餐饮业的女企业家比重明显高于男企业家，且多16.6%，从事社会服务业的女企业家比重也高于男企业家3.4%；而从事其他行业的女企业家比重则低于男企业家，其中制造业低9%。[2]

李嘉等（2010）的研究表明，由于女性的风险偏好和成就感较男性偏低，女性不太愿意承担风险，因而女性创业偏向于进入风险性小、规模小的服务导向型企业。[3] 男性不但比女性更愿意承担风险，而且他们的成就感一般也比女性强。他们追求成功，并将企业做大做强作为衡量创业成功与否的标准；相比之下，女企业家宁愿经营小企业，因为这样既不会影响家庭生活又能够拥有自己创办的企业。Carter和Brush在2004年分析了800多名新生代企业家，发现24%的男性希望自己的企业越大越好，而有同样想法的女性只有15%。在25～34岁的男性和女性中，有33%的男性希望企业规模庞大，而有同样想法的女性却只有22%。[4]

姚晓芳等（2007）研究表明，不同地域、不同团队成员、不同的环境特征也对创业机会评价和识别产生影响。[5] 唐靖，等（2007）研究了不同环境特征对创业机会识别的影响，并提出在不同的创业环境中，创业者应当采用不同的创业机会认知和决策行为模式。[6]

可见，对创业机会的识别与评价因人而异、因地而异、因环境而异。创业者在机会评价过程中，必须客观分析个人特质、职业兴趣和能力特长，考虑是否与相应的机会特征相匹配，依托自身的优势，通过机会选择、资源整合、创造满足需求的方式，从而使得有价值的创意成为可能的创业机会。

---

① Office of Advocacy. *Women in Business* [M]. Washington，D. C. ：Government Printing Office，2001.

② 李兰. 为什么女企业家更容易成功? 中国女企业家生存状况调查[N]. 中国经济时报，2003 - 03 - 12.

③ 李嘉，张骁，杨忠. 男女企业家创业行业选择差异的影响因素及其作用机制研究[J]. 科学学与科学技术管理，2010(2).

④ Carter，N. ，M. Brush，C. G. Gender. *The Handbook of Entrepreneurial Dynamics* [M]. C. A. ：Sage，2004.

⑤ 姚晓芳，杨蕾，周培岩. 基于Timmons创业机会评价体系的实证研究[J]. 管理现代化，2007(6).

⑥ 唐靖，张帏，高建. 不同创业环境下的机会认知和创业决策研究[J]. 科学学研究，2007(2).

五、创业机会评价的技巧和策略

适于特定个体创业的机会并不是很多的,存在所谓"机会选择漏斗"。即在众多机会中,经过一层层筛选,最终可能只有很少的机会适于创业。创业者若能掌握创业机会评价的一些技巧和策略,许多悲剧或许可以避免,创业成功率也可以因此而大幅提升。

(一)个人特质方面:客观分析自身的职业兴趣、能力特长

创业机会的评价显然关系到创业者未来职业生涯的选择与决策。因此,关于人的个性特质与职业性质相一致的理论——人职匹配理论具有借鉴价值。

人职匹配理论基本思想是,个体差异是普遍存在的,每一个个体都有自己的个性特征,而每一种职业由于其工作性质、环境、条件、方式的不同,对工作者的能力、知识、技能、性格、气质、心理素质等有不同的要求。进行职业决策时,应当根据一个人的个性特质来选择与之对应的职业种类,即进行人职匹配。如果匹配得好,则个人特质与职业环境协调一致,工作效率和职业成功的可能性就大为提高;反之则工作效率和成功的可能性就很低。

美国职业心理学家霍兰德(Holland,1973)在其所著的《职业决策》一书中描述了六种人格类型的对应职业。

(1)实际型(realistic)。其基本的人格倾向是,喜欢有规则的具体劳动和需要基本操作技能的工作,缺乏社交能力,不适应社会性质的职业。具有这类人格的人适宜的职业类型:各类工程技术工作、农业工作;通常需要一定体力,需要运用工具或操作机械。主要职业:工程师、技术员;机械操作、维修安装工人、木工、电工、鞋匠等;司机;测绘员、描图员;农民、牧民、渔民等。

(2)研究型(investigative)。该类型人具有聪明、理性、好奇、精确、批评等人格特征,喜欢智力的、抽象的、分析的、独立的定向任务这类研究性质的职业,但缺乏领导才能。其典型的职业包括:自然科学和社会科学方面的研究人员、专家、教师;化学、冶金、电子、无线电、电视、飞机等方面的工程师、技术人员;飞行驾驶员、计算机操作人员等。

(3)艺术型(artistic)。其基本的人格倾向是,具有想象丰富、冲动、直觉、无秩序、情绪化、理想化、有创意、不重实际等人格特征。喜欢艺术性质的职业和环境,不善于事务工作。其典型的职业类型包括各种艺术创造工作。其主要职业:音乐、舞蹈、戏剧等方面的演员、歌唱家、作曲家、乐队指挥、导演、艺术家编导、教师;诗人、小说家、剧作家、文学艺术方面的评论员;广播节目的主持人、编辑、作者;绘画、书法、摄影家、雕刻家;艺术、家具、珠宝、房屋装饰等行业的设计师等。

(4)社会型(social)。该类型的人具有合作、友善、助人、负责、圆滑、善社交、善言谈、洞察力强等人格特征。喜欢社会交往、关心社会问题、有教导别人的能力。其典型的职业类型包括医疗服务、教育服务、生活服务等。其主要职业:医护人员;教育工作者,如教师、教育行政人员;社会工作者,如咨询人员、公关人员;衣食住行服务行业的经理、管理人员和服务人员;福利事业工作人员等。

(5)创业型(enterprising)。创业型的人喜欢冒险、竞争,通常精力充沛、生活紧凑、个性积极、有冲劲;社交能力强,是协调沟通的高手;工作上表现出强烈的野心,希望拥有权力、受人注意并成为团体中的领导者;做事有组织、有计划,喜欢立即采取行动,领导他人达成工作目标,赚取利益。这种人格类型喜欢销售、管理、法律、政治等方面的活动,重视政治与经济上的成就,缺乏科研能力,不喜欢花太多的时间做科学研究。具备精力充沛、冒险、武断、外向、善于表达、野心、冲动、自信、引人注目、乐观、社交、热情和追求享受等人格特征。[①]

(6) 传统型(conventional)。该类型的人具有顺从、谨慎、保守、实际、稳重、有效率等人格特征,喜欢有系统有条理的工作。其典型的职业类型包括各类文件档案、图书资料、统计报表等相关的科室工作,包括办公室人员、秘书文书、人事、统计、审计、会计、出纳、行政助理、打字员;图书管理员、保管员;交通、旅游、外贸、税务职员;邮递员等等。

霍兰德用一个六边形简明地描述了这六种类型之间的关系,见图 4-3。

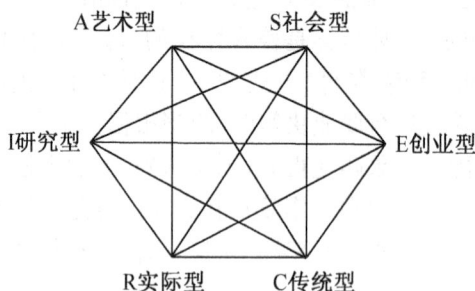

图 4-3　霍兰德人格类型六角模型图

每一种类型与其他类型之间存在不同程度的关系,大体可描述为三类:

(1) 相邻关系。属于这种关系的两种类型的个体之间共同点较多,如实际型 R 和研究型 I 的人就都不太偏好人际交往,这两种职业环境中也都较少机会与人接触。

(2) 相隔关系。如实际型 R 和艺术型 A,属于这种关系个体之间共同点较相邻关系少。

(3) 相对关系。六边形上处于对角位置的类型即为相对关系。相对关系的人格类型很少有共同点,因此,同一个人同时对处于相对关系的两种职业环境都兴趣很浓的情况较为少见。

根据霍兰德的人格类型理论,一个人在与其人格类型相一致的环境中工作,容易得到乐趣和内在满足,最有可能充分发挥自己的才能。但职业选择中,个体并非一定要选择与自己兴趣完全对应的职业环境。一则因为个体本身常是多种兴趣类型的综合体,单一类型显著突出的情况不多,因此评价个体的兴趣类型时也时常以其在六大类型中得分居前三位的类型组合而成;二则因为影响职业选择的因素是多方面的,不完全依据兴趣类型,还要参照社会的职业需求及获得职业的现实可能性。因此,寻求相邻职业环境,甚至相隔职业环境的个体并不鲜见,在这类环境中,个体需要逐渐适应工作环境。但如果个体寻找的是相对的职业环境,则意味着所进入的是与自我兴趣完全不同的职业环境,工作起来可能难以适应,或者难以做到工作时感觉很快乐,相反,甚至可能会每天工作得很痛苦。

因此,在职业选择时,首先需要通过一定的测评手段与方法来确定个体的人格类型,然后寻找与之相匹配的职业种类。霍兰德编制了一套测评方法《职业自我探索量表》(The Self-Directed Search, SDS)来配合其理论的应用。

评价创业机会时创业者也应当考虑人职匹配问题,在自己不喜爱、不合适的领域创业,其

---

① 李燕. 从外烁到内生:霍兰德创业型人格理论对高校创业教育的启示[J]. 济南大学学报,2010(4).

成功的可能性将大打折扣。此外,根据个人特质与机会特征匹配的理论,创业者还应当分析个人特质、社会资本、资源等情况与创业机会本身特征是否匹配。显然,并非所有机会都适合每一个人,即使看到了有价值的创业机会,个体往往因为个人特质相异,或缺乏相应的知识、技能、关系网络等而不得不放弃机会。

案例 4 - 13:人格特质与工作环境不合:省级机关公务员辞职创业[①]

泗洪的农家孩子刘锐,1992 年毕业于南京大学信息化管理专业,并分配到某省级机关,一干就是 10 年。工作 10 年后,他又辞职创业,成立及时雨净水设备公司。记者昨天采访他时,明显感受到他身上浓郁的书生气。当他讲述自己创业的坎坷过程时,又不断地透出一股子执拗精神。

创业后最大的改变　说话嗓门高了

刘锐当年在机关的工作与专业有关,是做统计工作:一个办公室、几个同事,这么小的天地,每天清闲得令人憋闷。因为谨记"祸从口出"的国训,他平时说话声都不敢放高,到后来,谨小慎微到说话时别人已听不清⋯⋯要么继续低声下气地适应,要么果断高声拒绝这样的工作环境!缜密地思考后,他选择离开,自己创业。刘锐读高中时就有创业的念头,他是自己可以当家做主的人,有事业心有主见,也能创造可观的经济效益。

不料,他这个决定被父母、岳父母、老婆、朋友全面否决:"你一个农村孩子,能在省城大机关工作,这容易吗?别人想讨这个金饭碗都想不来,你却自己砸了!"父母警告他别想着挣大钱,安心过普通人的日子吧。

好在刘锐能吃苦,也有毅力。几年打拼下来,他的企业有了眉目。再回到从前待过 10 年的机关,老同事纷纷说他变了——说话嗓门大,颇有自信。刘锐告诉记者,他最自豪的就是能自己当家做主,活得轻松自在。

初期做销售推广　失败一次又一次

记者在刘锐办公室看到,桌上电脑、打印机、电话一应俱全,墙角各种款式的直接饮净水机凌乱地站立,座椅和杂物稀松随意地摆放——这显然是一个没有女性打扫的工作间。

"我是没有办公桌的总经理,因为每天都在跑市场找市场。"

刚辞职时,他选择在网上批发市场上的热销商品。"干发帽"、婴儿尿床报警器等与人们生活变化相适应的小商品,就因为新,为他招来不少生意。但网上生意过程太透明,一些商家纷纷效仿跟进,随后还压价竞争,刘锐不得不频繁地更换商品。为了寻找一两个长期垄断的市场产品,刘锐开始线下考察市场。弟弟向他推荐了一种纯净水,理由是人们将越发关注自己的健康生活质量。他谨慎地走访考察这个市场,花了一年时间认准某个品牌。他在上海签订了销售合同,拿到该产品在南京市场的代理权,注册了"及时雨"。

学生出身的他首先想到大学生勤工俭学。他立即雇用了一批大学生临时业务员,主动登门到一些相关的单位去推销。然而,大学生来了一拨又一拨,都因为没有推销经验、脸皮太薄而离开。折腾了几个月,刘锐决定放弃这条推销之路,他去南京江宁开了间体验店,店内陈列出各种直接饮用的纯净水机器样品。几个月下来,店里每天都门可罗雀。刘锐不得不关闭门面。

① 董婉愉,王卫庭.创业后,说话嗓门高了[N].扬子晚报,2010 - 09 - 06.

高温烈日苦苦沉思　吃苦之外更需智取

刘锐决定自己出击找市场。有一次，他骑上电动车去江宁与一位客户谈生意，回来时却在天印大道上断了电。"那是夏天的正午时分，我推着电动车顶着烈日走了两个多小时。我不得不想：经历了这么多的失败，我创业能不能成功？"

经历了一连串的"碰壁"后，刘锐果断重新定位了公司的营销模式：向社会招聘"小老板"，让他们成为产品的二级或三级代理。他把产品中大头利润让给他们，为的是使他们深入寻找市场，在上上下下的销售链中实现利益共享并长期受益。这样，他只保留最后的独门秘籍——专业售后服务及维修技术团队，全天候为客户排忧解难。这一招立即开启了他原先单打独斗打不开的市场铁门，下面7位销售员属于自己创业，他们拼命发动自己的人脉突破市场。果然，刘锐这个绝招，把销售员提升为小老板，对客户来说，他们的称呼变了，有了自信；对企业经营而言，寻找市场推广销售的核心没变。刘锐挣到了第一桶金，体现了他作为理工尖子生的智取精神。

市场竞争本身激烈　木讷性格勇于克服

现在，刘锐的直饮水机被很多商家或单位选用，他下一步推广的方向就是最基层的单位和社区公共空间等场所。新的销售模式挽救了他的企业，也让刘锐认识到经营知识是随时更新的，不学习不行。他今年报名参加了江苏省中小企业局举办的"高级研修班"。学期将结束时，他与80多位小企业主同学建立了友情有了交流，把产品介绍给同学们，很快不少同学为自己的公司购买了他的产品。

学理工科的刘锐在市场推广方面显现出劣势，那就是不善言辞，不适应与人交流沟通。产品好，公司行，放在那里别人不会知道，也不会关注，因为眼下市场分工太细，好产品太多。你如果再不能大声说出来，甚至喊出来，谁会主动青睐你、给你一个生存的机会？！

（二）重视对人的因素评价

清华大学的姜彦福等（2004）引入蒂蒙斯的创业机会评价模型，对中国创业者进行实证研究，结果表明，中国的创业者在进行机会评价时，对人的因素评价最为重视。[①]可从五个方面综合评价人的因素：

（1）创业团队是否是一个优秀管理者的结合；

（2）是否拥有优秀的员工和管理团队；

（3）创业者在承担压力的状态下心态是否良好；

（4）行业和技术经验是否达到本行业的最高水平；

（5）个人目标与创业活动是否相符。

事实上，创业团队、优秀的员工是构成未来企业人力资本的最重要基础。人力资本对于机会的识别与开发利用有着正相关关系。最强的人力资本变量是创业经验，研究表明，在其他变量不变的情况下，有过创业经历的人更可能开始创业并创业成功。

（三）机会特征方面：重点关注市场与效益

就机会特征而言，较好的创业机会在市场与效益方面应该具备如下特征，且机会本身不能存在任何致命的缺陷。

---

① 姜彦福,邱琼.创业机会评价重要指标序列的实证研究[J].科学学研究,2004(1).

（1）具有特定市场定位。创业机会应当专注于满足顾客需求，能为顾客带来价值增值，创业机会带给顾客的价值越高，创业成功的可能性就会越大，未来的利润空间也会越大。当然，创业者也可以通过创造市场需求来创造新的利润空间。

（2）市场成熟度。一般而言，如果要进入的是一个十分成熟的市场，纵然市场规模很大，由于已经不再成长，利润空间必然很小，因此这个机会恐怕就不值得再投入；反之，一个正在成长中的市场，通常也会是一个充满商机的市场，只要进入时机正确，必然会有获利空间。所谓进入时机正确，是指创业者应当在市场成长期的前期进入，这是最佳选择。机会如同窗口，无意者可能从窗前一掠而过，而有心者则能从窗口一角发现内在的商机。

一般而言，特定机会的时间跨度越大，未来市场的成长性越好，相应，机会窗口也就会越大。相关实证研究表明，当新技术机会窗口时间短于三年，企业进入机会窗口的时机抉择不当时，企业在技术研发和市场营销投资的失败率高达 80％，而如果机会窗口的时间超过 7 年，则几乎所有投资的新企业都能获得丰厚的回报。① 创业者必须在多数人还没有醒悟过来之前就去发现机会、辨识机会、选择机会，瞄准"机会窗口"敞口的时间段，一头扎进去，才能大展身手。如果等到机会窗口接近关闭的时候再去创业，留给创业者的余地将会十分有限，新创企业将很难盈利且更难成长。

（3）市场规模。市场规模大小与成长速度，即特定机会的市场规模将随时间增长的速度与规模上限，也是影响机会评价重要因素。一般而言，前 5 年的市场需求应当能稳步快速增长，同时还存在创业者可以创造的新增市场或可以占有的远景市场。要成为市场的领导者，最少需要拥有 20％以上的市场占有率，如果低于 5％的市场占有率，则这个创业机会的市场竞争力显然不高。

（4）达到盈亏平衡所需的时间。根据 Timmons 和刘常勇的创业机会评价模型，创业企业最关键的生存期一般在 2 年左右，合理的盈亏平衡时间应该能在两年以内达到，如果三年还达不到，恐怕就不是一个值得投入的创业机会。不过有的创业机会确实需要经过比较长的市场培育期，才能获得后期的持续获利。在这种情况下，首先需要谨慎测算可能筹集到的资金总量能否支撑到开始盈利；其次，要将前期投入视为一种投资，才能容忍较长的亏损时间。

（5）合理的投资回报率和税后净利。并非所有的机会都有足够大的价值潜力来填补为开发利用机会所付出的成本。考虑到创业可能面临的各项风险，具有吸引力的创业机会，其合理的投资回报率应该在 25％以上。一般而言，15％以下的投资回报率是不值得考虑的创业机会；税后净利至少能够达到 5％以上，如果创业预期的税后净利在 5％以下，那么这就不是一个好的投资机会。

（6）风险承受能力。创业者必须考虑是否有能力承受利用特定机会的商业风险，特定机会的商业风险应该是明朗的，且至少有部分是创业者能够承受的风险。

（四）充分借助外脑

机会评价切忌创业者个人独断专行，应尽可能多听取专家的意见。这类专家应当是：（1）有创办企业的经历；（2）国外研究表明，至少具有 5～10 年以上企业决策层管理经验，才能识别出各种商业机会，并具备创造性的预见能力和捕捉商机的能力。

---

① 姜黎辉，张朋柱，龚毅. 不连续技术机会窗口的进入时机抉择[J]. 科研管理，2009(2).

第三节　创业风险识别

有价值的创业机会也是有风险的。

创业环境的不确定性，创业机会与创业企业的复杂性，创业者、创业团队与创业投资者的经验、能力与资源的有限性，是创业风险的根本来源。

一、机会风险的构成与分类

机会风险分为系统风险与非系统风险。

（一）系统风险

系统风险主要是创业环境中的风险，诸如商品市场风险、资本市场风险等，也称为市场风险，是由一些使整体市场受到影响并无法规避的环境因素，诸如政府经济政策的改变、利率的变化、通货膨胀、汇率变化等引发。如2008年以来爆发的金融危机就是一次全球范围的系统性风险。系统风险的诱因发生在企业外部，是创业者和新创企业本身控制不了的风险因素，其影响面一般都比较大。

系统风险的特征：

（1）由共同因素引起的。经济方面的如利率、现行汇率、通货膨胀、宏观经济政策与货币政策、能源危机、经济周期循环等；政治方面的如政权更迭、战争冲突等；社会方面的如体制变革、所有制改造等。

（2）对市场上所有的创业者和企业都有影响，只不过对某些企业的敏感程度更高一些而已。如基础性行业、原材料行业等。

（3）无法通过创业者努力来加以消除。由于系统风险是个别企业或行业所不能控制的，是由社会、经济、政治大系统内的某些因素所造成的，影响着绝大多数企业的运营，所以只能设法规避，而无法消除。

（二）非系统风险

非系统风险是指创业者自身的风险，诸如技术风险、财务风险等。非系统风险与创业者在创业过程中的判断失误、决策失误或创业项目的资金结构不合理等因素有关。

（1）团队风险。由于某些原因造成创业团队分裂、溃散，进而导致创业活动无法持续进行、甚至创业归于失败的风险。

（2）技术风险。主要指伴随着科学技术的迅猛发展，创业中技术研发、产品试制、技术整合、设备更新等方面的不确定性引起的，威胁到创业企业生存与发展、甚至导致创业失败的风险。

（3）财务风险。指创业者因筹措资金、资金使用不当而产生的风险，创业过程中企业常常因资金链断裂而陷入困境，即可能丧失偿债能力，导致创业失败的风险。

（4）经营风险。主要指创业者/创业团队因经营不善或决策失误，导致创业失败、企业倒闭带来的损失。

（5）信用风险。也称违约风险，是指创业者/创业团队因违约行为而造成损失的可能性。

对于创业者来说，系统风险只能设法规避，而非系统风险却在一定程度上可以通过控制、分散或转嫁的方式来加以削弱或抵消。因此又称为可分散风险或可回避风险。

机会风险中，一些是可以预测的，一些是不可预测的。

对于创业者来说，风险发生的时间、地点和损失程度往往具有不确定性，但这绝不意味着风险是不可捉摸的。事实上，通过市场调查，建立完善的信息搜集与管理系统，采用科学的预测方法，部分市场风险是可以预测的。

创业者需要结合对机会风险的估计，努力防范和降低风险。

二、系统风险防范的可能途径

（一）保持对系统性风险的警惕

当市场整体活跃，人气鼎沸，需求旺盛，投资者踊跃入市，创业机会多且赢面大时，人们对风险的意识逐渐淡漠，往往是系统性风险将要出现的征兆。从投资价值分析，当市场整体价值有高估趋势的时候，创业者切不可放松对系统性风险的警惕。

（二）建立风险评估和监控机制

针对创业过程中的风险，创业团队应建立风险评估、风险监控机制，由专门人员搜集、处理和管理情报信息，构建与不断完善信息管理系统，以主动有效地采取针对性防范和控制风险措施。风险评估和风险监控的基础性工作是收集风险管理初始信息，对收集的初始信息进行必要的筛选、提炼、对比、分类、组合和识别，以便对风险分析和评估。

一般情况下，对系统性风险可采取风险规避、风险转嫁等方法，对非系统性战略、团队、财务、运营和法律等风险，创业者则需要千方百计地设法加强控制。

（三）严格筛选创业项目

防范系统性风险，创业项目选择十分关键。通常创业者应当选择自己熟悉的行业，同时地域上也应当较为邻近，以便于沟通、联络和降低成本。在此基础上，必须对创业项目内外环境进行信息收集、访谈和论证，进行详细评估，做深入的投资可行性研究，评估应侧重市场目前的竞争态势、市场增长潜力和创业项目的经济效益。种子期、初创期所面临的技术风险和市场风险远比创业其他阶段高，因此，创业项目遴选得好，成长性高、增值潜力大、风险敏感性低，就会大大降低系统风险的影响程度。

（四）努力分散、转嫁和回避风险

对于创业者来说，系统性风险是无法消除的，但在一定条件下，系统风险能转嫁或转化为可分散的非系统风险。特别是在创业启动阶段，创业启动阶段的工作非常艰辛而又费时费力，不要试图独自解决一切问题，要积极主动地寻求合作和支持，这样有利于分散风险。

转移风险的有效办法：一是去保险公司投保，企业的财产和责任、员工的健康、失业均可以进行保险。例如财产投保，就是转嫁投资意外事故风险，许多个体创业都往往忽略保险，但买保险是"小投入大保障"，必不可少；二是以租赁代替购买设备可转嫁投资风险；三是资金筹集，个人独资则承担无限责任，但几个人共同投资，就是有限责任，能分散风险，还可以通过控制资金投入比例方式等，减弱系统性风险的影响。

　　根据创业者风险承受能力，对一些风险过大的投资方案应该坚持回避。比如，创业项目选择必须在国家法律、法规允许的范围内进行，创业项目是否符合有关环保规定，融资渠道是否合法等。回避风险还要做到拒绝与不讲信用厂商业务的往来，经营上不要试图一本万利、一夜暴富、"一锤子买卖"等。

三、非系统风险防范的可能途径

（一）选择好创业伙伴

　　团队风险对早期的创业企业往往是致命的风险因素。防患于未然，就要从创业团队成员的选择开始。

　　（1）最基本的法则，就是选择最了解的人一同创业。大家都相互了解，有共同语言，配合默契，不会为相互了解与磨合而花费太多的精力。

　　（2）选择不太计较的人一起创业。创业初期最需要的是模糊学，"难得糊涂"。很多创业者奉行"亲兄弟，明算账"的哲学，这对创业团队来说往往是最大的伤害。创业八字未见一撇，大家就争得面红耳赤，天天为鸡毛蒜皮的事情争来吵去，非坏事不可。

　　（3）朋友关系和家族亲情不要混合。创业伙伴不要把朋友关系和家族亲情掺合在一起。创业伙伴最坚固的莫过夫妻、父子、兄弟等，纯粹的血缘关系和姻亲关系最容易创业成功；长期的朋友关系一同创业也是很好的伙伴选择，但如果是朋友关系加上夫妻关系等家族亲情，这几乎宣告了创业团队不可能走远，再好的朋友也抵不住夫妻枕边风。所以创业伙伴要么选择纯家族关系，要么选择纯朋友关系。选择了纯朋友关系，就不要半路上让伙伴的家族成员再参与创业团队。

　　（4）创业团队必须要有领军人物，这是团队的核心和灵魂。否则，重大事项意见不一时，团队争执不下、议而不决，难以达成一致，会贻误战机。领军人物不一定是创业项目的最初发起人，但最好是第一大股东。均衡股份的股权安排，在创业初期可能很有效，但创业有所成之后麻烦就来了。领军人物股份和大家一样，在重大决策面前往往意见难以达成一致，就会错过企业最好的发展机遇；领军者不是第一大股东，当企业发展到一定程度后，就会出现领军者挑战第一大股东，取代第一大股东，或领军者带领核心成员离开的情况，这些必然造成创业团队的分裂，导致创业失败。

（二）有效保护创业创意和商业机密

　　势单力薄的创业者通常希望寻找互补型创业伙伴或者投资伙伴，弥补自身资金上或经营能力上的不足，从而增加创业成功的胜算。创业者在向潜在投资者透露创意真正的独创性和可行性信息时，一定要注意对该创意进行保护。然而创意本身又是难于保护的，这样只能通过一些有效的方法保护创意的资本属性，确保创意人和以创意为基础的创业者的利益，以有效降低创业早期阶段的技术风险和经营风险。[①]

　　（1）商标注册。麦当劳、肯德基并没有任何高技术含量的产品，他们的最初商业创意仅仅

　　① 俞林伟.如何有效保护商业创意的资本属性[J].科技创业，2004(11).

是为司机等蓝领阶层提供快速、便捷、卫生的食品，它们正是靠商标来保护自己的经营服务特色。当然，麦当劳、肯德基已经超越了普通商标的概念，其品牌价值已经赋予了商标无形资产，也就是它已经拥有了高额的资本属性。

（2）专利申请。如果您的商业创意是基于一项技术发明，建议你尽早申请、注册技术专利，尤其是对独有设计和新型实用专利，因为您的业务今后成功很可能就依赖于这样一个专利的保护。但申请前一定要不断地提醒自己，你的专利是否可以被别人轻易地加以改进，从而导致他人的胜出？例如，可口可乐的配方至今仍是一个秘密，也从来没有获得专利，但可口可乐的味道很难被模仿。

（3）版权保护。很多产品往往够不上申请专利的标准，但它却是企业或个人投入了成本自行研发的，为了保护这一创意产品，就需要用到版权保护。我国的版权保护法律制度正在逐步完善，除了著作权法以外，还包括计算机软件保护条例、集成电路布图设计保护条例等专项法规。国际知名的特劳特咨询公司，其最具价值的核心资产可能就是特劳特先生的《定位》一书，特劳特咨询公司在全球的业务运营正是以此为蓝本，所以，对于特劳特而言，对《定位》一书的版权保护是公司最重要的事。

（4）制度保护。在知识经济环境中，员工知识已经成为企业最为重要的资本，规范企业与员工的关系可以有效预防知识产权纠纷以及不正当竞争行为。比如企业与员工除了签订劳动合同以外，还要签订保密协议、同业竞争限制协议；在企业投入力量研发之前，先明确知识产权的归属等。

（5）保密协议。对于一名正在寻求合作或者融资的创业者来说，对要求阅读您的商业计划书的专业人士签署保密协议也十分重要，千万不要因为所谓的信任或者其他原因而放弃这一原则和权利。依据我国合同法的规定，当事人在订立合同过程中知悉的商业秘密，无论合同是否成立，不得泄露或者不正当地使用。泄露或者不正当地使用该商业秘密给对方造成损失的，应当承担损害赔偿责任。还可以援用《反不正当竞争法》的相关规定，请求工商行政部门对未经许可披露或使用你的商业秘密的竞争对手进行处罚。

要想真正保护你商业创意不被侵犯，最好的保护办法莫过于尽快实施创业计划。从创意构思到公司开张这段时间里，需要完成很多工作，这些工作被称为"进入障碍"。你越快、越好地越过这些障碍，早日实施创意，就越有可能阻止潜在的创意、技术被抄袭的危险。

（三）密切监控财务、市场和运营风险

（1）在财务风险方面，创业者应当密切关注以下信息：负债、负债率、偿债能力；现金流、应收账款及其占主营业务收入的比重；应付账款及其占购货额的比重；成本和管理费用、财务费用、营业费用；成本核算、资金结算和现金管理业务中曾发生或易发生错误的业务流程或环节。

财务风险普遍是创业启动阶段的"命门"。首先，要认真筹划创业初始需要的融资或投资数额。融资时要考虑好准备借多少，能借到多少，最佳值应该是多少，风险有多大；其次，考虑企业的持续融资能力。需要注意的是，企业在运营过程中，一旦缺乏资金支持，就很可能导致整个项目的流产和创业的失败，也就是常说的"最后一口氧"谁补给？因此，创业者需要提前考虑好融资途径，并建立起快速融资渠道，以防万一；第三，建立财务"预防"机制，正确把握企业负债经营的"度"。企业可以负债经营，但要保持合理的负债比率。生产经营状况好，资金周转快，负债经营比率可以适当高一些。生产经营不理想，产销不畅时负债比率则要相对保持低一些。资产负债率的临界值为 $35\% \sim 65\%$。

资产负债率的计算公式：资产负债率＝（负债总额/资产总额）×100％。

（2）在市场风险方面,创业者/创业团队应当密切关注以下信息:产品/服务的价格及供需变化;产品/服务供应的充足性、稳定性;主要客户、主要供应商的信用情况;潜在竞争者、竞争者及其主要产品情况。

（3）在运营风险方面,创业者/创业团队应当密切关注以下信息:新市场开发,市场营销策略;新创企业组织效能、管理现状、重要业务流程工作状况;质量、安全、环保、信息安全等管理中曾发生或易发生失误的业务流程或环节;因企业内、外部人员的道德风险致使遭受损失或业务控制系统失灵;风险监控系统现状和能力。

针对各种风险应当建立确定风险应对措施的程序和方法:一是对具有较高发生概率、影响重大的风险优先考虑;二要建立一套广泛适应的风险决策判断标准,即根据风险严重程度和企业的风险承受程度确定不同的决策;三是对降低风险水平所需成本进行合理分析,评估风险应对措施的成本与效益;四是企业必须持续获得风险变化信息,以有效地控制、管理风险,防范新风险的产生;五要对重要风险进行实时监控。

四、创业者风险承担能力的估计

创业者必须进行创业风险的估计,即针对特定的创业机会和创业活动,分析和判断创业风险的具体来源、发生概率、测算风险损失、预期主要风险因素,测算冒险创业的"风险收益",估计自己的风险承受能力,进而进行风险决策,提前准备相应的"风险管理预案"。

在特定的创业机会面前,创业者需要估计自己的风险承受能力。即便有较高风险收益的项目,估计自己的风险承受能力也极为必要,特别是对那些发生概率较大、可能导致较大风险损失的风险因素的估计。

风险评估通常采用"层次分析法",层层细化,逐级分析,以深入准确地揭示可能遇到的风险因素。可从两个方面进行具体风险的估计测算,以做对照比较:

（1）从技术风险、市场风险、财务风险、政策及法律风险、团队风险等方面,预测特定创业机会、创业活动可能遇到的风险因素。

（2）从系统风险、非系统风险两个方面,预测特定创业机会、创业活动可能遇到的风险因素,从而判断创业者的风险承受能力。

五、基于风险估计的创业收益预测

创业者估计了各项风险因素的发生概率和可能的损失之后,需要测算特定创业机会的风险收益,再判断是否值得冒险创业。一般而论,只有风险收益达到足够的程度,创业者才值得冒险去利用某个创业机会

特定机会的风险收益可按下式测算[①]:

$$FR = (M_1 + M_2)BP_1P_2S/(C+J)$$

式中,FR 代表特定机会的风险收益指数;M_1 代表特定机会的技术及市场优势指数;M_2 代表创

---

① 雷家骕.高技术创业管理:创业与企业成长[J].北京:清华大学出版社,2008:44-45.

业者的策略优势指数；B 代表特定机会的持续期内的预期收益；P_1 代表市场成功概率；S 代表创业团队优势指数；C 代表利用特定机会创业的有形资产投资总额；J 代表利用特定机会创业的无形资产投资总额。

注意：当且仅当 $FR \geq R$（创业者期望值）时，才值得冒险去利用特定的创业机会。

第四节　商业模式开发

管理学大师彼得·德鲁克曾说过："当今企业之间的竞争，不是产品之间的竞争，而是商业模式之间的竞争。"前时代华纳 CEO 迈克尔·邓恩认为，"在经营企业过程当中，商业模式比高技术更重要，因为前者是企业能够立足的先决条件。"

沃尔玛其实是开杂货店的，可口可乐是卖汽水的，微软是卖软件的，苏宁是卖家用电器的，小肥羊是开火锅店的。在这些普通行业中创业并成长与成功说明什么？无非说明一个道理：无论高科技、低科技，都能成功。关键是要找到适合自己的商业模式，并把商业模式的赢利能力发挥到极致。事实证明，许多创业企业的成功，并不在于项目的技术创新性有多强，而在于开发出了一套适合自己的、独特而有效的商业模式。

在创业机会识别阶段，创业者对于如何开发利用创业机会实现新企业持续的盈利，往往缺乏思考、模糊不清，而实现盈利是新企业在市场中生存的基本前提。有资料调查显示，当今中国创业企业的失败，23% 是因为战略的失误，28% 是因为执行的问题，而高达 49% 的失败是因为没有找到适合自己持续赢利的商业模式。[①] 因此，作为机会识别和论证工作的一部分，创业者必须思考和设计出切实可行、完整的商业模式。

一、商业模式的定义和本质

（一）商业模式的定义

20 世纪 90 年代以来，"商业模式"作为一个术语，随着以互联网为代表的新经济的崛起，迅速得到管理学界和企业界的关注。但迄今为止，商业模式（business model）并没有普遍认同的定义。

依时间先后，商业模式有早期的经济类、中期的运营类和近期的价值类三类定义。[②]

早期的经济类定义将商业模式看作是企业的盈利模式（Morris，2005），即指企业创造利润的逻辑，相关的决策变量包括收入来源、定价方法、成本结构和预期收益等；中期的运营类定义认为商业模式是一种结构设置，以便企业能够通过内部流程和基础结构设计来创造价值（Morris，2005），相关的决策变量包括产品/服务提供方式、管理流程、资源流、知识管理、物流等；2005 年后的价值类定义认为，商业模式就是企业如何向顾客传递价值，并从中获取收益（Teece，2010），相关的决策变量包括价值创造、价值网络、价值传递、价值实现、竞争优势等。

---

① 纪永英. 创新的赢利模式[M]. 北京：机械工业出版，2009.
② 王雪冬，董大海. 商业模式的学科属性和定位问题探讨与未来研究展望[J]. 外国经济与管理，2012(3).

上述商业模式定义的演化过程表明,对商业模式研究的重心已从早期关注财务、利润最终转向关注战略和价值。

为便于学习,这里采用清华大学雷家骕教授的定义:商业模式是一个企业如何利用自身资源,在一个特定的包含了物流、信息流和资金流的商业流程中,将最终的商品和服务提供给客户,并收回投资、获取利润的解决方案。

(二)商业模式的本质

商业模式是新企业开发有效创意的重要环节,是新企业盈利的核心逻辑。但上述关于商业模式定义中,单从经济逻辑、运营结构和价值传递等任何一个方面,都无法真正说明为什么企业的商业模式有效,并且难以模仿。要想抓住商业模式的本质,就必须将这三方面综合起来考虑,正是这三方面的相互融合和相互促进,企业才能获得一种根植于自身的、独一无二的商业逻辑。

(1)商业模式本质上是若干因素构成的一组赢利逻辑关系的链条。见图4-4。

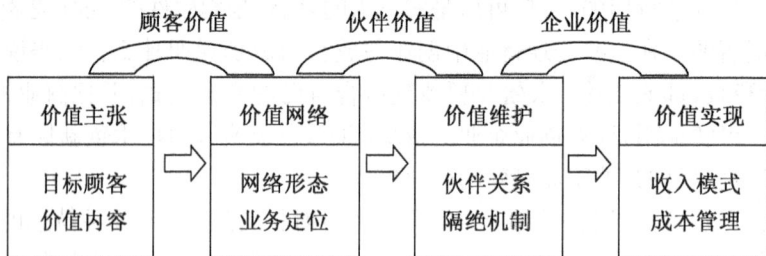

图4-4 商业模式构成因素及其赢利逻辑关系链条图

资料来源:原磊.商业模式体系重构[J].中国工业经济,2007(6).

企业通过对价值主张、价值网络、价值维护和价值实现四个方面的要素进行设计,要素之间的不同组合方式形成了不同的商业模式。其中,价值主张和价值维护可归为战略方向方面,价值网络可归为运营结构方面,价值实现可以归为经济逻辑方面。

(2)商业模式本质上又是企业创造价值的逻辑。而价值是通过顾客、伙伴、企业的合作而被创造出来,包括顾客价值、伙伴价值和企业价值。

(3)从层次上看,顾客价值、伙伴价值和企业价值三者处于不同层次——顾客价值是基础,伙伴价值是支撑,企业价值是目标。[1]

① 顾客价值。价值主张和价值网络的共同作用就形成了顾客价值,顾客价值是企业实际提供给顾客的特定利益组合。对于企业来讲,企业必须要围绕价值主张构建价值网络,价值网络为价值主张服务;同时,企业在提出价值主张的时候,也必须要考虑价值网络,即价值主张必须具有现实可操作性。

② 伙伴价值。价值网络和价值维护的共同作用就形成了伙伴价值,而伙伴价值是指企业实际提供给伙伴的特定利益组合。对于企业来讲,要想维护价值网络的高效运转,必须要与伙伴共同创造和共同分享价值,实现"共赢"。不同形态价值网络中,伙伴的讨价还价能力不同,因此伙伴价值的高低同时取决于价值网络和价值维护两方面的作用。

③ 企业价值。价值维护和价值实现的共同作用就形成了企业价值,而企业价值是指企业

---

① 原磊.商业模式体系重构[J].中国工业经济,2007(6).

实现的最终盈利。对于企业来讲,利润水平的高低不仅取决于自身,而且取决于伙伴和竞争对手的情况。[1]

二、商业模式因果关系链条的分解

根据对商业模式本质的讨论,已知商业模式是由价值主张、价值网络、价值维护、价值实现四个要素构成的一组赢利逻辑关系的链条。

(一) 价值主张

价值主张就是指企业通过价值链上的资源整合,以独特的方式为客户创造的价值。简言之,价值主张就是为客户创造什么样价值。成功的商业模式的基础是要有一个非常有影响力的客户价值主张,它能够给客户带来显著的价值。Johnson 等(2008)指出价值主张包括三个元素:目标顾客、价值内容(要解决的某个重要问题,或满足目标客户的某项重要需求)、提供物(即解决问题或满足需求的某种产品或某项服务)。

(二) 价值网络

价值网络反映的是企业为了创造价值,对内对外运营活动的结构特性,泛指企业同其他商业伙伴之间为有效地提供和创造价值并实现其商业化而形成合作关系网络。随着技术进步和顾客个性化需求的主张,现实中的价值网络变得更为复杂,原有网络参与者除了顾客、供应商、竞争者和互补者之外,还包括其他多种类型的经济主体,如广告商、商业伙伴、联盟企业、中介机构(渠道商、贸易商等各种服务提供者)和政府等。这些不同业务定位的参与者之间通过特定的方式建立起直接或间接的竞争与合作关系,并互为依存、彼此联动构成了一个复杂的利益共同体,被称为价值网络生态系统,不同的价值网络生态系统构成了不同的价值网络形态。

案例 4-14:张茵的价值发现和价值网络[2]

中国森林资源相对贫乏,而美国有丰富的森林和废纸资源。据美国森林和纸业协会的报告,美国每年消耗 4 700 万吨纸张,其中将近 75% 的废纸将被循环利用。

“每次美国废纸进到天津港,几个小时就会被抢光。”上海一位纸品代理商透露。

中美贸易往来频繁,中国向美国出口的集装箱越来越多,但这些集装箱返回中国时往往空船而归,细心的张茵从中发现了商机和价值网络。她用这些返航的船只拉运美国的废纸,运费十分低廉。

就这样,张茵在美国收购到价格便宜的废纸,通过低廉的运费,源源不断地运送至国内,为造纸厂提供了大量优质原料,事业越做越大。

(三) 价值维护

有效的、创新的商业模式可能会因为没有得到伙伴的有力支撑或者竞争者迅速模仿而造成价值流失,甚至彻底失败,因此企业必须进行价值维护。国内外大量案例表明,许多商业模式的失败都是因为没有建立有效的价值维护,以至价值创造活动无法维持,甚至消失而导致

---

[1] 魏炜,朱武祥,林桂平. 商业模式的经济解释:深度解构商业模式密码[M]. 北京:机械工业出版社,2012.

[2] 何春梅. 中国版阿信的传奇经历:中国女首富张茵[M]. 北京:中央编译出版社,2009.

失败。

价值维护由伙伴关系与隔绝机制两部分组成。

(1) 伙伴关系指企业与价值网络合作伙伴在相互信任的基础上,双方或多方在价值创造活动中采取的共担风险、共享利益的长期合作关系。

(2) 隔绝机制指为价值创造的成果、方法及价值网络免受侵蚀和伤害而作出的机制安排,即如何隔绝破坏者和模仿者,使价值创造活动不被外来因素所破坏。

例如,蒙牛在创业后不久,就着手进行多层次营销网络搭建,实施液态奶进入社区、中小型便利超市、大型超市、奶站、乡镇等五大渠道,实施产品渗透、顾客渗透,以构建与强化价值网络;同时,派驻专业人员协助进行网络价值维护,通过多种方式协助支持经销商进行深度分销,以全面提高市场覆盖率,这些举措有力推进了蒙牛的快速发展。

(四) 价值实现

价值实现是指通过各种收入流(revenue flow)来获取所创造财富的途径。商业模式以顾客价值创造为起点,最后都必须归结到企业如何将盈利"赚到手"。

价值实现具体内容主要包括收入模式和成本管理两个因素。

(1) 收入模式是指企业获得收入的方式,即企业如何对创造出来的价值进行回收。

(2) 成本管理是指企业管理成本的方式。要解决的根本问题是企业在创造价值的活动中,如何进行成本布局和成本控制,以实现盈利最大化。

商业模式的核心功能在于创造价值和获取价值。上述四要素构成的逻辑关系链条,从理论上解释了商业模式创造价值、实现持续盈利的因果关系。

案例 4-15:腾讯依靠商业模式腾飞[①]

马化腾 1993 年毕业于深圳大学计算机系,1998 年创建腾讯。在胡润研究院针对 40 岁以下的中国年轻创业家与新二代概况首发的《2011 胡润少壮派富豪榜》中,39 岁的马化腾以 320 亿元的财富问鼎少壮派首富。名誉、财富、光荣、梦想在马化腾身上融为一体。

腾讯靠什么创造出飞速发展的奇迹?

创意引发价值主张

1998 年,马化腾看到了基于 Windows 系统的 ICQ 演示,这引起了他的灵感,他开始思考是否可以在中国推出一种类似 ICQ 的寻呼、聊天、电子邮件于一身的软件。经过 3 个月的开发后,OICQ 系统终于面市了,但是服务器托管问题一直无法解决。他们曾经考虑以 60 万元将 OICQ 出售,不过,幸亏他们将其留下来,因为他们渐渐地发现做互联网并不是纯粹为了掘金。

构建价值网络

OICQ 令大多数用户和投资商爱不释手,腾讯公司成立不久便获得来自美国 IDG 和香港盈科数码的 220 万美金风险投资,此后更名为 QQ。2001 年时,国内新浪、搜狐、网易等网络公司已经做成规模,通过上市获得了新的资本支持,并且这些网站通过推出收费业务加快赢利。可是腾讯并不具备扩充资本和推行收费业务的条件,因为他们毕竟是一家只有 18 人组成的公

---

① 佚名.马化腾创业经历:企鹅帝国的创造过程[EB/OL].金融界.http://finance.jrj.com.cn/biz/2012/05/03105712982404.shtml.

司,又缺乏现成的收费渠道。当时 QQ 的注册人数继续以陡峭的曲线疯长,但盈利模式却依然找不着,相对于每天新增注册用户几十万(最高时每天新增用户曾达 80 万)、一个月就要新加两台服务器的投入而言,公司出现资金的极度紧张,市场曾一时盛传 QQ 将收费或者停止服务的消息,OICQ 软件也停止了免费的新用户注册。

2000 年底中国移动推出"移动梦网",这一创新性的价值链条挽救了一批互联网公司。当时,腾讯拥有逼近亿级的互联网注册用户量,而且这些用户中是含有大量的消费诉求的,但是,腾讯却苦于没有收费的渠道。然而,移动梦网通过手机代收费的"二八分账"协议(运营商20%,腾讯 80%),犹如一道闪电,惊醒蛰伏的腾讯,这就是移动 QQ 的诞生。

腾讯迅速开展了收费会员业务,限制页面注册,并开展了移动 QQ 业务,一时间,腾讯成了移动梦网的骨干,在移动梦网中的份额最高时占据了七成。腾讯赚钱的速度和它当初注册用户的疯长一样,仅到 2001 年 7 月,腾讯就实现了正现金流,到 2001 年年底,腾讯实现了 1 022 万人民币的纯利润。

适时价值维护

2002 年,移动 QQ 占到腾讯公司整体业务收入的 70%。腾讯一方面推出 QQ 行、QQ 秀等一些新业务,另一方面又不断学习,比如学着新浪推短信和铃声、学着网易推出交友业务QQ 男女、学着盛大开展网络游戏。在 2002 年,腾讯净利润是 1.44 亿,比上一年增长 10 倍之多;2003 年,腾讯净利润为 3.38 亿,比 2002 年又翻了近一倍。与此同时,他们改善公司治理结构,并不断优化商业模式,曾 6 次修改商业计划书,使腾讯获得更多的资本支持。

持续价值实现

2004 年 6 月,腾讯在香港主板上市,这使得马化腾获得了稳定的资本支持。有了资本支持,腾讯继续以较低的成本开展新业务,并且在新业务和功能方面通过即时通讯增加客户黏性,而不是分散精力,这是腾讯和其他国外工具竞争的筹码。

三、商业模式和商业战略的关系

商业模式的研究正是从创业领域出发,日益吸取战略管理知识,从而向人们昭示商业模式有可能成为理解创业研究与战略管理两个领域的新途径。商业模式与商业战略两者之间存在着有机关联,是一种互补关系。

(一) 商业模式与商业战略的联系

商业模式正在成为企业竞争优势的关键性来源,影响并决定着企业的创业过程和商业战略的选择。

商业模式是商业战略生成的基础,商业战略是在商业模式基础上的行为选择。创业团队首先是要设计好商业模式,以求生存和发展;在市场站稳脚跟后,才制定恰当的战略,以培育和提升竞争优势,实现企业的创业目标。

(二) 商业模式与商业战略的区别

(1) 商业模式是面向现实的、以价值创造为核心;商业战略则是面向未来的、更多地关注外部环境变化和竞争优势。

(2) 商业模式是企业创造价值的结构系统,着眼于企业、消费者、供应商、股东等利益相关者如何实现"共赢"；商业战略则是在企业价值创造基础上，着眼于规划一条从创业机会、资源整合通向实现创业目标的道路，主要包含目标体系和战略实施。

（3）一般来说，在某个阶段，企业只有一个商业模式，但可能同时存在多个战略。商业模式作为企业价值创造的基础地位总是存在的，不管它是否被企业有意设计；而商业战略并不永远存在。比如，捕捉商业机会的初创企业未必有战略，却一定要有商业模式。但当企业遇到环境重大变化需要采取行动时，则必定需要战略。[①] 可见，就重要性而言，商业模式居首，商业战略居次。在商业模式趋同的情况下，战略核心能力决定企业成败；而在环境相同、资源相近的情况下，竞争胜负则取决于商业模式。

例如，近年来在市场环境相同、资源相近、竞争激烈的中国餐饮行业，"海底捞"、"外婆家"等凭借其深层次满足顾客需求的创新商业模式赢得了竞争优势；在国内民营汽车企业竞争激烈、模式趋同的背景下，比亚迪依靠其电池研发与生产的战略核心能力在新能源汽车领域独占鳌头。

沃尔玛创业之初，当时美国已经有不少商家采取了连锁折扣零售这种新兴的商业模式，与其他商家不同的是，沃尔玛不是将店址选在繁华的都市中心，简单复制已有的连锁折扣零售的商业模式，而是将店址选在郊区或偏僻的小镇，目标客户锁定中低收入消费者群体，通过价值发现环节的突破带动了商业模式创新；同时，致力于物流、管理等价值创造环节的低成本运营战略，构筑核心战略优势，双管齐下获得了巨大的成功。

这些成功案例为创业者提供了有益启示。

四、设计商业模式的思路和方法

创业者识别出创业机会之后，就需要设计切实可行、独特有效的商业模式。

（一）设计商业模式的思路

商业模式设计是创业机会开发环节的一个不断试错、修正和反复的过程。

设计商业模式的思路应该从创业者现有的资源以及市场竞争的实际情况出发，以满足顾客需求为出发点，充分考虑社会资源的整合优化，确立为顾客、合作伙伴提供最大化的价值，这是商业模式的设计重点。至于企业盈利，则是客户价值最大化之后的必然产物，并且企业盈利的多少与创造的客户价值、伙伴价值的大小成正比。具体设计步骤如下：

（1）价值发现是起点。创业者通过分析找到未被满足的市场需求或发现新的市场机会，明确未来的目标客户和客户需求，即面向哪些顾客，提供什么样的产品或服务等，这叫价值发现。这是商业模式设计的起点，也是价值主张的关键基础。

（2）提出价值主张。为客户创造什么样价值？这是让顾客了解产品和服务的窗口，企业需要给顾客一个最容易理解和接受的价值主张，诸如更好的质量、更高的附加值、更低的价格等，以确定未来将向客户提供的业务价值，实现产品/服务的战略定位。

（3）构建价值网络。从本企业实际出发，以核心能力为基础整合社会资源，围绕利益相关者和价值链上下游伙伴，构建价值网络，巧妙配置创业资源使之最优化利用，确保价值主张能

---

① 吕延杰. 商业模式与企业战略的关系与相互作用[J]. 经济研究导刊, 2011(18).

得到全面落实。

（4）适时价值维护。在创造顾客价值的基础上，要为股东及合作伙伴等利益相关者创造价值，就必须得到价值链伙伴的有效支撑。通过正式制度安排和非正式制度安排，明确企业与伙伴之间的资源交换、信息交流、利益分配等方面的关系，以维持价值网络参与者之间的长期合作关系；同时，通过设置"模仿障碍"，使模仿者无法进入行业，或虽然能够进入行业，但由于"先占优势"的存在，使模仿者很难对先入企业的价值创造活动造成威胁。

（5）确保价值实现。通过制定产品/服务营销策略，确立企业获取利润的方式——包括解决好"凭什么收费"、"对谁收费"、"怎么收费"的收入模式问题，同时要对经营活动中产生的成本进行严格的管理和控制，确保企业持续盈利的最终实现。

（二）设计商业模式的方法

商业模式的设计方法主要有参照法、相关分析法和关键因素法。[①]

（1）参照法

参照法是商业模式设计的一种有效方法。该方法是以国内外商业模式作为参照，根据本企业的有关商业权变因素如环境、战略、技术、规模等不同特点进行调整，确定企业商业模式设计的方向。采用参照法进行商业模式设计时一定要根据自身的情况加以调整和改进，在借鉴基础上创新地探索出符合本企业特点的商业模式。许多企业的商业模式设计都是通过参照法进行的，如腾讯参照新浪等建立门户网站；易趣模仿了 eBay；当当网是国内最早复制亚马逊商业模式的企业；此后，卓越网则基本复制了亚马逊和当当网的商业模式等。

（2）相关分析法

相关分析法是在分析某个问题或因素时，将与该问题或因素相关的其他问题或因素进行对比，分析其相互关系或相关程度的一种分析方法。相关分析法需要根据影响因素与商业模式一一对应确定企业的商业模式。利用相关分析的方法，可以找出相关因素之间规律性的联系，研究如何降低成本达到价值创造的目的。如亚马逊通过分析传统书店，在网上开办电子书店；eBay 网上拍卖也来自对传统拍卖方式的分析对比，采用网络手段为超过 1.35 亿的注册用户提供服务，消费者很方便地从 eBay 购买或销售成千上万的产品，从芭比娃娃到二手车，eBay 的商业模式把原来不可能实现的交易变成了现实。

（3）关键因素法

关键因素法是以关键因素为依据来确定商业模式设计的方法。商业模式中存在着多个变量影响设计目标的实现，其中若干个因素是关键的和主要的（即成功变量）。通过对关键成功因素的识别，找出实现目标所需的关键因素集合，确定商业模式设计的优先次序。关键因素法主要有五个步骤：① 确定商业模式设计的目标；② 识别所有的关键因素，分析影响商业模式的各种因素及其子因素；③ 确定商业模式设计中不同阶段的关键因素；④ 明确各关键因素的性能指标和评估标准；⑤ 制定商业模式的实施计划。

五、商业模式创新的逻辑与方法

商业模式的创新近年来在全球商业界引起前所未有的重视。2006 年对 IBM 在全球 765

---

① 纪慧生，陆强，王红卫. 商业模式设计方法、过程与分析工具[J]. 中央财经大学学报，2010(7).

个公司和部门经理的调查表明,他们中已有近 1/3 把商业模式创新放在最优先的地位。而且相对于那些更看重传统的创新、相对于产品或工艺创新者来说,他们在过去 5 年中经营利润增长率表现比竞争对手更为出色(Pohle 等,2007)。[①]

商业模式是知识成为竞争优势的具体体现之一。在经济全球化、供过于求、同质化竞争激烈的时代,企业必须追求客户价值的最大化才能摆脱同质化、低水平竞争。任何特定的商业模式都不会是一成不变的,市场的变化(新技术、竞争者、竞争规则等)将使得现有的商业模式过时或企业盈利能力下降,持续不断地商业模式创新是每个追求长期成功的企业必由之路。

(一) 商业模式创新的逻辑

商业模式设计是分解企业价值链条和价值要素的过程,涉及到要素的新组合关系或新要素的增加。在此过程中若能寻找到一种新的价值创造和价值整合,就可创新商业模式。

价值链概念是 1985 年哈佛商学院的迈克尔·波特教授在其所著的《竞争优势》一书中首次提出,他认为企业的各种生产经营活动都是围绕企业创造价值最大化为目标展开的,每项价值活动根据其在企业生产经营活动中的不同位置被划分到一个个生产环节中,企业所有的生产环节共同构成企业的价值链。

价值链可以从两个角度来考察:一个是微观角度,称为企业(基本)价值链;一个是宏观角度,称为系统价值链。企业价值链展示了企业内部的设计、生产、营销、运输、服务等为顾客创造价值的一系列活动、功能以及业务流程之间的连接情况,这些活动被称为"价值活动",包括基本活动和辅助活动共九种;企业价值链又包括在系统价值链中,系统价值链指企业应从行业角度、从战略的高度看待自己与供应商、经销商及顾客的关系,包括供应商价值链、企业基本价值链、渠道价值链和顾客价值链,共同构成了整个价值体系,即一个完整的产业价值链。企业通过优化组合和有效协调企业基本价值链与系统价值链中其他价值链之间的关系,就可以达到一定的竞争优势,因为系统价值链中的每个企业都能够通过彼此的良好合作取得实际的利益。

德鲁克在《管理实践》一书中指出,企业的目的在于创造客户,为客户提供产品或者服务,而不是利润的最大化。企业生存的唯一理由就是实现和创造客户价值,在这个过程中,利润是其必然的副产品。

可见,企业获得持续赢利的能力来自于对客户价值的不懈追求。从价值链分析的角度,商业模式的本质内涵就是反映企业价值创造的逻辑(曾楚宏、朱仁宏、李孔岳,2008)。即商业模式是企业创造价值的模式,是特定企业在特定时空价值链的实现形式。企业通过对价值链上价值活动进行细分,清晰地识别出自身价值活动的优劣势,然后扬长避短对其内外部价值活动进行优化重组、整合及创新,最终有效实现企业商业模式的创新,就能有效提升客户价值或创造出新的客户价值,这就是商业模式创新的逻辑。

(二) 商业模式创新的方法

根据上述论述,商业模式所涉及的所有活动均包含在产业价值链中,企业既可以通过延长自身基础价值链(如前向、后向一体化)创新企业商业模式,又可以通过对自身基础价值链拆分、职能外包来缩短价值链价值,创新企业商业模式,也可以通过对自身基础价值链的延展和

---

① 荆浩,陈静,贾建锋. 创业板中小企业商业模式创新效率评价[J]. 商业研究,2010(11).

拆分同时进行而形成新的商业模式,还可以通过对企业价值链上的一项或多项自身基础价值活动的创新来形成企业新的商业模式。此外,企业还可以通过前三种方式中的一种与对价值活动进行创新相结合来实现企业商业模式的创新。①

1. 企业价值链条延展或拆分重构

商业模式构成要素的组合是围绕为客户创造价值而展开的。任何一个企业的价值链都不是孤立存在的,而是其所属产业价值链的一部分。商业模式创新需要打破传统的企业、行业边界,吸收外部资源参与创新活动,以客户为中心,以合作共赢的观念来建立各种价值网络。

(1) 价值链的延展、拓展。诸如前向一体化、后向一体化,产学研联盟、上下游伙伴战略合作等,近年来,许多制造企业向价值链的前端如研发、设计,以及价值链后端如渠道、服务等环节延伸;服务业突破行业边界对价值链的重新整合,实现价值链整体效益的倍增;传统商业模式与新型商业模式融合;打破行业界限,将其他行业的商业模式引入本行业价值链中,都有利整合外部资源,掌握关键资源与关键能力,在整条产业链上居于主导地位,以获得更多的利润。

(2) 价值链的拆分重构。是对企业基础性价值活动进行分拆、剥离、外包,使企业价值链缩短,价值活动减少,只保留那些具有核心竞争力且难以被模仿的价值活动,并在此基础上对相关利益方尤其是伙伴关系进行重新整合,形成有效的制度安排。特别是通过跨行业价值链条分解与重构,创新商业模式可以大大提升了企业的核心竞争力。

(3) 通过价值链延展与拆分相结合的重构方式来创新商业模式。

案例 4-16:突破行业边界的价值链重构②

曾荣登"2008 年度中国最佳商业模式"榜首的苏宁电器,专家们的评价是"零售商借助商业养地产、同时通过房产开发为自己提供网点铺面以降低租金价格上涨压力。"这就是家电零售商突破行业边界,通过对价值链关键环节的重新整合创新,取得持久竞争优势的典型例子。

近年来,苏宁电器庞大的身躯下日益显现出商业地产巨头的影子。苏宁置业是苏宁旗下大型房地产开发集团,专注于高端综合地产开发建设,开发范围涉及商业地产、住宅地产、旅游地产、科技地产及物流工业地产五大领域。根据 2020 远景规划,苏宁计划建成 300 个电器旗舰店、50 个大型购物中心、100 个高星级酒店和 60 个物流基地,成为全国高端综合商业地产行业的领袖企业。

无独有偶,麦当劳的前总裁克罗克曾明确表明:麦当劳是做房地产的。他说:"如果我不做房地产,仅仅做快餐,麦当劳早就关门倒闭了。"奥妙在于,麦当劳做房地产不是独立的经营项目,而是与做快餐密切结合。麦当劳在西方是采取特许经营的方式,首先把一个精心考察过的店铺租下来,租期 20 年,跟房东谈好了 20 年租金不变,然后吸引加盟商,把这个店铺再租给加盟商,并向每个加盟商加收 20% 的租金,以后根据这个地产升值的情况,进行相应的递增。所以,克罗克认为他赚的是地产的钱,而不是快餐的钱。麦当劳通过"以快餐吆喝,以地产盈利"的商业模式使门店全球遍地开花。

2. 创新价值要素

对企业价值链上的一项或多项自身基础价值活动的创新,形成新的价值要素,或者增加新

---

① 高闯,关鑫.企业商业模式创新的实现方式与演进过程——一种基于价值链创新的理论解释[J].中国工业经济,2006(11).

② 刘畅.苏宁电器欲跻身地产物流巨头[N].新闻晨报,2010-09-01.

要素,都可提升其他企业难以学习和模仿的核心能力。比如,中国移动推出的"移动梦网"就为IT 行业提供了新的价值要素,腾讯及时整合了这个价值要素,通过与运营商"二八分账"(运营商 20％,腾讯 80％)的协议,变革了价值实现的方式,诞生了移动 QQ,实现业务的高速增长。又如,对价值主张要素分析,现实中许多未被满足的需求往往潜藏在部分客户的内心深处,发现并设法满足这些需求,或者突破现有客户边界,就能寻找到创新商业模式的路径。

案例 4-17:海底捞:花便宜的钱买到星级服务[①]

海底捞是从街边麻辣烫创业起步的。1994 年,张勇在四川省简阳市开设了第一家海底捞火锅店,2007 年 4 月,四川省简阳市海底捞餐饮有限责任公司正式成立。目前,海底捞在全国拥有 1 万余名员工,50 多家直营分店,连续多年保持快速增长态势。

海底捞产品并无高科技含量,也极易模仿,然而消费者却对海底捞趋之若鹜。

深层次、全方位满足顾客潜在的需求是其快速发展的根本原因。

餐厅排队等候,原本是一个令人难耐、痛苦的过程,海底捞却把这变成了一种愉悦:手持号码等待就餐的顾客一边观望屏幕上打出的座位信息,一边接过免费的水果、饮料、零食,不会饿肚子;如果是一大帮朋友在等待,服务员还会主动送上扑克牌、跳棋之类的桌面游戏供大家打发时间;或者趁等候的时间到餐厅上网区浏览网页;还可以来个免费的美甲、擦皮鞋。待客人坐定点餐的时候,围裙、热毛巾已经一一奉送到眼前了。服务员还会细心地为长发的女士递上皮筋和发夹,以免头发垂落到食物里;戴眼镜的客人则会得到擦镜布,以免热气模糊镜片;服务员看到你把手机放在台面上,会不声不响地拿来小塑料袋装好,以防油腻……这就是海底捞的粉丝们所享受的"花便宜的钱买到星级服务"的全过程。

毫无疑问,这样贴身又贴心的"超值服务",让人流连忘返,商家在为消费者创造超额价值的同时也获得了丰厚的回报。

案例 4-18:沃尔玛:突破客户边界 创新商业模式[②]

20 世纪五六十年代,以 Sears、Kmart 为代表的大多数美国零售商都将目标瞄准大中城市的中高收入阶层,而忽略小城镇中的中低收入阶层。沃尔玛则洞察到中低收入阶层未能满足的巨大需求,选择了中低收入者为其目标客户群。尽管中低收入消费者没有能力消费高档商品,但对于价格低廉、消费需求弹性小的生活必需品,他们的购买力不容忽略。

沃尔玛获得巨大成功的最主要的原因是沃尔玛选择了收入较低、而被其他零售商忽略的中低收入消费者为其目标消费者,并针对目标消费者拟定了创新的商业模式。

所有的大型连锁超市都采取低价经营策略。但沃尔玛与众不同之处在于,它想尽一切办法从进货渠道、分销方式以及营销费用、行政开支等各方面节省资金,构建了高效的价值网络。为建立先进的物流配送系统,早在 20 世纪 80 年代初,沃尔玛就花费几亿美元买下一颗通信卫星,建立了集电子信息系统、卫星通信系统和电子数据交换系统于一体的先进信息处理系统,将制造商、物流商和全球几千家门店都纳入信息系统的控制之中。

降低采购成本,建立先进的物流配送系统,严格控制费用支出是沃尔玛做到成本最低、价格最便宜的关键因素,实现了价格比其他商号更便宜的承诺。

---

① 黄铁鹰.海底捞最大的创新:海式大家庭[J].中国企业家,2011(2).
② 智库百科.沃尔玛公司(沃尔玛成功之道)[EB/OL].http://wiki.mbalib.com/wiki.

"天天平价"的商业模式成就了沃尔玛的辉煌。

技术创新是实现产品的核心多元化和生产成本的节约,进而形成新商业模式的强劲动力,也可以技术创新与制度创新、组织创新、营销创新等同时并举的方式,创新企业自身基础价值活动,带动商业模式创新。当前,以"互联网+"为工具、以大众创业为形式,崭新的经济结构正被塑造。按照我国互联网的发展速度,未来3~5年,所有传统企业的商业逻辑都将被摧毁重建,这是我国传统企业凤凰涅槃、浴火重生的关键性历史时期,也必将是商业模式创新重构的崭新时代。

案例4-19:技术创新成就商业模式①

随着IBM第一台个人电脑的出现,微软敏锐地发现软件开发成本由于分摊于庞大的个人用户基础,可以大大降低软件价格,使软件能够直接面向广大个人消费者,软件可以不再成为硬件的附属品。为此,微软设计了全新的商业模式,将软件从硬件体系中剥离出来,并为软件业务发展单独设置全新的价值网络和价值实现方式,让软件运行于各个不同品牌的个人电脑,再通过销售外包、专注技术等方式创造了巨大的市场机遇。

我们不难看到,微软发现了软件行业及个人软件产品的新市场机会,在个人电脑领域成功地将软件与硬件分离,并针对性地设计了全新的商业模式。虽然遭到了一些硬件厂家的抵制,但是由于微软用高品质的软件产品和消费者能够接受的价格满足了个人电脑使用者的需求,并为消费者提供了更高的价值,最终使微软获得了成功。

同样,互联网的出现为当年众多企业的商业模式创新提供了契机。作为一个完全基于互联网的企业,亚马逊公司开创了图书销售全新的商业模式;凭借iPod以及iTunes在线商店,苹果公司创造了一个全新的商业模式,从而成为在线音乐市场的主导力量。

技术创新推动这些企业商业模式创新,进而成长为行业中的领袖。

3. 混合型价值链创新

混合型价值链创新是现实中数量最多、最为常见的一类商业模式创新手段。因为企业要想在激烈的市场竞争中长期保持一定的竞争优势,就必须不断地根据自身优势进行创新。一方面通过价值链的延展、分拆重构获得成本领先和管理协同,实现优势互补和灵活反应;另一方面,通过价值活动或价值要素的创新,或新要素的增加或其新的组合,增强企业核心竞争力,提高企业差异化经营能力,为企业和顾客创造出更多的价值。

【本章案例】

丁磊为什么能抓住商机?②

2009年初,网易CEO丁磊将目光投向了生猪养殖业,一个与他熟悉的高科技领域相去甚远的行业,外界一片哗然,但在质疑之余,也隐隐有一份期待,因为在业界,丁磊一向以市场嗅觉敏锐著称。无论是在中国互联网混沌初开的年代,还是黄金时期,他几乎抓住了各个关键

---

① 付志勇. 向外国学习商业模式[EB/OL]. 网易财经. http://money.163.com/10/0916/10/6GMPMR3900253G87.html,2010-09-16.

② 三星经济研究院. 丁磊为什么能抓住机会?[EB/OL]. www.cnfol.com,2009-08-13.

点——辞去电信局的"铁饭碗"南下广州，本着"让网民上网变得容易"的朴素理念创办了网易，成为中国第一批互联网掘金者；敏锐地意识到提供短信及彩信服务将成为带领网易度过互联网寒冬的新盈利模式；在外界一片质疑声中，自主开发网络游戏，做成了中国第一个成功运营国产网络游戏的门户网站。

关于对机会的判断和捕捉，也有人问过丁磊，他是否一开始就对网易的未来有过具体的规划，答案是否定的。那么，在事先缺乏筹划安排的情况下，他又是如何在稍纵即逝的商机面前，抓住每一个机会，一步步地打造出一个互联网帝国的呢？

首先，做事要稳，想进军某一领域前要做好调研和分析。

在进军网游业之前，丁磊去书店买 marketing 的书，去网吧和二三级城市调研，他认为做产品，必须要对市场做好分析，要搞明白中国市场需要什么产品。

当市场出现变化时，他也会谋定而动。尽管"创新"是互联网企业里最常见的口号，但从邮箱到游戏再到搜索，网易似乎总是"比别人慢半拍"。因为在丁磊看来，"如果你要创新的话，你首先要把别人的东西搞明白了，摸透了，你再去搞创新。动作可以慢，但战略一定要正确。"丁磊坚信，在险象环生的互联网领域，做足市场分析、夯实技术细节才是常胜之道。电信工程师出身的丁磊有着深深的技术派烙印。在电信局工作的两年里，他几乎天天晚上 12 点才离开单位，因为单位有 Unix 电脑，网易后来的成功与他很早就掌握了 Unix 精华密不可分；从创业到现在，他几乎时时关注互联网的新技术，每天工作 16 个小时以上。

其次，经验加直觉形成了良好判断力。

在丁磊看来，科学的分析和商业直觉都是非常重要的。当 Yahoo 引领的门户热潮席卷中国的时候，丁磊开始自己烧钱做门户，在软件上赚到的钱全砸在门户业务上。他的团队觉得他疯了，但是他坚持看好未来的互联网广告市场。之后，网易推出虚拟社区。正是因为这些举措，丁磊没有因网易北迁和融资等诸多问题而被新浪和搜狐抛下，也牢牢树立了与新浪、搜狐并驾齐驱的三大门户网站的地位。对于这些早期并不被别人看好的决定，丁磊说，他的每一个创意都来源于现实生活，比如现实中的广告市场如火如荼，互联网上也当如此；虚拟世界里的人们，同样会有构建社区，互相交流的愿望。现实社会有的，Internet 上同样会有。

最后，不以物喜，不以己悲，独立而冷静地思考。

不服输、不喜欢受制于人、不在乎成败的人才能放开手脚去做决定。丁磊曾不顾家人反对从宁波电信局辞职而跑去广州闯荡；2000 年，索尼和 EA 已经开发出了网络游戏，当丁磊提出想把他们的游戏代理进中国市场时，他们却很高傲地说"不和中国公司合作，中国都是盗版。"吃了闭门羹的丁磊于是花 30 万美金买下了国内 8 个人的一家小公司，在外界一片质疑声中，抽调了公司最优秀的一批员工加入到开发自己的网络游戏当中去，由此成就了其网游巨人的地位。

有人说是机遇造就了丁磊这一代互联网英雄，但懂技术、懂市场、性格上又有一股执拗劲儿的人能更好地抓住这种机遇，不是吗？

【本章要点】

创业机会识别作为创业活动的初始阶段和核心环节，对于新创企业起步与发展方向至关重要。创业机会识别源于创意的产生，创意是具有一定创造性的想法或概念，但其是否具有商业价值存在不确定性。

机会是未明确的市场需求或未得到充分利用的资源或能力。创业机会是具有商业价值的创意,表现为特定的组合关系,有价值的创业机会具有价值性、可行性、时效性等基本特征。

创业机会主要来自于一定的市场需求和变化。识别创业机会受到历史经验等多种因素的影响,主要集中在创业者的创业警觉性、先前经验、认知因素、社会关系网络等几个方面。识别创业机会是思考和探索互动反复,并将创意进行转变的过程,判断创业机会是否适合自己的主要依据在于机会特征与个人特质的匹配。

机会评价有利于应对并化解环境不确定性,常规的市场研究方法不一定完全适用于创业机会评价,尤其是原创性创业机会的评价。

有价值的创业机会也是有风险的。机会风险分为系统风险与非系统风险。系统风险主要是创业环境中的风险,诸如商品市场风险、资本市场风险等;非系统风险是指创业者自身的风险,诸如技术风险、财务风险等。

机会风险中,一些是可以预测的,一些是不可预测的。对于创业者来说,系统风险只能设法规避,而非系统风险却一定程度上可以通过控制、分散或转嫁的方式来加以削弱或抵消。创业者需要结合对机会风险的估计,努力防范和降低风险。

商业模式是一个企业如何利用自身资源,在一个特定的包含了物流、信息流和资金流的商业流程中,将最终的商品和服务提供给客户,并收回投资、获取利润的解决方案。商业模式本质上是若干因素构成的一组赢利逻辑关系的链条。

商业模式是商业战略生成的基础,商业战略是在商业模式基础上的行为选择。

商业模式的价值主张、价值网络和价值实现等要素之间的不同组合方式形成了不同的商业模式。商业模式设计是创业机会开发环节的一个不断试错、修正和反复的过程,商业模式设计也是分解企业价值链条和价值要素的过程,涉及到要素的新组合关系或新要素的增加。因此,商业模式的创新可以通过企业价值链条分解重构、价值要素创新、新要素的增加或要素的新组合等途径来实现。

【重要概念】

创意　机会　商业机会　创业机会　机会特征　个人特质　机会风险　商业模式　价值链　价值主张　价值网络　价值维护　价值实现

【思 考 题】

1. 试述创业机会的概念、来源和类型。
2. 谈谈识别创业机会的一般步骤与影响因素。
3. 为什么说判断创业机会是否适合自己的主要依据在于机会特征与个人特质的匹配?
4. 简述创业风险的构成与分类。创业者如何提高防范风险的能力?
5. 试述商业模式的本质、战略与商业模式之间的关系。
6. 如何设计商业模式,如何进行商业模式创新?

【参考文献】

[1] Jeffry A. Timmons Venture Capital in Transition: A Monte-carlo Simulation of Changes in Investment Patterns [J]. *Journal of Business Venturing*, 1987, 2(2): 103-121.

[2] Jeffry A. Timmons Guided Entrepreneurship [J]. *Business Horizons*, 1975, 18(6): 49 - 52.

[3] Shane, S., Venkataraman, S. The Promise of Entrepreneurship as a Field of Research [J]. *Academy of Management Review*, 2000, 25:217 - 226.

[4] Lindsay, J., Craig, J. A Framework for Understanding Opportunity Recognition: Entrepreneurs Versus Private Equity Financiers [J]. *Journal of Private Equity*, 2002, 5 (6): 13 - 24.

[5] Aldrich, H. E., Cliff, J. E. The Pervasive Effects of Family on Entrepreneurship: Toward a Family Embeddedness Perspective [J]. *Journal of Business Venturing*, 2003 (18):573 - 596.

[6] Hays C. L. What Wal-Mart Knows About Customers' Habits [N]. *The NewYork Times*, 2004.

[7] Magretta J. Why Business Models Matter [J]. *Harvard Business Review*, 2002(5): 1 - 8.

[8] Osterwalder A., Pigneur Y. An e-Business Ontology for Modeling eBusiness[R]. 15th Bled Electronic Commerce Conference, Bled Slovenia, 2002.

[9] Chesbrough H., Rosenbloom R. S. The Role of the Business Model in Capturing Value from Innovation: Evidence from Xerox Corporation's Technology Spin off Companies [R]. Harvard Business School, *Working Paper*, 2002.

[10] Masanell R. C., Ricart J. E., From Strategy to Business Models and to Tactics[R]. Harvard Business School, *Working Paper*, 2009.

[11] 杰弗里·蒂蒙斯. 战略与商业机会[M]. 北京:华夏出版社,2002.

[12] 彼得·德鲁克. 创新与企业家精神[M]. 北京:机械工业出版社,2007.

[13] 姜彦福,邱琼. 创业机会评价重要指标序列的实证研究[J]. 科学学研究,2004(22).

[14] 倪锋. 创意创业:内涵、特征和驱动因素[J]. 企业经济,2006(12).

[15] 理查德·弗罗里达. 创意经济[M]. 方海平,等译. 北京:中国人民大学出版社,2006.

[16] 陈海涛,蔡莉,杨如冰. 创业机会识别影响因素作用机理模型的构建[J]. 中国青年科技, 2007(1).

[17] 岳甚先.创业机会识别影响因素多维分析框架的构建[J]当代经济.2011(12).

[18] 林嵩,姜彦福,张帏. 创业机会识别:概念、过程、影响因素和分析架构[J]. 科学学与科学技术管理,2005(6).

[19] 朱明芬. 农民创业行为影响因素分析——以浙江杭州为例[J]. 中国农村经济,2010(3).

[20] 张玉利,杨俊,任兵. 社会资本、先前经验与创业机会——一个交互效应模型及其启示 [J]. 管理世界,2008(7).

[21] 钱永红. 个人特质对男女创业意向影响的比较研究[J]. 技术经济,2007(7).

[22] 林嵩.创业者的个体特质与创业绩效——基于战略的传导机制[J]. 未来与发展,2009 (12).

[23] 田毕飞,吴小康,徐敏娴,冯培. 特质论与机会观的结合:基于创业研究的结构主义视角 [J].经济研究导刊,2011(28).

[24] 闫华飞,胡蓓.产业集群环境、创业者特质与创业成功关系研究[J].科技进步与对策,2011(22).

[25] 李嘉,张骁,杨忠.男女企业家创业行业选择差异的影响因素及其作用机制研究[J]科学学与科学技术管理,2010(2).

[26] 赵观兵,梅强,万武.基于环境宽松性的创业者特质对创业机会识别影响的实证研究[J].中国科技论坛,2010(8).

[27] 范巍,王重鸣.创业倾向影响因素研究[J].心理科学,2004(27).

[28] 顾桥,梁东,赵伟.创业动机理论模型的构建与分析[J].科技进步与对策,2005(22).

[29] 左凌烨,雷家骕.创业机会评价方法的研究综述[J].中外管理导报,2002(7).

[30] 包建华,方世建,罗亮.战略创业研究演进与前沿探析[J].外国经济与管理,2010(8).

[31] 王朝云.创业机会的内涵和外延辨析[J].外国经济与管理,2010(6).

[32] 唐鹏程,朱方明.创业机会的发现与创造——两种创业行为理论比较分析[J].外国经济与管理,2009(5).

[33] 王伟毅,李乾文.创业视角下的商业模式研究[J].外国经济与管理,2005(11).

[34] 荆浩,贾建锋.中小企业动态商业模式创新[J].科学学与科学技术管理,2011(1).

[35] 李振勇.成功商业模式设计指南:商道逻辑[M].北京:中国水利水电出版社,2009.

[36] 朱毅.创新商业模式的逻辑[J].中国机电工业,2011(1).

[37] 高闯,关鑫.企业商业模式创新的实现方式与演进过程——一种基于价值链创新的理论解释[J].中国工业经济,2006(11).

[38] 贺小刚,李新春.企业家能力与企业成长:基于中国经验的实证研究[J].经济研究,2005(10).

[39] 罗珉,曾涛,等.企业商业模式创新:基于租金理论的解释[J].中国工业经济,2005(7).

[40] 钱志新.新商业模式[M].南京:南京大学出版社,2008.

[41] 原磊.商业模式体系重构[J].中国工业经济,2007(6).

[42] 原磊.国外商业模式理论研究评介[J].国外经济与管理,2007(10).

第五章
创业资源

【学习目标】

1. 了解创业资源的类型,创业资源获取的一般途径和方法。
2. 创业资源与一般商业资源的异同,创业资源获取的技巧和策略。
3. 掌握创业所需资金的测算、创业融资的主要渠道及差异,创业融资的选择策略。
4. 学习创业资源整合和创造性利用的方法,了解创业资源开发的技巧和策略。

【引导案例】

一元钱打造一条街[①]

他破产了,口袋里的一元钱及回家的一张车票是他那时全部的财产。"再见了! 深圳⋯⋯"一句告别的话还没说完,他就已泪流满面。"我不能就这样走。"在跨入车门的那一瞬间,他退了回来,并撕碎了车票。

在火车站,听着来往旅客天南地北的方言,他突发奇想,用一元钱在一家小店买了一支儿童彩笔和4个红塔山的包装盒。在火车站出口,他举起一张牌子,上书"出租接站牌(1元)"。当晚他不仅吃到了一碗加州牛肉面,而且口袋里还剩下18元。

5个月后,接站牌由4个包装盒发展成为40块锰钢做成的可调式"迎宾牌",火车站附近有了他的一间工作室。

3月的深圳,春光明媚,各地的草莓纷纷上市。10元一斤的草莓,第一天卖不掉,第二天只能卖5元,第三天就没人要了。此时他来到近郊的一个农场,用出租"迎宾牌"挣来的1万元,购买了3万个花盆。第二年春天,当别人把摘下的草莓运到城里时,他栽着草莓的花盆也进了城。不到半个月,3万盆草莓销售一空,深圳人第一次领略了由1万元变成30万元的滋味。

1995年,深圳海关拍卖一批无主货物,有1万只全是左脚的耐克皮鞋,无人竞标,他成了唯一的竞标人并以奇低的拍卖价买下了。1996年,在蛇口海关已存放了1年的无主货——1万只右脚的耐克皮鞋急着处理,他得到消息,以残次旧货价格拉出海关。

这次无关税贸易使他作为商业奇才跃上香港一商业杂志的封面。现在他已成为欧美13家服饰公司的亚洲总代理,正力主把深圳的一条街变成步行街,因为在这条街上有他12个店铺。

---

① 刘燕敏.最后的一元钱[J].视野,2008(10).

第一节 创业资源

创业资源和创业机会是研究创业问题的两个重要的方面。Timmons(1999)构建的创业学模型就强调创业机会、创业团队、创业资源三个要素。创业资源是创业不可缺少的、实现创业成功的重要因素。

不同的创业活动具有不同的创业资源需求。大量的研究也探讨了不同创业资源对创业绩效的影响。任何一个创业者不可能在创业之初就把创业过程中所涉及到的问题都解决好,也不可能把一切创业资源都备足,关键在于要学会进行资源的获取与整合。成功的创业者大多都是资源整合的高手,创造性地整合资源是他们成功的关键因素之一。

一、创业资源的内涵与种类

(一) 资源的定义

(1)《辞海》上关于资源的定义是,生产资料和生活资料的天然来源。

(2) 经济学意义上的资源。经济学把了为创造物质财富而投入于生产活动中的一切要素通称为资源,即指一般意义上的商业资源。包括人力资源、物力资源、财力资源、信息资源、时间资源等,其中人力资源是一切资源中最宝贵的资源,是第一资源。

(3) 近年来,人们研究新创企业资源问题的重要理论依据之一是资源基础理论(resource-based theory,RBT)。英国管理学家彭罗斯(1959)在其名著《企业成长理论》一书中提出,企业是由一系列具有不同用途的资源相联结的集合体。企业的竞争优势来源于企业拥有和控制的有价值的、稀缺的、难以模仿并不可替代的异质性资源。

资源基础理论主要代表人物巴尼(Barney,1991)对企业资源的定义是,"企业控制的能够使一个企业制定和执行提高其效率和效益的战略的所有资产、能力、组织流程、企业属性、信息、知识等。"

(二) 创业资源的内涵

巴尼(Barney,1986,1991)认为,创业资源是指企业在创业的整个过程中先后投入和使用的企业内外各种有形的和无形的资源总和。

我国学者也对创业资源给出相关定义:

林强,林嵩(2003,2005)认为,创业资源是指创业企业创立以及成长过程中所需要的各种生产要素和支撑条件。包括企业资产、资金、知识、信息、网络等有形的和无形的资源。[1]

蔡莉、尹苗苗和柳青(2009)认为企业创建时所拥有的资源,包括人力资源、财务资源、物质资源(含技术资源)和社会网络资源等。[2]

张斌(2011)认为创业资源是指新创企业在创造价值过程中需要的有形与无形资产,具体

---

[1] 林嵩. 创业资源的获取与整合——创业过程的一个解读视角[J]. 经济问题探索,2007(6).

[2] 蔡莉,尹苗苗. 新创企业学习能力、资源整合方式对企业绩效的影响研究[J]. 管理世界,2009(10):1-10.

包括创业人才、创业资本、创业机会等。①

综上所述,创业资源是指创业者在创业过程中所投入和运用的各种生产要素和支撑条件的总和。包括有形与无形的资产,诸如创业人才、创业资本、创业机会、创业技术和创业管理等。

(三) 创业资源的种类

关于创业资源的类型,学者们提出了多种分类方法。

Wickham(1998)在其建立的创业模型中,把资源分为三大类,即金融资本、人力资本以及技术。② Dollinger(1995)提出创业资源分为六类:物质资源、声誉资源、组织资源、财务资源、智力和人力资源、技术资源;③林嵩(2007)也提出六类创业资源:政策资源、信息资源、资金资源、人才资源、管理资源和科技资源。④

结合我国创业实践,这里主要介绍如下分类方式。

1. 按照资源的表现形态分类

(1) 有形资源(实体资源)。有形资源是指可见的、能量化的资产,主要包括创业者的固定资产和金融资产。固定资产主要包括房屋、土地、机器设备、原材料、运输工具等资产;金融资产主要指创业者的存款、筹资和借贷。

(2) 无形资源(虚拟资源)。无形资源指能创造价值,但不具有独立实物形态的资源。无形资源可归为两大类:技术资源和商誉资源,具体包括技巧、知识、信息、关系、文化、品牌、管理、声誉以及能力等。

有形资源与无形资源相比,有形资源越用越少,边际效应递减;无形资源不会越用越少,且边际效应递增。所以,无形资源更具价值创造的潜力,无形资源往往是撬动有形资源的重要杠杆,能够为创业者带来无可比拟的竞争优势。

(3) 人才资源。管理学大师彼得·德鲁克(Peter Drucker)在1954年出版的《管理的实践》(*The Practice of Management*)这部经典著作中,首次在管理学领域阐释了人力资源概念的涵义:"人力资源——完整的人——是所有可用资源中最有生产力、最有用处、最为多产的资源。"

人力资源包括创业者或创业团队及其雇员的知识、能力、经验以及个人社会关系网络,它涵盖了每个个体的判断力、洞察力、创造力以及视野和才智,甚至包括社交技能和社会关系。而人才资源则是指在创业过程中对商机识别、价值创造起了重要作用,甚至创造了超额价值的人力资源,是人力资源中的精英,因而是人力资本。由于人力资本的重要性,它被经济学家纳入经济增长的内生变量,是企业极其重要的战略资源,会为企业带来持久竞争优势。

2. 按照资源重要性程度分类

(1) 必备资源。指创业者必须自己拥有或借助外力能够支配的创业资源,主要包括资金、场地、人才资源、产品资源等。

---

① 张斌.基于资源及交易成本分析的创业企业发展坐标研究[J].科技创业月刊,2011(2).
② Wickham P. A. *Strategic Entrepreneurship-A Decision-making Approach to New Venture Creation and Management* [M]. London: Pitman Publishing, 1998.
③ 杜卓君,苏一石.资源视角的创业研究[J].经济论坛,2005(12).
④ 林嵩.创业资源的获取与整合——创业过程的一个解读视角[J].经济问题探索,2007(6).

（2）支撑资源。支撑资源指处于创业者直接控制范围之外，但可以通过开发、组织、联合甚至租赁而猎取的资源，包括营销渠道和关系网络。

（3）外围资源。外围资源指创业者身处其中就能感受或享受到的资源，是一种不受创业者主观控制的、外在的公有性资源。包括创业环境、政府创业政策、社会创业文化和市场信息等。见表5-1。

表5-1 创业资源的类型与来源

资源类型	资源名称	资源内容和来源
必备资源	资金资源	亲戚朋友的借款；政策性低息贷款；各类政策资助与扶持的创业基金或科技基金；风险投资资金；天使投资资金等
	场地资源	自有产权的房屋场地；可租借到的房屋场地；科技园区或工业园区提供的低价场地；各类孵化器或创业园提供的廉租房屋场地等
	人才资源	创业者自身；创业团队成员；可以聘请到的管理、营销人才；专家顾问团队；招聘的合格员工等
	产品资源	具有自主知识产权的产品；创新性产品；他人产品的地区总代理；具有市场前景的产品等
支撑资源	营销渠道	自有的营销网络；可以使用或租借的营销渠道；营销渠道的效率与效果是否与产品生产能力匹配等
	关系网络	个人关系网络，如亲朋好友、老师同学、战友同事等；社会关系网络，如创业之前的同事、业务伙伴，可以进行利益共享与交换的群体；具有弱连接的间接社会关系等
外围资源	创业环境	地区经济发展水平；是否有创业辅导机构、创业融资机构、创业培训与学习条件；政府对创业的态度；区域自然条件等
	创业政策	税收优惠及减免政策；工商注册支持政策；行业准入政策；创业扶持政策；确保创业者利益的政策等
	创业文化	地区生活习惯；人们对待冒险的态度，对创业行为的看法，地域文化与思维方式；对财富与安逸的追求等
	市场信息	是否具有发达的网络系统；市场的开放性、安全性与公平性；信息共享的程度；行业协会与市场组织等

资料来源：杨梅英，熊飞.创业管理概论[M].北京：机械工业出版社，2008：59.

二、创业资源与一般商业资源的异同

一般商业资源是指经济学意义上的资源，即具有经济价值或能够产生新的价值和使用价值的客观存在物。从这个意义上说，具有经济价值并能够创造新的价值，这是创业资源与一般商业资源的共同点。但资源的通用性无法使企业获得高水平绩效和持续的竞争优势，也无法实现创业企业的成长。

（一）创业资源具有异质性

资源基础理论认为企业的竞争优势源于企业拥有的异质性资源（Jay Barney，1991；Prahalad, Hamel, 1990)。所谓资源异质性是指其具有价值性、稀缺性、难以模仿性和难以替代性,从而构成了企业竞争优势的内生来源,包括创业者在创业过程中形成的有特色的创意、创业精神、愿景目标、创业动力、创业初始情境等就是属于这类具有异质性和固定性的资源(Barney,1991)。

Markt, Casson(1982)指出,创业者就是为了协调稀缺资源而实施判断性决策的人。[①] 企业内部拥有的那些异质性资源和能力是新企业成长的重要原因。

创业资源异质性还影响着新创企业资源获取的方式和渠道。陈寒松,朱晓红(2012)提出新创企业所具有的异质性资源影响着企业资源获取的方式和渠道,异质性资源获取对创业绩效的提升有积极影响,新创企业异质性资源可促进企业形成可持续竞争优势。[②]

(二) 创业资源具有知识分散性

所谓知识分散性,是指人类知识不仅总是对于具体事物而言,而且总是分属于不同的认识主体,相互之间难以完全统一。对此,Hayek, F. 进行了深入分析,他指出,人类知识是由不同个体知识的相互作用构成,统一的人类知识体系是不存在的。[③] 在实际的人类知识中能够为相关领域专家共同理解的稳定内容被称之为科学知识;而只能为特殊个体所掌握的内容称为分散性知识。

分散性知识的存在意味着对于同样的资源创业者会看到他人未能发现的不同效用,产生不同期望,作出不同的投入产出判断。当资源效用的期望差异越大就越难以沟通和转换,创业者进行资源获取的机会就越多。因为资源所有者的效用期望越特殊,越难依托市场机制加以满足,创业者就越有机会通过资源配置方式的创新,从资源所有者手中获得资源使用权。知识分散性使得具有独到眼光的创业者,在复杂多变、信息有限、时间紧迫的创业过程中,从使用价值出发而不是从价格比较出发,甚至可以通过比市场平均价格更加低廉的价格获取具有重要使用价值、异质性的创业资源,再经由创业者的资源整合和优化配置,从而产生超出一般商业资源的创造新价值、甚至是超额利润的效果。

(三) 创业资源具有新使用效用

秦志华、刘传友(2011)认为创业活动的意义,就在于通过异质性资源的优化配置,为社会提供具有新使用价值的产品服务,从而促进价值的增值。[④]

最先发现资源新效用的人,对于同样资源具有高于他人的评价。在这种情况下,可以按社会平均价格从别人手中获取资源,再按自身发现的效用对所获资源进行开发利用,把发现的资源新使用价值变成产品或服务的新功能,以此获得价值增值甚至是超额利润。这种发现和实现资源新效用的过程,就是创业活动的本质(Sarasvathy, Dew, 2007)。

由此可见,创业资源与一般商业资源的区别在于,创业资源是指经由创业者识别并开发利用而具有新效用,能获得新价值甚至是超额利润,具有异质性的商业资源。

---

① Casson M. *The Entrepreneur: An Economic Theory* [M]. Barnes & Noble Books, 1982.
② 陈寒松,朱晓红. 新创企业异质性资源、资源获取与创业绩效关系研究[J]. 企业管理研究,2012(3).
③ Hayek, F. The Use of Knowledge in Society[J]. *American Economic Review*,1945,35(4):519.
④ 秦志华,刘传友.基于异质性资源整合的创业资源获取[J].中国人民大学学报,2011(6).

案例 5－1：从路边摊到辣椒王国[①]

她没有上过一天学，就连自己的名字都是儿子成人后手把手教她写的。她乐善好施，尽管自己的生活充满艰辛，但是常接济附近一所学校的一名贫困生，感激之下，学生叫她"干妈"。久而久之，周围的人们也都亲切地叫她"老干妈"。如今，她是拥有 2 000 多名员工，年产值 8 亿多元，2002 年中国私营企业纳税排名第五的贵阳南明老干妈风味食品有限责任公司的董事长。一个没上过一天学、仅会写自己名字的农村妇女，白手起家，居然在短短的 6 年间，创办出了一家资产达 13 亿元的私营大企业！

创造这个新神话的农村妇女名叫陶华碧，今年已经 51 岁了。说出她的名字，许多人也许茫然不知，但提起她的"老干妈麻辣酱"却几乎是家喻户晓，尽人皆知。陶华碧就是打工者们几乎天天必吃的"老干妈麻辣酱"的创始人，生产这种食品的大企业的董事长。这个大字不识几个的农村"老干妈"，连文件都看不懂，她是如何创办和管理好拥有 2 000 多名员工的大企业？

敏锐抓住商机

由于家里贫穷，陶华碧从小到大没读过一天书。为了生存，她很小就去打工和摆地摊。1989 年，陶华碧用省吃俭用积攒下来的一点钱，用捡来的半截砖和油毛毡石棉瓦，一夜之间搭起了能摆下两张小桌的"实惠饭店"。饭店的生意红红火火，她免费赠送的豆豉辣椒、香辣菜等小吃和调味品，成为吸引顾客的"秘密武器"。不过，这对于陶华碧同样也是一个秘密，直到有一天，客人吃完饭后，要求买一些调味品带回去。

这件事对陶华碧的触动很大。机敏的她一下就看准了麻辣酱的潜力，从此潜心研究起来……经过几年的反复试制，她制作的麻辣酱风味更加独特。陶华碧开始了第二次经营扩张。白天开饭店，晚上在店里用玻璃瓶包装豆豉辣椒，一直忙到早晨 4 点，"手都装得扯鸡爪疯"。睡两个小时，6 点又起床开门营业。豆豉辣椒越卖越好，1996 年 7 月，陶华碧借南明区云关村委会的两间房子，办起了食品加工厂，专门生产辣椒调味品，定名为"老干妈麻辣酱"。1997 年 8 月，"贵阳南明老干妈风味食品有限责任公司"正式挂牌，到 2000 年末，只用了 3 年半的时间，"老干妈"公司就迅速壮大，发展到 1 200 人，产值近 3 亿元，上缴国家税收 4 315 万元。如今，"老干妈"公司累计产值已达 13 亿，每年纳税 1.8 亿，名列中国私营企业 50 强排行榜的第 5 名。

成功的秘诀

"吃苦耐劳累不死人，只要肯吃苦，没得办不成的事。"

陶华碧是从卖米豆腐开始自己的"经商"生涯的。做辣椒调味品，总是比别人的产品口味独特，比别人的香。由于"香"、由于"香辣结合"，老干妈的产品已经覆盖除台湾省以外的全国各地，并远销欧盟、美国、澳大利亚、新西兰、日本、南非、韩国等 20 多个国家和地区，一举改变了辣椒产品局限于嗜辣地区的传统。现在，在产品开发方面，陶华碧依然是公司的"技术总监"，她不喝茶，不喝饮料，为了保持灵敏的味觉和嗅觉。"不管什么产品，只要我一闻一尝，就晓得哪种配料没放对。"

现在，依托挖掘富有贵州地方特色的"香辣调味品"资源，牛肉末辣椒酱、辣子鸡辣椒酱、风味腐乳、香辣菜、香辣酱等新产品层出不穷。而且，所有的产品都能做到"一炮而红"。

贵州地区再普通不过的辣椒、豆豉、菜籽油等，经过陶华碧的独特加工——地方资源的优化配置＋技术诀窍,普通的商业资源创出了超额经济利润;"老干妈"品牌效应又助推了这种独特风味的麻辣酱走出中国,走向世界。

三、社会资本、资金、技术及专业人才在创业中的作用

(一) 社会资本在创业中的作用

"社会资本"的概念最初由经济学的"资本"概念演变而来。社会资本定义为一种和物质资本、人力资本相区别的存在于社会结构中的个人资源,是为结构内的行动者提供便利的资源,包括规范、信任和网络等形式。[①]

Nahapiet 和 Ghoshal(1998)指出,社会资本存在于个人所拥有的关系网络中,是个体能够通过这些关系网络获得现实和潜在资源的总和。[②]

芝加哥大学的社会学家伯特(Bert,2000)认为,对大多数创业者来说,他们最重要的资源是错综复杂的个人网络。伯特由此提出三个假设:① 具有强联系的社会资本越丰富,创业的可能性越大,因为他能更早接近各种广泛的观点、技能和资源;② 同样的原因,创业者拥有的社会资本越多,企业就越有可能摆脱困境;③ 创业者拥有可利用的强联系社会资本越多,创业成功的可能性也越大。[③]

我国学者张玉利等(2008)实证研究表明,创业者社会交往面广、交际对象趋于多样化、与高社会地位个体之间的关系密切的创业者更容易发现创新性更强的机会。[④] 章丽萍等(2008)提出,创业者社会资本不仅提高了创业者机会识别能力,还是市场机制的有效补充和替代,弥补创业者资源匮乏。[⑤] 胡晓娣(2009)认为,创业者社会资本在机会识别过程中扮演着重要角色,一方面提供市场机会,另一方面通过提供信息等资源的支持,帮助创业者更好地发现市场机会。[⑥]

可见,社会资本主要表现为个人所拥有的社会关系网络,在创业中能提供市场机会,并提高创业者机会识别能力,还可弥补创业者资源匮乏,增加创业成功的可能性。

(二) 资金在创业中的作用

巧妇难为无米之炊。创业需要资金,无论是有形资源、无形资源还是人力资源的构建与拥有都需要资金的投入,否则只能是纸上谈兵。绝大多数创业者往往由于资金缺乏而在创业之初就陷入困境。

创业之前,创业者必须结合创业计划,合理确定资本结构与资金需求数量,并切实筹集到所需数量的资金,才可能正式开始创业起步。一般而论,创业对资金需求的类型和原因如表

① 陈柳钦. 社会资本及其主要理论研究观点综述[J]. 东方论坛,2007(3).

② Nahapiet,Ghoshal. Social Capital,Intellectual Capital,and the Organizational Advantage[J]. *Academy of Management Review*,1998,23(2):242-266.

③ BERT R. S. *The Network Structure of Social Capital* [M]. in R. J. STAW B. M. *Research in Organizational Behaviour*[C]. Grcenwich:J. I. Press,2000.

④ 张玉利,杨俊,任兵. 社会资本、先前经验与创业机会——一个交互效应模型及其启示[J]. 管理世界,2008(7):91-102.

⑤ 章丽萍,刘小丽. 创业者社会资本对创业活动的作用机理[J]. 中外企业家,2008(12).

⑥ 胡晓娣. 社会资本对创业机会识别的影响研究[J]. 生产力研究,2009(20).

5-2所列。该表说明只要有一个环节的资金不到位,即便再伟大的创业事业也就面临断炊的风险。因此,资金在创业中具有不可或缺的重要作用。

表5-2 创业资金需求的原因与用途

产生时间	需求原因	资金需求的用途
企业成立前	注册资本	企业设立的注册资本
	设立登记	办理相关权证、营业执照审批、登记甚至疏通关系费用
	办公条件	租赁、装修办公场所;购置办公物资、器材
企业成立后	现金流	生产销售之前产生的现金流,如购买存货、技术准备,场地/店面租赁,产品/服务开发,员工招聘/培训
	生产设备设施	生产、运输、库存设施、原材料的购置、使用、维护费用
	产品和市场开发	产品/服务前期的开发、市场推广、渠道、品牌、广告等

对于创业者而言,提供和筹集创业资金实质上是个风险投资行为,如果所投入的资金不足,不仅达不到创业目标、根本无法正常经营,而且往往可能连同所投入的资金一块卷入"黑洞";而如果创业企业在有赢利之前就花光了所有的资本,即所谓"资金链断裂",那就意味着创业中断宣告失败,即便产品精美、市场前景看好。

为此,为防止资本金不足造成新创企业的失败,创业起步后,创业者还需要努力争取风险资本或银行信贷来解决现金流短缺问题,直到创业企业开始赚钱为止。

(三) 技术与专业人才在创业中的作用

创业资源中的"技术"资源指的是技术资产及技术开发能力。技术资产包括诀窍(know-how)、专利等,技术开发能力是企业知识和技能的总和。[①] 创业技术决定了创业产品或服务的市场竞争力和获利能力,因而是企业生存和发展的基石。

Barney(1991)首次提出,构建企业竞争优势的资源有四个特征:价值、稀缺、难以模仿与难以替代。技术是能够构建企业竞争优势的重要资源之一。[②] Teece(1998)认为,对高科技新创企业而言,技术是其战略性资源。[③] 创业初期,在创业资金需求基本满足的情况下,创业技术是最关键的资源。

技术资源与人才资源的区别在于,人才资源存在于个人身上,随着员工的流动会流失,技术资源则大多与物质资源相结合,可以通过法律手段予以保护,形成组织的无形资产。

(四) 专业人才在创业中的作用

尽管技术是关键,但技术是由专门人才掌握的。知识经济时代,人才是经济和社会发展的第一资源。科技的迅猛发展、激烈的全球化竞争,任何技术都可能落伍,任何资源都可能被取

---

① 王旭,朱秀梅. 创业动机、机会开发与资源整合关系实证研究[J]. 科研管理,2010(9).

② Barney J. Firm Resources and Sustained Competitive Advantage [J]. *Journal of Management*,1991,17(1):99-120.

③ Teece D. J. Capturing Value from Knowledge Assets: The New Economy, Markets for Know-How, and Intangible Assets [J]. *California Management Review*,1998,40(3):55-79.

代,技术、产品竞争的实质就是人才的竞争,只有人才资源是任何时代都不能缺少的,人才是企业的创立、创新和持续发展的基础,也是企业永葆活力的坚强后盾。

因此,专业人才是创业企业的根本,是创业企业最为重要的人力资本,高素质专业人才的获取和开发是新创企业可持续成长的关键。

国内外无数事实证明,一个杰出的专业人才可以造就一个伟大的企业,甚至催生某个新兴产业的发展。比如,苹果的乔布斯、微软的比尔·盖茨、谷歌的布林和佩奇、脸谱的马克·扎克伯格;联想的柳传志、腾讯的马化腾、百度的李彦宏、比亚迪的王传福等。此外,还能举出太多的由有技术背景的创始人主导或者参与创业并获得成功的企业。

因此,对于创业团队,拥有靠谱的、有技术背景的团队成员非常重要;对于创业企业,吸纳并培养一大批忠诚可靠的优秀专业技术人才更加重要。

四、影响创业资源获取的因素

Timmons 认为,成功的创业企业更着眼于最小化使用资源并控制资源,而不是贪图完全拥有资源。影响创业资源获取的首要因素是创业者自身的素质和能力,尤其是创业者的资源禀赋、资源整合能力和信息获取能力。

(一) 创业者资源禀赋

创业者资源禀赋是指创业者所具有的与创业相关的自身素质和外在关系的总和,主要包括创业者的经济资本、社会资本和人力资本,它们能够为创业行为和新创企业生存与成长提供有价值的资源。

大量的文献强调企业家资源禀赋在创业过程中的重要作用,认为企业家资源禀赋是创业行为过程的关键资源,甚至在一定程度上决定新创企业的资源构成特征(Morris,1998)。

张玉利、杨俊(2004)认为企业家创业时并非一无所有,企业家创业前资源禀赋构成其创业的资源基础,创业行为实质上更多地具有理性成分,是企业家创新冒险精神与理性决策的交织过程,表现为企业家在获取创业资源与应对环境不确定性过程中所体现的科学性。[①]

蔡莉等(2011)构建了创业导向、资源获取与制度环境之间关系的理论模型。创业导向是指创业者在选择战略行动时倾向于积极承担企业活动相关的风险、乐于接受改变和创新以获得竞争优势,并采用积极主动的措施和竞争者竞争的倾向。[②] 根据 344 家新创企业的调研数据进行的实证分析表明:创业导向对新企业资源获取具有重要影响,政策环境对创业导向与知识资源获取之间关系具有调节影响,认知环境对创业导向与知识资源获取和运营性资源获取之间关系具有调节影响,但政策环境对创业导向与运营性资源获取之间关系的调节作用不显著。[③] 可见,创业导向和创业者资源禀赋密切相关。

创业者资源禀赋中的社会资本对于创业资源获取非常关键。社会资本是指嵌入创业者现

---

① 杨俊,张玉利.基于企业家资源禀赋的创业行为过程分析[J].外国经济与管理,2004(2).
② 蔡莉,朱秀梅,刘预.创业导向对新企业资源获取的影响研究[J].科学学研究,2011(4).
③ 蔡莉,肖坚石,赵镝.基于资源开发过程的新创企业创业导向对资源利用的关系研究[J].科学学与科学技术管理,2008(1).

有稳定社会关系网络和结构中的资源潜力。[①]

创业资源广泛存在于各种资源所有者手中,这些所有者又处于一定的社会网络之中。因此,创业资源的获取客观上必然受到创业者社会网络地位的影响。王庆喜、宝贡敏(2007)的研究表明,小企业主社会关系网络是小企业获取外部资源的重要通道。小企业主社会关系越广,则其获取外部资源的可能性就越大,从而企业成长所需资源就越有保证,成长绩效就越好。并且三者之间存在递进式的正向关系。[②]

(二)创业者资源整合能力

创业者不仅要有敏锐的识别商机的头脑,还要有善于整合资源的能力,只有这样才能在市场竞争中占有优势,进而取得创业成功。马鸿佳(2008)认为新创企业资源整合能力是指在创业过程中,以人为载体,在资源整合过程中所表现出的对资源的识别、获取、配置和利用的主体能力。

创业资源在未整合之前大多是零散的、一般性的商业资源,要发挥其最大的效用,转化为竞争优势,为企业创造新的价值,就需要新创企业运用科学方法将不同来源、不同效用的资源进行优化配置,使有价值的资源充分整合起来,发挥"1+1>2"的放大效应。如果关键性创业资源是在复杂的社会关系网络中发展形成,那就更难以被模仿和复制,从而成为企业的一种有利于获得持久竞争优势的动态能力。因此,资源整合能力决定着创业资源向组织能力转化的效率,它影响着企业的战略决策,并最终影响着创业绩效。谷宏、王建中(2011)提出,创业资源是新企业创建和成长发展的基础,资源整合伴随于整个创业过程之中,创业者需要对创业资源进行整合与优化,以增强新创企业的竞争优势,从而促进创业成功。[③]

资源整合能力在创业的各个阶段发挥着极为重要的作用。在创业起步阶段,资源整合能力影响并决定了创业者对创业机会评估、识别与开发,同时帮助创业者摆脱资源约束,取得所需资源;生存与成长阶段是新创企业的快速发展期,这一阶段新创企业需要筹措更多的资源来满足自身的发展,创业者资源整合能力会对新创企业成长过程的战略决策与运营能力产生重要影响,资源整合的深度与广度将保障组织运作的持续性,进而影响创业绩效。

(三)创业者信息获取能力

信息获取能力是指创业者在社会生活或创业过程中捕捉、吸收和利用信息的一种潜在能力,包括信息接收、捕捉、判断、选择、加工、传递、吸收、利用、搜集与检索能力。

创业资源包括人力资源、财力资源、技术资源、信息资源等。由于新创企业在资源获取过程中的信息不对称,信息资源作为一种特殊的战略性资源在新创企业资源获取过程中发挥重要的杠杆作用。[④] 因此,信息获取能力本身有助于对丰富的、高质量的信息资源的获取与利用。

因此,信息获取能力在相当程度上影响着创业者对其他创业关键资源的获取,直接影响并决定新创企业的创业绩效。

于晓宇等(2012)的实证研究表明:技术信息获取能够为新创企业提供外部参考,帮助企业

---

① 龚春蕾. 基于创业者资源禀赋的大学生创业行为研究[J]. 前沿,2010(5).
② 王庆喜,宝贡敏. 社会网络、资源获取与小企业成长[J]. 管理工程学报,2007(4).
③ 谷宏,王建中. 资源整合能力对创业过程的影响研究[J]. 中国集体经济,2011(9).
④ 刘预,蔡莉,朱秀梅. 信息对新创企业资源获取的影响研究[J]. 情报科学,2008(11).

识别创业失败,进而促进失败学习行为。同时,失败学习行为可以激发更多创新活动,提高组织创新绩效。[①] 很多高科技新创企业为降低技术环境不确定性的影响,通过建立各类流程以获取丰富的外部技术信息。

(四) 创业团队

新创企业把创意变成产品/服务,把产品/服务市场化、产业化是一个艰苦的过程,必须组建好一个富有凝聚力和创新精神的创业团队,这是获取各项创业资源的重要前提,也是创业成功的一个基本保障。

不管创业者在某个领域多么优秀,他也不可能具备所有的知识和经营管理经验,而借助团队就可能拥有创业所需要的各种知识和经验,例如顾客经验、产品经验、市场经验和创业经验等。同时,通过团队,人脉关系网络可以放得更大,能够有效地增进创业者社会资本,提高创业成功的几率。因此,创业团队本身就是一项极为重要的创业资源。

Cooper,Brun(1977)研究发现他们所调查的高成长企业中80%以上是由团队创建的。大量的实证研究表明,团队创办的企业在存活率和成长性都显著高于个人创办的企业(Timmons,1990)。Siegel等对宾夕法尼亚州的大约1 600家新企业的研究发现,创业团队是否拥有在新企业所处行业的先前工作经验是区分高成长性和低成长性的唯一因素。调查中发现,85%以上的网络创业团队成员有创业经验,属于二次创业,而且他们的业绩普遍好于先前没有创业和工作经验的创业团队。[②]

团队创业较个人创业能产生更好的绩效,团队创业的成功率要远远高于个人独自创业,其内在逻辑在于创业团队是一个特殊的群体,群体能够建立在各个成员不同的资源与能力基础之上,贡献并且整合差异化的知识、技能、能力、资金以及关系等各类资源,这些资源以及群体协作、集体创新、知识共享与风险共担产生的乘数效应,能够帮助新创企业更好地克服创新的风险和资源的约束。

此外,创业团队的价值观、对商机的识别能力、对资源的获取与整合、领导能力等,都是极其重要的战略资源,会为企业带来持久的竞争优势。

(五) 外部环境条件和政府政策支持

Gartner(1985)认为创业环境由资源的可获得性、周边的大学及科研机构、政府的干预及人们创业态度等因素组成。[③] 蔡莉等(2007)研究表明,创业活跃程度的一个重要决定因素是创业的环境条件。创业环境与创业活跃程度呈很强的正相关关系。创业企业与创业环境有着密切的关系,而这种关系的核心是创业企业资源的需求和创业环境资源的供给所具有的有机联系。[④]

创业环境的承载主体主要包括大学及科研机构、关联企业、融资机构、中介机构及政府。事实上,创业水平和创业资源受到外部环境因素的影响极大,尤其政府的法规政策。创业环境

---

① 于晓宇,蔡莉,陈依,段永嘉.技术信息获取、失败学习与高科技新创企业创新绩效[J].科学学与科学技术管理,2012(7).

② 胡桂兰,梅强,朱永跃.创业团队对创业绩效的影响研究——基于78个网络创业团队的调查分析[J].科技管理研究,2010(6).

③ Gartner W. B. A Conceptual Framework for Describing the Phenomenon of New Venture Creation[J]. *The Academy of Management Review*, 1985, 10(4): 696-709.

④ 蔡莉,崔启国,史琳.创业环境研究框架[J].吉林大学社会科学学报,2007(1).

好的地方一般会呈现较高的创业活动水平,而政府创业政策作为创业环境的重要内容是直接影响一个国家和地区创业活动水平的重要手段。比如,改革开放以来我国创业活动开始进入一轮又一轮新高潮,这是政府政策开放的结果,而浙江、苏南、广东等地创业活动踊跃又和区域良好的创业环境密切相关。

创业政策可以通过多种途径和方式对创业活动产生正面影响。政府可以采取直接介入的方式来促进创业活动,如直接干预创业资源的市场配置,包括提供技术服务、增加资金供给、设立大学科技园区以及创业孵化器等;也可以间接地致力于营造良好的创业环境,如加强基础设施包括交通、通讯、生活等建设,构建良好的教育系统和社会信用体系,建设包括法律、金融、财税、保险等在内的创业制度环境和政策保障体系,营造公平、公正的市场环境。同时,要特别重视和强化对已有的创业激励措施和各项政策的执行到位,尽可能避免制度的多变,为创业者的创业选择、创业资源的筹集提供稳定的预期。

对于创业者/创业团队而言,尽管创业资源的获取需要良好的外部环境,但在一定时期内、既定的外部环境中,创业企业应及时调整自身战略目标,主动地去适应环境,并积极主动地创造适合自身需要的"和谐环境"。

五、创业资源获取的途径与技能

(一)创业资源获取的途径

创业资源获取无非来自两个方面:一是自有资源,二是外部资源。

自有资源主要指创业者/团队自身拥有的、可用于创业的资金、技术、创业机会信息、自建的营销网络、控制的物质资源或管理才能、管理组织等。自有资源还可以通过内部培育开发,企业通过一定的方式在内部开发无形资产、培训员工以及促进内部学习等获取有益的资源。

外部资源则包括亲朋好友、同学、同事、商务伙伴或其他投资者的社会关系及其资源,或者能够借用的外部人、财、空间、设备或其他原材料等。外部资源的获取主要通过外部购买、租赁或者合作的方式,从供应商和合作伙伴那里获取所需资源,也通过提供未来服务、机会等换取相关资源。有时,外部资源的获取或使用并不复杂。比如,利用社会团体或政府部门提供的资助计划、基金或优惠政策等。[①]

获取外部资源的关键在于拥有资源使用权或能控制和影响资源配置。对于特定的创业资源,应当根据创业项目及创业者/团队的实际情况综合考虑获取方法,包括多管齐下。显然,外部资源获取往往需借助创业者/团队社会资本的整合与运用。

创业资源获取的关键往往取决于软实力。无形资源往往是撬动有形资源的重要杠杆。

创业资源获取途径包括市场途径和非市场途径。

市场途径是指通过支付全额费用在市场购买相关资源;非市场途径则指通过社会关系,用最小的代价甚至是无偿获取资源。显然,创业者自有资源往往是非市场途径获取的。由于起步阶段的创业者/团队往往囊中羞涩,很难通过支付全额费用购买的方式获取创业所需的各种外部资源,因而非市场途径——通过社会关系,用最小的代价获取创业资源成为创业者首选,

---

① 陈震红,董俊武.成功创业的关键——如何获取创业资源[J].科技创业月刊,2003(9).

甚至无偿获取创业资源也并非不可能。

秦志华、刘传友（2011）提出，创业资源获取的实质是从资源所有者手中获取资源使用权。如何展示商业创意的价值，使资源所有者从中看到自己可能获得的回报，是创业资源获取必须解决的问题。创业资源获取之所以能够实现，是因为创业者所发现的资源配置方式，不仅对自己有用，而且对资源所有者也有利。在此基础上，如果资源配置方式创新只有创业者才能实现，就为创业资源无偿获取提供了可能。[①] 例如，Google 的搜索引擎就是最好的实例。互联网上的门户网站所有权归网络公司，但使用权无偿提供给了网民，许多创业者通过这样的方式无偿获取了大量有价值的信息资源，由此大大提高了资源配置效用。

（二）创业资源获取的技能

1. 合作技能

要获取创业资源，首先要寻找到可以提供资源的对象。对此，一种办法是找到少数的拥有丰富资源的资源提供者，如政府、银行、大公司等，这方面创业者往往没有优势；另一种办法是尽量多找潜在的资源提供者。

商业活动强调利益，要获取资源，需要认真分析潜在资源提供者关心的利益所在。一旦不同诉求的组织或个人之间存在共同利益，或能够建立起紧密的利益联系，就成了利益相关者。利益相关者应当合作，合作需要双赢甚至是共赢。合作总要有一个开始，在没有合作基础的前提下，一开始就双赢并不容易。

老洛克菲勒有这样一句名言，建立在商业基础上的友谊永远比建立在友谊基础上的商业更重要。经济全球化的重要特征是资源的全球性流动，"不求所有，但求所用"，合作可以突破空间、组织和制度等方面的限制，从而在更加广阔的范围内开展，这也是创业活动活跃的重要原因。要成功地获取创业资源，创业者必须要有创新的思维，要兼顾各方面利益相关者的利益，通过多种方式合作达到多赢、共赢的境界。

2. 识人与用人技能

创业者要善于识人和敢于用人，这是任何事业成功千古不变的真谛。

善于识人不是"相马"，而是在"赛马"中识别人才；敢于用人则要打破常规、打破条条框框，唯才是举，唯业绩和贡献是举。

汉高祖刘邦曾这样评价自己："运筹帷幄之中，决胜千里之外，吾不如子房（张良）；镇国家，抚百姓，给馈饷，不绝粮道，吾不如萧何；连百万之众，战必胜，攻必取，吾不如韩信。三者皆人杰，吾能用之，此吾所以取天下者也。"

少年时代家境极度贫困、成功创业后成为上世纪初美国钢铁大王的卡耐基，嘱其墓碑刻上这样一句话："这里长眠着一位善于同才干高于自己的人一道工作的强人。"这就昭示着：一位创业者，只有敢于和善于使用人才，才会干出业绩，才会有所作为。

创业资源获取显然和用人技能密切相关。比如，善于启用理财高手，必然带来更丰富的融资渠道和资金；依靠营销新秀显然能拓展产品/服务市场、挖掘客户资源；重用专业人才，必然开启技术、工艺和产品/服务创新的局面，同时在选址、原材料采购、技术选型、设备购置和产品质量把关方面有了可靠的"把关者"。

[①] 秦志华，刘传友.基于异质性资源整合的创业资源获取[J].中国人民大学学报，2011(6).

3. 沟通技能

沟通很重要,具有较强沟通能力是创业者成功获取资源的关键因素。

有两个数字可以很直观地反映沟通的重要性,就是两个70%。第一个70%是指创业者,实际上创业者70%的时间用在沟通上,开会、谈判、协商、拜见投资者或走访客户等是最常见的沟通形式,撰写计划书和各类文字材料。实际上是一种书面沟通的方式,对外各种拜访、联络也都是沟通的表现形式,管理者大约有70%的时间花在此类沟通上。第二个70%是指企业中70%的问题是由于沟通障碍引起的,比如,创业企业常见的效率低下的问题,往往是由于缺乏沟通或不懂得沟通所引起的。此外,企业里执行力差、领导力不强的问题,归根到底都与沟通能力的欠缺有关。

人与人之间最宝贵的是真诚、信任和尊重,其桥梁就是沟通。创业企业的资源获取,在很大程度上就是通过企业与内外部的沟通来实现的。与外部的沟通,主要包括与投资者、银行、政府部门、媒体、业界、客户、供应商等,通过沟通建立联系,获得信任,与对方达成共识,强化了创业者社会网络,争取多方的支持或帮助,取得一个共赢的结果;在企业内部,通过有效的沟通,凝聚员工人心,聚合了自有资源,降低了内部冲突,提升整个企业的效率和业绩。

4. 发挥资源的杠杆效应

无形资源往往是撬动有形资源的重要杠杆。发挥资源的杠杆效应是指创业者如何掌握和充分发挥这种"撬动"作用的技能,以尽可能少的投入,获取尽可能多的收获。例如,创业者/创业团队的社会资本能"撬动"信息、商机、市场、客户、资金等重要创业资源;技术诀窍、商标、品牌能带来企业核心竞争力的提升,"撬动"产品市场、企业信誉、客户资源和企业盈利的大幅提高;诚信建设、企业文化能"撬动"融资机构、"撬动"供应链上下游的供应商、批发零售商、乃至终端用户。

创业者不应被其当前控制或支配的资源所限制,成功的创业者应当善于利用关键资源特别是无形资源的杠杆效应"撬动"资源,具体体现在以下几个方面:[①](1)能比别人延长使用资源;(2)更充分地利用别人没有意识到的资源;(3)利用他人或别的企业的资源来完成自己的创业目的;(4)将一种资源补足另一种资源,产生更高的复合价值;(5)利用一种资源撬动和获得其他资源。

用人技能实际上是杠杆技能的一个特例。比如,企业的人力资本会直接作用于资源获取,有产业相关经验和先前创业经验的创业者能够更快地整合资源,更快地识别和抓住市场机会。

5. 信息获取与利用技能

创业者信息技能包括信息需求识别及表述、信息检索及获取、信息评价及处理、信息整合及学习、信息利用与开发等。掌握并善用信息技能,对于创业者把握商机、获取创业资源、作出创业决策、推进创业企业成长都十分重要。

在全球金融危机中,一些企业就是因为对金融信息的反应迟钝,遭受了灭顶之灾。不少创业者则是因为及时获取并利用了有价值的信息而创业成功,例如,霍英东在二战结束期间翻阅一些报刊资料时,无意中看到香港政府宪报上刊登的拍卖战时剩余物资的通告,正是这些被当作垃圾品拍卖的战时剩余物资成就了霍英东创业的第一桶金;20世纪90年代,王传福在一份国际电池行业动态上了解到日本宣布本土将不再生产镍镉电池的信息,而抓住了创业机会;

---

① 张玉利.创业管理[M].第2版.北京:机械工业出版社,2011:139.

1995 年马云在美国第一次接触互联网，敏锐的直觉告诉他："感觉它肯定会影响整个世界，而中国还没有"。马云当即决定回国辞职创业。

在知识经济时代，掌握并善用信息和网络技术不仅能使创业者摆脱繁琐的文件和纸上作业，摆脱让人焦头烂额的具体事务，可以轻而易举地对企业产品的库存、销售、业绩、市场占有量、竞争对手的情况、顾客对企业产品的反馈信息等进行即时控制，而且可以充分利用员工创造性劳动和技术专长，对信息和数据作出更加正确的判断，使其成为企业决策资源。

第二节　创业融资

创业融资是创业管理的关键内容，在企业成长的不同阶段具有不同的侧重点和要求。

创业者面临的最大问题是什么？广州青年企业家协会 2004 年的一项专题调查显示：45％的被调查者认为创业遇到的最大问题是"缺乏资金"，32％的人认为"缺乏项目"。共青团中央 2011 年 7 月公布的一项调查数字显示，2010 年全国本科毕业生中，自主创业的比例仅占 0.9％。与国外大学生 10％～20％的创业率差距巨大，据有关调查，其原因在于 80.1％的大学生认为"缺乏启动资金"是创业最大的障碍。①

创业融资是创业管理的关键内容，在企业成长的不同阶段具有不同的侧重点和要求。

一、创业融资分析

（一）创业融资难的原因

不确定性和信息不对称是创业融资难的影响因素。

（1）不确定性。根据清华大学中国创业研究中心 GEM（全球创业观察）项目的研究成果，市场变化大是中国创业环境方面的重要特征。市场变化大，一方面意味着有更多的创业机会；另一方面则意味着创业活动本身面临非常大的不确定性，因而创业过程中存在诸多风险。由于创业环境的不确定性，创业机会与创业企业的复杂性，创业者、创业团队与创业投资者的能力与实力的有限性以及创业者缺乏创办新企业的经验等因素，创业企业的不确定性比既有企业的不确定性要高得多，必然存在创业活动偏离预期目标的可能性，从而造成不良后果。

（2）信息不对称。一般而论，创业者比投资者对于创业项目、自身能力、创新水平与市场前景更加了解，处于信息优势地位。与创业者相比，投资者则处于相对信息劣势的地位。银行惜贷说到底是为了逃避风险，而风险的根源就是信息不对称。

创业者常常由于担心企业"天机被一语道破"，不愿意过多披露创业项目相关信息，投资者难以深入了解。因此，投资者在极为有限的信息下，难以判断创业者项目的优劣。此外，在创业项目的可行性、创业团队的素质和创业企业的财务状况等方面，创业者和外部投资者之间都可能存在严重的信息不对称，这往往会导致逆向选择问题，使得创业融资市场上出现"劣币驱逐良币"的现象。

---

① 阳大胜，彭强，梁开竹. 大学生创业"融资难"原因与风险管理对策［J］. 当代经济，2012(3).

创业企业的高经营风险,常常缺乏稳健的现金流,担保能力弱(缺乏担保资产);商业银行贷款本身存在制度缺陷,强调稳健经营的偏好。因此,国有商业银行单纯向有国家信用作担保、短期风险较小、综合收益高的大企业、大项目"规模化批发",长期贷款就已有足够的利润空间,因而不愿向融资"期限短、频率高、需求急、金额小"的小微企业发放"零售"贷款,使得创业企业融资更加困难。

(二) 融资方式选择

(1) 股权融资和债权融资。股权融资也叫权益融资,即创业者用未来企业的部分股权换取创业融资,股权投资者成为企业的部分所有者,即股东。债权融资对于创业者来说主要是商业信贷,通过向商业银行贷款获得资金,而银行对贷出的款项要求必须按期还本付息。一般说来,不管是新创立公司还是已建公司,如果创业者不想过度分散自己的股权但又想获得充足的运营资金,则企业不仅要采取股权融资,还要采取债权融资的方式。表 5-3 为股权融资和债权融资优缺点比较。

(2) 内源式(内部)融资和外源式(外部)融资。内源式(内部)融资主要指创业者自己通过原始积累或家庭、亲朋好友支持取得的资金,一般无需花费融资费用;外源式(外部)融资是通过向外部债权融资或某种形式的股权融资来获得,外部融资要花费融资费用。

(3) 直接融资和间接融资。直接融资是指创业者不经过银行等金融机构,而直接与资本供应者协商借贷或直接发行股票、债券等筹集资本的活动,直接实现资本的转移;间接融资则指创业者借助银行等金融机构而进行的融资方式,银行等金融机构发挥金融中介作用预先聚集资本,再提供给资本需求企业。

(4) 长期融资和短期融资。长期融资通常指使用期限在 1 年以上的融资,一般包括各种股权资本和长期借款、应付债券等债权融资;短期融资通常指使用期限在 1 年以内的融资,一般包括短期借款、应付账款和应付票据等项目。

表 5-3　股权融资和债权融资的比较

	债权融资	股权融资				
	各种形式借款	使用个人存款	向亲友借款	合伙企业	有限责任公司	获得风险投资
优点	比较容易获得; 企业所有权和控制权得以维护; 可选择有利的时间归还; 可以节约自有资金; 借款成本可在税前列支; 通货膨胀实际上降低了借款成本	独享全部利润; 减少债务数额; 失败的风险转化为成功的动力	可筹集较多的资金; 分散财务风险	宽松的现金来源; 较小的压力和制约	可筹集较大量的资金; 分散财务风险; 降低法律风险降低税赋	这类资金就是为了帮助小企业; 有利于寻求贷款

(续表)

	债权融资	股权融资				
	各种形式借款	使用个人存款	向亲友借款	合伙企业	有限责任公司	获得风险投资
缺点	借贷款必须还本付息,这对于开始运营的初创企业可能十分困难;要承担未来利润不足以偿还利息的风险;可能导致滥用和浪费资金;让他人了解财务和其他一些保密信息;贷款机构可能会附加限制条款,如要求提供抵押物	可能损失自己的现金资产;需要个人较大付出;丧失了存款用于其他投资的机会收益	需让出部分利润或让出部分所有权;可能干扰正常的经营管理	私人关系破裂的风险;可能增加企业运作的复杂性	让出部分利润;让出企业部分所有权和控制权	只关注资本增值

资料来源:刘国新.创业风险管理[M].武汉:武汉理工大学出版社,2004:167.

(三)融资方式选择的影响因素

创业首先应当详细制定好融资方案,以对企业创办和正常运行所需资金有个统筹的、较为长远的考虑。为此,应当综合考虑各种融资类型的可得性、它们与企业的适合度及其成本影响因素。具体包括:迄今为止的企业成果和业绩;投资者能感到的风险;行业和技术;企业的发展潜力和预期退出的时间;企业预期成长速度;企业年龄和发展阶段;投资者要求的回报率或内部回报率;需要的资金量和企业原先的估计;创始人在企业成长、控制、清算和收获方面的目标;投资者要求的条件和承诺。

当然,其他许多因素特别是投资者对商机优劣和管理团队素质的看法,也将对投资或贷款的决策产生影响。许多有经验的投资家都会将最终的评估焦点放在创业者和经营团队身上,他们认为,经营环境和市场的变化是不可预知的,也是无法控制的,唯有凭借经营者的事业心与意志力,才能克服这些困难与挑战,确保投资事业的成功。因此,他们往往选择具有创业精神与专业能力的经营团队作为主要投资对象。表5-4为创业者对融资方式选择应当考虑的因素。

表5-4 创业者对融资方式选择的影响因素

类型	创业企业特点	融资方式的选择
高风险,不确定回报的企业	弱小的现金流、高负债率,创业初期,未经证明的管理团队	自有资本、亲朋好友借贷等内部融资
低风险,较易预测回报的企业	强大的现金流、低负债率,已审计的财务报表,优秀的管理团队	除自有资本等内部融资外,还适合债务融资
能提供高回报的企业	独特的商业创意,丰厚的市场回报,得到证明的优秀管理团队	除上述方式外,还适合股权融资

二、创业所需资金的测算

正确测算创业所需资金有利于确定筹资数额,降低资金成本。

从办理营业执照起,各种支出犹如"花钱似流水"。新创企业投入运营之后,很难立即带来收入,为了保证公司在启动阶段业务运转顺利,在公司经营达到收支平衡之前,创业者必须准备足够的资金以备支付各种费用。很多创业咨询专家建议新公司在启动阶段至少要备足 6 个月的各种预期费用,最好是第一年全年所需的运营预算。

对创业启动资金进行估算,需要丰富的企业管理经验,以及对市场行情的充分了解。为了较为准确地估算出的创业启动资金,需要分类列个清单——而且是越详细越好。一个聪明的办法就是集思广益,想出所需要的一切,从有形的商品(如场地、库存、设备和固定设施)到专业的服务(如翻修、广告和法律事务),一应俱全。然后,就可以逐项开始测算创业启动所需要支付的费用。

(一) 按资金周转方式测算创业启动资金

可以把启动资金分为固定资产和营运资金。

1. 固定资产

固定资产:使用期 5 年以上,价值在 800 元以上的资产。

特点:价值较高、使用时间较长,不能在短期内回收。

范围:场地、厂房、设备、开办费(金额较大的培训费、加盟费、技术转让费、装潢装修费都是固定资产投资)等。

这类资金要考虑长期性,不能依靠短期资金来解决,以免日后陷入拆东墙补西墙的困境。

2. 营运资金

特点:保证企业日常运营所需要支出的资金,也称为营业周转资金。

范围:原材料和商品库存、促销(启动资金包括 4P 计划的促销成本),工资(全部员工月工资总额(含员工"五险一金")×未收支平衡的月数),租金(月租金额×未收支平衡的月数),保险(社会保险和商业保险),其他费用,包括水电费、办公用品费、交通费、电话费、不可预见费(罚款、盗窃、丢失等)等。

营运资金在一个营运周期内就可以收回,可以通过短期资金解决,一般至少要准备企业开办头 6 个月所需的流动资金。

注意事项:(1) 即便可以盈利的企业,也会由于流动资金短缺,即"现金流"中断而导致破产;(2) 依据"必须、必要、合理、最低"的原则,将流动资金需求量降至最低;(3) 必须保持一定量的流动资金"安全储备"以备不时之需。

上述测算方式虽然简便,但因分类过于粗略,较小费用(如低值易耗品)容易发生遗漏。

(二) 按资金使用范围测算创业启动资金[①]

1. 地点

计算所需要支付的店面或场地(包括停车位)租金、装修或者全面整修的费用。

---

① *The Wall Street Journal Complete Small Business Guidebook* [M]. Three Rivers Press,2009.

2. 库存

计算原材料、零配件成本,外加生产成本,或者所销售的产品的批发价格;计算运输和包装成本、销售佣金以及其他任何与产品销售有关的成本。

3. 设备

计算购买或者租赁各类生产设备、办公设备、运输车辆以及其他固定设施的总成本。

4. 员工

计算所有员工(包括老板)的工资、福利以及代缴的税费(包括"五险一金")、加班工资等薪酬。

5. 市场营销

计算需要购买的办公用品、文具、宣传材料、广告活动、门牌标识以及开业典礼、客户接待(餐饮或者娱乐)费用。

6. 管理和营运成本

计算所需支付的保险(社会保险和商业保险)和管理费用。不要忘了水电、煤气等费用,这是一项普遍容易被遗漏的费用。还有其他支出,如电话和互联网服务、物管、清洁、财产维护以及低值易耗品的补充等。

7. 专业服务费用和许可

计算所需支付的律师、会计或者其他咨询顾问费用。一定要考虑所需支付的申请经营许可或者营业执照等相关费用。

如果在测算所需启动资金方面仍有困难,那么不妨研究一下所在行业和地区的其他公司的情况;试着与其他企业主探讨他们是如何计算创业成本的,具体询问他们往往会忽略的费用项目;小企业协会和地方创业协会的工作人员会提供免费的咨询服务;还可以从经常与小企业打交道的会计或者律师那里寻求建议。

当对自己的预测心存疑虑的时候,应当总是宁可高估前期投资成本、低估销售额。美国南加州大学创业中心的凯瑟琳·艾伦(Kathleen Allen)教授建议,使用一个她称之为"三角测量"的步骤,也就是对于每项费用,从 3 个不同途径获取 3 个数字,然后"权衡 3 个数字,最后得出一个你认为正确的数字"。[①]

需要提醒的是,除了创业启动资金外,创业企业还面临着成长问题。在成长阶段,单靠初始的启动资金和企业盈利是不能满足企业成长的需要。因而,还必须考虑第二轮融资,即设法从外部筹集用于扩大再生产的资本金,即发展资本。

三、创业融资渠道

创业融资的主要渠道包括自我融资、亲朋好友融资、天使投资、商业银行贷款、担保机构融资和政府创业扶持基金融资等。

创业融资不只是一个技术问题,还是一个社会问题,应从建立个人信用、积累社会资本、写作创业计划、测算不同阶段的资金需求量等方面做好准备。

(一) 私人资本融资

创业企业具有的融资劣势,使创业者难以通过传统的融资方式如银行借款、发行债券等获

---

① 甫涟.创业启动资金如何测算[N].中华工商时报,2012-04-06.

得资金,所以私人资本成为创业融资的主要组成部分。根据世界银行所属的国际金融公司(IFC)对北京、成都、顺德、温州 4 个地区的私营企业的调查①:我国的私营中小企业在初始创业阶段几乎完全依靠自筹资金,90%以上的初始资金都是由业主、主要的创业团队成员及家庭提供的,而银行、其他金融机构贷款所占的比重很小。

私人资本融资包括自我融资、亲朋好友融资和天使投资。

1. 自我融资

自我融资是指创业者将自己的部分甚至全部积蓄投入到新企业创办之中。创业者应当将自有资金的大部分投入到新创企业中。一方面创业是捕捉商业机会、创造价值,甚至是超额利润的过程,创业者将尽可能多的资金投入,可以在新创企业中持有较多的股份,创业成功后,将获得较高的创业回报;另一方面,自我融资是一种有效的承诺和自我激励,以实际行动告诉团队成员和其他投资者,创业者对自己认定的创业机会十分有信心,对自己创建的企业充满信心,并且全力以赴、脚踏实地在干事业。因此,可以增加团队成员的信心和投资者投资的可能性。

自我融资的缺点是融资金额非常有限,因而不是创业资金根本性的解决方案。

2. 亲朋好友融资

家人和亲戚、朋友一般都是创业者理想的贷款人,许多成功创业人士在创业初期都借用过家人或朋友的资金。根据统计,家人和朋友是创业者开办新企业所用资金的第二种来源(第一种为自有资金)。绝大多数创业者靠私人借贷创建企业,因为专业的投资机构往往出于对投资项目高额回报的考虑而只对那些有可能高速成长的企业投资,因而能够获得专业机构投资的创业者为数很少,即使在创业投资非常活跃的美国硅谷,创业者也常常先靠私人借贷来开始最初的创业。向亲朋好友融资的优点是快速、灵活,投资者自我激励和约束大。但现实中的主要问题是:相当多创业者缺乏私人借贷的能力和渠道,所筹措的资金量也难以满足创业企业快速发展的资金需求。

向亲朋好友融资应当注意以下几点:

(1)"亲兄弟,明算账"。无论是从家人,还是从朋友那里借款,都要打上一张借条,写明借款的时间、地点、数目与条件。其中的"条件"可以参照当时的银行利息,写明你还本付息计划。由于中国传统的习惯,过去人们这么做总是觉得"生分",破坏家人的亲情和朋友之间的友情。其实这是一种错误的观念。一方面时间在这里本身就是风险;另一方面没有一个人愿意把自己的钱毫无理由地放在别人的腰包里。此外,你若向家人和朋友借了钱而不支付利息,实际上等于是在剥夺别人的财富。

(2)如实说明借款原因。在借款之前,应当向家人或朋友亲戚如实地说明经营的情况与项目,包括投资额度、预期收入与存在的风险,然后把资金状况和缺口告诉他们,看看他们是否愿意将钱借给你,不要让家人或亲戚朋友陷入一种尴尬的境地。如果获得了他们的支持和贷款,也要注意让他们不断地获得关于你真实的经营状况的信息,尽可能地避免他们对你产生不信任。同时,要切实履行承诺,保障各方利益,减少不必要纠纷。

在向家人或亲戚、朋友借贷的过程中,如果有人对你的创业项目产生了很大的兴趣,而且他们也觉得有信心,这个时候,可以询问他们是否愿意进行合作经营。当然,也得向他们说清楚,合作经营可以取得股权,其收益可能远远大于他将自己的钱借给你而获得的利息,但一旦

---

① 王杨. 基于信息不对称和产权属性的融资困境分析及对策[J]. 经济论坛,2005(23).

经营失败，所要承担的风险也要远远大于他将钱借给你的风险。不管怎样，只要项目得当，而且他们也很信赖你的能力，相信自己的判断力，那么通过合作方式来筹集资金是完全可能的。

3. 天使投资

天使投资（angel investment）是指自由投资者或非正式机构对具有专门技术或独特概念的原创项目或小型初创企业进行一次性的前期投资。天使投资实际上是风险投资的一种特殊形式，是对于高风险、高收益的初创企业最早介入的外部资金。

我国天使投资目前发展还不充分，尚处于婴儿期，但近年来中国天使投资人这个群体发展增速惊人。从2011年开始的以移动互联网创业为标志的新一波创业高潮，吸引了更多有条件的人加入到中国天使投资行业中来。目前国内成功的民营企业家正逐渐成为天使投资的主力军，一批活跃在南方几省的"富二代"投资人也构成了我国天使投资人群体。统计表明，近年来，国内平均单笔天使投资金额为100～300万元。

一般而论，一个公司从初创到稳定成长，需要三轮投资。第一轮投资大多是来自个人的天使投资，作为公司的启动资金，第二轮投资往往会有风险投资机构进入，为产品的市场化注入资金，而最后一轮则基本是上市前的融资，来自于大型风险投资机构或私募基金。

天使投资具有如下特征：

（1）天使投资的金额一般较小，而且是一次性投入，它对风险企业的审查也并不严格，更多地是基于投资人的主观判断或者是由个人的好恶所决定的。通常天使投资是由一个人投资，并且是见好就收，是个体或者小型的商业行为。

（2）很多天使投资人本身就是企业家，了解创业者面对的困境，他们是起步公司的最佳融资对象。例如在硅谷，相当多的天使投资者是那些成功创业的企业家、创业投资家或者大公司的高层管理者，他们不仅拥有一定的财富，而且还有经营管理或者技术方面的特长，对市场、技术有敏锐的洞察力，十分了解创业企业的发展规律。

（3）天使投资人不但可以带来资金，同时也带来关系网络。如果他们是知名人士，还可提高公司的信誉。天使投资往往是一种参与性投资，也被称为增值型投资。投资后，天使投资人往往积极参与被投企业战略决策和战略设计，为被投企业提供咨询服务，帮助被投企业招聘管理人员、协助公关、设计退出渠道和组织企业退出等。

案例5-2：精明投资的"天使"[①]

尽管很多美国大学教授都并不富裕，事实上，从来没有大学全职教授能够仅靠自己教书匠的薪水成为亿万富翁。然而身为美国斯坦福大学计算机科学教授切里顿至少拥有高达13亿美元的丰厚身家。据悉，他在最近一期的福布斯全球富豪排行榜上名列第960位，当仁不让地堪称是全世界最有钱的"全职大学教授"。尽管美国还有好几个挂着大学教授头衔的亿万富翁身家超过了切里顿，但他们大多充当着兼职教授或"客座教授"的角色，只是抽空偶尔到大学中给学生们上上课。

投资多名大学生创业利润回报丰厚

不可思议的是，切里顿却并不是靠教书匠的薪水，而是靠对斯坦福大学寻求创业的学生们进行"精明投资"才奇迹般地赚到他的亿万身家的。据悉，切里顿除了自己创办科技公司外，还

---

① 欧弟.最有钱全职教授财富13亿美元[N].深圳特区报，2012-12-10.

慷慨借钱帮助自己十分看好的斯坦福大学学生进行创业,对他们新创办的科技公司大胆进行投资。在过去 10 多年时间中,切里顿教授从自己口袋中至少掏出了 5 000 万美元的财产,大胆投资了 17 家由斯坦福大学毕业生或他的少数教授同事创办的科技公司,其中包括美国虚拟化软件开发商 VMware 公司和云计算设备公司阿里斯塔网络公司等,这些公司后来大多成了美国的科技新贵,也给切里顿带来了超过 13 亿美元的股权资产!

教书之余自己也创业

切里顿教授的第一桶金来自于他和斯坦福大学德国博士留学生安迪·贝赫托尔谢姆共同投资创办的花岗岩系统公司,该公司专门研究生产以太网交换机产品,花岗岩系统公司在1996 年被美国思科系统公司以 2.2 亿美元的价格收购,使切里顿顿时摇身变成了一名亿万富翁。切里顿后来投资的另一家科技公司又被美国太阳微系统公司以 1.2 亿美元的价格收购,使切里顿教授的财富再次迅速增加。

最具远见卓识的一次投资

在切里顿的所有"精明投资"中,最具远见卓识的一次投资当数在 1998 年给两名斯坦福大学博士生拉里·佩奇和谢尔盖·布林签了一张 10 万美元的支票了,佩奇和布林随后拿这笔钱创办了著名的谷歌公司,切里顿当年 10 万美元的"微薄投资",如今已使他拥有了超过 10 亿美元的谷歌股份,14 年的投资收益高达 1 万倍。

据悉,当年佩奇和布林希望创建萌芽中的谷歌搜索引擎公司,囊中羞涩的他们四处募集创业资金,尽管切里顿教授不是他们的导师,但身为斯坦福大学博士生的佩奇和布林仍在 1998年 8 月来到切里顿教授的家,希望他能成为谷歌公司的投资人。

当切里顿教授和陪同佩奇、布林两人来到他家"募资"的德国博士留学生贝赫托尔谢姆仔细聆听了佩奇、布林两人对他们的搜索引擎算法的介绍后,立即就领会到了这个搜索引擎的精妙之处,切里顿教授慷慨地向他们投资了 10 万美元。然而当时,美国雅虎公司和 Excite 公司都将谷歌开发的算法拒之门外,拒绝对谷歌进行投资,也因此错过天大的发展机会。

1998 年 9 月 4 日,佩奇和布林拿着从切里顿教授和他的合伙人好友贝赫托尔谢姆那儿募集来的资金正式创办了谷歌公司。

(二) 机构融资

1. 商业银行贷款

在中国,中国工商银行、中国农业银行、中国银行、中国交通银行等四大商业银行,中国光大银行、民生银行、招商银行、深圳发展银行、上海浦东发展银行等中小型商业银行,以及各级农村信用社是创业者获得银行贷款的重要来源。

商业银行不提供股权资本,主要提供短期贷款,但也提供中长期贷款和抵押贷款。目前,我国商业银行推出的个人经营类贷款对于创业者非常适合,包括个人生产经营贷款、个人创业贷款、个人助业贷款、个人小型设备贷款、个人周转性流动资金贷款等类型。但商业银行往往对初创企业不感兴趣,因为初创企业的风险大、信用低,在贷款的时候,通常要求创业者提供担保,包括抵押、质押和第三人保证。

在我国,个人向银行申请贷款是一件相当难的事情,即使贷款给你,也需要你提供以下一些材料:经营说明及经营策略、管理能力综合评价、资本要求、个人经济状况、融资计划与现金流量表、投资报告书、贷款申请书。

除了这些相关的材料，银行信贷人员还通常会向你提出一些问题。对此，你也要有一定的心理准备。例如，你需要多少钱？你想用这笔钱做什么？为什么这种贷款有利于你的创业经营？你为什么不备足自己的资金来做这一件事？你什么时候能偿还这笔贷款？怎样偿还这笔贷款？假如你的经营方案实现不了怎么办？对于这些问题，回答的时候不要想当然，一定要通过你的回答让银行对你的经营、你的能力等有一个充分的了解，以产生信赖。

2. 担保机构融资

担保机构融资是指企业根据合同约定，由依法设立的担保机构以保证的方式为债务人提供担保，在债务人不能依约履行债务时，由担保机构承担合同约定的偿还责任，从而保障银行债权实现的一种金融支持方式。

担保机构主要解决中小企业融资困难。1993年11月，由财政部和国家经贸委联合组建中国经济技术投资担保公司，并于1994年3月正式投入运营，由此拉开中国担保行业发展的序幕。2003年出台《中华人民共和国中小企业促进法》，鼓励各种担保机构为中小企业提供信用担保；2012年5月，财政部、工业和信息化部出台《中小企业信用担保管理办法》，推进了信用担保机构的规范化。

担保公司的服务对象是中小企业，特别是民营创业企业。大企业融资渠道较多，自己拥有抵押物或担保单位，无需找专业担保公司。

（1）担保融资的程序。有担保需求的企业应首先选择担保公司并提出担保申请，担保公司对申请企业进行调查后，会要求企业提供反担保（通常情况下，企业提供的反担保可以是一个组合，既有财产反担保，也可能有个人反担保、股权反担保。大多数情况下，担保公司会要求大股东提供个人反担保）。经担保公司审批同意，企业就可按正常程序向商业银行申请贷款，而由担保公司提供担保。

（2）担保融资的条件。担保公司对客户的一般要求是在行业内具有比较优势（只要能领先别人一步就行）；健康、稳健，诚信、有持续经营能力；有还本付息能力。

（3）担保融资注意事项。担保公司是经营信用的企业，担保公司所面临的风险中，最突出、最不可控制的是企业的信用风险，因此担保公司非常看重企业及其老板以往的信用记录。所以，创业者应当未雨绸缪，创业起步就要注重诚信建设和企业声誉，并尽早同担保公司建立联系，加强沟通，增进了解，使创业企业在担保公司有初步信用资料，一旦有担保需求，就可以大大缩短担保公司的工作时间，不至耽搁企业的商机。

案例5-3：担保公司助力酒楼经营更上一层楼[①]

长兴酒家是一家经营得不错的酒楼，为发展事业计划扩大规模，亟需贷款融资，但商业银行借贷无门，向担保公司申请担保却无法提供可靠的反担保。担保公司经仔细调查后，发现酒楼老板在经营餐饮企业方面确实有独到之处，而且老板本人社会信用非常好，对还款很有信心，愿意接受担保公司的任何反担保条件。担保公司为此特地设计出一套反担保方案，其中最为关键的是，把酒楼的注册资本从原来的50万增加到500万，担保公司占90%的股份，双方约定，如果该公司不能到期还款，则担保公司代偿后行使大股东的权利；如果按时还款，则担保公司把股权转让给该公司老板。

[①] 杨晓凌. 中小企业如何获得担保融资[EB/OL]. 中国管理传播网. http://manage. org. cn/article/200511/19948. html.

长兴酒家顺利地从银行获得所需贷款,规模扩大后,生意更加兴隆。

对于那些申请金额太小的企业,如10万、20万元的贷款,即使担保公司同意担保,有些银行考虑到其业务成本与收益不相称,可能不会受理这种业务。因此申请金额在50万元以下的企业,建议向城市商业银行、信用社申请,或者以个人贷款的方式向银行申请。

3. 政府创业扶持基金融资

近年来,各级政府越来越重视对中小企业、创业企业的扶持,制定多种优惠政策。创业者应当努力争取政府创业扶持基金的支持和帮助。由政府主导的创业扶持基金不但能为企业带来现金流,更是企业壮大无形资产的利器。

政府创业扶持基金主要包括科技创新基金、政府创业基金、专项基金和地方性优惠政策,如税收优惠、财政补贴、贷款援助等。

(1)科技创新基金

目前中国以及世界很多国家和地区都有政府对科技创新创业的支持基金计划。在我国,科技型中小企业技术创新基金(以下简称创新基金)是1999年经国务院批准,科技部、财政部共同管理的一项政府专项基金,专门用于扶持和引导科技型中小企业技术创新活动。它主要通过无偿资助、贷款贴息和资本金注入等方式,对创业初期、商业性资金进入尚不具备条件、最需要由政府支持的各种所有制类型的科技型中小企业的技术创新项目或为中小企业技术创新活动服务的公共服务平台给予资金支持。此外,为支持我国中小企业开拓国际市场,参与国际竞争,降低经营风险,中小企业国际市场开拓资金(简称中小资金)早在2001年就开始启动。

(2)政府创业基金和优惠政策

除了上述两类国家级的扶持基金外,还有各省市地方政府为了增强区域竞争力,不断采取各种方式扶持科技含量高的产业或者优势产业,相继设立了一些政府创新创业基金予以支持,或者提供一系列地方性创业优惠扶持政策。提供的特色基金和优惠政策可以帮助部分企业扩大融资渠道,不过这类基金往往对于创业者身份有着严格的限制。比如大学生科技创业基金、留学归国人员创业基金、博士后创业基金等。目前,不少地方政府这类基金已经初步显现全方位、多层次的特点,有力地支持和推动大学生创新创业。

案例5-4:南京出台推进创业就业实施意见[①]

根据《国务院关于进一步做好新形势下就业创业工作的意见》(国发〔2015〕23号)和《省政府关于进一步做好新形势下就业创业工作的实施意见》(苏政发〔2015〕90号)精神,南京市政府近日公布了《关于进一步做好新形势下就业创业工作的实施意见》(以下简称《意见》),其中提出创业担保贷款额度将提高至:个人创业最高30万元、合伙创业最高50万元。

在鼓励大众创业方面,该《意见》透露,南京将小额担保贷款调整为创业担保贷款,降低创业担保贷款的门槛,创业担保贷款额度提高至个人创业最高30万元、合伙创业最高50万元;全额贴息范围扩大至学生创业项目。同时,建立大学生创业担保贷款绿色通道,对落户在宁高校、经认定的创业园区内注册经营的大学生创业实体,经高校、园区审核推荐,经办金融机构审验同意,可免除反担保要求。此外,还鼓励成功创业带动就业。对符合条件、初始成功创业并

① 仇惠栋. 南京出台推进创业就业实施意见[EB/OL]. 扬子晚报网. www. yangtse. com/nanjing/2016-01-06/755436. html,2016-01-06.

正常经营纳税半年以上的创业实体,给予4 000元的一次性创业补贴;吸纳本市户籍事业人员就业并与其签订1年以上劳动合同、足额缴纳社会保险的,按吸纳就业人数给予每人1 500元的一次性带动就业补贴。

《意见》明确,对有见习意愿的南京籍未就业高校毕业生参加见习实训,将按规定给予相应的见习实训补贴。目前,"求职补贴"已经调整为"求职创业补贴",对象范围扩展到已经获得国家助学贷款(含生源地助学贷款)的毕业年度高校毕业生,补贴标准从2016年起由1 000元提高到1 500元。此外,对南京籍全日制普通高校离校未就业毕业生,毕业1年内实现灵活就业,在南京办理就业登记、按时足额缴纳社会保险费的,按南京市最低缴费基数缴纳社会保险费金额的2/3给予补贴,补贴期限最长不超过2年。

(3) 政府专项基金

政府专项基金主要用于支持中小企业创业与发展。包括:设立于1999年的科技型中小企业技术创新基金,设立于2000年的中小企业国际市场开拓资金,设立于2001年的农业科技成果转化资金,设立于2003年的中小企业服务体系专项补助资金,设立于2004年的中小企业发展专项资金,设立于2004年的中小企业平台式服务体系专项补助资金及设于2011年的新兴产业创业投资基金等。

4. 风险投资

创业投资也叫"风险投资"(venture capital,VC),是指在创业企业发展初期投入风险资本,待其发育相对成熟后,通过市场退出机制将所投入的资本由股权形态转化为资金形态,以收回投资,取得高额风险收益。

由于高新技术企业与传统企业相比更具备高成长性,所以风险投资往往把高新技术产业作为主要投资对象。在美国,70%以上的创业资本投资于高新技术领域,解决了高新技术产业化过程的"瓶颈"——资金缺口。美国的创业投资培育造就了一大批世界级著名企业,如微软、苹果、惠普、英特尔、网景、雅虎、数字设备、联邦快递、太阳微系统等公司,也造就了一大批创业企业家,如比尔·盖茨、史蒂夫·乔布斯、安迪·葛罗夫、斯科特·麦克尼利、吉姆·克拉克等。如今他们都成长为世界IT业佼佼者,为社会创造了惊人的财富和价值。

英国前首相撒切尔夫人曾感慨地承认:"欧洲在高技术方面落后于美国,并不是由于技术落后,而是由于欧洲风险投资落后美国数十年"。

案例5-5:Yahoo! 的第一笔风险投资①

1995年的一个夜晚,在斯坦福大学留校从事研究工作的杨致远和费罗翻着韦氏词典,为他们的网站编造名字。其中"Ya"取自杨致远的姓。突然间,他们想到了Yahoo这种字母组合,然后迅速翻开手边的韦氏英语词典,发现此词出自斯威夫特的《格利佛游记》,指一种粗俗、低级的人形动物,它具有人的种种恶习。

这个词显然不太雅,但仔细一琢磨,"反其义而用之"。在强调平权的因特网上大家都是乡巴佬。为了增加褒义色彩,后面加上了一个感叹号,于是就有了"Yahoo!"。"没错,太好了,就是它了,这简直是神谕(oracle)!"

初闯商海的杨致远和费罗一方面累得苦不堪言,另一方面为自己突如其来的成功欣喜若

① 杜雁.杨致远美国最年轻的华人首富[J].成功,2000(1).

狂。他们发现历史赋予的难得机会终于到来了:网景公司的导航器测试版刚刚发行,HotWired也开通了网络广告站点,通过网络赚钱的时机开始成熟。

聪明的杨致远认识到,必须自己制订一个周密的商业计划,以我为主通过广告赢利。杨找到自己的老同学布拉狄(Tim Brady),他此时正在哈佛商学院读书。杨和布拉狄参考HotWired公司发布广告赢利的经验,迅速起草了一份商业计划。带着这份计划书,他们到处寻找风险投资者。

他们一边维护日益膨胀的网络资源,一边寻找商机,每天只睡4个小时。

杨致远找到了红杉(Sequoia)资本公司,它是硅谷最负盛名的风险投资公司,曾向苹果、Atari(视频游戏工业的领袖)、奥拉克(大型数据库供应商)、Cisco系统(网络硬件商)等公司投资。但红杉公司的莫里兹(Mike Moritz)起初有些犹豫,因为雅虎实在太与众不同了,与"网景"的情况还不一样,雅虎本身只是"在网上提供服务",而且是免费的,其商业潜力在哪里呢?

至今,莫里兹回忆起1995年1月走访"办公室"的情景,还津津乐道:"那里真的可以说是一片狼藉。比萨饼盒扔得满地都是,高尔夫球棒随随便便地搁在角落里,电话机扔在地板上,整个屋子里连张椅子都没有,满屋子黑乎乎的。我觉得杨致远和费罗大概连白天黑夜都分不清了。"

不过,莫里兹并没有被吓跑,杨致远和费罗最终使他相信,"这几个小子的确有眼力,抢先占据了网上的有利位置,如果发展顺利,其战略优势十分明显。"1995年4月红杉投资雅虎近200万美元。它是雅虎的首家风险资本投资者,也是唯一的风险资本投资者。现在,红杉的股本已升值到了34亿美元。

风险投资是典型的股权融资形式,与其他股权融资方式不同,风险投资更看重企业发展的未来,因而对投资项目的考察是所有投资方式中最为客观和严格的。对中小企业而言,风险投资为企业长远发展提供了市场化的资金支持,减少了创业者所承担的风险程度。要获得风险资本的支持,创业者需要直接向风险投资机构申请或通过从事此类业务的中介机构来获取,同时,创业项目应当有好的盈利预期和市场前景、包装好的商业计划书、培育优秀的创业团队。

一般而言,无论选择天使投资或是风险投资的融资方式,比较恰当的股权结构是由创业者和他的团队拥有相对多数的股权比例,然后才是由天使投资人与风险投资人拥有次多的股权比例,最后剩余的少部分再邀请策略性企业投资人参与认股。这样的股权结构最有利于创业者与创业精神的发挥,尤其能使创业投入与创业利益最紧密地结合,创业成功的机会也比较高。

(三)知识产权融资

知识产权融资,即用知识产权进行质押贷款或作价入股获取融资。

近年来,国家相继出台了一系列政策法规鼓励知识产权质押融资。我国《担保法》第75条对知识产权的质押进行了明确规定,2007年颁布的《物权法》再次强调专利权、商标权、著作权中的财产权可以作为质押标的,向银行申请融资;2008年7月实施的《科技进步法》中提出,"国家鼓励金融机构开展知识产权质押业务,鼓励和引导金融机构在信贷方面支持科学技术应用和高新技术产业发展";2009年1月,国家知识产权局确定了北京海淀区、广东佛山市等6地的知识产权局作为国内首批知识产权质押融资试点单位,要求试点单位运用知识产权质押贴息、扶持中介服务等手段,积极促进企业的知识产权融资。

现阶段我国知识产权融资方式主要有质押贷款、作价入股与知产引资、融资租赁等。

1. 质押贷款

质押贷款是指企业或个人以合法拥有的专利权、商标权、著作权中的财产权经评估后作为质押物，向银行申请融资。

2. 作价入股与知产引资

作价入股与知产引资是指合法拥有知识产权的企业或者个人，通过知识产权的价值评估后，以具有自主知识产权并能带来丰厚回报的潜力项目，吸引合作第三方投资，企业通过出让股权换取第三方资金，或与拥有资金的第三方机构合作创立新公司，使得拥有知识产权的企业或者个人获得企业股权；也指企业股东或者法人将自主拥有的专利/专有技术等，通过知识产权的价值评估后转让到企业，从而增加其持有的股权。

3. 融资租赁

与传统行业中的设备融资租赁具有类似性，在租赁期间，承租方获得知识产权的除所有权外的全部权利，包括各类使用权和排他的诉讼权。租赁期满，若知识产权尚未超出其有效期，根据承租方与出租方的合同约定，确定知识产权所有权的归属。知识产权的融资租赁、知识产权资产的证券化等在中国大陆区域属于尚未开拓的全新融资方式。

事实说明，优质的知识产权并不仅仅是一张证书，而且完全可能是一个可行的融资途径。

案例 5-6：阿里巴巴创业初期的三轮融资[①]

第一轮融资：天使投资 500 万美元

阿里巴巴接触风险投资商源于马云发现了"千里马"，用对了一个关键人物——蔡崇信。蔡崇信是阿里巴巴现任 CFO，他来自台湾，美国耶鲁大学法学硕士毕业后在华尔街当了四年的律师，然后被银瑞达（InvestorAB）公司派往亚洲负责整个亚洲的风险投资，1999 年在同马云接触之后，决定加入阿里巴巴，为此他放弃了当时已经高达百万美元的年薪。

蔡崇信在华尔街的人脉开始发挥作用，1999 年 10 月，马云私募到手第一笔天使投资 500 万美元，是由高盛公司牵头，联合美国、亚洲、欧洲一流的基金公司如汇亚、银瑞达、新加坡科技发展基金参与。蔡崇信本人也作为投资者进入了公司董事会。

第二轮融资：风险投资 2 500 万美元

在阿里巴巴的第二轮融资中，是软银的介入，这个大玩家在此后开始不断地支持马云，才使得阿里巴巴步步为营，走到今天的规模。

马云结识孙正义（软体银行集团公司的创始人）全属偶然。2000 年 10 月，摩根士丹利亚洲公司资深分析师印度人古塔给马云发来了一封电子邮件，称有个人"想和你见一面，这个人对你一定有用"，地点就在北京富华大厦，此人正是孙正义。在这次约会中，来自软银、摩根士丹利以及国内众多互联网企业的 CEO 均在座——有人为融资而来，有人为投资而来。由于前来面谈融资事宜的企业太多，孙正义只给每个人 20 分钟时间阐述公司业务规模、商业模式和发展目标。但马云只讲了 6 分钟不到，孙正义就从会议室那头走过来说："我决定投资你的公司。"

2000 年，马云为阿里巴巴引进了第二笔资金，敲定了 2 500 万美元的投资，包括软银、富达、汇亚资金等六家，其中软银为 2 000 万美元，阿里巴巴管理团队仍绝对控股。

第三轮融资：风险投资 8 200 万美元

2004 年 2 月，阿里巴巴完成了他的第三轮融资，再次从软银等 VC 手中募集到了 8 200 万美元，其中软银出资 6 000 万美元。此次 8 200 万美元的投资来自四家风险投资公司，其中包

① 史金洋. 改变阿里巴巴命运的三次融资[EB/OL]. 中华投资网. http://www.tz333.com/html/info/20128/141111.shtml，2008-06-27.

括软银、富达创业投资部、寰慧投资和 TDF。

三轮融资过后,阿里巴巴的持股结构改变为:马云及其团队占 47%、软银占 20%、富达占 18%、其他几家股东占 15%。

三轮融资合计 1.12 亿美元,但并没有改变阿里巴巴大股东的地位。

四、创业融资的选择策略

在创业的不同阶段,创业企业基于不同的业务重点有着各不相同的资金需求。

(一) 创业不同阶段融资需求的变化

创业企业融资具有阶段性特征。创业企业完整的财务生命周期主要由不同的业务发展阶段组成,即种子期、创立期、成长早期、快速成长期和成熟期。在不同的阶段,创业企业基于不同的业务重点有着各不相同的资金需求。因为创业企业财务主要是一种商机驱动型财务模式,蒂蒙斯将其描述成"商机引导并驱动了商业战略,然后又驱动了财务需求、财务来源、交易结构以及财务战略"。在商机明确的前提下,创业者就要从营业需求和资产需求等方面考察财务需求。

在不同阶段,由于直接驱动力量的不同,企业的财务需求各不相同,企业所面对的可获得的财务资源也呈现出很大的差异。在种子期和创立期,个人积蓄和家庭、朋友融资是最主要的资金来源,创业者无法得到更多的股权融资,这很难满足企业进一步发展的需要。当企业处于成长早期,成功的商业计划书开始吸引风险资本的介入,加上公司较高的内部积累,使公司的融资渠道有所扩展。尤其是公司进入快速成长期,相对于被驱动的财务需求,原有资金规模仍然显得太小,同时企业快速成长会吸引更多的风险资金和证券投资介入。

随着企业进一步发展,创业企业往往把公开上市作为一个较为彻底的解决方案,在存在创业板市场的经济环境中,此阶段上市则意味着正好利用资本市场来丰富企业可利用的财务资源,以满足创业企业高成长下的资金需求。在创业板上市,这不仅是创业企业进一步发展、成为成熟性企业的重要渠道,而且也能满足参与创业的资金如风险投资退出的要求。

因此,在不同的创业企业发展阶段,创业企业具有不同的特征,面临的风险各不相同,可供使用的融资渠道也不尽相同,如图 5-1 所示。

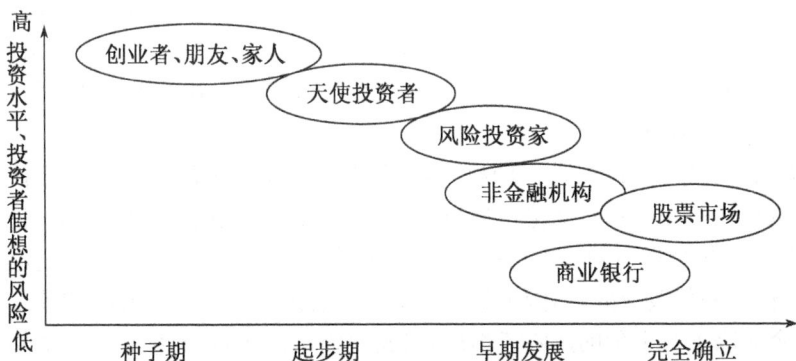

图 5-1　创业企业发展过程中的资金提供者

资料来源:联合国中小企业技术网——中国门户。

图 5-1 显示的创业企业不同发展阶段可能的融资渠道只是一般情况,不排除个别创业企业在某些发展阶段有其他融资渠道。例如,天使投资者可能在企业成长的种子期就投资于创业企业。创业者、家庭、朋友的资金也有可能在企业成长的其他阶段继续投资于创业企业。

图 5-2 中展示的亚马逊网站的创业融资历程也充分说明了这一点。在创业企业的不同发展阶段,可供使用的融资渠道是不同的,创业者在选择不同融资渠道时,应该衡量自己企业的特点、优势和对资金提供者的吸引力,考虑不同融资方式对企业融资量、筹集资金所需时间、融资成本的影响。

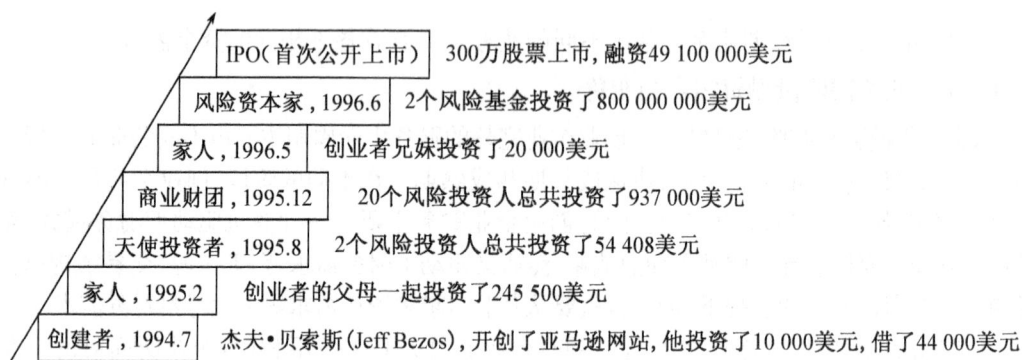

IPO(首次公开上市)	300万股票上市,融资49 100 000美元
风险资本家,1996.6	2个风险基金投资了800 000 000美元
家人,1996.5	创业者兄妹投资了20 000美元
商业财团,1995.12	20个风险投资人总共投资了937 000美元
天使投资者,1995.8	2个风险投资人总共投资了54 408美元
家人,1995.2	创业者的父母一起投资了245 500美元
创建者,1994.7	杰夫·贝索斯(Jeff Bezos),开创了亚马逊网站,他投资了10 000美元,借了44 000美元

图 5-2 亚马逊网站创业发展不同阶段的资金来源
资料来源:联合国中小技术网——中国门户。

(二) 融资结构的均衡

创业融资结构安排中最要的内容是如何均衡股权融资与债权融资。

债权融资与股权融资各有优缺点,债权融资的优点主要体现在:只要按期偿还贷款,贷方就无权过问公司的未来及其发展方向;贷款的支付金额是可以事先预测的——它不会改变公司的命运。而其缺点主要体现在:如果借方不能偿还贷款,贷方可以迫使公司破产;为了清算债务,贷方可以拿走独资所有者或合伙企业中合伙人的房子和其他财产用来抵债。

股权融资的优点主要体现在:股权融资往往数额大、成本低,如果公司没有利润,投资者甚至没有利润分享可言;投资者不能迫使公司破产;投资者对公司的兴旺与否更加关心,所以经常会向公司提供一些有益的建议和有价值的合同。其缺点主要体现在:股权融资伴随了企业控制权和所有权丧失问题,股权融资对于投资者风险更大,因此投资者通常要求插手公司的经营情况,并要求获取比债权人更丰厚的回报,这就会直接影响企业的近期效益与长远发展。

1. 创业融资的顺序选择

创业融资顺序的选择,首先是内源融资,然后是外源融资;而在外源融资中,先是债务融资,后是股权融资。美联储官员艾伦·伯格(Allen Berger)和印第安纳大学的格雷戈里·尤戴尔(Gregory Udell)教授通过对 1993 年美国小企业资本结构的考察,认为小企业在起步时期,外部债务融资优于外部股权融资,因为债务融资可以有效减少外部所有权和控制、逆向选择等问题。此时,企业除了有少量的风险资本外,其股权资本的大部分主要来自业主、创业团队的其他成员以及家族和好友的资金。但当企业需要大规模融资时,外部股权融资就显得极为重要。

2. 尽可能保持企业的控制权

财务杠杆和财务风险是企业在筹措资金时通常需要考虑的两个重要问题,而且企业常常会在利用财务杠杆作用与避免财务风险之间处于一种两难处境:企业既要尽力加大债权资本在企业资本总额中的比重,以充分享受财务杠杆利益,又要避免由于债务资本在企业资本总额中所占比重过大,而给企业带来的相应财务风险。

严重依赖债权融资的公司常被称为"高杠杆公司"。高杠杆意味着债权融资比例高,这种"高杠杆"只有在企业经营状态良好、有稳定收益的情况下方能奏效。创业企业的过度杠杆(负债)融资比成熟企业的过度杠杆融资更危险,这是因为创业企业对市场因素的变化具有更高的敏感性。

但是采用股权融资就意味着企业控制权和所有权的部分丧失。有些时候,这不仅直接影响到企业生产经营的自主性、独立性,而且还会引起企业利润分流,使得原有股东的利益遭受巨大损失,甚至可能会影响到企业的近期效益与长远发展决策。

因此,在考虑融资的代价时,只考虑成本是不够的。当然,在某些特殊情况下,也不能一味固守控制权不放。比如,对于一个急需资金的小型高科技企业,当它在面临某一风险投资公司较低成本的巨额资金投入,但要求较大比例控股权,而此时企业又面临破产的两难选择时,一般来说,企业还是应该从长计议,在股权方面做出适当让步。

过度依赖股权融资可能会导致公司所有者的垮台。例如,苹果电脑的史蒂夫·乔布斯、新浪的王志东、爱多的胡志标都曾为企业的控制权而痛苦。1985 年 4 月,乔布斯因为丧失控制权而被赶出苹果董事会;2001 年的新浪王志东事件是中国较早期的创业者控制权争夺事件。2000 年 4 月,新浪在美国纳斯达克上市,上市后,新浪的股权日益分散,身为 CEO 和董事的王志东从最初持股 21% 不断稀释到 6%,最终失去对公司的控制。2001 年 6 月 1 日,新浪董事会以 1 票弃权、4 票赞同免去王志东的 CEO 及董事职务。王志东败走新浪后,只得再次开始第三次创业。1995 年,胡志标创办爱多开始生产 VCD,为了引进大笔投资不惜出让大量股权。看到爱多的崛起,当时国内有上百厂家生产 VCD,都想从中分一杯羹。到 1996 年的时候,VCD 市场开始了一场惨烈的降价大战,爱多的危机到了。1999 年 4 月 17 日,和胡志标共同出资 2 000 万元各占 45% 股份的股东陈天南与胡志标公开决裂,指责胡志标挪用爱多集团巨额资金并虚假注册多个子公司。由于胡志标只占爱多 45% 的股份,当陈天南与其他股东联合起来时,面对自己一手创立起来的爱多陷入生死关头之际,他除了愤怒别无良策,艰苦谈判 20 天,胡志标被迫让出了董事长和总经理的位置,黯然退位,随后整个爱多几近瓦解。2000 年,胡志标在中山市的一家酒店度假,被警察逮捕,被判入狱 20 年。

因此,创业者必须注意股权融资的比例和条件,尽可能保持住企业的控制权。

(三) 合理确定融资规模和融资期限

企业融资需要付出成本,因此企业在筹集资金时,首先要确定企业的融资规模。筹资过多,或者可能造成资金闲置浪费,增加融资成本;或者可能导致企业负债过多,使其无法承受,偿还困难,增加经营风险。而如果企业筹资不足,则又会影响企业投资计划及其他业务的正常开展。因此,企业在进行融资决策之初,必须根据企业对资金的需要、企业自身的实际条件以及融资的难易程度和成本情况,量力而行来确定企业合理的融资规模。

至于融资期限,往往要在短期融资与长期融资两种方式之间权衡,做何种选择主要取决于融资的用途和融资人的风险性偏好。

从资金用途上来看,如果融资是用于企业流动资产,则由于流动资产具有周转快、易于变现、经营中所需补充数额较小及占用时间短等特点,宜于选择各种短期融资方式,如商业信用、短期贷款等;如果融资是用于长期投资或购置固定资产,则由于这类用途要求资金数额大、占用时间长,因而适宜选择各种长期融资方式,如长期贷款、企业内部积累、租赁融资、发行债券、股票等。

第三节 创业资源管理

一、不同类型资源的开发

大多数创业者难以整合到创业所需的充足资源。

创业资源开发涉及资源的获取和资源的整合。在非常不确定的环境中,创业者必须时刻对市场上有价值的资源进行关注。当一种资源十分稀缺时,企业就应通过一定手段进行获取,并经过与内部相关资源整合后加以利用,从而为企业带来优于竞争对手的绩效,这才是企业开发资源的初衷。

Brush,Greene 和 Hart(2001)阐述了创业资源获取的策略:创业者可以通过工具性资源(财务资源、人力资源等)获得生产性资源(物质资源、技术资源等),可以通过无形资源(社会资源、人力资源等)获得有形资源(财务资源、物质资源、技术资源等)。

获取的资源只有通过优化整合,使各种资源通过一定的方式进行恰当的匹配与组合,才能形成对手无法模仿的竞争优势,这就是创业资源的开发。开发创业资源是有效利用创业资源的重要途径,开发创业资源表现为一些独特的创业行为。

(一) 内部创业资源开发

内部资源主要包括企业内部的人、财、物等有形资产和技术、品牌、商标、专利等无形资产。开发的最根本目标则是如何更有效地优化配置和使用这些资源,因此可以把内部创业资源整合形象地比喻为"内部挖潜"。

下面重点讨论人力资源和无形资产的开发。

1. 人力资源开发

人力资源开发的目标:一是通过开发活动提高员工的素质才能;二是通过开发活动增强员工的活力或积极性。

(1) 首先要改变传统观念。根据美国经济学家舒尔茨人力资本理论,人力资本投资的收益率要远远高于物力资本投资的收益率。应当将人力资源看成是一个动态的、可发展的投资升值的一种资本,看作第一资源和可持续发展的动力,加强对人力资源开发的认识,通过科学合理地开发人力资源,把人力资源优势变成真正的企业竞争优势。

(2) 采用科学方法招聘、选拔、培养、使用人才。企业人才竞争的关键是人才是否有"真才","真才"的获得是建立在人才的招聘、选拔科学基础之上。企业还必须根据实际情况建立科学规范的人才培训制度,采用灵活多样的教育培训手段,多层次地开发人力资源,追求有效和高效培训;要敢于吸纳和使用国内外优秀人才资源,广纳各类人才为企业所用。

(3) 建立完善的激励机制吸引并留住人才。由于优秀人才的培养与成长需要投入大量的资金、人力和物力,且需要一定的周期,一旦优秀人才资源流失必然影响企业长远发展。留人要留心。为此,企业必须创造良好条件,建立完善的激励机制,调动人才的积极性,努力做到"人尽其才、才尽其用",切实尊重和爱护优秀人才,千方百计地创造条件努力解决他们的后顾之忧,最大限度地为他们提供施展才华的广阔空间,使优秀人才转化为企业的人力资本,成为企业价值创造和创新的核心,企业的可持续发展才有了坚实可靠的基础。

2. 无形资产开发

无形资产的开发主要包括技术、品牌、管理、企业文化、商标、专利等的开发。

(1) 技术开发。主要是指技术创新。知识经济时代技术进步、技术创新正成为经济发展的原动力。企业欲取得在市场竞争地位的巩固和发展,就需要借助强大的竞争优势。而市场竞争优势的形成又依赖于超前的技术优势,技术创新则是实现这种技术优势的重要途径。为此,企业应当建立技术研发部门,加大对研发队伍和技术创新的投入。大力推进产品创新、服务创新、知识创新、管理创新、技术工艺创新、生产方式和流程创新,不断提高产品质量,开发出新的产品、提供新的服务,创造出新的市场价值。

(2) 品牌开发。品牌是企业拥有的最大的无形资产,是增加企业收入核心要素,品牌是市场竞争优势的代表,创业者必须高度重视创建和不断开发自主品牌。品牌要得到消费者的认同,需要长期的建设过程,在这一过程中,要始终把产品/服务的品质和质量放在首位,把诚信放在首位,并努力在产品/服务的品质、样式、商标、工艺等方面独树一帜。

(3) 企业制度。创业企业要想长远发展、做大做强,没有制度的保证,而只靠创业者个人魅力是不行的。现代企业制度建设与不断完善是一个长期任务,要从创立之日起就开始考虑构建适应市场经济和本企业特点的有关组织机构、经营章程、经营范围、规模、方式、岗位职责和利益分配等一整套企业制度,并随着企业的成长而不断变革完善。

(4) 企业文化。企业文化是企业发展过程中逐步形成和培育起来的具有本企业特色的企业精神、发展战略、经营思想和管理理念,是企业员工普遍认同的价值观、企业道德观及其行为规范。优秀的企业文化对内有激励、凝聚、规范和引导作用,增强员工对企业的归属感,减少"内耗",减少人才等无形资产的流失;对外则有辐射功能和品牌功能,会通过各种渠道(宣传、交往等)对社会产生影响,展现公司文化内涵和提升企业形象。

(5) 企业专利与商标的开发。必须将企业的核心技术申请基本专利,围绕基本专利构筑严密的外围专利网,实施专利交叉许可战略;制定商标战略时,应尽量同时用商标权和专利权来保护自己的商标设计,使用组合商标、注册相近似的商标,保护好驰名商标。

(二) 外部创业资源开发

1. 梳理外部资源

外部资源都是相对独立的利益主体,彼此的关系也相当复杂,创业者/企业对这些资源的开发、配置和使用的难度更大,而且很多外部资源需要创业者或创业团队创造性地发掘或开发,具有相当大的不确定性。因而开发创业资源表现为一些独特的创业行为。

对内部资源进行优化配置的目的主要是提高效率,不存在不可使用的问题。而对外部资源整合方面,首先是要保证可以利用这些外部资源,然后才能谈到效率问题。为此,首先需要理清,其次才是拓展外部资源。常见的外部创业资源梳理思路如下:[①]① 相关政府机构。如地方政府发改委、科技管理局、创业园/高新技术开发区管理委员会、工商行政管理部门、税务管理部门等管理部门。② 商业化的服务组织。如银行、技术平台、咨询机构、会计师事务所、律师事务所、投资机构、广告公司等,实际上是把创业企业作为"买方"的各种营利机构。③ 非营利性的服务组织。如慈善基金会、公益组织、公共媒体,他们往往是树立企业良好社会形象的合作方。④ 产业链相关组织。如材料供应商、机器设备供应商、批发商、零售商、代理商、客户等利益相关者,他们可以发展为企业的战略联盟。⑤ 可能的合作伙伴。包括高等院校、科研院所等研究机构、实验和检测机构、创业孵化器等,他们是人才、技术、项目等创业要素的来源。⑥ 竞争者/竞合者。有可能进行局部合作,例如行业协会、共同对外的联盟,甚至可能进行购并的同行企业。⑦ 社交网络。与创业者/创业团队存在人际关联的个人或创业之初关键资源渠道。

2. 开发外部资源原则

(1) 比选原则。由于外部资源的多样性,所以有助于某一创业目标的外部资源可能会有多种,使用每一类资源都具有不同的收益、成本和不确定性,创业者要根据创业项目发展的需要、自身的实力以及这些资源的特点,选择最适合的外部资源。

(2) 信用原则。与外部创业资源打交道,实质是与人打交道,创业者信用和信誉将是决定能否长期利用某些资源的关键因素。

(3) 提前原则。由于外部资源整合的不确定性大、进展相对也较慢,并且外部资源的发现也需要一定的过程,所以不能等到需要的时候再去考虑外部资源的整合,而是需要具有一定的前瞻性,适当提前酝酿和策划。

下面以金融资源开发为例。

3. 外部融资资源开发

创业启动后,资金短缺往往一直伴随着创业企业的生存与发展。创业者应当对企业创办和正常营运期间所需资金有个统筹的、较为长远的考虑,以免出现现金流中断或资金链断裂的危机。为此,需要综合考虑各种融资方案的可得性、与企业的适合度及其成本影响因素。不同的融资渠道与方式具有不同的优缺点,在选择融资渠道与方式时,应进行全面深入的考察分析,并根据企业发展目标与资本结构要求,做出合理选择。

(1) 外部融资资源渠道

① 金融信贷融资。金融机构的信资资金主要有政策性银行的信贷资金、商业银行的信贷资金、非银行金融机构的信贷资金和融资租赁公司的资金等。

② 证券机构融资。证券机构融资就是通过证券机构发行各种有价证券,特别是股票和债券来筹集所需资金。通过发行有价证券筹措资金的来源比较广泛,既有家庭和个人的资金,也有金融机构的资金,还有其他企业和各种社会团体的资金。因此,实施证券机构融资可以为企业筹措到大规模并可长期使用的资金。随着证券市场的发展和股份制经济的推广,这种筹资策略的运用范围和作用将会越来越大。

③ 联合融资。联合融资主要是指依靠企业间的联合、信用、吸收、合并、收买、投资等方式筹措资金。主要形式有四种:一是通过企业间的商业信用来筹资,如应付账款、应付票据、担保

---

① 吴运迪.大学生创业指导[M].北京:清华大学出版社,2012.

公司等;二是通过企业间的联合,突破单个企业筹措资金的能力界限,取得金融机构的合同供款或政府的资金援助;三是通过吸收、合并、收购等方式来增强企业实力和筹资能力;四是通过开办合资合营企业和补偿贸易等方式利用外资,以解决资金短缺。

④ 综合性融资。综合性融资就是上述策略的综合性运用,还包括其他融资渠道的灵活运用,如典当融资、设备租赁融资、孵化器融资、供应链融资等。对大多数企业而言,为了获得足够的资金,保持稳定的资金来源,建立合理的资本结构,常常采用这种综合性融资。

(2) 着力构筑信用体系

市场经济是法制经济,更是信用经济、诚信经济。好的信用会给银行好的印象从而能比较顺利地取得贷款,而不良信誉或信用等级偏低则会取到很少的贷款甚至得不到银行的贷款支持。例如,中国工商银行专门制定的面向民营中小企业贷款的指导性意见中有这样一条:出现以下情况之一者禁止贷款:① 欠息,无偿债能力;② 贷款用途不大;③ 不守信誉;④ 企业管理混乱;⑤ 经营无固定场所;⑥ 企业经营不符合国家产业政策;⑦ 一般性加工企业的基建项目;⑧ 信用等级 BB 级以下。

构筑信用体系包括创业企业信用与创业者个人信用两个方面。

创业企业内部控制不健全,财务报告随意性大,透明度不高,信用等级偏低,难以满足外部融资所要求的各项条件。与国有企业、大型企业相比较,大多数创业企业经营范围较广,风险高,权益资金低,对贷款具有贷款急、频率高、额度少、风险大、成本高的要求,这样加大了融资的复杂性,增加了融资成本,加之经营业绩不稳定易受经营环境的影响,亦加大了经营风险。创业企业要解决融资困境,首先应当从自身建设着手,主要应从建立明晰的产权制度、提高管理水平、提高经营水平、提高信用水平、增加企业的透明度等方面着手,着力提升企业形象和信誉,才有可能得到外部机构的认可。

诚实守信对于创业者个人更加重要,古人云:人无信不立,这是创业者应当具备的基本道德素质。在发达国家,个人信用记录早已是市场经济的基石,尽管我国个人信用制度还刚开始筹建,但创业之初,创业者资本金通常来自家人、亲朋好友与同事、同学,如果创业者不守信,口碑差、信誉差,个人信用将大打折扣,再想融资必然十分困难。因此,创业者必须诚信做人,诚信地对待工作、对待员工和社会公众,建立和完善职业道德和社会公德,培养良好的信用意识,诚信做人,踏实做事,持之以恒,诚信就会变成个人的一种良好品质。市场经济条件下,个人诚信是无形资产,它能有效拓展获取各项资源的渠道。

(3) 营造良好的外部融资环境

创业者能够不断获得创业发展所需的资金是一件相当困难的事情,因为新创企业发展前景未卜,抵抗风险的能力较弱,使得企业外部资金提供者对其支持的程度和对企业的信心要远远低于成熟企业。因此,创业者需要与这些现实与潜在的资金提供者建立和发展良好的融资关系。创业者必须明白,企业与资金提供者是长久的合作伙伴而不是短暂的邂逅。

① 发展与银行的关系。银行是创业企业最主要的资金提供者,创业企业常常通过向银行争取贷款来进行债务融资。为此,发展与银行良好的融资关系十分重要。大多数创业者经常是在需要商业贷款时才去找银行,才开始注重与银行建立并发展关系,这种"临时抱佛脚"的做法不可取。创业者必须明白与银行的合作不是一锤子买卖,而是长久的合作。因此,明智的创业者都会采取积极的态度,即使在获得一笔贷款后,仍然会注重发展与银行间的密切合作关系,包括积极向银行通报企业的业务情况,提供企业的月财务报表和年财务报表,提供产品的

新闻发布稿,提供有关企业或产品的所有交易项,邀请银行参观企业设施,让银行了解产品开发计划和企业的发展规划,同银行的主要负责人建立良好的个人关系等。这些努力带来的结果终将使创业企业得到银行更加充分的信任,随后企业会获得更大额度的扩张贷款的机会,在公司出现经营困难时会更容易获得银行及时的帮助。为了进一步加强银行对自己的信任,创业者不能亟需贷款时才去找银行,而应在贷款之前就提早与银行沟通;同时,在企业经营好转时要及时偿还贷款,这样可以建立企业良好的借贷和还贷记录。此外,创业者要尽一切可能达到曾同银行讨论过的财务目标,以不丧失自己在银行的信誉。

② 发展与天使投资人、风险投资家的关系。创建初期企业因规模小、资产少、市场不稳定、技术不成熟等原因,难以满足从银行获得贷款的严格要求,甚至与银行的贷款标准相差很远,因此创业者会不约而同地选择风险投资,特别是高新技术创业企业。为此,创业者应当注重发展与天使投资人、风险投资家的良好关系。创业者应主要从两个方面发展与天使投资人、风险投资家的良好融资关系:一是发展在经营管理企业过程中的良好协作关系,天使投资人、风险投资家一般都是极富管理经验的企业家,其管理思想、理念、经验、方法、人脉等若能通过各种形式和渠道渗透到所投资的企业中,将会大大促进企业的成长。创业者应当让他们尽可能多地了解企业生产、营销、财务、技术等各方面的情况,并使其真正参与企业的管理,提高创业者与天使投资人、风险投资家之间的亲和力。二是努力管理好创业企业,不断提高企业的经营绩效,使企业具有良好的发展前景,稳定并增强投资者的投资热情,增加或延长其投资的数额和时间。

③ 发展与其他投资者的关系。创业者还应注重发展与其他资金提供者的融资关系,如政府机构、供应商、大公司、购买企业股票的出资者等。创业者应当尽可能争取政府部门的支持,与政府相关部门建立良好关系;供应商是企业短期债务融资的主要提供者,常常通过应付账款方式向创业者提供短期债务融资,虽然其融资数量小、融资时间短,但却往往可以解决创业者的燃眉之急。因此,与供应商良好的合作关系可以增加创业企业对供应商应付账款的数量,可以适当延长偿还的时间;大公司凭借自己雄厚的资金实力往往会向那些具有发展潜力、高速成长的创业企业进行债权或股权投资,他们往往从长远利益考虑,选择那些好的投资机会。作为一种融资来源,创业者同样应该珍惜,并努力发展与这些大企业的良好合作关系。创业者要尽一切可能实现对大公司做出的承诺,保证大公司投资的安全性,努力提高创业企业的信誉,争取得到大公司更多的支持。

二、有限资源的创造性利用

Domenico,Haugh 和 Tracey 等(2010)基于文献总结了创业者获取和利用资源的策略。

(1) 通过社会网络(social networks)和创业者角色获得知识、信息和物质资源;

(2) 以更具经济性的步步为营(bootstrapping)方式获得不被创业者所有或控制的资源;

(3) 利用更为理性的手段导向(effectuation)方式获得在不确定环境中所包含的资源;

(4) 采用创造性拼凑(bricolage)的方式获得手边零碎的资源。[①]

---

① Domenico, D. H., Haugh, H. Tracey, P. Social Bricolage: Theorizing Social Value Creation in Social Enterprise [J]. *Entrepreneurship Theory and Practice*,2010(4):681 – 703.

获取的资源不利用等于没有资源；获取的资源没有得到恰当的利用，资源开发的能力与效率就会降低，企业的优势将不会持久，企业的竞争力将会被削弱。资源利用是企业资源开发的最终目标，只有创造性地整合利用了企业获得的资源，企业的核心能力才能形成，企业才能够发展和成长。

（一）创造性拼凑（bricolage）

Baker 和 Nelson 将"创造性拼凑"定义为：为了解决新问题或利用新机会，整合手头现有的资源行事。[①] 创造性拼凑有三个关键要素：手边的已有资源、整合资源用于新目的、将就使用。

（1）手边的已有资源。创业者通常利用身边能够找到的一切资源进行创业活动，有些资源对他人来说也许是无用的、废弃的，但创业者可以通过自己的独有经验和技巧，加以整合创造。例如很多高新技术企业的创业者并不是专业科班出身，可能是出于兴趣或其他原因，对某个领域的技术略知一二，却凭借这个略知的"一二"敏锐地发现了机会，并迅速实现了相关资源的整合。很多创业者都是拼凑高手，通过加入一些新元素，与已有的元素重新组合，形成在资源利用方面的创新优化配置，进而可能带来意想不到的惊喜。

（2）整合资源用于新目的。拼凑的另外一个重要特点是为了其他目的重新整合已有资源。拼凑者善于用发现的眼光，洞悉身边各种资源的属性，将它们创造性地整合起来用于新目的。这种整合很多时候甚至不是事前仔细计划好的，而往往是具体情况具体分析，"摸着石头过河"的产物，而这也正体现了创业的不确定性特性和创业资源的知识分散性，考验着创业者的资源获取与整合能力。

（3）将就使用。拼凑的载体往往是手头边的一些"零碎"资源，出于时间和成本的考虑，这种先天不足从一开始就注定拼凑出的东西品质有限，将就使用。资源的这种利用经常和次优方案联系在一起，也许不很适合、不完整、混杂的、低效率、有很多缺陷，或许需要一次次尝试，才能基本满足创业的需要，但在某种程度上却是创业者唯一的理性选择、甚至是创新性的选择。拼凑有时候就是在一个个不完美中逐步蜕变出辉煌。

（二）步步为营（bootstrapping）[②]

创业者分多个阶段投入资源并在每个阶段投入最有限的资源，这种做法被称为"步步为营"。步步为营的策略首先表现为节俭，设法降低资源的使用量，降低管理成本。但过分强调降低成本，会影响产品和服务质量，甚至会制约企业发展。比如，为了求生存和发展，有的创业者不注重环境保护，或者盗用别人的知识产权，甚至以次充好。这样的创业活动尽管短期可能赚取利润，但长期而言，发展潜力有限。所以，需要"有原则地保持节俭"。

步步为营策略表现为自力更生，减少对外部资源的依赖，目的是降低经营风险，加强对所创事业的控制。很多时候，步步为营不仅是一种做事最经济的方法，也是创业者在资源受限的情况下寻找实现企业理想目的和目标的途径，更是在有限资源的约束下获取满意收益的方法。习惯于步步为营的创业者会形成一种审慎控制和管理的价值理念，这对创业型企业的成长与向稳健成熟发展期的过渡尤其重要。

---

①　王晓文，张玉利，李凯. 创业资源整合的战略选择和实现手段[J]. 经济管理，2009（1）.
②　张玉利. 创业者如何整合资源？[J]. 中外管理，2011（6）.

（三）发挥资源杠杆效应

杠杆效应即以尽可能少的资源投入获得尽可能多的收益。尽管存在资源约束，成功的创业者却善于利用关键资源的杠杆效应，利用他人或者别的企业的资源来完成自己的创业目的：用一种资源补足另一种资源，产生更高的复合价值；或者利用一种资源撬动和获得其他资源。其实，大公司也不只是一味地积累资源，他们更擅长于资源互换，进行资源结构更新和调整，积累战略性资源，这是创业者需要学习的经验。

对创业者来说，容易产生杠杆效应的资源，主要包括人力资本和社会资本等非物质资源。创业者的人力资本由一般人力资本与特殊人力资本构成，一般人力资本包括受教育背景、以往的工作经验及个性品质特征等。特殊人力资本包括产业人力资本（与特定产业相关的知识、技能和经验）与创业人力资本（如先前的创业经验或创业背景）。调查显示，特殊人力资本会直接作用于资源获取，有产业相关经验和先前创业经验的创业者能够更快地整合资源，更快地实施市场交易行为。而一般人力资本使创业者具有知识、技能、资格认证、名誉等资源，也提供了同窗、校友、老师以及其他连带的社会资本。

相比之下，社会资本有别于物质资本、人力资本，是社会成员从各种不同的社会结构中获得的利益，是一种根植于社会关系网络的优势。在个体分析层面，社会资本是嵌入、来自于并浮现在个体关系网络之中的真实或潜在资源的总和，它有助于个体开展目的性行动，并为个体带来行为优势。外部联系人之间社会交往频繁的创业者所获取的相关商业信息更加丰裕，从而有助于提升创业者对特定商业活动的深入认识和理解，使创业者更容易识别出常规商业活动中难以被其他人发现的顾客需求，进而更容易获得财务和物质资源——这正是其杠杆作用所在。

（四）设置合理利益机制

资源通常与利益相关，创业者之所以能够从家庭成员那里获得支持，就因为家庭成员之间不仅是利益相关者，更是利益整体。既然资源与利益相关，创业者在整合资源时要设计好有助于资源整合的利益机制，借助利益机制把包括潜在的和非直接的资源提供者整合起来，并借力发展。因此，整合资源需要关注有利益关系的组织或个人，要尽可能多地找到利益相关者。同时，分析清楚这些组织或个体和自己以及自己想做的事情有何利益关系。利益关系越强、越直接，整合到资源的可能性就越大。这是资源整合的基本前提。

利益关系者之间的利益关系有时是直接的，有时是间接的，有时是显性的，有时是隐形的，有时甚至还需要在没有的情况下创造出来。另外，有利益关系也并不意味着就能够实现资源整合，还需要找到或发展共同的利益，或者说利益共同点。为此，识别到利益相关者后，逐一分析每一个利益相关者所关注的利益诉求非常重要。多数情况下，将相对弱的利益关系变强则更有利于资源整合。

自古以来，经商追求利益是商人最大的目的。但是追求利益不能建立在破坏合作关系上，毕竟做生意本就是人与人之间的合作。想把生意做好，想让别人愿意与你合作，就必须照顾别人的利益。有钱大家赚，利益共享，才能赢得更多合作的机会。

李嘉诚说："讲信用，够朋友。这么多年来，差不多到今天为止，任何一个国家的人，任何一个省份的中国人，跟我做伙伴的，合作之后都成为好朋友，从来没有一件事闹过不开心，这一点是我引以为荣的事。"李嘉诚从未因自己获得的数以千亿计财富而骄傲过，但是他对自己重情重义、善与人交往的品德却推崇备至。这个在华人首富的宝座上一坐 15 年的商业巨人，原来并不把钱看在眼里。[①]

资源整合是多方面的合作，切实的合作需要利益真正能够实现的预期加以保障，这就要求寻找和设计出多方共赢的机制。对于在长期合作中获益、彼此建立起信任关系的合作，双赢和共赢的机制已经形成，进一步的合作并不很难。但对于首次合作，建立共赢机制尤其需要智慧，要让对方看到潜在的收益，为了获取收益而愿意投入资源。因此，创业者在设计共赢机制时，既要帮助对方扩大收益，也要帮助对方降低风险，降低风险本身也是扩大收益。

三、创业资源开发的推进方法

在日益变化的动态市场中，企业要想保持持续的竞争优势地位，必须不断地获取资源并对其进行整合与开发，创业资源的开发伴随了整个创业过程。

蒙牛创业初期，显性的资源几乎是一无所有，也就是没有资金、奶源、厂房、销售渠道，后来牛根生和他的团队利用自己在伊利创建的人脉资源，信誉资源以及内部团队的智力资源，通过这些隐性资源，把各种显性资源一一整合起来，到了 2009 年初，蒙牛实现增长 575 倍。牛根生曾说：蒙牛企业文化中有"四个 98％"：资源的 98％是整合，品牌的 98％的是文化，经营的 98％是人性，矛盾的 98％是误会。在这里，第一个 98％就是资源整合，可见资源整合在创业资源开发中的重要性。

纵观中国和世界著名成功企业家，无一不是资源整合高手。海尔的张瑞敏认为："企业最重要的是利用多少科技资源，而不是拥有多少科技资源，企业要具备整合各种科技资源为自己所用的能力，整合力即竞争力。"

王旭、朱秀梅(2010)以 Wickham 对资源的界定为依据定义了三种资源开发方式，即技术驱动型、资金驱动型和人力资本驱动型。其涵义是以三种资源中某一种相对充裕并优先获取的资源为核心和驱动力，以此带动其他两种资源向新创企业聚集的资源开发方式。[②]

针对传统的资源管理理论不足之处，Sirmon，Hitt 和 Ireland(2005)建立了一个动态环境中价值创造与资源管理的理论模型[③]，将创业资源开发过程分解为资源识别、资源获取、资源整合和资源利用四个环节。[④]

1. 资源识别

资源识别为创业资源获取和利用奠定了基础。资源识别是指创业者根据自身资源禀赋，对创业所需资源进行分析、确认，并最终确定企业所需资源的过程，它是资源开发的起点。创业者尤其要关注自身已有的资源及与创业所需要的资源之间的缺口，特别是知识资源和社会资源，然后识别潜在的知识资源或资源供应商。

2. 资源获取

资源获取是指在确认并识别资源的基础上，获取或能够支配所需资源使之为创业企业服

①　张笑恒. 李嘉诚的哲学[M]. 沈阳：万卷出版公司，2015.

②　王旭，朱秀梅. 创业动机、机会开发与资源整合关系实证研究[J]. 科研管理，2010(9).

③　Sirmon D. G. , Hitt M. A. , Ireland R. D. Managing Firm Resources in Dynamic Environments to Create Value： Looking Inside the Black Box [J]. *Academy of Management Review*，2005.

④　蔡莉，葛宝山，朱秀梅，等. 基于资源视角的创业研究框架构建[J]. 中国工业经济，2007(11).

务的过程。新企业主要通过内部培育和外部购买方式获取资源。在创业的早期阶段，应当充分利用已有的知识资源、社会资源和组织资源撬动财务与物质资源，利用无形资源获得有形资源。企业可以利用自身的信息优势来获取价值更高的知识资源，运用社会网络获取外部资源；企业之间的联盟可以帮助企业获取互补性资源。

3. 资源整合

资源整合是指企业在获取必要的资源之后，对资源进行优化配置，使它们互相匹配、相互补充、相互融合，并获得独特竞争优势的过程。资源整合是资源开发过程的中心环节，获取的资源是否有价值，关键在于资源如何整合。经过整合后，资源转化为能力，进一步形成具有价值创造潜力的能力集合。

4. 资源利用

资源利用是指对所获取的资源进行优化配置形成能力后，将其运用到为顾客创造价值、同时为企业所有者创造财富的过程。该过程是资源开发过程的最后环节，是企业资源的价值实现过程。资源利用也是一个学习过程，资源的利用主要嵌入在公司人力资本的技术和潜在知识当中，公司拥有了符合顾客的需要和当前竞争优势的能力，识别并及时抓住了创业机会，整合到必需的创业资源，得以为顾客创造出价值，创业的最终目标得以实现。

【本章案例】

"希望集团"的创业之初：从拼凑、将就到共赢[①]

临近1983年农历除夕，四川省新津县顺江乡古家村一间茅草顶的小屋里，召开了一次将决定整个家族命运的方桌会议，会议的主角是刘家四个同胞兄弟——老大刘永言、老二刘永行、老三陈育新、老四刘永好。

刘家的家庭会议开了三天三夜。最后大家通过了一项特别决议："脱公服"当专业户。四兄弟决定创建一个良种鸡场，把外地种鸡引进来，孵化成小鸡卖给农民，然后再回购本地农民的种蛋，再孵化成小鸡出售。以此为契机，把贫困的新津县变成一个良种鸡的养殖县。

对于当时月工资只有三四十元的四兄弟而言，创业资金成为一大难题。他们首先想到了向银行申请贷款1000元，但结果是当头一盆冷水，银行根本不搭理他们！在当时，国家对私营企业贷款没有先例，相关政策直到10年之后的1992年才出台。

此时，母亲为他们拿出了自己辛辛苦苦积攒的一点积蓄，但这还远远不够。大家决定破釜沉舟，把自己的家当变卖了——刘永言把自己的一块电子手表卖给了厂里一位新来的实习生，腿脚不便的刘永行甚至把自己代步的一辆永久牌自行车也卖了……就这样，好不容易，大家凑足了1000元资本。

这点钱对于创业来说还是捉襟见肘，兄弟们必须小心翼翼地安排这点资金。没有地方，陈育新就把自己的住房改造成了育雏室；没有孵化箱，他们就到货摊上收购废钢材，然后到工厂租用工具自己来做。大年三十的晚上，他们四兄弟竟然在一起敲废铁桶做孵化器；良种场需要用铁丝来做墙体材料，刘永好就跑到成都的一些建筑工地，找了一大抱废铁丝回来；他们甚至连一把剪刀都舍不得买，而是找了两块废钢自己制造；他们用秤称水泥、用斗量砂子来计算建筑材料的比例，尽可能不浪费一点点材料……

---

① 张小平.刘永行、刘永好首富长青[M].北京：中央编译出版社，2010.

后来良种场扩大，需要建造新的厂房，刘永好专门从成都买回一拖拉机的旧砖。由于道路狭窄，拖拉机无法进村，旧砖被卸到了两公里之外。几个农民兄弟来帮忙，大家手抱肩扛，愣是把一车砖给搬了回去。

等育种场建立起来后，种鸡蛋的收购成了一个难题。当时，国家恰好进口了一批良种鸡，分散给成都周边各个县的农贸公司，每个公司大概有十几只，然后又分散到各个农户家里。刘家兄弟听说后，决定找到这些农户，用比市场高一倍的价格收购这些良种鸡孵出的鸡蛋。

收购很辛苦，每天都要骑上自行车，带一个筐子，到方圆几十公里甚至上百公里的地方去寻找这些良种鸡蛋。一次，刘永好收购了200多个蛋，回家的时候已经是夜晚10点多了，在途经某处田坎的时候，一只狗突然窜了出来，扑到刘永好脚后跟上狠狠地咬了一口，刘永好疼痛难忍从车上摔了下来，他一天的辛苦成果也全部鸡飞蛋打。等他拿着仅剩的一枚鸡蛋回到家里时，已经是凌晨6点多了。

陈育新在良种场的工作很顺利，孵化出来的小鸡苗供不应求。刘永言又决定，良种场想要大量孵化，必须要用电孵的方法。为了大哥这句话，刘永行在家里忙开了。他自告奋勇地买了些零件回来，又把家里的碗柜做成了孵化器。

为了节省成本，刘永行买的是处理的电子器件，第一次试验时，稳压器居然冒起了烟，幸亏及时切断了电源。第二次电孵实验，由于刘永行日夜奔波太过疲倦，在孵化前一晚居然不知不觉地睡着了，结果因为夜里电压过高又把继电器烧坏了，马上要出壳的小鸡也被全部烧死。

等刘永行一睁眼，虽然看到的是满眼已经烧死的已有绒毛的小鸡，但他仍然十分高兴，因为他知道自己快成功了。1983年9月，在反复试验和失败后，刘永行设计制作的孵化箱终于成功了。看着第一批电孵小鸡出壳了，35岁的刘永行高兴得像个小孩子一样。

辛苦劳动终于换来了丰硕成果——到1983年底，兄弟们一盘点，这一年育新良种场孵鸡5万只，孵鹌鹑1万只，并带出了11个专业户，挣到了创业的第一桶金。

到了1986年，育新良种场已经年产鹌鹑15万只，鹌鹑蛋不仅贩卖到国内各个城市，而且还有老外的订单。"那时候，我们成了全国鹌鹑蛋批发中心，我们已经把鹌鹑养到了所能达到的最大的目标。在我们带动下，整个新津县有三分之一的农户养鹌鹑，最高峰的时候全县养了1 000万只鹌鹑，养殖规模比号称世界鹌鹑大国的德、法、日还要大，我们是当之无愧的世界鹌鹑大王和世界鹌鹑蛋大王。"

1986年，刘氏四兄弟决定用一个充满美好前景的词来重新命名自己的养殖场——"希望"。

【本章要点】

企业的竞争优势来源于企业拥有和控制的有价值的、稀缺的、难以模仿并不可替代的异质性资源。不同的创业活动具有不同的创业资源需求。

创业资源包括有形资源和无形资源，无形资源往往是撬动有形资源的重要杠杆。

创业资源与一般商业资源的差异在于：创业资源是经由创业者开发利用而具有新效用，能获得新价值甚至是超额利润，具有异质性的商业资源。

创业资源的获取途径包括市场途径和非市场途径。影响创业资源获取的首要因素是创业者自身的素质和能力，尤其是创业者的资源禀赋、资源整合能力和信息获取能力。创业资源获取的关键往往取决于软实力。

创业融资是创业管理的关键内容,在创业企业成长的不同阶段具有不同的侧重点和要求。不确定性和信息不对称是创业融资难的关键影响因素。

正确测算创业所需资金有利于确定筹资数额,降低资金成本。创业不同阶段对融资需求是不相同的,融资结构安排中最重要的是如何均衡股权融资与债权融资,同时要合理确定融资规模和融资期限。

创业融资的主要渠道包括自我融资、亲朋好友融资、天使投资、风险投资、商业银行贷款、担保机构融资和政府创业扶持基金融资等。创业融资不只是一个技术问题,还是一个社会问题,应从建立个人信用、积累社会资本、写作创业计划、测算不同阶段的资金需求量等方面做好准备。

大多数创业者难以整合到创业所需的充足的资源,开发创业资源是有效利用创业资源的重要途径,开发创业资源表现为一些独特的创业行为。创业资源开发过程分解为资源识别、资源获取、资源整合和资源利用四个环节,由于创业者和创业团队资源开发的能力和经验都相对薄弱,因此资源开发不仅需要量力而行、更需要创造性地获取、整合和利用。

【重要概念】

创业资源　创业融资　股权融资　债权融资　天使投资　风险投资　担保融资
资源开发　资源识别　资源获取　资源整合　资源利用

【思 考 题】

1. 试述创业资源的内涵及种类。
2. 谈谈创业资源与一般商业资源的异同。
3. 为什么说融资难、创业企业融资更难?
4. 简述创业融资的主要渠道和创业融资的选择策略。
5. 为什么说开发创业资源表现为一些独特的创业行为? 如何有效利用创业资源?

【参考文献】

[1] Ardichvili A. ,Cardozob R. ,Ray S. A Theory of Entrepreneurial Opportunity Identification and Development [J]. *Journal of Business Venturing* ,2003(18).

[2] Barney J. Is the Resource-based View a Useful Perspective for Strategic Managament Research? Yes [J]. *Academy of Management Review* ,2001(26).

[3] Shane, S. , Cable D. Networkties,Reputation,and the Financing of New Ventures[J]. *Management Science* ,2002,48(3).

[4] Baker, T. , Nelson R. E.. Creating Something from Nothing:Resource Construction Through Entrepreneurial Bricolage[J]. *Administrative Science Quarterly* , 2005,50(3): 329 - 366.

[5] Wang, S. , H. Zhou. Staged Financing in Venture Capital:Moral Hazard and Risks[J]. *Journal of Corporate Finance* ,2004(4):131 - 155.

[6] Sirmon, D. G. , M. A. Hitt, Ireland R. D. Managing Firm Resources in Dynamic Environments to Create Value:Looking Inside the Black Box[J]. *The Academy of*

Management Review,2007,32(1).

[7] 林嵩. 创业资源的获取与整合——创业过程的一个解读视角[J]. 经济问题探索,2007(6).

[8] 曾坤生,胡文静. 创业资源与我国中小企业家资源整合能力[J]. 天津市经理学院学报,
2009(2).

[9] 饶扬德. 企业资源整合过程与能力分析[J]. 工业技术经济,2006(9).

[10] 罗辉道,项保华. 资源概念与分类研究[J]. 科研管理,2005(7).

[11] 甘强,王军波. 企业资源整合能力探析[J]. 企业文明,2009(5).

[12] 杰弗里·蒂蒙斯. 创业企业融资[M]. 北京:华夏出版社,2002.

[13] 魏亮. 我国创业企业融资困难形成的原因及化解途径[J]. 金融经济,2008(1).

[14] 薛红志,杨俊. 基于象征性行动的新企业资源整合机制研究[J]. 外国经济与管理,2009
(6).

[15] 陈寒松. 新创企业资源整合机制探讨[J]. 商业时代,2008(21).

[16] 张敬伟. 基于创造性拼凑与价值创新视角的创业企业成长模型研究[J]. 现代管理科学,
2009(5).

[17] 龙丹,田新. 资源束缚下的成功之道:创造性拼凑创业从拼凑开始[J]. 企业管理,2009
(5).

[18] 陈寒松,朱晓红. 新创企业异质性资源、资源获取与创业绩效关系研究[J]. 企业管理研究
2012(3).

[19] 蔡莉,柳青. 新创企业资源整合过程模型[J]. 科学学与科学技术管理,2007(2).

[20] 蔡莉,肖坚石,赵镝. 基于资源开发过程的新创企业创业导向对资源利用的关系研究[J].
科学学与科学技术管理,2008(1).

[21] 葛宝山,董保宝. 基于动态能力中介作用的资源开发过程与新创企业绩效关系研究[J].
管理学报,2009(4).

[22] 柳青,蔡莉. 新企业资源开发过程研究回顾与框架构建[J]. 外国经济与管理,2010(2).

[23] 朱秀梅. 资源获取、创业导向与新创企业绩效关系研究[J]. 科学学研究,2008(3).

[24] 秦志华,刘传友. 基于异质性资源整合的创业资源获取[J]. 中国人民大学学报,2011(6).

第六章
创业计划

【学习目标】

1. 了解创业计划的基本结构、基本内容及其重要性。
2. 掌握创业计划中的信息搜集和市场调查的内容与方法。
3. 研讨创业构想,掌握撰写创业计划书的方法。
4. 了解创业计划展示过程中需要注意的问题,掌握创业计划书的撰写和展示技巧。

【引导案例】

最精炼的创业计划书[①]

在一次天使见面会上,北京创盟的河北创业者李鹏的发酵罐气流能量回收项目引起了风投的兴趣。Lu,Hayes & Lee,LLC Managing Partner 的 Glen Lu 在会后和李鹏交流了半个多小时。当时吸引风投目光的是李鹏的一份一页纸商业计划书,其内容如下。

产品简介

专利产品、国内空白、年节电 100 亿度、政府强力推广

公司简介

我公司成立于 2005 年 8 月,从事节能节电业务,拥有自己的技术与知识产权,包括电机节电器技术,发酵罐排放气流压差发电的多项专利。

项目简介

该项目名称为"发酵罐排放气流压差发电与能量回收"。发酵罐是药厂与化工企业普遍使用的生产工具,用量非常之大,如华北制药、石药、哈药这样的企业。每家企业使用的大型(150 吨以上)发酵罐均在 200 台以上。因生产需要,发酵罐前端需要压气机给罐内压气,压气机功率一般在 2 000～10 000 千瓦,必须 24 小时运转,每年电费在 900～4 000 万之间,满足发酵罐生产,就需要多台的压气机工作。所以,压气机耗电通常是这些企业很大的一项费用支出。经发酵罐排放的气流仍含有大量的压力能,浪费在减压阀上。如安装我公司研制的"发酵罐排放气流压差发电与能量回收"装置,可以回收压气机耗费电能的 1/3 左右。

同行简介

目前该技术国际统称 TRT,应用于钢厂的高炉煤气压力能量回收。主要的供货商有日本的川崎重工、三井造船,德国的 GHH,国内的陕西鼓风机厂,且年销售额达到 20 亿以上。

---

① 李鹏. 风投感兴趣的一份一页纸商业计划书[EB/OL]. 新浪博客. http://blog. sina. com. cn/s/blog_5f7e24ad0100cvug. html.

进展简介

本项目关键技术成熟并已经掌握,我公司已经与某制药集团达成购买试装与推广协议,项目完成时,预计可以在该集团完成 5 000 万以上的销售。

优势简介

1. 我公司已申请该项目的多项专利。

2. 市场中先行一步,属市场空白阶段。

3. 符合国家产业政策,温家宝总理亲自担任节能减排小组组长。要求各地政府落实节能减排指标。该项目属于节能减排项目。

4. 各地方政府有节能奖励:如三电办有三分之一的投资补贴,制药集团可获得约 1 600 万元政府补贴。

5. 可以申请联合国 CDM(清洁生产)资金(每减排 1 吨二氧化碳可以申请 10 美元国际资金,连续支付 5 年)。制药集团可每年节能 6 000 万度,减排二氧化碳 6 万吨,可获得国际资金供给 300 万美元。

用户利益

1. 减少电力费用支出,以某制药集团为例,如全部安装该装置,一年可以节约电费 3 000～36 000 万。收回投资少于 2 年。

2. 很少维护,无需增加人员,寿命在 30 年以上,可以为用户创造投资 15 倍以上价值。

3. 降低原有噪音 20 分贝以上。符合环保要求。

4. 其他政府奖励。

目标用户与市场前景

本项目目前主要针对国内药厂、化工厂。从和某集团达成的初步协议看,集团内需求量大约在 100 多套,而全国存在同样状况的有多家药厂,再加上许多的化工行业也采用了相同或类似的生产工艺,均为我公司的目标市场。总市场预计在 100 亿以上。

石家庄市利能节电设备有限公司网址:http://www.LNJD.com.cn/

E-mail:lnjdgs@yahoo.com.cn 电话:0311 - 87894888

经理:李鹏

第一节 创业计划

创业计划(又称商业计划)是一种书面文件,它阐述了创业者的创业创意、愿景,以及创意与愿景如何被转化成为一家盈利性、可行的企业。事实上,创业计划已经被认为是创业者实施创业的一种重要工具,创业动态跟踪调查项目(PSED)针对多个国家创业者进行的大规模调查显示,制定创业计划已是创业者在创业时必须完成的 23 项关键活动之一。

一、创业计划的作用

当创业者拥有了创意,识别出创业机会、明确了创业目标,在产品/服务、资金、市场、人脉等各方面已经具备一定的条件或已经累积了相当实力。这时候,往往需要撰写一份完整的创业计划书。

创业计划书是创业的行动导向和路线图,既为创业者行动提供指导和规划,也为创业者与外界沟通、寻求帮助提供基本依据,因而对于创业成功具有十分重要的作用。

(一) 募集外部资金

创业计划书的首要作用就是为了筹集资金。创业始于创意而不是资源,当创业者创业意愿和能力很强,捕捉的创业机会又具有很高的潜在价值,这时缺乏资金往往成为创业实施的最大瓶颈。创业计划书能帮助创业者寻求外部资金和其他资源要素,包括吸引风险投资商,网罗高素质的人才,构建核心创业团队。

(二) 明确创业目标

创业者在创业之前,应该明确自己的创业目标。当创业者将自己的创意与愿景以创业计划书的形式表现出来,有助于创业者客观分析和识别创业机会,理性地确立自己的创业目标,更为重要的是,确保整个创业团队(包括新的、潜在的成员)分享与认同组织目标。

(三) 增强创业项目可行性

创业计划重在分析和介绍如何把可行的、有价值的市场机会转化为盈利的产品和服务,因而不仅在技术方面和商业模式方面对创业项目进行翔实说明,而且在管理团队、经营战略、投资者回报方式和企业的产品、营销、生产、财务、风险分析等各个方面对创业项目进行全面的分析,有利于厘清业务概念、明确近期目标和所提议的战略,增强创业项目的可行性。

二、创业计划内容

撰写创业计划是创业者(团队)反复思考、推理并讨论的过程。

创业计划需要阐明新创企业在未来要达成的目标,以及如何达成这些目标。创业计划要随着执行的情况而进行调整。

创业计划包括产品(服务)创意、创意价值合理性、顾客与市场、创意开发方案、竞争者分析、资金和资源需求、融资方式和规划以及如何收获回报等内容。

创业计划包括封面、目录、执行概要、主体内容和附件等。

1. 封面

包括公司名称、地址以及主要联系人名字、联系方式等。

2. 目录

概括了创业计划书的各主要部分内容。

3. 执行概要

执行概要浓缩了创业计划书的精华,涵盖了计划全部关键要点,简明扼要精炼,以便投资者能在最短的时间内评审计划并作出判断。执行摘要一般包括以下内容:产品和服务;市场大小和增长机会;竞争优势;商业模式;执行团队;财务计划;资金需求与融资方案;收获回报方式等。执行概要应尽量展现创意的独特性、产品/服务的市场潜力及创业者/团队的优势和亮点。

4. 创业计划的主体内容

(1) 创业设想。包括创办事业的名称、创业的项目或主要产品名称等,公司的宗旨和目标,公司的发展规划和策略。

（2）市场分析。包括产品或服务目标市场,本公司市场地位,市场细分和特征,市场需求预测,竞争对手分析,公司竞争优势、竞争策略等。

（3）经营方案。如何开发、生产、销售新产品或服务,尤其是如何应对现存和未来竞争的总体计划是什么?

（4）财务融资。包括资金需求量,融资方式,资金使用规划,预估的营业收入与支出,投资的退出方式(公开上市、股票回购、出售、兼并或合并)。

（5）营销策划。营销队伍,营销战略,销售方式与渠道,促销和广告、价格策略等。

（6）风险评估。对主要可能的风险的估计与应对策略分析等。

5. 附件

支持上述信息的文件资料。如详细的财务计划、管理层简历、销售手册、产品图纸、专利证书等,以及其他需要进一步说明或提供佐证的事实材料。

三、创业计划书的基本结构

创业计划书是创业者对未来新创企业的详细描述和预测,一份完整的创业计划书具体包括:封面及目录、执行摘要、主体内容(包括公司产品或服务、市场分析、竞争分析、管理团队、投资说明、研发计划、生产经营计划、市场营销计划、人力资源计划、财务分析、风险分析、退出策略)和附件等。创业计划书的基本结构如图6-1所示。

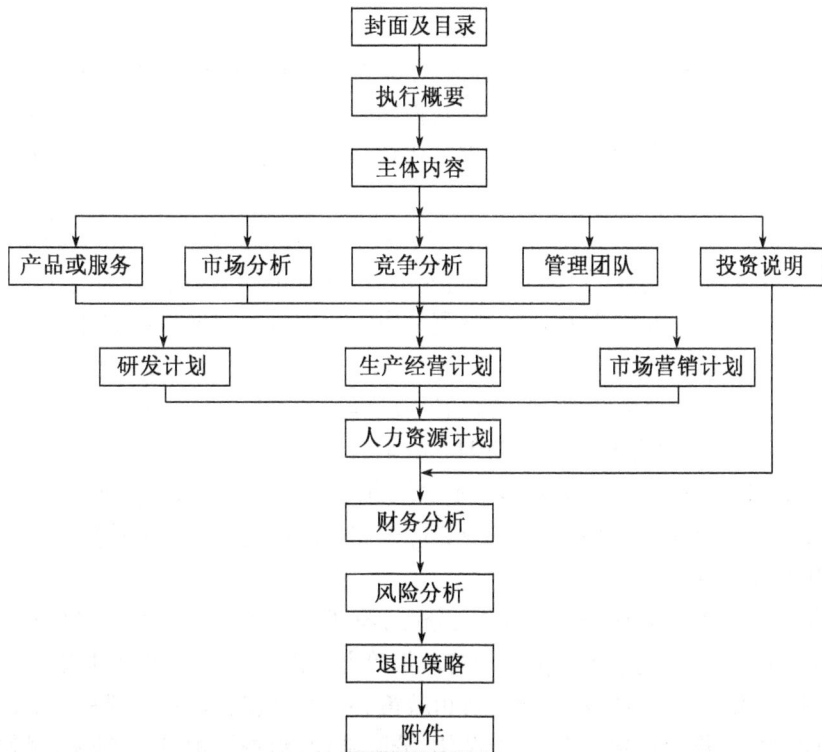

图6-1　创业计划书基本结构图

四、创业计划中的信息搜集

创业者在创业前，特别是在着手撰写创业计划书之前，必须对企业所处的环境进行详细的调查分析，准确地预测市场行情，这就需要创业者大量收集相关的信息进行调查分析和预测。

准备创业计划的过程实质上是信息的搜集过程，是分析并预测环境进而化解未来不确定性的过程。

(一) 信息搜集的主要内容

与创业计划有关的信息很多，从范围看主要可分为：宏观环境信息、行业环境和竞争者信息、目标市场信息。

1. 宏观环境信息

(1) 宏观政治政策信息

不同的国家有着不同的社会性质，不同的社会制度对组织活动有着不同的限制和要求。即使社会制度不变的同一国家，在不同时期，政府的方针、政策对经济活动的态度和影响也是不断变化的。主要的政治政策信息有以下几点：

① 政府管制。政府管制体现为企业必须无条件服从和接受，如药品安全、食品卫生、危险品制造、毒品提炼等行业。管制的目的是为了保证国家及全民利益不受损害，是强制执行的。管制对创业企业来说，可能会有负面的影响，比如创业项目的选择和管理成本的增加，但如果对这些政策不了解，企业遭受的损失将是无法估量的。

② 经营许可。经营许可是个人或企业获得合法经营某项业务的授权，并不是所有经营都要许可，但有些行业是必需的，如我国的医药、食品生产销售、种子经营、林木采伐、资源开采、房屋拆迁、公路客运、汽车维修、民航客票销售代理、营业性射击场、小件寄存、证券资信评估、企业信用评价、物品递送等行业。

③ 产业政策与贸易协定。政府的产业政策、投资政策和反垄断法规；入世以来，中国国内的产业已经成为国际产业分工体系的一个组成部分，基本上所有的行业都处于与国际企业同一舞台竞争的地位，因而必须了解有关国际贸易协定的规定和发展趋势信息。

④ 税收优惠与政策鼓励。税收是国家调控经济的政策杠杆，它的变化直接影响着创业企业及创业者个人的收入。关注并利用国家的税收优惠政策可以有效地缓解创业初期资金的压力。此外，企业需注意搜集地区性的创新创业鼓励政策，如政府补贴、基金支持、担保融资、低息甚至贴息贷款，税收减免、场地减租等。不少地方政府对大量安置下岗职工与残疾人的企业给予财政支持或税收减免等，这些都是创业者应该充分利用的政府政策信息。

(2) 宏观经济信息

宏观经济是所有商品和服务进行生产、分配、消费的总和。其主要信息包括社会经济结构、经济发展水平、经济体制改革和国家经济政策等方面内容。如 GDP 及其增长率、国民收入分配政策、价格政策、物资流通政策、金融货币政策、劳动工资政策、对外贸易政策；人均国民收入、人均可支配收入、物价消费水平；产业结构、分配结构、消费结构、技术结构；贷款的可得性、居民消费/储蓄倾向、利率、汇率、通货膨胀率、就业失业水平、劳动生产率水平、证券市场状况、货币与财政政策等信息。

（3）社会文化和人口统计信息

社会文化和人口统计信息主要指创业所在地区或所服务地区的消费者教育程度和文化水平、宗教信仰、风俗习惯、收入水平、消费偏好、消费习惯、就业程度等因素。这些因素直接影响着创业企业目前及未来的市场大小。社会文化和人口统计信息主要有：人口总数、性别、年龄构成、平均教育状况、职业分布、家庭人口、户数、婚姻状况、人口出生、死亡率、社会保障计划、人口预期寿命、生活方式、平均可支配收入、购买习惯、储蓄倾向、投资倾向、污染控制、能源使用、城市和农村的人口变化、宗教信仰状况等。

（4）技术和发展信息

技术发展除了要考察与企业所处行业领域直接相关的科学技术的发展变化外，还应及时了解国家对科技开发的投资方向和重点，本行业技术发展动态和政府对研发的重视与投入程度、研究开发经费；技术转移、更新和技术商品化速度；政府对知识产权的保护等方面信息。

（5）生态环境与环保信息

节能减排、生态环境是国家重要的发展战略，任何依靠资源高消耗、破坏生态环境而牟利的创业行为都将受到谴责和惩罚。比如，环保的要求对很多创业企业（如小化工）成了难以跨越的生死线。因此创业者必须高度关注和搜集有关节能、减排、生态、环境、环保等相关法律法规和地方政府政策规定。

2. 行业环境和竞争者信息

行业环境和竞争信息可以通过查阅行业年鉴或行业协会公布的资料、数据获得行业总体信息；通过计算行业的集中度和年均增长率，从而大致得出该行业市场规模的大小；通过加入行业协会，对行业专家拜访和检索专业网站、综合经济网站、专业报刊、行业协会报告、专业咨询机构报告、专利数据库、中央及省级政府部门行业发展报告等可以掌握更多行业动态信息；通过参加专业展览会、产品发布会、专业研讨会、拜访客户和供应链上下游伙伴等渠道可以更多了解行业及竞争者信息。

行业竞争者信息实际上是对市场同类商品供给者状况的相关信息。要特别注意主要竞争对手、主要经营者变动情况、行业龙头企业技术水平、竞争对手产品品种、质量标准和服务特色、品牌建设、生产工艺、原材料采购和产品销售渠道、销售方式、市场占有率、成本与赢利状况等信息的搜集。不仅要关注和搜集来自同行业的相关产品，还要关注和搜集来自供应商、客户、替代品、新加入的竞争者等多方面的信息；有些行业新技术不断涌现，产品更新换代速度快，因而就应特别注意搜集行业技术创新、研发动态、替代品威胁方面信息。

3. 目标市场信息

目标市场是指创业者所选择的特定的并准备进入和服务的市场。目标市场信息搜集应当围绕市场客户群体、目标市场及产品定位进行。

（1）市场客户群体信息。包括目标消费者购买动机、购买意愿、购买行为、购买力水平、消费习惯、消费水平、消费方式、品牌认可等。

（2）目标市场信息。尽可能收集本行业的发展现状、趋势、行业生存条件等方面信息内容。如市场供给、主要竞争者、替代产品情况、合作情况；密切注意新技术在本行业的运用，如产品更新换代、专利、产品研发、新工艺、新技术应用等信息。

（3）产品/服务营销信息。目标市场网络成员的地区、数量、规模、性质、营销能力、信用等级、总市场需求量、区域市场需求量、市场潜力、竞争者市场占有率、产品营销渠道、销售方式、促销手段、品牌、广告等。

(二) 信息搜集的途径

创业计划中的信息收集无非两种途径:一是间接方法,二是直接方法。

1. 间接法收集信息

间接法收集市场信息就是收集已存在的、经过编排、加工、处理的二手信息,包括情报、数据、出版物和各类媒体资料。这些间接信息可以通过各种渠道获取:(1) 各类报纸、杂志、统计资料,商品目录,广告说明书,专利资料及商品价目表;(2) 互联网、企业信息系统或网站,广播、电视;(3) 行业协会、研究机构、政府部门、银行、统计、财税部门,咨询机构信息与资料;(4) 国内外各种博览会、展销会、交易会、订货会等会议以及专业性学术性会议上所发放的文件和材料等。

对创业者来说,间接法收集二手信息比较方便、容易、费用少、来源广、节省时间,所以在创业调查收集信息时往往首先采用这种间接方法。但间接信息存在时效性差、难以满足特定信息需求的问题,因而也可以考虑采用直接法收集市场信息。

2. 直接法收集信息

通过直接观察或者调查、实验等方法获取原始数据的方法为直接法收集信息,也称之为市场调查法。市场调查是掌握市场原始信息即一手信息的最基本方法,也是运用科学的方法,有目的地、系统地搜集、记录、整理有关市场信息和资料,分析市场情况,把握市场现状及其发展趋势,为创业计划提供客观可靠的资料和数据的过程。

(三) 信息的有效使用

信息收集的根本目的在于使用,因此,要善于对来自不同渠道、不同类型的信息进行加工整理、合理保存、有效使用,才能使信息发挥应有的作用。

1. 信息的加工、整理

对来自各方面的信息资料要认真筛选,去伪存真、去粗取精,去掉信息中虚假的、不确切的成分,留下真实可靠、有用的信息;去掉信息中粗糙的、相关性不大的成分,留下有价值的信息。对精选后的信息要分类、分项加工整理,可以按重要程度、信息用途分类;也可以按信息来源分类。总之,整理信息的目的在于更好地保存、使用信息。

2. 信息的合理保存

保存信息的目的是为了更好地使用,信息保存要做到安全、合理,确保信息不丢失、不错乱,确保使用某类信息时能够随要随取、方便快捷。此外,信息资料也是商业秘密,为了保密一定要妥善保存,避免被同行或相关人员获得。可以将信息资料分不同的密级,不同密级的资料采用不同的保存方法,如计算机加密,可由专人保管并实施相关保密制度等来加以妥善保存。

3. 信息的有效使用

加工、整理、保存信息的目的是为了有效地使用信息。有价值的信息是创业决策的重要依据,根据对信息的综合分析、计算、判断和评价,提供创业者决策参考。某些信息可能是今后经营活动中需要经常使用的信息,如客户资料、竞争对手等,对这类信息资料要动态地更新、补充和修正,以提高信息的使用价值。

五、市场调查的内容和方法

市场调查作为一种研究消费者需要的科学方法,是企业开发出适销对路的新产品的基础。企业必须通过市场实地调查,了解消费者对产品的需求,以及对产品的期望,以寻找企业开发产品的最佳切入点。其一般程序为:一是对欲开发的大类产品的市场进行市场细分;二是对各细分市场进行调查、分析、研究,诊断其现状、预测其需求变化趋势;三是根据调查研究结果,找出市场需求的"空白",确定新产品的开发方向和战略。

美国麦当劳公司从一家名不见经传的快餐店,发展成为国内有 5 000 多家分公司,在全世界 40 多个国家和地区有 4 000 多家分店的国际快餐经营集团。其成功的秘诀在于:用市场研究的成功,确保市场营销的成功。麦当劳在北京的分店于 1992 年 4 月 23 日开业。但早在 8 年前(1984 年年底),美国麦当劳总部就派出专家,对中国的河北、山西等地的上百种马铃薯进行考察,对其成分逐一进行分析和测定,最后确定麦当劳的专用马铃薯。仅仅是一个炸薯条的原材料,麦当劳就耗费如此巨大的代价,可见其对市场调查重视到了何等程度。

(一) 市场调查的内容

市场调查的内容很多,主要包括四方面内容。

(1) 市场环境调查。为发现和利用市场提供的各种机会,具体包括:政策环境、经济环境、社会文化环境的调查;市场基本状况和销售可能性调查。

(2) 消费者调查。通常情况下获得市场信息的最好办法就是去接触潜在的顾客、供应商和竞争对手,这是最为有效和可靠的办法。不仅要调查现有和潜在的顾客数量、他们愿意为产品或服务支付的价格、顾客购买同类产品的时间周期等,还要对消费者在购买动机、购买行为模式、购买过程等方面进行调查,包括消费者意愿、消费需求、消费习惯,销售渠道、扩大销售的可能性和具体途径等。

(3) 市场竞争调查。主要为企业提供市场竞争对手和参与者的概况、能力、优劣与策略等方面的信息,为企业制定竞争策略提供支持,包括同类产品信息、竞争环境、竞争对手、竞争态势、竞争目标和竞争策略进行的综合调查。

(4) 渠道和终端信息调查。调查产品销售渠道、经销商及产品经销状况,对渠道的调查研究是制定销售渠道策略的重要依据。

(二) 市场调查的步骤

市场调查的步骤主要有市场调查准备、市场调查设计、市场调查实施、调查资料总结四个阶段。

(1) 市场调查准备阶段。该阶段主要解决调查目的、确定调查主题,拟定调查项目、确定收集资料的范围和方式。即解决为什么要进行市场调查? 市场调查中要了解什么问题? 进行市场调查要得到什么? 市场调查结果有什么用处?

(2) 市场调查设计阶段。该阶段确定调查项目和范围(包括地域范围、被调查者范围);选择调查方法及手段(包括设计调查表/问卷和抽样方式);确定预算经费和调查期限;制定切实可行的调查计划。

(3) 市场调查实施阶段。该阶段是整个市场调查过程中最关键的阶段,对调查工作能否满足准确、及时、完整及节约等基本要求有直接的影响。包括调查力量的组织(调查人员选聘、培训)、调查实施(按计划规定的时间、地点及方法实地收集有关资料)与调查监督管理(包括对调查的绩效评价:比较成本、比较回收率、比较问卷的利用率等)。

(4) 调查资料总结阶段。该阶段包括调查资料的分类整理编号;列表分析;撰写并提交调查报告。报告一般由引言、正文、结论及附件四个部分组成。基本内容包括开展调查的目的、被调查单位基本情况、所调查问题的事实材料、调查分析过程的说明及调查的结论和建议等。

(三) 市场调查的方法

市场调查收集原始信息的方法主要有观察法、实验法、调查法等。

1. 观察法

观察法是指收集信息的工作人员凭借自己的感官和各种记录工具,深入现场,在被观察者未察觉的情况下,直接观察和记录被观察者行为,以收集市场信息的方法。观察法的优点是可以实地记录市场现象的发生,能够获得直接具体生动的材料,具可靠性高、简便易行、灵活性强等优点。比如,可口可乐的总裁在我国参加经济高峰会议期间,亲自到上海的大街小巷中"散步"——这是在进行观察法调研。

观察法主要应用于:城市集贸市场调查、商品库存调查、消费者需求调查、商场经营环境调查、产品质量调查、广告调查等领域。

案例 6-1:精细观察的商场密探[①]

帕科・昂得希尔是著名的商业密探,他所在的公司为恩维罗塞尔市场调查公司。

昂得希尔通常的做法是坐在商店对面,悄悄观察来往的行人。而此时,在商店里他的属下正在努力工作,跟踪在商品架前徘徊的顾客。他们的目的是要找出商店生意好坏的原因,了解顾客走进商店以后如何行动,以及为什么许多顾客在对商品进行长时间挑选后还是失望地离开。通过他们的工作给许多商店提出了许多实际的改进措施。

比如,一家主要是青少年光顾的音像商店,通过调查发现这家商店把磁带放置过高,孩子们往往拿不到。昂得希尔对商店指出应把商品降低放置,结果销售量大大增加。再如一家叫伍尔沃思的公司发现商店的后半部分的销售额远远低于其他部分,昂得希尔通过观察和拍摄现场解开了这个谜:在销售高峰期,现金出纳机前顾客排着长长的队伍,一直延伸到商店的另一端,妨碍了顾客从商店的前面走到后面,针对这一情况,商店专门安排了结账区,结果使得商店后半部分的销售额迅速增长。

2. 实验法

实验法是指市场调研者在控制的条件下对所研究对象的一个或多个因素进行操纵,观察市场现象在这些因素影响下的变动情况,它是因果关系调研中经常使用的一种行之有效的方法。实验法具体分为实验室试验、现场试验(实际市场实验法)和模拟试验(模拟市场调查法)。

实验法主要用于:产品价格实验;产品质量、品种、规格、花色、款式、包装等实验;市场饱和程度、广告效果实验等。

3. 调查法/询问法

调查法/询问法是指调查人员将事先拟订的调查项目或问题以当面、书面或电话的方式向

---

① 佚名. 商业密探:帕科・昂得希尔[EB/OL]. 调查方法案例库. http://www.docin.com/p-380434465.html.

被调查者提出询问,要求给予答复,由此获取被调查者或消费者的动机、意向、态度等方面的信息。这是市场调查中最常见的方法,主要分为面谈调查、电话调查、邮寄调查、留置询问表调查四种。它们有各自的优缺点:面谈调查能直接听取对方意见,富有灵活性,但成本较高,结果容易受调查人员技术水平的影响;电话调查速度快,成本最低,但只限于在有电话的用户中调查,且用户往往不耐烦回答;邮寄调查速度快,成本低,但回收率低;留置询问表可以弥补以上缺点,由调查人员当面交给被调查人员问卷,说明方法,由其自行填写,再由调查人员定期收回。

近年来,随着计算机技术发展和互联网的普及,新兴的网络调研信息方法(又称网上市场调研或联机市场调研)成为许多企业获取信息的重要手段,这对于人力、时间、精力有限的创业者无疑提供了一个新的调研手段。

案例 6-2:礼维公司的分类市场调查[①]

美国有一家礼维服装公司,以生产牛仔裤闻名世界,同时兼营其他服装以及鞋、帽、皮带、皮包等产品。该公司 20 世纪 40 年代末的销售额只有 800 万美元,到了 80 年代增加到 20 亿美元,30 年增加 250 倍。礼维服装公司成功的秘密在于市场调查。

该公司负责人介绍说:"任何成功的生意都应该做到及时准确地了解顾客的需要,千方百计地满足顾客的需要。"该公司设有专门机构负责市场调查,在全公司组织分类产品的市场调查,在国外按国别进行市场调查。调查时应用心理学、统计学等知识和手段,按不同国别,分析消费者的心理和经济情况的变化、环境的影响、市场竞争条件和时尚趋势等,并据此制定出销售、生产计划。

1974 年,该公司为了扩大在欧洲的市场,向西德顾客提出了以下的问题:"你们穿礼维的牛仔裤,是要价钱低、样式好,还是要更合身?"调查结果,多数顾客首先要求合身。该公司就派人在前西德各大学和工厂进行合身试验,一种颜色的裤子定出了 45 种尺码,因而大大扩大了销路。

该公司又根据市场调查,了解到美国青年喜欢合身、耐穿、价廉、时髦,把合身、耐穿、价廉、时髦作为产品的主要目标,故而产品长期打入了美国青年人的市场。不久,他们又注意到许多美国妇女穿男裤,又通过精心调查,设计出适合妇女需要的牛仔装、便装裤和裙子,使妇女服装的销售额增加了 58%。

因此,虽然在美国及国际服装市场,业内竞争相当激烈,但礼维公司靠分类市场调查,他们制订的生产与销售计划同市场上的实际销售量只差 1%~3%。

调查法/询问法通常涉及调查问卷的设计和抽样计划。

(1)调查问卷的设计

问卷调查是直接收集市场信息最常用的方法,目前在国内外被广泛采用。在询问类方法中,邮寄调查、留置询问表都要采用问卷,面谈法、电话调查也可以采用问卷的形式。问卷调查提供了标准化、统一化的数据收集程序,使问题的表述用语和提问的程序标准化,使所得到的数据具有可比性,一份好的问卷可能有助于收集到高质量的市场信息。因此问卷设计就成为调查前一项重要的准备工作。问卷设计的好坏在很大程度上决定着调查问卷的回收率、有效率,甚至关系到市场调查活动的成败。

---

① 文静. 国际名企的市场调研术[J]. 交通企业管理,2005(5).

问卷设计的步骤:① 根据调查目的,确定所需的信息资料,然后在此基础上进行问题的设计与选择;② 确定问题的顺序,一般简单的、容易回答的放在前面,逐渐移向难度较大的,问题的排列要有关联、合乎逻辑,便于填卷人合作并产生兴趣;③ 是问卷的测试与修改,在问卷用于实地调查以前,先初选一些调查对象进行测试,根据发现的问题进行修改、补充、完善。

问卷的结构。一份问卷通常由三部分组成:前言、主体内容和结束语。问卷前言主要是对调查目的、意义及填表要求等的说明,包括问卷标题、调查说明及填表要求。前言部分文字需简明易懂,能激发被调查者的兴趣;问卷主体是市场调查所要收集的主要信息,是由一个个问题及相应的选择项目组成。通过主体部分问题的设计和被调查者的答复,市场调查者可以对被调查者的个人基本情况和对某一特定事物的态度、意见倾向以及行为有较为充分的了解;问卷结束语主要表明对被调查者合作的感谢,记录下调查人员姓名、调查时间、调查地点等。结束语要简短明了,有的问卷这部分也可以省略。

问卷设计注意事项。首先,文字要表达准确,不应使填卷人有模糊认识,如调查商品消费情况时使用"您通常喜爱选购什么样的鞋?"就是用词不准确,因为"通常""什么样"的含义,不同的人有不同的理解,回答各异,难以取得准确的信息。如改为具体的问题:"您外出旅游时,会选购什么牌号的旅游鞋?"这样表达就很准确,不会产生歧义;其次,问卷要避免使用引导性的语句。如设计问卷时,问"××牌号的旅游鞋质优价廉,您是否准备选购?"这样的问题将容易使填表人由引导得出肯定性的结论或对问题反感,不能反映消费者对商品的真实态度和真正的购买意愿,产生的结论缺乏客观性;再次,问卷问句设计要有艺术性,避免对填卷人产生刺激而不能很好地合作;最后,问卷不要提一些不易回答的问题。比如,涉及填卷人的心理、习惯和个人生活隐私而不愿回答的问题,即使将其列入问卷也不易得到真实结果。遇有这类问题,如果实在回避不了,可列出档次区间或用间接的方法提问。如调查个人收入,如果直接询问,不易得到准确结果,而划分出不同的档次区间供其选择,效果就比较好。

案例6-3:卡西欧公司的销售调查卡[①]

卡西欧公司的市场调查主要通过销售调查卡。其卡只有明信片一般大小,但考虑周密,设计细致,调查栏目中各类内容应有尽有。

第一栏是对购买者的调查。其中包括性别、年龄、职业,分类十分细致。

第二栏是对使用者的调查。使用者是购买者本人、家庭成员、还是其他人。每一类人员中又分年龄、性别。

第三栏是购买方法的调查。分为个人购买、团体购买、赠送。

第四栏是调查如何知道该产品的。分为看见商店橱窗布置、报刊杂志广告、电视台广告、朋友告知、看见他人使用等等。

第五栏是调查为什么选中了该产品。所拟答案有:操作方便、音色优美、功能齐全、价格便宜、商店的介绍、朋友的推荐、孩子的要求等。

第六栏是调查使用后的感受。分为非常满意、一般满意、普通、不满。

另外几栏还分别对产品的性能、购买者所拥有的乐器、学习乐器的方法和时间、所喜爱的音乐、希望有哪些功能等方面都进行了详尽的调查。

---

① 袁秀珍.国外名企市场调查妙策[J].经营管理者,2002(8).

如此,为企业提高产品质量、改进经营方式,开拓新的市场提供了可靠依据。

(2) 抽样计划

抽样调查是市场调查中最科学、最重要、最常用的方法。根据抽选样本的方法可以分为概率抽样(亦称随机抽样)和非概率抽样两类。我国一般只把概率抽样称为抽样调查;非概率抽样是采用主观的(非随机的)方法从总体中抽取样本,常称为重点调查或典型调查。

抽样计划涉及抽样调查的三个基本问题:抽样单位、抽样方式和样本数目。其中,抽样单位是指总体中所有被调查的对象或范围。例如,对消费者调查的抽样单位可能是某地(省、市、县、乡)所有消费者家庭等;抽样方式随研究目的的不同而有所不同,探索性研究采用非概率抽样即可。若要对总体进行正确的定量估计,则必须使用随机抽样,使总体中每一成员被抽中的机会均等,并使总体中的次数分布与样本分布相适应;样本数目的确定是关键问题,有多种计算公式,涉及对精确性的要求(置信度)、总体的异质程度、抽样方式及调查者经费、精力和时间的限制。实际工作中应该综合考虑,只要达到要求就可以了。

第二节 撰写与展示创业计划

一、研讨创业构想

创业构想是指针对特定的新技术或创意,在明确个人创业目的、正确评价个人创业意愿和创业能力的基础上,谋划自身创业投入、创业目标的过程。创业构想与"筛选创业机会"都是准创业者真正开办新企业前必须做好的功课。在此基础上,创业者才有必要或者才需要精心准备撰写如何将创意转化为可盈利企业的一份商业计划书。

(一) 研讨产品与服务

产品或服务如何能够针对顾客真正的需要,从而帮助解决他们面临的实际问题?你将如何销售自己的产品或服务?你的收入来自何处?产品或服务的销售额预计有多大?如何创造这些销售额?

为让创业构想能在以后发挥良好的作用,创业者需要发挥群体智慧(如亲朋好友、准创业伙伴、创业咨询机构,特别是有关专家学者、成功创业者等),向 10 个以上有见地的相关人士请教,虚心听取他们的意见和建议。要对包括产品/服务的可行性、产业/目标市场可行性、组织可行性、财务可行性进行分析,一定要借助群体智慧进行全面可行性分析,以求创业构想的切实可行。

(二) 行业分析与目标市场

为了未来的产品/服务能打开销路,必须对计划中的投产行业进行分析。有吸引力的行业应当具备如下特征:① 新兴产业,而非传统产业;② 行业生命周期早期阶段,而非后期阶段;③ 行业分散化,而非结构集中;④ 行业正在成长,而非收缩;⑤ 出售顾客"必定要买"的产品或服务,而非"可能想买"的产品或服务;⑥ 行业空间不拥挤;⑦ 具有较高营业利润,不依赖关键原材料的历史低价来维持盈利,如汽油、面粉。①

目标市场是通过市场细分后,企业准备以相应的产品和服务满足其特定需要的一个或几个子市场。为什么顾客要从你这儿购买而不是从其他竞争者那里购买?你的产品/服务如何优于其他竞争者? 显然,一个好的产品/服务必须能够包含有某种能满足特定市场需求的新颖方式(哪怕是现有产品或服务的某一环节),且这种方式至少应当是目前市场上尚未出现的,同时对于创业者又是可行的。

(三) 组建创业团队

知识经济时代,单打独斗的创业肯定不可取。有了切入市场的产品或服务的创意只是开始,这仅仅是一个点子,其后最重要的任务就是要建立起一个共同创业的团队,技术、市场、融资等各个方面都需要有一流的合作伙伴,创业才能够切实可行并成功。

物色最初的创业团队人选,最好应当是你熟透的、踏实的、不太计较的、对创业项目有激情的亲朋好友或同事同学,这样才能有共同语言和目标。人数无需多,每个人不一定都很强,关键要能凝聚起来,尤其是个性和能力互补,这样就是一个非常好的团队。把自己的想法、面临的创业机会和创业目标如实告诉你未来可能的团队成员,让他们参与创业构想的研讨,有利于集思广益、完善构想。但创意属商业机密,研讨中应当把握好分寸,注意有所保留。

创业团队还要考虑其组织管理,建章立制以保持团队的相对稳定。一般经过一段时间磨合之后,创业团队都会经历一个痛苦"洗牌"过程,或许有人不能认同企业理念,或许有人另谋高就,或许有人不称职。创业初期团队成员变更是正常的,但也是一个很大的问题,为了企业的生存和发展必须坚持一种理念:制度面前人人平等。公司不是私人的,是大家的,不能顾及私情,要出于公心。能否坚持这种理念,决定了能否正确有效地管理团队。

(四) 研讨创业资源

正式实施创业之前必须获取相关资源,否则创业成无米之炊。资源研讨应当集中于能否获得必备的资源以启动和维持创业初期生产和销售活动的正常开展。

创业资源研讨重点是融资计划。创业启动资金的测算是否科学准确? 通过何种渠道筹集资金? 能否筹集到所需数额的启动资金? 鉴于创业过程中的风险和不确定因素,筹集的资金量应当比测算的启动资金高出一定的比例。如果创业项目需要较多的资金,考虑并选择风险投资商则是必然,此时就需要考虑持有公司股份的比例问题,选择风险投资商必然要确定各自的股份占多少。此外,还要考虑选择能跟你同甘共苦的风险投资商,处理好与投资人关系,要尽可能选择有较大影响力的风险投资商,以便借助他们的经验和实力。

其他资源还包括设备、场地、技术、知识、信息等有形与无形资产。创业之初,企业不可能同时获得所需的各种资源,只要具备基本的、起码的资源即可。此外,某些资源不一定非要自己完全拥有,只要能够掌握支配权和控制权即可。

(五) 寻找商业模式

在创业机会研讨论证后,必须考虑怎样将创意转化为能够创造价值并能为公司带来持续盈利的商业模式。一家公司存在的基础就是创造价值并获取盈利,从企业的角度来讲,就必须形成一套有效的商业模式,既要能为客户创造新价值,又要为企业带来盈利,还要能为股东带

---

① 布鲁斯·R.巴林格,R.杜安·爱尔兰.创业管理:成功创建新企业.杨俊,等译.北京:机械工业出版社,2010:90-92.

来回报,那才叫好的商业模式。

(六) 确立创业目标与创业期限

赚钱是创业者重要的创业目标,但不是唯一的目标。大多数创业者没有把财富目标和人生规划、事业目标、家庭和谐建设、社会责任结合起来。单纯的财富目标不会成就伟大的创业者,只有志向远大,把自己的事业追求与社会和他人的幸福结合在一起,才能创造伟业。

新东方创始人俞敏洪(2015)就提出:"任何一个人想要做成事情,一定要有三个想:理想,思想和创想。理想跟高度相关,思想跟人的宽度相关,而创想则跟人的长度相关,就是你能走多远。这三个想,对于任何一个想要做成大事的人来说都特别重要。"

创业目标首先应当明确建立什么样的企业,创业者的个人目标决定了企业的目标规模。若创业者个人目标是获得足够的现金以维持一定的生活标准或生活方式,中小型的企业规模就很好,不必发展为较大企业,即便企业具有做大的潜质;而追求资本收益的创业者则必须把公司建设到相当规模,但这往往需要创业者承担长期的风险和更大的竞争压力。

创业期限是指从创业启动到新企业开始持续稳定地获得赢利的时间,由于市场是在不断地变化和发展,创业期限过长风险会太大,专家们建议,创业最好以两年期为限。

二、分析创业可能遇到的问题和困难

创业不可能一蹴而就,绝不能仅凭头脑发热、一时冲动。在创业构想过程中必须对创业可能遇到的问题和困难要有充分估计,宁可事先对问题和困难考虑得多些、风险考虑得严重些,在此基础上考虑和制定相应的对策。在创业构想的过程中,不妨同时进行一些具体的考察与市场调研,这不仅能够锻炼你的能力,开阔创业思路,提供客观准确的信息,更能丰富和完善你的创业构想,并为下阶段撰写创业计划积累资料、提供素材。

根据成功创业者的经验,创业启动后主要的问题和困难在于"项目"和"资金"。

(一) 项目问题和困难

显然,创业应选择既适合自己又符合市场需求,同时启动资金少、入行门槛低、符合大众消费观念等特点的项目。但实际上许多创业者在选项时往往存在着一个相同的毛病,只关注市场,而忽视了自身的能力与优势的分析。许多创业者往往是先看中一个市场觉得很有机会,创意也很好,就急于进入这个领域创业。正如一些创业者坦诚:"我对目前创业的行业一窍不通,但是坚信这个领域会有很大前途!"这是创业夭折的重要原因之一。建议创业者有了好的创意后,一定要先分析自身的特点和优势,然后再判断创业项目是否与自身特点相吻合。

创业之初,顾客数量或销量可能没有当初想象得那么好,这是一个打击自信心甚至是致命的问题。需要重新检验顾客群定位是否准确、产品或服务的质量是否过关、宣传或促销方式是否合适,还要查看价格的竞争优势和市场环境因素的变化等。

(二) 资金问题和困难

融资难! 但初创公司假如选择了错误的投资者,创业之路就难上加难。乔布斯被自己一手创办的公司董事会赶出苹果就是一个惨痛的教训。但创业者又不得不在获得创业起步所亟需的资金与保持企业控制权之间作出权衡。

起步阶段天使投资人或许是最好的选择。天使投资人是个人(或个体组成的团体),他们投下的钱尽管不足以支持较大规模的资金需要，但天使投资往往带有较强的感情色彩，更容易被说服。天使投资的融资程序既简单又迅捷，没有风险投资复杂而繁琐的决策程序，参与公司事务的程度也不尽相同，一些人认为应该积极参与，也有一些人则喜欢当甩手掌柜。不管是什么情况，都能从他们的建议和经验中获益。

假如你的企业具有做大的潜力，知道需要多轮投资，那么尽早与风险资本家建立关系是有价值的。但风险资本家几乎总是希望把自己的治理团队置入公司，与天使投资人相比，创业者/团队可能会丧失很大一部分控制权。

最后应当考虑，创业起步后到公司能够开始盈利，这是创业关键生存期，具有很大的不确定性，许多创业企业熬不过这个期限，现金流中断或资金链断裂而"突然死亡"。创业构想时必须充分考虑到这个问题，并且在融资上要有应急预案。

(三) 经验问题和困难

经验不足，缺乏从职业角度整合资源、开拓市场、实施管理的能力，这也是创业失败的主要原因之一。比如，上世纪末引人注目的大学生创业企业"视美乐"——曾获得"上海一百"500万元风险投资、"易得方舟"——曾获得全国大学生创业大赛金奖、"天行健"公司——以获首届中国专利博览会金奖的高杆喷雾器和防撬锁两项专利创业，这些创业项目不可谓不好、科技含量不可谓不高，启动资金也已到位，却都因为缺乏经验和人脉而很快宣告失败。因此，创业构想时应当充分考虑这些因素。创业者需要更多地参与创业实践，努力积累实践经验，广泛搭建人脉，了解并熟悉创业项目的行情，更多地向有创业经验的企业家和专家请教，以降低创业风险。

(四) 团队问题和困难

因为团队分裂导致创业失败的例子数不胜数。创业团队内讧通常经历 3 个阶段：第一阶段企业还未见效益，就开始争利，纷争不断；第二阶段刚有起色，就开始争位，勾心斗角；第三阶段，当企业开始赢利和快速成长时，开始争权，为了掌握企业控制权，斗得你死我活，最后企业也灭亡了。因此，对于团队可能遇到的问题应当有充分的认识和应对策略。

创业初期因为不能提供优厚的薪酬待遇，很难找到某方面的优秀人才，通常不要奢望通过招聘的形式来弥补人才短缺问题。最直接的解决办法就是创业者自己学习提高和内部培养，或者找创业合作伙伴——真正的合伙人，这涉及气度和心态问题。有很多创业者口口声声打着给股份期权的形式寻求合伙人，但内心还是把对方当做普通员工来对待，终究留不住优秀人才。

因此，创业之前就应该构想创业企业的分享计划和激励机制，形成团队的共识，最终以文字形式落实在公司章程中。所谓"财散人聚"，以分享凝聚人心，以机制留住人才，这才是创业者长远的、立于不败之地的战略思考。

三、凝炼创业计划的执行摘要

执行摘要，亦称执行概要。执行摘要是从创业计划的核心内容提炼出来的，是对整个商业计划书最精华部分的浓缩，旨在引起战略伙伴和投资人的兴趣，人们把它比拟为"电梯行销"。执行摘要不仅要表达创业构想的丰富信息，而且要传递创业者的愿景与激情。如果潜在投资者看了之后有兴趣，就会约你开始下一阶段的面谈，这时你的创业计划书和准备展示的资料才能派上用场。

执行摘要虽然列在创业计划的最前面,但是在其他部分定稿之后才着手撰写的。摘要应当涵盖计划的全部关键点,尤其要重点阐明企业的投资亮点、市场潜力、相对于竞争对手的优势。创业者要反复推敲、深思熟虑,务必使摘要结构完美、条理清晰、语言精炼且富有感染力,便于读者在最短时间内清晰地评审创业计划。执行摘要一般限于1~2页纸的篇幅。没有也无需涵盖所有创业项目内容的执行概要,但是要确保每一个关键问题都要提到。

(一) 产品或服务

能解决用户的什么问题,这是投资人关注的焦点。你需要清楚地描述当前或者未来将会出现的某个重大的问题,公司给客户提供什么产品或服务来解决这个问题。陈述你的价值定位,创意价值的合理性何在。这部分内容不要写缩写词以及方案背后用到的技术术语。另外,如果在已有客户中,有一个是知名的大公司,一定要指出来。

(二) 市场分析

投资者们都在寻找巨大的、处于增长期的市场。用几句话来描述公司行业、行业细分、目标市场和所处的市场地位,包括市场的成长性、驱动因素以及美好前景。不要用空洞的语句描述市场机会,当前规模小但处于快速成长的市场,会比相对较大、稳定的市场更有吸引力。

(三) 竞争优势

用几句话来概括公司相对于竞争对手的优势。如独特的资源优势、成本节约或行业关系。至少,要写出你是如何与直接竞争者的方案竞争的,投资者更看重你能做什么,因为很可能他们已经看过很多与你的方案类似的创业计划书。

(四) 商业模式

清晰地描述公司商业模式——怎么挣钱的? 需要阐述公司在产业链、价值链上的位置,合作伙伴是谁,他们为什么要跟你的公司合作? 谁是你的客户,目前是否有真实客户? 概括你的销售和营销策略,列出一些关键数据,如客户量、授权量、产品数量和利润等。

(五) 创业者及团队

要记住投资的是人而不是创意。为什么你的团队有能力成功? 团队成员以前做过什么? 解释一下每个人的背景、角色、工作过的公司。如果你的创业导师或顾问有相关的行业经验,也可以在团队介绍里提出来。

(六) 资金需求和融资

可以用一个表格来展示公司未来3到5年的收入和花费预测。投资者需要知道你现在想融多少钱,你能给他们什么样的回报。融资需求通常是为了实现你的创业计划所必需的资金量,最好能匹配上收入的驱动因素,比如客户增长等。财务预测不能太过离谱,如果让风投公司不相信的话,所有的工作就前功尽弃。

案例 6-4:全国大学生创业计划大赛金奖作品的执行摘要[①]

1.1　公司

上海盛旦科技股份有限公司秉承"Tech Application 应用科技"的经营理念,努力将高科

① 第四届挑战杯全国大学生创业计划竞赛金奖作品——上海盛旦科技股份有限公司创业计划书中执行摘要部分[EB/OL].百度文库. http://wenku.baidu.com/view/6983485e3b3567ec102d8ac9.html.

技实用化，满足大众需求。该公司目前拥有的一次性打印电池技术由复旦大学化学系研究开发，拥有完全的知识产权并已申请专利。

盛旦在一次性打印电池技术的基础上首先推出了"闪电贴（Flash Tip）"一次性超薄手机电池系列产品，填补了一次性手机电池的市场空白。目前手机已经成了人们生活中不可或缺的消费品之一，据统计目前全国已有手机用户2.5亿，但手机的不便之处也逐渐暴露，比如关键时刻电量不足，突然断电的现象常常给人们带来很多尴尬，特别是外出洽谈商务或结伴出游时，手机电池的突然断电有时会给人们带来很大的损失。虽然一些大商场提供了临时充电器，但由于充电需等候多时，且只有少数大商场提供此类服务等原因，手机电量的及时补充问题还未得到根本解决。"闪电贴（Flash Tip）"系列一次性超薄手机电池正是针对这一市场空白而推出的最新产品。

1.2　市场

"闪电贴（Flash Tip）"的目标群体主要定位于出差的商务人士、旅游群体以及往来商旅等，一张1毫米厚、面积与传统电池板相仿的产品将提供约为12小时的电池电量，只需将其贴于现有电池表面即可电力十足、轻便而快捷，既可以作应急使用，尽可能地降低短期断电造成的通讯中断损失，也可省却外出携带充电器等不必要的麻烦，作为常用的备用手机电池。当然，由于其较高的性价比，其他普通消费者也可以接受。

在区域市场上，初期以国内市场为主，先大中城市后小城市，同时在适当的时间进入国际市场，利用全球化的市场需求获得规模竞争优势。

1.3　生产与营销

盛旦准备在上海张江高科技园区设立加工基地，由于有成熟的技术（主体技术为现代喷墨打印技术和纳米材料技术），产品的加工工艺并不复杂，主要设备为打印设备和电池材料配置设备。初期成本为1元/贴（大小类似普通手机电池，厚度为1毫米，待机时间12小时），售价5元/贴，随着生产规模扩大成本将不断降低。由于其市场容量巨大而且目前尚处于空白状态，因此市场前景巨大。

由于"闪电贴（Flash Tip）"属于快速消费品的范畴，所以在营销上采用大规模铺货的方式，占领便利店、超市、书报亭等主要的销售渠道，方便消费者及时方便地获取我们的产品。同时，第一年进行大量的派送试用，以做前期推广，通过各种媒体广告和各种促销活动推进产品知名度，在市场上采取先立足上海，后逐渐有计划分步骤地推向全国。第一年37万片，第二年45万片，第三年开始销售额和利润都将大幅上升。

1.4　投资与财务

公司设立在张江高科技园区，属于国家支持的中小型高科技企业，税收上享受"两年免征所得税"的政策。公司成立初期需资金720万元。其中风险投资520万元，盛旦公司投资（管理层和化学所投资）100万元，流动资金贷款100万元。而用于固定资产投资为155万元，流动资金为565万元。

股本规模及结构定为公司注册资本800万元人民币。其中，外来风险投资入股520万元（65.0%）；盛旦专利技术入股180万元（22.5%）；资金入股100万元（12.5%）。

公司从第三年开始盈利，到第四年后利润开始大幅增长，内部收益率为50.1%。风险投资可通过分红和整体出让的形式收回投资。

1.5　组织与人力资源

公司成立初期采用直线型的组织结构,由总经理直接向董事会负责;3~5年后随着新产品的推出开始采用事业部型组织结构。公司初期创业团队主要来自复旦大学管理学院,各成员各司其职,都具有相关领域的专业知识和运作经验,且优势互补。同时公司拥有复旦大学化学所技术人员作为公司技术支持。此外,公司还邀请多位管理学院教授为经营顾问。

四、把创业构想变成文字方案

撰写商业计划是创业者(团队)反复思考、推理并讨论的过程。

在创业构想基本成熟的基础上,就可按照创业计划书的结构内容把创业构想变成文字方案,即正式撰写创业计划书。

无论计划书里面阐述了什么,创业者都要设身处地想一想,是真的在做企业创建与发展规划,还是仅仅在畅想未来?所阐述的思路在后期的计划执行中是否切实可行,是否有足够的能力将想法变成现实?因此,创业计划书一般应将重点放在主体内容的分层次理性阐述上,在主体内容定稿之后,再着手提炼执行摘要,最后再考虑必要的附件材料。

现将主体内容的撰写简要说明如下。

(一) 公司介绍

这部分的目的不是描述整个计划,也不是提供另外一个概要,而是对公司进行介绍,其重点是公司的理念、定位以及如何制定公司的战略目标。

(二) 产品/服务创意

这部分要说明产品/服务创意的来源;产品/服务的概念、性能及特性,要突出产品/服务创意的新颖、独特之处;创意的市场价值及价值的合理性、产品/服务的市场竞争力;产品/服务创意的开发过程、开发方案及市场前景预测等。

在产品/服务创意描述部分,创业者要对产品(服务)创意做出详细的说明,说明要准确,也要通俗易懂,即使非专业人士的投资者也能明白。一般地,产品/服务创意介绍都要附上产品/服务原型、照片或其他介绍。

(三) 团队成员及组织结构

在创业计划书中,必须要对主要创业团队成员加以说明,介绍他们所具备的能力、在企业中担任的职务、承担的责任及过去的详细经历、背景及业绩。

此外,在这部分内容中,还应对公司组织结构做一简要介绍,包括:公司的组织架构图;各部门的功能与责任;各部门的负责人及主要成员;公司的报酬体系;公司的股东名单,包括认股权、比例和特权;公司的董事会成员;各位董事的背景资料。

经验和过去的成功要比学历、学位更有说服力。如果你准备把一个特别重要的位置留给一个毫无经验的人,一定要给出充分的理由。

(四) 顾客和市场

这部分应包括以下内容:目标顾客和目标市场;市场需求预测;市场现状综述;竞争厂商概览;本企业产品的市场地位与未来市场潜力等。

(五) 竞争者分析

在竞争者分析中,应该正确评价所选行业的基本特点、竞争状况以及未来的发展趋势等内容。关于竞争者分析的典型问题:(1)该行业发展程度如何? 现在的发展动态怎样?(2)创新和技术进步在该行业扮演着一个怎样的角色?(3)该行业的总销售额有多少? 总收入为多少? 发展趋势怎样?(4)价格和趋势如何?(5)经济发展对该行业的影响程度如何? 政府是如何影响该行业的?(6)是什么因素决定着它的发展?(7)竞争的本质是什么? 你将采取什么样的战略?(8)进入该行业的障碍是什么? 你将如何克服? 该行业典型的回报率有多少?

(六) 营销策略

对市场错误的认识是企业经营失败的最主要原因之一。

创业计划书中,营销策略应包括以下内容:(1)市场机构和营销渠道的选择;(2)营销队伍和管理;(3)促销计划和广告策略;(4)价格决策。

(七) 制造计划

创业计划书中的生产制造计划应包括以下内容:(1)产品制造和技术设备选型;(2)新产品投产计划;(3)技术提升和设备更新的要求;(4)质量控制和质量改进计划。

(八) 财务计划

财务计划一般要包括以下内容:资金和资源需求;资金使用计划及进度;融资方式和规划;资本结构;收益预测和财务盈亏分析;投资收获回报等。其中重点是现金流量表、资产负债表以及损益表的制备。

流动资金是企业的生命线,因此企业在初创或扩张时,对流动资金需要预先有周详的计划和进行过程中的严格控制;损益表反映的是企业的盈利状况,它是企业在一段时间营运后的经营结果;资产负债表则反映在某一时刻的企业经营状况,投资者可以根据资产负债表中的数据得到的比率指标来衡量企业的经营状况以及可能的投资回报率。

(九) 风险与风险管理

风险与风险管理主要有以下内容:(1)你的公司在市场、竞争和技术方面都有哪些基本的风险?(2)你准备怎样应对这些风险?(3)你的公司还有一些什么样的附加机会?(4)在你的资本基础上如何进行扩展?(5)在最好和最坏情形下,你的五年计划表现如何?

如果相关估计不那么准确,应该估计出误差范围到底有多大。如果可能的话,应对关键性参数作出最好和最坏的设定。

(十) 投资报酬与退出策略

投资报酬与退出策略的内容包括:股票公开上市、股权协议转让、股权回购、股利等。通常,在主体内容阐述之后应当有附录,如详细的财务计划、管理层简历、销售手册、产品图纸、公司专利、商标等其他需要进一步说明或提供佐证的事实材料。附录附在正文后面,通常是分开单独装订。

五、创业计划书的撰写技巧

(一) 创业计划书必须一开始就吸引人

创业计划书是呈送给投资者、银行、合作伙伴、企业战略联盟对象,或者政府相关部门、创业计划大赛评委评阅的,一份有助于获得所需资金支持或其他资源支持的创业计划的撰写,关键在于对资本市场、投资人以及其他资源拥有者心理的把握,创业计划书就是创业者用文字与投资人等进行沟通,并达成共识。从投资者角度看,管理团队以及市场机会的价值是两项关键的投资要素,因而创业计划书要充分展现高素质的管理团队和确保新企业创意价值性的亮点,从而使阅读者产生欣赏和进一步探寻的欲望。

(二) 创业计划要体现真实性

投资的目的是索取回报。投资者并不欣赏文采出众、辞藻华丽的论文,而是更看重客观、真实的理性分析和论证。因此,创业计划一定要体现真实性,所有内容都应该实事求是,力求通过实际市场分析和实地调查数据来表达观点和看法,尤其不能夸大吹嘘。对于市场占有率、销售收入、利润率等指标的预测要做到客观合理,数字尽量准确,最好不要做粗略估计。

(三) 注意内容准确和格式规范

(1) 开门见山,突出主题。创业计划书的目的是为了获取资源,创业者应该避免与主题无关的内容,要开门见山直入主题,不要浪费时间和精力来写一些与主题无关、对读者来说毫无意义的内容。此外,编制创业计划书还要考虑到阅读对象的因素,目标读者不同,他们对创业计划书的要求和兴趣不一样,创业计划书的内容和侧重点也应该有所区别。

(2) 简明扼要,通俗易懂。创业者必须认识到,创业计划书不是文学作品,也不是学术论文,飞扬的文采、深奥的专业术语不仅不能打动目标读者,反而不利于他们阅读和理解计划书。因此,创业计划书的语言应该通俗易懂,尽量避免专业术语,只要能够表达自己的观点,不要过分渲染。

(3) 结构完整,内容规范。创业计划书是一种很正式规范性文件,在结构和内容上都有规范要求。创业者在撰写创业计划书时,最好有一份优秀的创业计划书作为模板参考。一方面,在结构上必须完整,创业计划书的各个部分都应该论述到;另一方面,在内容的表述上要做到规范化、科学化,财务分析最好采用图表描述,形象直观。此外,创业计划书还应该注意格式和排版,绝对避免拼写错误。

表6-1列举了撰写创业计划书常见的错误。

表6-1 撰写创业计划书常见的错误

✕ 低估了竞争,高估了市场与回报
✕ 不陈述预测报表的建立依据
✕ 混淆了利润和现金流
✕ 不陈述最好、最坏和最可能发生的状况
✕ 产品或服务对客户带来的影响——提高客户收益、降低客户成本、减少客户的流动资本和成本支出——不加以量化
✕ 仅分析整体市场,忽略了细分市场
✕ 不讨论战略伙伴
✕ 不理解市场进入壁垒和夺取客户所需要的成本
✕ 对产品和服务、渠道选择、销售人员和销售模式的定位不清晰
✕ 不讨论运营效率,不分析产能

资料来源:罗伯特·J.卡尔文.创业管理[M].郑兴山,杨晓玲,霍婕译.北京:中国财经经济出版社,2003.

六、创业计划书的陈述与展示

创业计划书阅读对象包括投资者、银行、合作伙伴、团队成员或者政府相关部门、创业计划大赛评委等。创业计划书一旦定稿,接下来的主要挑战就是如何将计划推介给阅读对象。如果是为了争取政府部门或社会机构设立的创业基金,或是为了参加创业计划大赛,那么计划书的推介、陈述和展示就更加重要。

下面以吸引风险投资的创业计划书为例,说明创业计划展示的方法与技巧。

首先是向潜在的投资者提交创业计划书,如果投资者对你的创业项目感兴趣,就会给创业者陈述创业计划的机会,这是创业计划重要的展示过程。一般在创业计划陈述与展示后会进行双方会谈,如果会谈顺利,便会进一步实地考察、磋商和谈判,最后签署投资协议。在这样的过程中,陈述与展示十分关键。

(一) 陈述与展示创业计划的基本方法

向风险投资(venture capital,VC)融资是一件相当困难的事,需要做大量、充分的准备。如娴熟的演讲技巧、热情洋溢的创业激情和一份完美并且内容充实的创业计划。当然,还需要一点儿运气。

(1) 要训练自己言简意赅流畅的表达能力,训练自己用一两分钟时间来表达、阐述创业企业的性质与职能。一般说来,好创意都有简明的逻辑。所以创业者应该能在开场的 2 分钟之内,就把自己的项目说清楚。"请用一句话来描述一下你的项目",这几乎是一个众所周知的要求了。

(2) 设法了解与分析推介对象。是什么促使对方对创业项目产生兴趣? 对方可能会问什么特殊、尖刻的问题? 参会人员年龄多大、背景与特长如何等? 创业者可以通过网络搜索、资料收集、业内打听等方式了解投资公司与管理者背景等方面信息,并通过换位思考、团队讨论的方式,集思广益地梳理各种可能性,为推介展示做好前期准备工作。展示要注意针对投资者的技术基础和专业背景。比如,投资者的背景是财会专业,则应侧重运用财务数据、引用财务专家或专业期刊的评论;而技术型的 VC 则喜欢产品和服务演示等。

(3) 陈述与展示的语言与态度。面对经验老道的投资者,创业者做陈述和展示时态度坦诚和客观是打动他们的力量。我们无需为项目进行不必要的包装,更不要在演示过程中为自己的产品"上大词",这都是为自己设置障碍;有些词汇很常见,但是它们的份量很重,尤其是真正的生意人都觉得它们的份量很重,比如"平台"、"一揽子解决方案"、"一站式服务"等。要仔细掂量一下你的项目是不是能用得上这样的词汇;慎用最高级,尽量多使用第三方的积极评价,多用数据和图表说话,以数据来增强创业计划书的可信度。

(4) 要提前到 VC 的会议室,把展示过程中可能遇到的一些意外——诸如电脑和投影仪的连接、网络连接、图象或视频显示等技术问题事先解决好,最好做个预演,千万不要让技术故障耽误了你跟 VC 宝贵的交流时间。

(5) 一般推介会议时间多为一个小时,跟你会谈之后,VC 可能马上要跟下一位创业者见面。因此,创业者应该在 20 分钟内完成陈述与演讲。这样,一方面可以增强创业者对推介会议时间的灵活控制;另一方面,也可以让与会者有更充分的时间进行交流与讨论。

（二）创业计划陈述与展示的步骤和内容

（1）创业计划陈述与展示的步骤。创业计划陈述与展示的步骤包括展示方案准备、陈述人员选择、陈述准备以及现场陈述等。

（2）创业计划陈述与展示的内容。陈述创业计划过程中，重点内容在于展示问题背景、解决方案/产品与技术、商业模式、项目优势与独特性、市场营销、竞争、管理团队、财务计划及主要指标以及目标实现时间与资金使用，并以此作为幻灯片的核心标题。见图6-2。

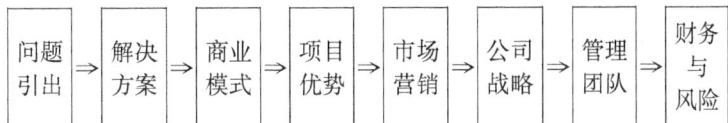

图6-2　创业计划展示内容

创业者可依照大约10~15张幻灯片、20分钟左右时间做好陈述内容的PPT展示。一定要努力做出一个有视觉冲击力、内容精炼且图文并茂的PPT。鉴于风险投资商可能上了年纪，幻灯片文字不能太小，不要过分强调技术因素或故意使技术环节复杂化。

陈述内容的底稿一定要烂熟于心，达到不假思索脱口而出的效果。在陈述即将结束时，可插入一页表格展示五年内的财务状况，包含市场规模及本行业的公司平均价格收益比，这有助于增强财务分析的说服力——表明投资机遇绝佳。

案例6-5：挑战杯创业大赛金奖作品——寰新国际计划的陈述与展示[①]

问题引出

2005年8月，美国时代周刊发表文章《黑白危机》详细描述我们的生活正面临黑色油荒、白色污染两大危机，而塑料制品便是罪魁祸首。它不仅消耗了我们有限的石油资源，而且塑料制品中含有的增塑剂DEHA极易致癌，时刻威胁着我们的身体健康。

更可怕的是，废弃塑料造成了大量的白色污染。根据世界银行发表的《中国环境报告》测算，2005年，由环境污染给中国大陆造成的损失高达840亿美元，占全国GDP的7%左右，几乎冲抵了当年的经济增长量，而白色污染最为严重。

所以，用一种健康、环保的新材料来取代现有的通用塑料，是全人类共同的美好心愿。然而，尽管早在20世纪60年代，许多专家学者就致力于环保材料的研发和探索，但时至今日，新材料仍未能普及，原因何在？很简单，价格高的材料，市场不接受；价格低的材料，性能却难以达标。难道环保材料的低价格、高性能真的是难以两全吗？

经过我们专家组多年的研究发现，原来，价格低廉的玉米，就可以作为原材料生产出一种全降解的环保型片材，这种材料真正实现了经济价值与社会效益的统一。

产品与技术

下面请随我进入寰新国际股份有限公司的产品和技术部分。（现场展示A07和A08产品）

寰新国际采用华南理工大学两大重点项目——教育部科学技术研究重点项目、985一期重大项目的研究成果，解决了淀粉在加工过程中出现的重结晶问题和淀粉与聚乳酸界面接触

---

①　白静，陶韶菁. 赢在"挑战杯"全国大学生创业计划竞赛指南[M].北京:清华大学出版社,2009:124-125.

不良等难题。

目前,公司可以产业化生产 A 系列片材,包括 A07 和 A08 两种规格。其中,A07 淀粉含量达 55％以上,A08 淀粉含量高达 95％以上。该产品已经通过国家塑料质量监督检验中心的鉴定,它的力学性能达到现有通用塑料标准。

我们的产品具有三大特点:

(1) 价格低廉。产品的主要原材料为玉米淀粉,价格仅为塑料原料的 1/4 左右,高淀粉含量,保证了产品的价格比通用塑料低 15％以上。

(2) 性能优良。先进的生产设备与工艺保证了片材在拉伸强度、断裂伸长率等力学指标上能完全达到国家规定标准。

(3) 环保健康。寰新国际的片材在 77 天内的生物降解率高达 83％以上,是真正意义上的全降解材料。

(市场分析、营销策略与财务计划略)

(三) 陈述与展示创业计划注意事项

(1) 新颖独特的创意。创意和构思是创业计划的生命点。但要注意的是,创意不是凭空想像,要以客观的市场需求和价值合理性为依据说服投资者。

(2) 市场前景。创业计划可行的前提是富有潜力的市场前景。一个新颖的构思和投资项目能否获得成功与丰厚回报的关键在于是否拥有良好的市场前景,这是投资者衡量创业计划优劣最重要的标准。

(3) 自我与团队介绍。如果创业团队把完整的项目资料送给投资方,资料袋里已经包含了一切材料,那么,是不是就不用亲自来演示自己的项目了?"为什么客户一定要见见我们?"这是个好问题。因为你只有理解了投资者要见你的原因,你才知道如何去做有针对性的准备。显然,说到底它始终是人的问题。

所以创业者少不了要对自己和团队的背景加以介绍,即使你的专业、履历和背景与这个项目无太大关联,你的思想、个性、价值观等等也会从过去经历中体现出来。陈述者不用费心去拿捏姿态,也不用去想是保持高傲一些好、还是谦卑一些更有利,真实最为好。这不涉及攀比资历,光鲜资历有更好,没有也无妨。

"自我介绍"环节是值得去精心准备的。选择一个好的角度,完全可以把平凡的人生经历说得有趣而吸引人,还可以把自己的思考和体验融入进去,提升沟通的质量。

投资者更看重一个优势互补、高素质的创业团队,团队介绍是展示中最重要的内容之一。VC 愿意对这些创始人有尽量多的了解,因为大部分 VC 投资的是创意,但这些创意还没有转化成真正的业务。所以,创始人和管理团队就是你的业务。但这并不意味着创业团队的全体成员都要在展示中"轮流坐庄"、个个发言,创业领袖(核心)或公司 CEO 应占全部讲话时间的80％以上,其他高层人员(一般不超过 2 位)可以在 20％的会议时间讲述一两张幻灯片内容或回答提问,这些内容与问题都应该是他们各自专业领域的强项,其余成员可以在展示后的进一步交流讨论中与 VC 洽谈接触。

(4) 努力创设与投资者的交流互动。展示切忌照本宣科、自顾自说话。应当事先声明允许并鼓励在场投资者双向参与交流和互动,对此千万轻视不得。演示一开始,就声明全程允许双向参与,任何时候都可以被提问或打断。如果在最初的 5 分钟内无人提问,本方人员应主动提问,有意地打断演示过程。这样做的意图是活跃现场气氛,带动投资者参与的积极性。

案例 6 - 6:5 分钟游说拿到数百万创投基金①

【人物档案】潘海东:互动百科创始人、CEO,2009 年入选中央"千人计划"。

【创业感悟】我来过,我看过,我创业过。

海归创业困难之一就是缺资金。2005 年,潘海东和两个哥们凑了 100 万元做起了互动百科网。2006 年,在参加硅谷举行的一次互联网论坛上,潘海东找到了在论坛主讲的硅谷创业基金负责人,在 5 分钟之内就成功吸引了他的注意力,随后获得了数百万美元的风险投资。据说,这是该基金做投资决策最快的一次。

"这 5 分钟,其实我就讲了一个概念——做中文的维基百科网站,这个创意一下子就打动了他们。"潘海东说,创业是场没有终点的马拉松,一夜成名是个传说,成功其实就是每天前进一小步。要让潜在投资人对你感兴趣,一定要把自己独特地方展现出来,打动他。比如苹果独特,就在于他把电子产品变成了一个时尚产品;再如李宇春的歌唱得不是最好,但因为中性的独特,所以在中国娱乐圈里身价也很高,都是一个道理。

(5) 如何应对投资者提问与点评。投资者通常会对创业者的项目提问,再聪明的创业者也不可能回答得了所有的问题,尤其是你正在做一件未来某个时间才能成功的项目。所以不必为不能回答某些问题而感到羞涩,也不要为自己根本不知道答案的问题编造答案,更不要仅仅嘴里嘟囔着一些自己也不理解的话语。总体上讲,在演示项目时要注意应答的多样性:有些问题是有答案的,如果知道就简短有力地回答;有些问题根本就没有答案,那么直接说你不知道;有些问题的确很难,你也不可能瞬间给提问者答案,直接说你要再想想;有些问题被提出来,提问者自己也不认为有什么好答案,他只是问问而已,那你不妨向他请教,问问他是怎么想的。

记住,有问必答一定是失败的。听众会感觉场上来了一个万事通,万事皆有答案,结果导致陈述中本来有说服力的那部分内容,就因为这种看法给毁掉,甚至连场面也输掉。

投资者也可能会为创业者的项目做点评,给出或高或低的评价,投资或不投资,他们会指出创业项目的不足和缺陷,可能还带着质疑和挑剔的语气,这让人不爽。但他们并不是创业者的真正裁判,真正的裁判是市场。

客观上看,创业的年轻人相对于投资者,无论社会地位、经验、资源和人脉都处于下风。那么,创业者与投资者两方的博弈怎样最优,双方怎么做到平等对话? 建议可以把这种陈述与展示当成一次相亲,或者仅仅是一次"出来喝一杯"的约会。

创业者一定要心态平和、放眼未来,不要指望一蹴而就,切忌急功近利、急于求成。如果你想通了这只是一次"约会",那么现场你就不会显得太紧张;如果你的项目还达不到令人震惊和肃然起敬的标准,那么就拿出欢乐平和的心态来展示和对话;保持一种不求不败的心境,把这次见面当成你认识一个朋友的机会。对于投资者的质疑、苛求和挑剔,切忌脱口而出地反驳甚至强有力地反击,这会显得创业者缺乏气度和修养。谈不拢最多走人,没必要斗气,倒是可以从尖刻的批评中反思项目的不足与缺陷。值得注意的是,有时投资人故意语言尖刻严厉,你也

---

① 毛庆.5 分钟游说,获百万美金风投[N].南京日报,2012 - 03 - 14.

不要乱了阵脚。其实,他们很可能是在试探创业年轻人的"抗压能力",也许他有点把这个测试提前了一些,但这恰恰说明了他可能"喜欢"上了你。

(6)展现优势同时应当注意保护商业机密。为了引起投资者的兴趣,展示创业计划当然需要尽量展现自身的优势和亮点,如新颖的创意、先进的技术、独特的商业模式、高素质的创业团队等。但是,创业者对于计划中的核心技术和商业机密还是应当注意合理且恰当的保护。在实际操作中,需要在创业计划书中加一条保密条款来保护自己的利益;第一次展示不要披露太多的核心技术信息;如有必要,可在展示前先签一份保密协议,但除非不得已不要强求对方签定这种协议,以免在尚未展示前就产生不必要的矛盾。展示者不一定是经理,但实际展示的人员应具备突出的沟通表达能力,这样安排的效果才可能会更好。

案例6-7:天使投资谈如何选择创业项目[①]

唐滔——天使投资唐网佳创投创始及执行合伙人,出身天使投资世家,拥有17年海内外天使投资的丰富经验,被《创业家》杂志评为十大"新锐天使"之一。1994年创办公司,2000年公司成功登录纳斯达克,2008年,被"全球博彩杂志"评为最受关注的25位业界精英之一。2012年5月4日,唐滔来宁,做客南京车库咖啡——"华东创业市集",和创业者们分享他的创业和投资经验,并接受了南报网记者专访。

记者:听说您曾是一位成功的创业者,为什么要选择做投资?

唐滔:我1994年开始创业,经历了创业初期非常艰难的时期。创业者所忍受的辛酸、煎熬和孤独是旁人不能理解的。美国有20～30万位天使投资人,而中国可能真正做天使投资的100位还不到。所以我选择在创业的同时做天使投资,希望帮助更多的创业者走出初创期。

创业者是自己的最大和最前期的天使投资者

记者:为了规避风险,很多人选择投资成熟公司,做些锦上添花的工作,为什么您选择投初创公司?

唐滔:投早期公司就好比早年结婚,需要乐观和信任。其实创业者是自己的最大和最前期的天使投资者,其次投入的就是创业团队和朋友伙伴,投入的都是自己的积蓄、心血和宝贵光阴。如果连自己都不投入精力,并不断强化自己的创业者,是没有其他人会青睐的。

记者:作为天使投资人,能让你们决定投钱的最大因素是什么,是一份完美的商业计划书,还是别的?

唐滔:我所认识的投资人是基本不看商业计划书的。如果让我排序,我的想法是创新、人、风险。说到底,天使投资喜欢的是有创意的创新产品,可以创造十倍、百倍,甚至上千倍的奇迹,是名副其实的四两拨千斤。好的企业,每一两年就要进行创意摧毁,让有新创意的产品摧毁旧创意,例如苹果产品。另外,天使投资还看重创业者本身,如果创业者有技术,但不会营销,我就会看他是否有可以互为补充的营销团队。

需要准备3个不同版本的"电梯推介"

记者:对于创业者来说,如何寻找投资人?

唐滔:我常听创业者说,万事俱备,只欠东风。如果以坐等东风的态度等待融资,那么恐怕东风很久都不会吹过来。创业者要学会自己呼风唤雨。天下没有免费的午餐,只有共赢的项

---

① 戴维.天使投资是什么?[N].江苏商报,2012-05-09.

目。就好比你在第一次和女朋友约会前,最好知道她喜欢什么,不喜欢什么,以便尽早达到相互欣赏的目的。创业者要想获得投资,还必须融入投资人的圈子。我曾经问过一个美国投资人,为什么敢投资给某个企业,他的回答是:"我和他们去同一个教堂,我们的孩子上同一所学校,还经常去相同的俱乐部,他们不会坑我的。"不要找那些没创过业、站在博弈视角的陌生投资人。

记者:如果找到投资人,如何游说他投资?

唐滔:创业者需要做到"电梯推介",即创业者要在乘电梯的时间里完成向天使投资人推销自身价值和生意理念的过程。成功的电梯推介要有趣、吸引人。在不同情况下用 50~300 个字有激情地说出来。此外,初创者至少要准备 4 种版本的电梯推介:15 秒、1 分钟、5 分钟和 15 分钟,然后反复练习,以便抓住不同机会进行推介。

【本章案例】

大一参加创业大赛赢了 20 万,大二开公司半年又赚了 20 万[1]

大一时,他就在一次全国性创业大赛上拿到大奖,获得 20 万元奖金;大二时,不甘寂寞的他"真刀真枪"地创业,成立了自己的公司,并在半年内赚到 20 万元。这位"创业达人"就是南京卓远文化传播有限公司总经理,南京工程学院经济管理学院大三学生刘伯敏。

一到假期就打工,高中开始不再向父母要钱

"我家在甘肃陇西的大山里,父亲做了 20 多年代课老师,现在每个月才 300 元工资,母亲种田,家里收入太低了。"刘伯敏告诉记者,要上学就得自己挣钱。上初中时他就帮着母亲卖水果,过年期间他还卖烟花爆竹补贴家用。

"上高中后我跟三叔学了电焊,打工挣钱,那之后我没再跟父母要过钱。"刘伯敏每逢暑假就跟三叔一起去内蒙古打工。"要坐 16 个小时火车,夏天在高空干活,汗像水一样往下淌,还经常因为做得不够好被工头训斥。"刘伯敏回忆道。

他不怕苦,最难接受的是被拖欠工资。辛苦一个暑假能挣 3 000 元,包工头就是不给。刘伯敏那时就下决心,将来一定要自己创业。

创业大赛比拼卖饮料,赢了 20 万元奖金

进了大学后,刘伯敏一直在留意各种机会进行创业。2010 年 9 月,"红冠杯"全国大学生创业大赛宣传跳入他的视线,内容是帮红冠饮料设计营销方案,然后实战营销。他决定组织团队参加。

"那次比赛,各地有 100 多所高校参加,比了整整一年。"刘伯敏组织的"珠风"团队采用了饥饿营销法抢占市场,也就是先不拿出产品,先向消费者灌输产品的各种好处、优点,让消费者对产品产生期待和好感。

"当时一家南京企业要在中秋给员工发福利,我就主动找到老总,向他讲了这种饮料的功效和好处,老总被我们说动了,希望团购。我当时心里很高兴,但坚持饥饿营销,表示没有这么多货。直到最后才'勉为其难'地卖给他 100 箱。"刘伯敏说。

饥饿营销帮助他们的团队赢得了销售 1 368 箱饮料的好成绩。他们还主打爱心牌,在营

① 曹都,文莉,谈洁,吴正楠. 大一参加创业大赛赢了 20 万,大二开公司半年又赚了 20 万[N]. 南京日报,2012-10-03.

销的同时积极募捐,把筹集到的资金捐给希望小学,这一举动给评委会留下深刻印象。结果,"珠风"团队一举获得了全国亚军,并获得 20 万元奖金。

开办会员制的创业培训班,带动更多大学生创业

这次胜利让刘伯敏创业的信心大增。大二一开学,怀揣着 20 万元奖金、学校免费提供的场地,刘伯敏的卓远文化传播有限公司开张了。

"经过创业大赛的磨练,我们的团队积累了一些经验,但也并非一帆风顺。"刘伯敏说,刚开始,帮一家通信公司做套餐推广,没想到推销通信产品和推销饮料完全是两回事,忙活了几个月,连承诺通信公司的业务量都没有完成,结果"颗粒无收"。

经过调研,刘伯敏把公司的业务重新进行了定位,开拓与大学生相关的创业培训、网络营销等。

"我发现,大学生对好的创业培训很感兴趣,而且现在就业压力大,如果把这两者结合起来,肯定有市场。"刘伯敏说,他请来了全国知名的创业导师团队,在给学生培训的同时,还给他们提供实践机会,让优秀学员到企业实习。培训班采用会员制,今年上半年才办了一期免费试听和两期正式课程,就招来了 100 多位会员,为公司带来了数万元的收入。

"加上为电信、上海后大学时代等公司做的校园营销策划与推广,今年上半年,公司盈利达到了 20 万元。"刘伯敏还透露,前不久刚与一家公司签了一笔大单,为他们即将推出的门户网站做高校的宣传推广,如果顺利的话,今年下半年公司盈利将实现翻番。

【本章要点】

创业计划是阐述创业者的创业创意、愿景,以及创意与愿景如何被转化成为一家盈利性、可行的企业的一种书面文件。创业计划是创业的行动导向和路线图,既为创业者行动提供指导和规划,也为创业者与外界沟通提供基本依据。

创业计划包括封面、目录、执行概要、主体内容和附件等组成部分,具体内容包括产品(服务)创意、创意价值合理性、顾客与市场、创意开发方案、竞争者分析、资金和资源需求、融资方式和规划以及如何收获回报等内容。创业计划要随着执行的情况而进行调整。

撰写创业计划是创业者/团队反复思考、推理并讨论的过程。准备创业计划的过程实质上是信息的搜集过程,是分析并预测环境进而化解未来不确定性的过程。

创业计划中的信息收集一是间接方法,二是直接方法。信息搜集的主要内容为:宏观环境信息、行业环境、竞争者信息、目标市场信息。信息收集的根本目的在于使用,因此,要对来自不同渠道、不同方法的信息进行加工整理、合理保存、有效使用,才能使信息发挥应有的作用。

创业构想与筛选创业机会都是准创业者真正开办新企业前必须做好的功课,在此基础上,才需要精心准备如何将创意转化为可盈利企业的一份商业计划书。创业计划书编写需要发挥群体智慧研讨创业构想,分析创业可能遇到的问题和困难,再把创业构想变成文字方案。凝练创业计划的执行概要是其重点。

展示创业计划应注意突出三个要素:新颖独特的创意,有潜力的市场前景,优势互补高素质的创业团队。激情在创业计划展示中发挥着重要作用。

【重要概念】

创业计划　执行概要　信息搜集　市场调查　创业构想　创业计划展示

【思考题】

1. 试述创业计划的基本结构、基本内容及其重要性。

2. 执行概要在创业计划中有何作用？为什么需要凝练创业计划的执行概要？

3. 为什么说准备创业计划的过程实质上是信息搜集过程？试述信息搜集的方法与内容。

4. 简述准备创业计划过程中市场调查的程序、内容和方法。

5. 试述创业构想和创业计划的关系。研讨创业构想主要内容有哪些？

6. 谈谈展示创业计划的基本方法和技巧。

【参考文献】

[1] Jones G. M. Educators，Electrons，and Business Models：A Problem in Synthesis[J]. *Accounting Review*. 1960，35(4)：610－626.

[2] Hamel，G. Lead the Revolution [M]. M A：Harvard Business School Press，2000.

[3] Low，M. B.，MacMillan，I. C. Entrepreneurship：Past Research and Future Challenge [J]. *Journal of Management*，1988(14)：139－161.

[4] Singh，R. A Commonon Developing the Field of Entrepreneurship Through the Study of Opportunity Recognition and Exploitation[J]. *Academy of Management Review*，2001 (26)：20－12.

[5] Timmons，J. A. *New Venture Creation：A Guide to Entrepreneurship* [M]. Illinois，Irwin，1999.

[6] Sane，S.，Venkataraman，S. The Promise of Entrepreneurship as a Field of Research [J]. *Academy of Management Review*，2000，25(1)：217－226.

[7] Gartner，W. B. What are We Talking About When We Talk About Entrepreneurship? [J]. *Entrepreneurship Theory & Practice*，1990(18)：15－18.

[8] 布鲁斯·R.，巴林杰. 创业计划[M]. 陈忠卫，等译. 北京：机械工业出版社，2009.

[9] 巴林格. 创业管理：成功创建新企业[M]. 北京：机械工业出版社，2006.

[10] 卡普兰，沃伦. 创业学[M]. 北京：中国人民大学出版社，2009.

[11] 马占杰. 国外创业意向研究前沿探析[J]. 外国经济与管理，2010(4).

[12] 薛红志，牛芳. 国外创业计划研究前沿探析[J]. 外国经济与管理，2009(2).

[13] 林嵩，谢作渺. 创业学：原理与实践[M]. 北京：清华大学出版社，2008.

[14] 张玉利，陈寒松. 创业管理. 2 版[M]. 北京：机械工业出版社，2011.

[15] Howard H. Stevenson. 新企业与创业者[M]. 高建，姜彦福，雷家骕，等译. 北京：清华大学出版社，2002.

第七章
新企业的开办

【学习目标】

1. 了解掌握如何选择企业组织形式。
2. 掌握新企业注册的程序与步骤,了解新企业选址的策略与技巧。
3. 学习掌握新企业获得社会认同的必要性和基本方式。
4. 了解创办新企业后可能遇到的风险类型及其应对策略。
5. 掌握新企业管理的独特性,了解针对新企业的管理重点与行为策略。

【引导案例】

"娃哈哈"的初创阶段 [①]

1987年,当47岁的宗庆后拉着"黄鱼车"奔走在杭州的街头推销冰棒的时候,他怎么也不会想到,十多年之后,由他一手缔造的娃哈哈集团会成为中国最大的饮料企业。

2011年,娃哈哈实现营业收入超过670亿元,宗庆后本人也成为2010、2012年的中国首富,这是自胡润百富榜开创14年来,第三位能两次登上百富榜榜首的企业家,其家族财富达到了800亿元人民币。

从冰棒到娃哈哈

1987年,宗庆后和两位退休教师组成了一个校办企业经销部,主要给附近的学校送文具、棒冰等。在送货的过程中,宗庆后了解到很多孩子食欲不振、营养不良,成为家长们最头痛的问题。

"当时我感觉做儿童营养液应该有很大的市场",15年农村插队形成的坚毅性格让宗庆后决定抓住这个机遇搏一把,此时的他已经47岁,早错过了创业的最佳年龄。

1988年,宗庆后率领这家校办企业借款14万元,组织专家和科研人员,开发出了第一个专供儿童饮用的营养品——娃哈哈儿童营养液。

随着"喝了娃哈哈,吃饭就是香"的广告传遍神州,娃哈哈儿童营养液迅速走红。到第4年销售收入达到4亿元、净利润7 000多万元,完成了娃哈哈的初步原始积累。

小鱼吃大鱼

1991年,娃哈哈儿童营养液销量飞涨,市场呈供不应求之势。

但即便如此,宗庆后依然保持了一种强烈的危机感:"当时我感觉如果娃哈哈不扩大生产规模,将可能丢失市场机遇。但如果按照传统的发展思路,立项、征地、搞基建,在当时少说也

---

① 佚名.宗庆后创业史:创业靠的就是感觉[N].中国证券报,2010-10-08.

得二三年时间,很可能会陷入厂房造好产品却没有销路的困境。"

宗庆后将扩张的目标瞄向了同处杭州的国营老厂杭州罐头食品厂。当时的杭州罐头食品厂有2 200多名职工,严重资不抵债;而此时的娃哈哈仅有140名员工和几百平方米的生产场地。

摆在宗庆后面前有三条路:一是联营,二是租赁,三是有偿兼并。显然前两条路是稳当的,而有偿兼并要冒相当大的风险。但宗庆后最终决定拿出8 000万元巨款,走第三条路。

娃哈哈"小鱼吃大鱼"的举措在全国引起了轰动,最初包括老娃哈哈厂的职工都对这一举措持反对态度。宗庆后最终力排众议,"娃哈哈"迅速盘活了杭州罐头厂的存量资产,利用其厂房和员工扩大生产,3个月将其扭亏为盈,第二年销售收入、利税就增长了1倍多。

1991年的兼并,为娃哈哈后来的发展奠定了基础,也让宗庆后尝到了并购的"乐趣"。之后,并购几乎成为娃哈哈异地扩张的主流手段。到2002年底,娃哈哈已在浙江以外的22个省市建立了30个生产基地,2002年,娃哈哈共生产饮料323万吨,占全国饮料产量的16%。

第一节 成立新企业

一、企业组织形式选择

根据全国人大颁布的《中华人民共和国个人独资企业法》、新的《公司法》和《中华人民共和国合伙企业法》,一家新创企业可以选择的组织形式有多种,主要有:个人独资企业、合伙企业、有限责任公司(包括一人有限责任公司)和股份有限公司。

(一) 个人独资企业

《中华人民共和国个人独资企业法》规定,个人独资企业是指由一个自然人投资,财产为投资人个人所有,投资人以其个人财产对企业债务承担无限责任的经营实体。

1. 个人独资企业的设立条件

设立个人独资企业应当具备下列条件:① 投资人为一个自然人;② 有合法的企业名称;③ 有投资人申报的出资;④ 有固定的生产经营场所和必要的生产经营条件;⑤ 有必要的从业人员。

2. 个人独资企业的设立程序

申请设立个人独资企业,应当由投资人或其委托的代理人向个人独资企业所在地的登记机关提交设立申请书、投资人身份证明、生产经营场所使用证明等文件。委托代理人申请设立登记时,需要出具投资人的委托书和代理人的合法证明。

申请设立个人独资企业,设立申请书应当载明下列事项:① 企业的名称和住所。企业的名称应与其责任形式及从事的营业相符合。② 投资人的姓名和居所。③ 投资人的出资额和出资方式。④ 经营范围。

登记机关收到设立申请文件之日起15日以内,对符合规定条件的,予以登记并发给营业执照,营业执照的签发日期为个人独资企业成立日期。

3. 个人独资企业的优势

（1）企业的设立、转让和解散等行为手续简便，仅需向登记机关登记即可。

（2）企业主独自经营，制约因素少，灵活性强，能迅速应对市场变化。

（3）利润归企业主所有，无需与他人分享。

（4）在技术和经营方面易于保密。

4. 个人独资企业的劣势

（1）当个人独资企业财产不足以清偿债务时，企业承担无限责任，投资人以其个人的其他财产予以清偿，因而带有相当大的风险，举债要十分谨慎。

（2）个人独资企业不易从外部获得信用资金，如果企业主资本有限，企业的规模难以扩大。

（3）当所有者生病或失去工作能力，或决定退休，此时若没有家庭成员、亲朋好友愿意并且有能力经营企业，这个企业就将终结。

对于创业者希望其长大并获取巨大的财务成功的新企业来说，独资企业通常不是合适的选择。

（二）合伙企业

《中华人民共和国合伙企业法》规定，合伙企业是指由合伙人订立合伙协议，共同出资、合伙经营、共享收益、共担风险，并对合伙企业债务承担无限连带责任的营利性组织。

1. 合伙企业的特征

（1）由各合伙人组成。一个合伙企业至少由两个以上的合伙人组成。

（2）以合伙协议为法律基础。合伙协议是合伙人建立合伙关系，确定合伙人各自权利和义务，使合伙企业得以设立的前提，也是合伙企业的基础。没有合伙协议，合伙企业便不能成立。

（3）内部关系属于合伙关系。所谓合伙关系，就是共同出资、合伙经营、共享收益、共担风险的关系。

（4）合伙人对合伙企业的债务承担无限连带责任。

2. 合伙企业的设立条件

设立合伙企业，必须具备下列条件：

（1）有两个以上合伙人。一个人成立的就不是合伙企业，必须是两个以上的合伙人，并且都是依法承担无限连带责任者，合伙人必须具有完全民事行为能力。

（2）有书面合伙协议。合伙协议由全体合伙人通过协商，共同决定相互间的权利和义务，达成具有法律约束力的文件。

（3）有各合伙人实际缴付的出资。合伙协议生效后，合伙人应当按照合伙协议约定的出资方式、数额和期限履行出资义务。合伙人必须用自己的合法财产及财产权利出资，可以用货币、实物、知识产权、土地使用权或者其他财产权利出资。经全体合伙人协商一致，合伙人也可以用劳务出资。对货币以外的出资需要进行评估作价的，可以由全体合伙人协商确定，也可以由全体合伙人委托法定评估机构进行评估，其评估方法由全体合伙人协商确定。各合伙人按照合伙协议实际缴付的出资，为对合伙企业的出资。

（4）有合伙企业的名称。合伙企业的名称中不得使用"有限"或"有限责任"字样。

（5）有经营场所和从事合伙经营的必要条件。

3. 合伙企业的设立程序

设立合伙企业,应当由全体合伙人指定的代表或者共同委托的代理人向企业登记机关提交登记申请书、合伙协议书、合伙人身份证明等文件(法律、行政法规规定须报经有关部门审批的,应当在申请设立登记时提交批准文件)。

申请设立合伙企业,应当向企业登记机关提交下列文件:(1)全体合伙人签署的设立登记申请书;(2)全体合伙人的身份证明;(3)全体合伙人指定的代表或者共同委托的代理人的委托书;(4)合伙人的书面协议;(5)出资权属证明;(6)经营场所证明;(7)国务院工商行政管理部门规定提交的其他有关批准文件。

营业执照的签发之日,为合伙企业成立日期。合伙企业领取营业执照前,合伙人不得以合伙企业名义从事经营活动。

4. 合伙企业的优势

(1)建立合伙制企业比较容易且费用低。由于出资的增加,扩大了资本来源和企业信用能力。

(2)合伙制企业具有高度的灵活性。由于合伙人具有不同的专长和经验,能够发挥团队优势,各尽所能;如果合伙人拥有互补性的知识和技能,则将大大增强企业经营的成功率;合伙人能够以他们选择的任何方式决定其利润和责任的划分。

(3)由于资本实力和管理能力的提高,企业的经营规模可能扩大。

5. 合伙企业的劣势

(1)在合伙企业存续期间,如果某一合伙人有意向合伙人以外的人转让其在合伙企业中的全部或部分财产份额时,必须征得其他合伙人的一致同意。

(2)当合伙企业以其财产清偿合伙企业债务时,其不足部分,由各合伙人用个人财产承担无限连带责任。

(3)合伙企业的融资能力仍然有限。

(三)有限责任公司

《中华人民共和国公司法》规定,有限责任公司是指由50人以下的股东共同出资,每个股东以其所认缴的出资额为限对公司承担责任,公司以其全部资产对其债务承担责任的企业法人。有限责任公司是一种比较普遍的企业法律形式。

1. 有限责任公司的特征

(1)股东责任的有限性

有限责任公司的股东对公司所负责任,仅以认缴的出资额为限,对公司的债务不负直接责任。如果公司的财产不足以清偿全部债务,股东不需要以超过自己出资以外的个人财产为公司清偿债务。

(2)股东人数的限制性

有限责任公司的股东人数为50人以下。

(3)有限责任公司是企业法人

个体工商户不是企业,不具备法人资格;个人独资企业和合伙企业虽然属于企业,但也不具备法人资格,不是企业法人;而有限责任公司具备企业法人资格。

2. 有限责任公司的设立条件

按照新公司法规定,设立有限责任公司应当具备下列条件。

（1）股东符合法定人数，即由 50 人以下股东共同出资设立。股东可以是自然人，也可以是法人。一个自然人或法人也可以设立一人有限责任公司。

（2）有符合公司章程规定的全体股东认缴的出资额。有限责任公司的注册资本为在公司登记机关登记的全体股东认缴的出资额。法律、行政法规以及国务院决定对有限责任公司注册资本实缴、注册资本最低限额另有规定的，从其规定。

股东的出资方式可以是货币，也可以是实物、工业产权、非专利技术、土地使用权。股东对以实物、工业产权、非专利技术或者土地使用权出资的，必须进行评估作价，核实财产，不得高估或者低估作价。

有限责任公司成立后发现作为出资的实物、工业产权、非专利技术、土地使用权的实际价额明显低于公司章程所定价额的，应当由交付该出资的股东补交其差额，公司设立时的其他股东对其承担连带责任。

（3）股东共同制定公司章程。有限责任公司章程由股东共同制定，所有股东在章程上签名、盖章。公司章程应当载明下列事项：

① 公司名称和住所；

② 公司经营范围；

③ 公司注册资本；

④ 股东的姓名或者名称；

⑤ 股东的权利和义务；

⑥ 股东的出资方式和出资额；

⑦ 股东转让出资的条件；

⑧ 公司的机构及其产生办法、职权、议事规则；

⑨ 公司的法定代表人；

⑩ 公司的解散事由与清算办法；

⑪ 股东认为需要规定的其他事项。

（4）有公司名称，建立符合有限责任公司要求的组织机构（公司名称需向工商行政管理机关申请预先登记）。有限责任公司在设定自己的名称时，必须在公司名称中标明"有限责任公司"或者"有限公司"字样。有限责任公司的组织机构由股东会、董事会（执行董事）、监事会（监事）组成。公司法定代表人依照公司章程的规定，由董事会、执行董事或者经理担任，并依法登记。公司法定代表人变更，应当办理变更登记。

（5）有公司住所、固定的生产经营场所和必要的生产经营条件。

3. 一人有限责任公司的特别规定

（1）一人有限责任公司是指只有一个自然人股东或者一个法人股东的有限责任公司。一人有限责任公司应当在公司登记中注明自然人独资或者法人独资，并在公司营业执照中载明。一人有限责任公司《公司章程》由股东制定。一人有限责任公司不设股东会。

（2）取消一人有限责任公司的注册资本最低限额为人民币 10 万元的规定。

（3）一个自然人只能投资设立一个一人有限责任公司。该一人有限责任公司不能投资设立新的一人有限责任公司。

（4）一人有限责任公司的股东不能证明公司财产独立于股东自己的财产的，应当对公司债务承担连带责任。

4. 有限责任公司的优势

(1) 有限责任公司的风险较小。股东只以其出资额对公司承担有限责任,与个人的其他财产无关,因而如果公司破产,股东无需以个人财产作为债权的补偿。

(2) 企业具有永续性。有限责任公司具有独立的续存时间,除非因破产或注销,不会因个别股东的意外而消失。

(3) 经营管理规范。与个人独资企业和合伙企业相比,公司的所有权与经营权分离,可以聘任经理人员管理公司,能更好地适应市场竞争。

(4) 企业信用较高。有限责任公司拥有独立的一定数额的注册资本,其信誉和地位比个人独资企业、合伙企业要高。

有限责任公司由于具有合伙企业的优点和公司所具有的法律保护,所以,近年来越来越受到创业者的欢迎,是一种非常有前途的企业所有权形式。

5. 有限责任公司的劣势

(1) 有限责任公司设立程序比较复杂,注册时要提供比较详细的资料,要有公司章程。

(2) 创办费用较高。

(3) 为了规范公司治理结构,政府对公司的限制较多,法律法规的要求也较为严格。如有限责任公司必须按照公司法的有关规定设立组织机构,依照法律、行政法规和公司章程的规定行使职权。

(四) 股份有限公司

股份有限公司设立程序复杂,对资本要求高,一般不适合创业者选择。

股份有限公司以其全部资本为等额股份,股东以其所持股份为限对公司承担责任,公司以其全部资产对公司的债务承担责任。

1. 股份有限公司的设立条件

设立股份有限公司包括以下条件,其他省略了的内容与有限责任公司基本一致。

(1) 发起人符合法定人数

设立股份有限公司应当有 2～200 人为发起人,其中须有过半数的发起人在中国境内有住所。

(2) 发起人自主约定认缴出资额。

股份有限公司的注册资本为在公司登记机关登记的认缴股本总额。发起人的出资方式可以是货币,也可以用实物、工业产权、非专利技术、土地使用权作价出资。对作为出资的实物、工业产权、非专利技术或者土地使用权,必须进行评估作价,核实财产,并折合为股份。不得高估或者低估作价。土地使用权的评估作价,依照法律、行政法规的规定办理。

(3) 股份发行、筹办事项符合法律规定。

(4) 发起人制定《公司章程》。如公司是采用募集方式设立的,《公司章程》须经创立大会通过。

(5) 有公司名称,建立符合公司要求的组织机构。

(6) 有固定的生产经营场所和必要的生产经营条件。

2. 股份有限公司的设立方式

在设立股份有限公司过程中,发起人承担公司的筹办事务。发起人应当签订《发起人协议》,明确各自在公司设立过程中的权利和义务,并在发起设立和募集设立两种方式中选择一种。

(1) 发起设立

发起设立是指由发起人认缴公司应发行的全部股份而设立的公司。

如果股份有限公司采取发起设立的,注册资本应是在公司登记机关登记的全体发起人认缴的股本总额。在发起人认购的股份缴足前,不得向他人募集股份。发起人应当书面确认《公司章程》规定其认购的股份,并按照《公司章程》规定缴纳出资。以非货币财产出资的,应依法办理其财产权的转移手续。

法律、行政法规以及国务院决定对股份有限公司注册资本实缴、注册资本最低限额另有规定的,从其规定。

发起人认足《公司章程》规定的出资后,应当选举董事会和监事会,由董事会向公司登记机关报送《公司章程》以及法律、行政法规规定的其他文件,申请设立登记。

(2) 募集设立

募集设立是指由发起人认购公司应发行股份的一部分,其余股份向社会公开募集或者向特定对象募集而设立公司。

设立股份有限公司,董事会应当于创立大会结束后 3 日内向公司登记机关申请设立登记。

3. 股份有限公司的优点

(1) 可迅速聚集大量资本。股份有限公司是筹集大规模资本的有效的组织形式,可广泛聚集社会闲散资金形成资本,为广大公众提供了简便、灵活的投资渠道,也为企业提供了筹资渠道,有利于公司的成长,使某些需要巨额资本的产业得以建立。

(2) 有利于分散投资者的风险。股份有限公司的股东以其所持股份为限对公司承担责任,与个人的其他财产无关,投资者可以投资多个公司,因而有利于分散风险。

(3) 有利于接受社会监督。股份有限公司有利于资本产权的社会化和公众化,为了确保股东权益,需要把大企业的经营置于社会的监督之下,定期披露公司信息,因而有利于接受社会监督。

4. 股份有限公司的缺点

(1) 公司开设和歇业的法定程序严格、复杂。

(2) 公司抗风险能力较差,大多数股东缺乏责任感。

(3) 公司的所有与控制的分离程度更高,经理人员往往不是股东,因此产生了出资者与经理人员之间的复杂的委托—代理关系,且大股东持有较多股权,不利于小股东的利益。

(4) 公司财务与经营情况必须向公众披露,公司的商业秘密容易暴露。

(五) 企业组织形式选择的策略

许多创业者认为,新创企业法律形式的最佳选择就是有限责任公司。然而,实际上,合伙企业、个人独资企业、一人有限责任公司、股份有限公司等也常常很受创业者欢迎,广泛存在于创业活动实践中。企业法律形式的选择有赖于创业者的目标和达成目标的实际资源状况。究竟哪种法律形式最适合新创企业呢? 巴隆和谢恩(2005)提出需要考虑下列问题。[①]

(1) 创业者(投资者)有多少人?

(2) 承担有限责任对你很重要吗? 例如,如果你有许多个人财产,这对你可能比较重要;

---

① 罗伯特・A.巴隆,斯科特・谢恩.创业管理——基于过程的观点[M].张玉利,等译.北京:机械工业出版社,2005:169.

而如果你没有什么个人财产,承担有限责任对你可能就不太重要。

(3) 所有权的可转让性是重要还是不重要?

(4) 你预料过新企业可能支付股利吗? 如果想过,这些股利承受双重征税对你有多重要?

(5) 如果你决定离开企业,你会担心自己不在的时候企业能否持续经营下去吗?

(6) 保持企业较低的创办成本对你有多重要?

(7) 在将来,筹集企业所需追加资金的能力有多重要?

创业者在回答上述问题的基础上,不考虑那些确实不能满足你的目标和要求的企业法律形式,然后依据其余企业法律形式、特点与目标接近的程度进行选择。

二、企业注册登记流程

(一) 新企业名称设计

新创企业正式成立之前,必须进行企业名称设计,这是新创企业注册的第一步。

企业名称是该类产品/服务企业的专有名称,是一个企业区别于其他企业或组织的特定标志,俗称"公司牌子"。显然,公司牌子是企业的无形资产,是可以世代相传的宝贵财富。拥有一个响亮的企业名称,是让消费者久闻大名的前提条件,也有利于提升公司的知名度与竞争力。

1. 企业名称的构成

根据国家工商行政管理总局发布的《企业名称登记管理规定》和《企业名称登记管理实施办法》,企业名称应当由行政区划、字号、行业、组织形式依次组成。如,南京苏宁电器股份有限公司、北京长空机械有限责任公司。非公司制企业可以申请用"厂"、"店"、"部"、"中心"作为企业名称的组织形式。

2. 企业命名的规定

(1) 企业只准使用一个名称,在某一个工商行政管理局辖区内,冠以同一行政区划名称的企业,不得与登记注册的同行业企业名称相同或近似。

(2) 企业法人名称中不得含有其他法人的名称,企业名称中不得含有另一个企业名称,企业分支机构名称应当冠以其所从属企业的名称。如内蒙古蒙牛乳业科尔沁有限责任公司。

(3) 企业名称应当使用符合国家规范的汉字,不得使用汉语拼音字母、阿拉伯数字。除国务院决定设立的企业外,企业名称不得冠以"中国"、"中华"、"全国"、"国家"、"国际"等字样。

(4) 企业名称中的行政区划是本企业所在地县级以上行政区划的名称或地名。企业名称中行业用语表述的内容应当与企业经营范围一致。企业名称不应当明示或者暗示有超越其经营范围的业务。

(5) 企业名称中的字号应当由两个以上字组成。企业名称可以使用自然人投资人的姓名作字号。

(6) 企业名称不得含有下列内容和文字:有损于国家、社会公共利益的;可能对公众造成欺骗或者误解的;外国国家(地区)名称、国际组织名称;政党名称、党政军机关名称、群众组织名称、社会团体名称及部队番号;其他法律、行政法规规定禁止的。

3. 新企业名称设计的要点

公司名称除了要符合法律的有关规定之外,简洁、响亮、创意、新颖是其设计要点。

一般新企业名称设计要具备以下几个特性：

(1) 思想性。努力挖掘企业名称的人文历史，展现厚重文化底蕴，体现企业的经营理念和哲学。

(2) 独特性。强化企业命名的标志性和识别功能，突显企业名称的个性，独出心裁，使人留下深刻印象，避免雷同。

(3) 清晰性。简洁明了，语感好，容易发音和传播。

(4) 形象性。能表达或暗示商品形象和企业形象，富有想象力，意境优美。

(5) 国际性。能够在全球传播，在外国语言中不会使人产生误解和错误的联想。

此外，公司名称是一个整体的名称，命名时要注意企业名称系统的统一性。企业的名称系统包括企业名称、产品名称、企业域名、企业商标和品牌名称等。

(二) 新企业登记注册流程

不同类型的企业注册登记的流程不尽相同，新创企业的注册登记一般流程如下。

1. 设立申请咨询

在正式申请办理工商注册登记手续前，创业者应当到当地工商行政管理局向有关人员咨询、了解申请工商注册登记的程序、要求，对于不清楚的问题要及时询问。

2. 企业名称预先核准

设立公司应当申请名称预先核准。初步拟定自己创办的企业名称后，在登记注册前要到当地的工商局注册分局进行电脑查询，确定自己拟定的公司名称与别人已经注册的企业名称没有相重，这个程序称之为"名称查重"。按照国家有关法律规定，企业名称具有专用性和排他性，一旦核准登记，在规定的范围内享有专用权，受法律保护，其他单位或个人不得与之混用或假冒。为取得工商局企业名称不相重的证明，在拟定名称时，最好事先拟有3～4个名称备用。

3. 前置申批

特殊行业需要前置申批，如外贸、餐饮、音像、电信、烟草、美发、广告、旅行社、报关等需到相关部门进行申批，获得许可证。

改革前，我国企业登记前置审批事项共达226项。其中，法律、行政法规和国务院决定明确为企业登记前置的128项；法律、行政法规和国务院决定未明确审批与登记的前后顺序，但实际工作中实行前置审批的为98项。

近年来，国家加大对创业的扶持力度，国家工商总局已正式在全国范围内推进国务院确定的31项工商登记前置审批事项改为后置审批。这31个项目包括：自费出国留学中介服务机构资格认定、煤炭开采审批、废弃电器电子产品处理许可、兽药生产许可证核发、设立内资演出经纪机构审批、外商投资旅行社业务许可等，涉及教育、文化、卫生、旅游等多个行业和领域。①

创业者应当按经营业务性质分别向民航、经贸、科技、金融、建筑、旅游等行业归口部门或发改委提出申请。具体事项可以在登记前向工商行政管理局问询。比如，音像制品销售要到文化管理部门审批，食品制售要到卫生管理部门审批，烟草销售要到烟草专卖局审批，人才中介要到人事局审批，劳务服务要到劳动局审批，咖啡馆、酒店要到卫生部门、公安部门、酒类专卖局审批，餐饮业要到环保局、卫生局、消防管理局审批等。

---

① 高敬.31项工商登记前置审批改后置，年底前将再改两批[EB/OL].新华网，2014-08-20.

4. 工商注册登记

工商登记是政府在对申请人进入市场的条件进行审查的基础上,通过注册登记确认申请者从事市场经营活动的资格,使其获得实际营业权的各项活动的总称。

2013年10月25日国务院总理李克强主持召开国务院常务会议,部署推进公司注册资本登记制度改革,降低创业成本,激发社会投资活力。会议明确了改革的五大内容。基于此,2013年12月28日第十二届全国人民代表大会常务委员会第六次会议通过新修订的《公司法》,并于2014年3月1日起施行。

(1)放宽注册资本登记条件。除法律法规另有规定外,取消有限责任公司最低注册资本3万元、一人有限责任公司最低注册资本10万元、股份有限公司最低注册资本500万元的限制;不再限制公司设立时股东(发起人)的首次出资比例和缴足出资的期限。公司实收资本不再作为工商登记事项。

(2)将企业年检制度改为企业年度报告公示制度,任何单位和个人均可查询,使企业相关信息透明化。建立公平规范的抽查制度,克服检查的随意性,提高政府管理的公平性和效能。

(3)按照方便注册和规范有序的原则,放宽市场主体住所(经营场所)登记条件,由地方政府具体规定。

(4)大力推进企业诚信制度建设。注重运用信息公示和共享等手段,将企业登记备案、年度报告、资质资格等通过全国企业信用信息公示系统予以公示。推行电子营业执照和全程电子化登记管理,电子营业执照与纸质营业执照具有同等法律效力。完善信用约束机制,将有违规行为的市场主体列入经营异常的"黑名录",向社会公布,使其"一处违规、处处受限",提高企业"失信成本"。

(5)推进注册资本由实缴登记制改为认缴登记制,降低开办公司成本。在抓紧完善相关法律法规的基础上,实行由公司股东(发起人)自主约定认缴出资额、出资方式、出资期限等,并对缴纳出资情况真实性、合法性负责的制度。

改革工商登记制度后,除涉及国家安全、公民生命财产安全等外,一律实行"先照后证",创业者只要到工商部门领取一个营业执照,就可以从事一般性的生产经营活动,如果要从事需要许可的生产经营活动,再向主管部门申请。在等待许可期间,创业者可以着手开展一些筹备工作,这就为企业先期发展争取了大量时间。

注册资本问题也是许多创业者难以跨越的"门槛"。改革工商登记制度后,注册资本实缴登记制度转变为认缴登记制度,工商部门只登记公司认缴的注册资本总额,无需登记实收资本,不再收取验资证明文件。

为了进一步简化审批、放宽准入,推动大众创业、万众创新,打造发展新引擎,促进千百万新企业健康成长,2015年8月13日,工商总局、中央编办、国家发展改革委、税务总局、质检总局和国务院法制办六部门联合印发《国务院办公厅关于加快推进"三证合一"登记制度改革的意见》,要求加快推进"三证合一"登记制度改革,确保2015年10月1日起营业执照、组织机构代码证和税务登记证"三证合一",2015年底前,全国全面推行"一照一码"登记模式如期实施。[①]

所谓"三证合一"登记制度,是指以往企业登记时依次申请并分别由工商行政管理部门核

---

① 邢郑.工商总局等六部门联合发文加快推进三证合一[EB/OL].人民网,2015-08-17.

发工商营业执照、组织机构代码管理部门核发组织机构代码证、税务部门核发税务登记证。现在统一改为一次申请、合并核发一个营业执照的登记制度。

企业登记制度改革目前还在进一步深化。

2016年7月5日,《国务院办公厅关于加快推进"五证合一、一照一码"登记制度改革的通知》[①]发布,通知指出,在全面实施工商营业执照、组织机构代码证、税务登记证"三证合一"登记制度改革的基础上,再整合社会保险登记证和统计登记证,实现"五证合一、一照一码"。从2016年10月1日起正式实施。

目前,已经有省份开始试行企业登记"多证合一"制度的改革。例如,江苏省在2015年"三证合一、一照一码"登记模式的基础上,整合社会保险登记证、统计登记证和企业公章刻制备案,实行"多证合一",申请人不再另行办理社保登记、统计登记和公章备案等手续。自2016年10月1日起,将全面推行"多证合一、一照一码"登记制度。随着改革的不断深化,其他属于登记立户这种类型的证照都是可以合并的。[②]

此外,根据2013年6月27日国家民政部部务会议正式通过的《养老机构设立许可办法》和《养老机构管理办法》,从2013年7月起,中国商业养老机构将可在民政部门获得审批,这将改变以往养老机构无法在工商注册的尴尬状况。届时,以盈利为目的的企业将能获得"合法身份"进入养老市场,同时在未来有望获得土地、财政等方面的优惠。既具有公益性质又蕴含着巨大产业潜力的中国养老市场的潜力将得到进一步释放。

全部公司注册事宜结束后,企业即进入正常经营阶段。

三、企业注册相关文件的编写

企业注册相关文件主要指企业登记注册时办理工商、税务、开户业务时所需提供的一系列文件材料,每个流程要求提供的文件材料有所不同,部分文件需要编写,有些只需按规定表格填写或提供证明材料(原件或复印件)即可。

现以有限责任公司设立登记为例。注册有限责任公司应提交的文件主要有八项。

(一)《公司设立登记申请书》

《公司设立登记申请书》由申请人到公司登记机关领取,按要求填写,并由公司董事长或执行董事签署。

(二)授权委托书

授权委托书是由全体股东在股东成员中指定某个成员作为到公司登记机关申请设立登记的代表,或者全体股东共同委托股东以外的人来代理股东进行申请登记注册活动的证明文件。该文件的法律形式应是委托书,委托书应由全体股东盖章或者签字。股东是法人的应加盖印章,股东是自然人的,应签署姓名。委托书应附有被委托人的身份证复印件。委托书样式如下:

---

① 国务院办公厅.国务院办公厅关于加快推进"五证合一、一照一码"登记制度改革的通知(国办发〔2016〕53号[EB/OL]).中国政府网.http://www.gov.cn/zhengce/content/2016-07/05/content_5088351.htm.
② 仇惠栋.下月起江苏企业登记"多证合一"[N].扬子晚报,2016-09-29.

资料7-1：××有限责任公司注册登记代理人委托书

经委托人与受托人协商一致，委托人同意委托代理人向登记机关申请办理××有限责任公司以下登记（备案）事项：

××××

委托人：	受托人：
年　月　日	年　月　日

(三) 公司章程

公司章程是创业企业组织和活动的基本准则，应当高度重视，经全体股东充分讨论通过后，才能撰写定稿。公司章程主要内容包括：

1. 绝对必要记载事项

这是指公司章程必须记载、不可缺少的法定事项，缺少其中任何一项或任何一项记载不合法，整个章程即无效。新《公司法》第25条规定公司章程应当载明的下列事项中，前七项即为绝对必要记载事项：(1) 公司名称和住所。(2) 公司经营范围。(3) 公司注册资本。(4) 股东的姓名或者名称。(5) 股东的出资方式、出资额和出资时间。(6) 公司的机构及其产生办法、职权、议事规则。(7) 公司法定代表人。(8) 股东会会议认为需要规定的其他事项。

2. 相对必要记载事项

相对必要记载事项是法律列举规定的一些事项，由章程制订人自行决定是否予以记载。如果予以记载，则该事项将发生法律效力；如果记载违法，则仅该事项无效；如不予记载，也不影响整个章程的效力。确认相对必要记载的事项，目的在于使相关条款在公司与发起人、公司与认股人、公司与其他第三人之间发生拘束力。

3. 任意记载事项

任意记载事项是指法律未予明确规定，是否记载于章程，由章程制订人根据本公司实际情况任意选择记载的事项。股东会或股东大会认为需要规定的其他事项当属于任意记载事项。

公司章程需提交打印件一份，全体股东亲笔签字，法人股东要加盖该法人单位公章。

(四) 股东的法人资格证明或者自然人身份证明

股东是企业法人的，提交《企业法人营业执照》复印件，并需登记机关在复印件上盖章；股东是事业法人的，提交编委核发的《事业法人登记证书》；股东是社团法人的，提交民政部门核发的《社团法人登记证》；股东是工会法人的，提交《工会社团法人登记证》。

证明自然人身份的，应当是《居民身份证》或其他合法的身份证明。

(五) 有关委派、选举或者聘用的证明

公司的董事、监事、经理的产生方式及其有关委派、选举、或者聘用的证明，应根据公司章程而定。董事、监事如果是股东委派产生，应提交经委派股东盖章的对董事、监事的委派书；如果是选举产生，则应提交股东会的任命书，该任命书由股东盖章或签署姓名。经理由董事会聘任，应提交董事签署的任命书或董事长签署的聘任书。

董事会成员人数为3～13人，监事会成员人数不得少于3人。如公司不设董事会，则应设一名执行董事。如公司不设监事会，则应设1～2名监事。

(六) 公司法定代表人的任职文件和身份证明

有限责任公司的法定代表人为公司的董事长或执行董事，其任职文件应根据公司章程的

规定而定。由股东委派的,应提交股东的委任书,由股东会选举产生的,应提交股东会的任命书,由董事会选举产生的,应提交董事会的任命书。公司法定代表人的身份证明应提交其《居民身份证》复印件或其他合法的身份证明。

(七) 企业名称预先核准通知书

公司名称经登记主管机关预先核准后,由有管辖权的工商行政管理分局颁发《企业名称预先核准通知书》。

(八) 公司住所证明

公司住所证明是指能够证明公司对其住所享有使用权的文件。

公司住所是租赁用房的,需提交房主的《房屋产权登记证》的复印件或有关房屋产权归属的证明文件、使用人与房屋产权所有人直接签订的房屋租赁协议书或合同;公司的住所是股东作为出资投入并作公司住所使用的,则提交股东的《房屋产权登记证》或有关房屋产权证明的文件及该股东出资的证明文件。

此外,经营范围中有法律、行政法规规定必须报经审批的项目的,还应当提交国家有关部门的批准文件。如建筑工程承包需提交建设部门的资质证书,经营餐饮需提交卫生部门的卫生许可证,申请旅店业、刻字业、信托寄卖业、印刷业等特种行业的应提交公安部门的同意证明等。

资料7-2:有限责任公司章程

第一条　本公司依照《中华人民共和国公司法》关于有限责任公司的规定组建。公司定名为_____有限责任公司(有限公司)。

第二条　本公司法定住所为____市____路____号。

第三条　公司经营范围为:

第四条　本公司注册资本为人民币____万元。

第五条　本公司股东及其出资额如下:

1. ____实物出资____万元,现金出资____万元。出资占公司注册资本的____%。

2. ____实物出资____万元,现金出资____万元。出资占公司注册资本的____%。

第六条　出资人为有限责任公司(有限公司)股东,股东享有以下权利:

1. 经营管理权。本公司股东皆有权参与公司经营管理,具体如何进行经营管理分工由股东会另行商定。

2. 盈利分配权。股东有权按照其出资所占公司注册资本的比例分得股息或红利。

3. 剩余财产分配权。在本公司因多种原因倒闭、解散或重组时,公司在清偿债务后,对剩余财产有权按出资比例参加分配。

4. 表决权。股东有权参加股东会依法行使表决权。本公司确定每出资____万元享有一个表决权。

5. 监察权。股东有权查阅股东会会议记录和公司财务会计报告。并对会计表册提出异议。

6. 诉讼权。股东对公司法定代表人或其他经营管理人员的:① 越权行为;② 损害其他股东代表人的合法权益行为;③ 违法行为均有权向法院提起诉讼或请法院派人检查。

股东负有出资义务,公司名称经登记主管机关预先核准后,各股东必须将认缴的现金出资在____日内足额缴到公司临时银行账户上,固定资产和设备经法定验资机构评估作价,由各位股东推举的法定代表人出具出资凭证。在公司存续期间,各股东的出资均不得抽回。

第七条 股东之间可以相互转让其部分出资。股东向股东以外的人转让其出资时,必须经全体股东过半数同意;不同意转让的股东应当购买该转让的出资,如果不购买转让的出资,视为同意转让,转让须符合《公司法》的规定。经股东会同意转让的出资,在同等条件下,其他股东对该出资具有优先购买权。

第八条 公司设股东会,首次股东会由占有公司资本份额最大的股东主持,以后由股东选举的法定代表人主持。

股东会至少每年召开____次。公司法定代表人如认为有必要,或由代表公司四分之一以上股权的股东提议,也可以召开临时股东会议。

鉴于本公司规模较小,股东人数较少,确定本公司不设立董事会。推举____为公司执行董事,并兼任总经理。确定本公司不设立监事会,推举____为本公司监事。监事行使《公司法》第五十四条规定的关于监事会的职权。

第九条 公司最高权利机关为股东会,股东会行使下列职权:

1. 决定公司的经营方针和投资计划;
2. 选举和更换执行董事和总经理,决定有关执行董事和总经理的报酬事项;
3. 选举和更换由股东代表出任的监事,决定有关监事的报酬事项;
4. 审议批准执行董事的报告;
5. 审议批准监事的报告;
6. 审议批准公司的年度财务预算方案、决算方案;
7. 审议批准公司的利润分配方案和弥补亏损方案;
8. 对公司增加或减少注册资本作出决议;
9. 审议通过公司合并、分立、变更公司形式、解散和清算的方案;
10. 决定公司内部管理机构的设置;
11. 根据经理的提名,聘任或者解聘公司的副经理、财务负责人、决定其报酬事项;
12. 对公司举债作出决议;
13. 对股东向股东以外的人转让出资作出决议;
14. 修改公司章程。

股东会对公司增加或者减少注册资本、分立、合并、解散或者变更公司形式作出决议,必须经代表三分之一以上表决权的股东通过。

公司可以修改章程,修改公司章程的决议,必须经代表三分之二以上表决权的股东通过。

股东会议由股东按照出资比例行使表决权。

股东会会议分为定期会议和临时会议。

召开股东会会议,须于会议召开十五日以前通知全体股东。

第十条 股东会的议事规则如下:

1. 股东会由执行董事召集,开会前十日将会议讨论的内容通知股东,股东应亲自参加会议,因故不能到会的,可书面委托他人参加;
2. 股东会必须有代表三分之一以上股权的股东参加,其形成的决议方案才有效;
3. 股东会决议事项除本章程另有规定的以外,其他决议以简单多数通过即为有效,对审

议事项赞成和反对数相等时,执行董事增加一个表决权;

4. 股东会对所议事项的决定作成会议记录,由出席会议的股东在会议记录上签名。

第十一条　公司执行董事(兼总经理)行使下列职权:

1. 负责召集股东会,并向股东会报告工作;

2. 主持公司的经营管理工作,组织实施股东会决议;

3. 组织实施公司的经营计划和投资方案;

4. 制订公司的年度财务预算方案、决算方案;

5. 制订公司的利润分配方案和弥补亏损方案;

6. 制订公司增加或减少注册资本的方案;

7. 拟定公司合并、分立、变更公司形式、解散的方案;

8. 指定公司的基本管理制度和具体规章;

9. 拟定公司内部管理机构设置方案;

10. 提请聘任或者解聘公司副经理、财务负责人;

11. 聘任或者解聘应由股东会聘任或者解聘以外的其他负责管理人员;

12. 公司章程和股东会授予的其他职权。

第十二条　公司设执行董事一名,执行董事为公司法定代表人。

执行董事由股东会推举产生。执行董事任期三年,经股东推举可以连任。监事任期三年,经股东会推举可以连任。

第十三条　公司总经理由执行董事兼任。以后如需另行聘任,由股东会决定。

第十四条　本公司营业年计划自公历一月一日起至十二月三十一日止,办理总决算一次。

第十五条　本公司于每年度终了,由执行董事造具下列各项表册呈各股东认可:

1. 营业报告;

2. 资产负债表;

3. 财产目录;

4. 损益表;

5. 盈余分配或亏损弥补的提议。

第十六条　本公司年度总决算如有盈余应先弥补亏损,然后提取10%法定公积金,提取5%法定公益金。尚有盈余,按各股东出资比例分派红利。

第十七条　公司有下列情形之一者应予终止:

1. 全体股东一致同意解散;

2. 因经营不善、无力继续经营下去;

3. 破产。

因前述第1、2款原因终止的,由执行董事提出清算方案,经全体股东讨论通过后对公司进行清算。在缴纳应纳税款、清偿其他债务后,对剩余资产按各股东出资比例进行分配。

因第三款原因终止的,适用于破产程序。

第十八条　本章程如有未尽事宜,由股东会讨论补充。

第十九条　本章程经全体股东签字后生效。

第二十条　本章程一式____份,各股东人手一份,报登记主管机关一份,公司存档一份。

四、注册企业必须考虑的法律与伦理问题

(一) 注册企业必须考虑的法律问题

1. 新企业经营必须考虑的法律问题

创业者在创建和经营企业的过程中,必须了解和遵守有关法律法规,以确保自身和他人的利益没有受到非法侵害。与创业有关的法律主要包括专利法、商标法、著作权法;反不正当竞争法、合同法;产品质量法;劳动法等。

表 7-1 给出了创业企业应当关注的一些基本法律。

表 7-1　创业企业不同阶段的基本法律问题

创建阶段的法律问题	经营现行业务中的法律问题
确定企业的法律形式	人力资源管理(劳动)法规
设立税收记录	安全法规
进行租赁和融资谈判	质量法规、环保法规
起草合同	财务和会计法规
申请专利、商标和版权保护	市场竞争法规

资料来源:张玉利.创业管理[M].第3版.北京:机械工业出版社,2013.

(1) 劳动法

劳动法是为了完善劳动合同制度,明确劳动合同双方当事人的权利和义务,保护劳动者的合法权益,构建和发展和谐稳定的劳动关系而制定的法律。《中华人民共和国劳动法》于1995年1月1日起施行;最新立法为《中华人民共和国劳动合同法》,自2008年1月1日起施行,2013年修正。

① 适用范围。中华人民共和国境内的企业、个体经济组织、民办非企业单位等组织以及国家机关、事业单位、社会团体(以下称用人单位)与劳动者建立劳动关系,订立、履行、变更、解除或者终止劳动合同,适用本法。

② 劳动者基本权利与义务。劳动者享有平等就业和选择职业的权利、取得劳动报酬的权利、休息休假的权利、获得劳动安全卫生保护的权利、接受职业技能培训的权利、享受社会保险和福利的权利、提请劳动争议处理的权利,以及法律规定的其他劳动权利。

③ 保护劳动者合法权益的原则。偏重保护和优先保护:劳动法在对劳动关系双方都给予保护的同时,偏重于保护处于弱者地位的劳动者,优先保护劳动者利益。平等保护:全体劳动者的合法权益都平等地受到劳动法的保护,各类劳动者的平等保护,特殊劳动者群体的特殊保护。全面保护:劳动者的合法权益,无论它存在于劳动关系的缔结前、缔结后或是终结后都应纳入保护范围之内。基本保护:对劳动者的最低限度保护,也就是对劳动者基本权益的保护。

④ 劳动争议。用人单位与劳动者发生劳动争议,当事人可以依法申请调解、仲裁、提起诉讼,也可以协商解决。解决劳动争议,应当根据合法、公正、及时处理的原则,依法维护劳动争议当事人的合法权益。用人单位可以设立劳动争议调解委员会。

（2）合同法

合同法是规范市场交易,保护合同当事人合法权益,维护社会经济秩序,促进社会主义现代化建设的基本法律。《中华人民共和国合同法》于 1999 年 3 月 15 日第九届全国人民代表大会第二次会议通过,自 1999 年 10 月 1 日起施行。

按照我国《合同法》的规定,合同是平等主体的自然人、法人、其他组织之间设立、变更、终止民事权益义务关系的协议。合同的形式多种多样,当事人可以用书面、口头以及其他形式订立合同。合同法就是调整合同当事人相互之间权利义务关系的法律规范。

① 合同订立的原则。契约自由原则:规定当事人依法享有自愿订立合同的权利,任何单位和个人不得非法干预;合同当事人的法律地位平等,一方不得将自己的意志强加给另一方。遵纪守法原则:当事人订立、履行合同,应当遵守法律、行政法规,尊重社会公德,不得扰乱社会经济秩序,损害社会公共利益。公平原则:当事人应当遵循公平原则确定各方的权利和义务。诚实信用原则:当事人行使权利、履行义务应当遵循诚实信用原则。

② 合同法主要内容。包括:一合同的订立;二合同的效力;三合同的履行;四合同的变更和转让;五合同的权利义务终止。

在分则部分,我国《合同法》对买卖合同,供用电、水、气、热力合同,赠予合同,借款合同,租赁合同,融资租赁合同,承揽合同,建设工程合同,运输合同,技术合同,保管合同,仓储合同,委托合同,行纪合同,居间合同等 15 种主要的有名合同的当事人的权利义务及合同的主要内容,都作了规定。

（3）反不正当竞争法

反不正当竞争法是调整在制止不正当竞争过程中发生的社会关系的法律规范的总称。1993 年 9 月 2 日八届人大第三次会议通过了《中华人民共和国反不正当竞争法》,共五章 33条。立法目的是为了保障社会主义市场经济健康发展,鼓励和保护正当竞争,制止不正当竞争,保护经营者和消费者的合法权益。创业者除了力戒不正当竞争行为外,更应当在创业过程中注重应用本法维护企业的合法权益。

① 反不正当竞争法的基本原则。自愿原则,当事人按自己的意愿设立、变更或终止商业关系,不得强买强卖;平等原则,参加交易的主体法律地位平等;公平原则,参加市场竞争主体按规则行事,不得非法获取竞争优势;诚实信用原则,善意、诚实、恪守信用、不得欺诈;遵守公认的商业道德原则;不滥用竞争权利原则。

② 不正当竞争行为的界定。不正当竞争是指经营者违反本法规定,损害其他经营者的合法权益,扰乱社会经济秩序的行为。就企业而言,法律规定以下为不正当竞争行为:假冒他人的注册商标;擅自使用知名商品特有的名称、包装、装潢,或者使用与知名商品近似的名称、包装、装潢,造成和他人的知名商品相混淆,使购买者误认为是该知名商品;擅自使用他人的企业名称或者姓名,引人误认为是他人的商品;在商品上伪造或者冒用认证标志、名优标志等质量标志,伪造产地,对商品质量作引人误解的虚假表示;不得采用财物或者其他手段进行贿赂以销售或者购买商品;不得利用广告或者其他方法,对商品的质量、制作成分、性能、用途、生产者、有效期限、产地等作引人误解的虚假宣传;不得采用下列手段侵犯商业秘密——以盗窃、利诱、胁迫或者其他不正当手段获取权利人的商业秘密,披露、使用或者允许他人使用以前项手段获取的权利人的商业秘密,违反约定或者违反权利人有关保守商业秘密的要求,披露、使用或者允许他人使用其所掌握的商业秘密;不得以排挤竞争对手为目的,以低于成本的价格销售

商品;经营者销售商品,不得违背购买者的意愿搭售商品或者附加其他不合理的条件;不得从事下列有奖销售——采用谎称有奖或者故意让内定人员中奖的欺骗方式进行有奖销售,利用有奖销售的手段推销质次价高的商品,抽奖式有奖销售的最高奖金额超过5千元;不得捏造、散布虚伪事实,损害竞争对手的商业信誉、商品声誉;投标者不得串通投标以抬高标价或者压低标价,投标者和招标者不得相互勾结以排挤竞争对手的公平竞争。

③ 法律责任。经营者违反本法规定,给被侵害的经营者造成损害的,应当承担损害赔偿责任,被侵害的经营者的损失难以计算的,赔偿额为侵权人在侵权期间因侵权所获得的利润;并应当承担被侵害的经营者因调查该经营者侵害其合法权益的不正当竞争行为所支付的合理费用。被侵害的经营者合法权益受到不正当竞争行为损害的,可向人民法院提起诉讼。

(4)产品质量法

产品质量法是为了加强对产品质量的监督管理,提高产品质量水平,明确产品质量责任,保护消费者的合法权益,维护社会经济秩序而制定。《中华人民共和国产品质量法》1993年9月1日起施行,2000年7月进行第1次修正。

① 基本内容。我国产品质量法的主要内容包括产品质量责任、产品质量监督管理、产品质量损害赔偿以及产品质量争议解决等。产品质量责任,主要包括行政责任(限期改正、没收产品、没收违法所得、罚款、吊销营业执照等)、民事责任(对产品实行"三包",造成人身伤亡和财产损失要赔偿)、刑事责任(依据刑法和补充规定,对犯罪者处以有期徒刑、无期徒刑直至死刑);在产品质量监督管理方面,法律主要规定了国家关于产品质量监督管理的体制,明确了县级以上人民政府技术监督部门的职能,系统地规定了生产者、经销者的产品质量义务。

② 调整对象。产品质量法的调整对象是产品。《中华人民共和国产品质量法》所称的产品是指经过加工、制作,用于销售的产品。这里所指的产品必须同时具备以下三个条件:一是产品必须是经过加工、制作的物品。而未经人们加工、制作的天然物品和自然生长品不属于产品质量法所称的产品。二是产品必须是用于销售的。凡不是用于销售目的的产品,不是产品质量法所调整的产品。三是产品应是动产,产品质量法所称产品不包括不动产。

③ 权益保护。保护消费者的合法权益:一是消费者有权就产品质量问题,向生产者和销售者进行查询,向技术监督部门申诉,也可直接向人民法院起诉。二是消费者发现产品质量有问题时,有权直接找商店要求修理、更换、退货、实行"三包"。三是因为产品质量问题造成人身伤亡、财产损失的,消费者可以向生产者或销售者中的任何一方提出赔偿的要求,赔偿范围主要包括直接损失(医疗费、误工收入等)和间接损失(生活补助费等)。消费者享有诉讼的选择权利。此外,法律为消费者解决产品质量纠纷规定了四种处理问题的渠道,即通过协商解决、请消费者协会或技术监督部门调解、向质量仲裁机构申请裁决、直接向人民法院起诉。

2. 新企业与知识产权法

知识产权是人们对自己通过智力活动创造的成果所依法享有的权利。知识产权包括专利、商标、版权等,是企业的重要资产,知识产权可通过许可证经营或出售,带来许可经营收入。知识经济时代,知识资产已经成为企业中最具价值的资产,今天几乎所有的企业(包括新创企业)都拥有一些对其成功至关重要的知识、信息和创意。创业者/创业团队为了有效保护自己的知识产权,也为了避免无意中对他人知识产权的侵犯,了解知识产权及其相关法律法规十分必要。见表7-2。

表7-2 中型创业企业各部门中典型的知识产权

部门	典型的知识产权形式	常用的保护方法
营销部门	名称、标语、标识、广告语、广告、手册、非正式出版物、未完成的广告拷贝、客户名单、潜在客户名单及类似信息	商标、版权和商业秘密
管理部门	招聘手册、员工手册、招聘人员在选择和聘用候选人时使用的表格和清单、书面的培训材料和企业的时事通讯	版权和商业秘密
财务部门	各类描述企业财务绩效的合同、幻灯片、解释企业如何管理财务的书面报告、员工薪酬记录	版权和商业秘密
管理信息系统部门	网站设计、互联网域名、公司特有的计算机设备和软件的培训手册、计算机源代码、电子邮件名单	版权、商业秘密和注册互联网域名
研究开发部门	新的和有用的发明及商业流程、现有发明和流程的改进、记录发明日期和不同项目进展计划的实验室备忘录	专利和商业秘密

资料来源:布鲁斯·R.巴林格,R.杜安·爱尔兰.创业管理:成功创建新企业[M].杨俊,等译.北京:机械工业出版社,2010.

1. 专利与专利法

"专利"一词一般理解为专利权。国家颁发专利证书授予专利权的专利权人,在法律规定的期限内,对制造、使用、销售(有些国家还包括进口该项专利发明或设计)享有专有权(又称垄断权或独占权)。其他人必须经过专利权人同意才能从事上述行为,否则即为侵权。专利期限届满后,专利权即行消灭。任何人皆可无偿地使用该项发明或设计。

专利法是确认发明人(或其权利继受人)对其发明享有专有权,规定专利权人的权利和义务的法律规范的总称。

1980年1月,我国政府正式筹建专利制度,后又成立了中国专利局。1984年3月,全国人大通过并颁布了《中华人民共和国专利法》,2001年6月15日国务院颁布《中华人民共和国专利法实施细则》,2008年12月27日第十一届人大第六次会议通过关于修改《中华人民共和国专利法》的决定,自2009年10月1日起施行。

2. 商标与商标法

商标是指在商品或服务项目上所使用的,由文字、图形、字母、数字、三维标志和颜色组合,以及上述要素的组合构成的显著标志,是用以识别该商品或者服务的原产地、原料、制造方法、质量或者其他特定品质的标志。

商标法是确认商标专用权,规定商标注册、使用、转让、保护和管理的法律规范的总称。它的作用主要是加强商标管理,保护商标专用权,促进商品的生产者和经营者保证商品和服务的质量,维护商标的信誉,以保证消费者的利益,促进社会主义市场经济的发展。

商标是企业在价值上可以量化的重要的无形资产,可以为企业带来巨大收益。商标只有经过注册,才会受到法律保护,才能取得商标专用权,否则企业的这部分无形资产就会大量流失或者严重缩水。商标不仅是消费者选择产品或者服务的依据,而且是企业参与市场竞争的主要载体。好的企业不仅需要好的产品和服务,更需要好的商标。不论是美国的可口可乐,还是中国的海尔都是因为注册了商标,才受到法律保护。

1982年8月23日,我国颁布了《中华人民共和国商标法》,并于1993年2月22日进行了第一次修正，2001 年 10 月 27 日进行了第 2 次修正。

3. 著作权与著作权法

著作权也称版权。著作权包括下列 17 项人身权和财产权：发表权、署名权、修改权、保护作品完整权、复制权、发行权、出租权、展览权、表演权、放映权、广播权、信息网络传播权、摄制权、改编权、翻译权、汇编权及应当由著作权人享有的其他权利。

著作权法是指保护文学、艺术和科学作品作者的著作权以及与著作权有关的权益。按照法律规定，中国公民、法人或者其他组织的作品，不论是否发表，均享有著作权。具体包括以下形式创作的文学、艺术和自然科学、社会科学、工程技术等作品：文字作品；口述作品；音乐、戏剧、曲艺、舞蹈、杂技艺术作品；美术、建筑作品；摄影作品；电影作品和以类似摄制电影的方法创作的作品；工程设计图、产品设计图、地图、示意图等图形作品和模型作品；计算机软件和法律、行政法规规定的其他作品。

我国实行对作品自动保护原则和自愿登记原则，即作品一旦产生作者便享有版权，登记与否都受法律保护；自愿登记后可起到证据作用。署名权、修改权、保护作品完整权的保护期不受限制，发表权保护期为作者终生及其死亡后 50 年。使用他人作品应当同著作权人订立许可使用合同或转让合同。

1990 年 9 月 7 日，七届全国人大第十五次会议颁布了《中华人民共和国著作权法》，2001 年 10 月 27 日进行了第一次修正，2010 年 2 月 26 日进行了第 2 次修正。

(二) 注册企业必须考虑的伦理问题

创建新企业时应注意伦理问题，包括创业者与原雇主之间、创业团队成员之间、创业者和其他利益相关者之间的伦理问题等。

企业伦理观念是美国上世纪 70 年代提出的。1979 年，美国学者阿奇·卡罗尔（Archie Carroll）提出社会责任是企业伦理的理论基础。企业伦理是指企业在处理企业内部员工之间、企业与社会、企业与顾客之间关系的行为规范的总和。在竞争激烈的市场经济社会中，不少经营者为了追求利润，不把目光放在"永续经营"上，而是着眼于"一锤子买卖"，为了追求利润的最大化，不惜采取各种非法手段来达到目的：偷税漏税、串通竞标、假冒伪劣、坑蒙拐骗、商业贿赂、行业垄断等层出不穷，极大扰乱了市场秩序，损害了诚实经营者和广大消费者的权益，也使企业自身道德堕落，失去了公众的信任，万劫不复。从这个意义讲，不正当的市场竞争永远没有赢家。

强烈的成功欲望和来自股东、员工、供应商、银行和家庭的巨大压力，使得相当部分创业者往往不顾社会伦理道德而选择权宜之计，甚至铤而走险。从创建新企业角度，为了企业生存和可持续发展，创业者/团队必须注重加强伦理道德建设。

1. 创业者与原雇主之间的伦理问题

尽管有些创业企业由学生或自我雇佣者建立，但大部分新企业仍是由曾经从事某种传统职业的人们所创建。在辞职进行创业后，创业者往往发现自己已置身于前雇主公司敌对甚至是水火不相容的境地，这往往和违背伦理道德的辞职有关。

合乎伦理地辞职应当遵循两个最重要原则：

（1）职业化行事

职业化行事是指提出辞职前后的表现应当职业化：至少提前两周正式提出辞职；对你手头承担的工作负责到辞职那一天，不要占用工作时间安排创业事宜；在你仍受雇于雇主期间不要把属于雇主的机会转移到新企业中去；在你仍受雇于雇主期间，不要着手创办企业；辞职时除了私人物品，不要带走任何东西；不要用雇主提供的电子邮箱来安排创业事宜，尽可能避免给他人造成从雇主哪里获得信息或资源的印象。

（2）尊重所有雇佣协议

充分知晓并尊重所有雇佣协议，主要指保密协议和竞业限制。在保密协议有效期限内，劳动者应严格遵守企业保密制度，防止泄露企业商业秘密，不得向他人泄露企业技术秘密，非经雇佣单位书面同意，不得使用其商业秘密进行生产与经营活动，不得利用商业秘密进行新的研究和开发。

保密义务一般期限较长，只要商业秘密存在，劳动者的保密义务就存在。

竞业限制协议是指用人单位与劳动者约定，在解除或者终止劳动合同后一定期限内，劳动者不得到与本单位生产或者经营同类产品、从事同类业务的有竞争关系的其他用人单位任职，或者自己开业生产或经营同类产品的书面协议。

竞业限制制度的主要特点是：① 目的是为保护用人单位的商业秘密；② 双方通过契约的方式来形成双方义务；③ 关于竞业限制的人群是公司的高级管理人员、高级技术人员以及掌握一定商业秘密人员；④ 竞业限制的期间指解除或终止劳动合同以后的期限，竞业限制期限最长不超过二年；⑤ 竞业限制是用人单位和劳动者相互义务的体现，即劳动者不得从事、经营同类有竞争关系的行业，而用人单位则须支付一定经济补偿金。

用人单位不能盲目签订竞业限制协议。用人单位要求劳动者履行竞业限制时，就与劳动者的劳动就业权、生存权形成了冲突，用人单位必须以支付补偿金为代价，换取劳动者履行竞业限制义务。《劳动合同法》第23条规定：当事人约定解除或终止劳动合同后，在竞业限制期限内按约按月给予劳动者经济补偿。目前，很多企业忽略这个问题，与劳动者签订的竞业限制协议中，故意不约定补偿金，意在通过零成本达到竞业限制目的。《最高人民法院劳动争议司法解释四》第六条规定，"当事人在劳动合同或者保密协议中约定了竞业限制，但未约定解除或者终止劳动合同后给予劳动者经济补偿，劳动者履行了竞业限制义务，要求用人单位按照劳动者在劳动合同解除或者终止前12个月平均工资的30%按月支付经济补偿的，人民法院应予支持。前款规定的月平均工资的30%低于劳动合同履行地最低工资标准的，按照劳动合同履行地最低工资标准支付。"

除此之外，法律还赋予劳动者对于竞业限制协议的解除权。根据《最高人民法院劳动争议司法解释四》第八条规定，"当事人在劳动合同或者保密协议中约定了竞业限制和经济补偿，劳动合同解除或者终止后，因用人单位的原因导致3个月未支付经济补偿，劳动者请求解除竞业限制约定的，人民法院应予支持。"可见，当用人单位不履行补偿金义务时，达到3个月期限，劳动者将有权解除竞业限制协议。在此种情况下，用人单位将失去对劳动者竞业限制的约束力。

因此，用人单位盲目地与劳动者签订保密和竞业限制协议，不仅不能有效地进行管理、防范风险，反而将会产生高额的用工成本，亦会发生一定的法律风险，承担一定的法律责任。为此，用人单位在操作竞业限制规则时，应当事先做必要的规划。第一，必须对各岗位和员工职务进行梳理分类，区分出高级管理人员、高级技术人员，特别需要区分的是，高管、高级技术人员以外的但又涉及商业秘密的关联人员。避免对任何人员都适用竞业限制规则，而使用人单位自己陷入被动。第二，提前预测关于竞业限制操作所投入的成本，将成本投入与竞业限制的效益回报进行衡量，确定补偿金的数额。第三，论证竞业限制的期限，因为竞业限制期限与补偿金支付的数额存在直接关联。第四,明确竞业限制的约束范围,使竞业限制内容详尽、可操作,为今后实现竞业限制主张打好基础。

案例 7-1:招聘不慎"引狼入室"①

上海某广告公司发展迅速,总经理万某计划开拓上海周边城市业务,由于苏州分公司刚刚成立,万总主要精力放在苏州公司市场开拓上。为了公司的顺利发展,总经理万某决定引入一位市场总监来管理上海公司的业务。

通过招聘会,万总百里挑一相中了业务及管理能力突出的张某。

开始的 6 个月张某表现出色,万总非常满意。可让万总意外的是工作刚满 6 个月的张某突然提出辞职,原因是觉得在公司的发展不适合自己。万总觉得理由很牵强,苦苦挽留,但张某还是走了,万总非常惋惜。

但让万总十分震惊的是,张某离职后不到一个月,就被另一家广告公司以更高的薪酬和提成挖走了,并带走了几个重要客户。

后来公司经过对张某的进一步了解,原来张某的履历造假,张某在其他公司也有类似行为,其中有 3 个公司的经历都没有满 6 个月,但这些经历都没有在简历上体现出来,而是通过延长其他工作经历时间来掩盖这个事实。

万总后悔莫及,责怪自己面试时太大意了,一边是流失了重要客户,一边是职位空缺,自己采用分身术也忙不过来,损失巨大。

评注　在这个案例中,万总的公司之所以遭遇人才、客户一起丢失,主要原因有两个:第一,万总的企业在招聘流程的设置上存在漏洞;第二,万总在用人方面,忽略了对企业雇员的有效监督。

2. 创业团队成员之间的伦理问题

创业团队成员之间的伦理问题最常出现的就是沉迷于开办企业的兴奋之中而忘记订立有关企业所有权分配的最初协议,一旦产生利益纠葛往往争执不下,导致团队分裂。

为解决好创业团队成员之间的伦理问题,可以在创业之前或创业早期,讨论并拟定好创建者协议(或称股东协议)。创建者协议是处理企业创建者间相对权益分割、创建者个人如何因投入企业"血汗股权"或现金而获得补偿,以及创建者必须持有企业股份多长时间才能被完全授予等事务的书面文件。

创建者协议应当包含如下内容:① 未来业务的实质;② 简要的创业计划书;③ 创业者的身份和职位头衔;④ 企业所有权的法律形式;⑤ 股份分配(所有权分割)方案;⑥ 各创建者持有股份或所有权的支付方式(现金或血汗股份);⑦ 明确创建者签署确认归企业所有的任何知识产权;⑧ 初始运营资本的描述;⑨ 回购条款。明确在其余创建者对企业感兴趣的前提下,打算退出的创建者有责任将自己的股份出售给那些感兴趣的创建者的处理方案,并规定股份转让价值的计算方法。

3. 创业者和其他利益相关者之间的伦理问题

新创企业在最初阶段往往面临包括消费者、供应商和投资者在内的利益相关者之间的伦

---

① 罗福光. 招聘风险控制不力企业"引狼入室"[EB/OL]. 世界经理人. http://blog. ceconlinebbs. com/BLOG_ARTI-CLE_52354. HTM.

理问题,主要涉及:人事伦理问题,利益冲突和顾客欺诈。

(1)人事伦理问题。这方面问题主要与公平公正对待新老员工有关,在利益分配、组织制度、分配程序、人际关系等方面应该让所有雇员有公平公正感。

(2)利益冲突。利益冲突问题与那些挑战雇员忠诚的情景相关。例如,关键雇员(如高级职员、董事和经理)和技术型雇员(如软件工程师、会计和营销专家)负有对雇主忠诚的特殊责任,不能通过原本能为雇主带来利益的机会为自己牟利,不能窃取雇主的机会等。

(3)顾客欺诈。顾客欺诈问题通常出现在公司忽视顾客利益或公众安全的时候,包括违背诚实守信、公平合理、客户利益至上的原则,把公司利益或个人利益建立在损害客户利益之上的各类行为。

案例 7-2:让新老员工共享公平薪酬[①]

惠信科技是一家创立了三年的高科技公司,现有工作人员约百人。由于开始进入成长期,公司业务扩展急需招募人员。为迅速取得所需的人力,该公司以较高的起薪来聘用新人。

考虑到已有人员的薪资水准可能会因为起薪的调高而低于新进人员,惠信的人事经理建议公司高级主管,在调高新进人员的起薪时,同时调高已有人员的薪资。但不少高级主管认为如此一来,将增加公司的人力成本支出,使公司的产品价格提升,丧失竞争力。而且固定成本一旦增加,亦不利于财务调度与周转。主管们想以提供奖金或红利的方式来弥补老员工较低的薪资水准,但考虑到公司正在成长阶段,员工个人绩效不易精确评估,而且良好的绩效评估制度并非短期可以建立。如果没有公正的绩效评估,以绩效差异作为奖金或红利的发放恐怕会造成不公平现象,引起员工的不满;而如果不以绩效作为依据,一律给予相同的奖金或红利,就会造成新的不公平。

此外,奖金或分红永远无法弥补老员工在薪资上低人一等的感受与心态。惠信的高级主管考虑到这些因素,迟迟难以采取行动,而员工们普遍认为公司"喜新厌旧",对老员工"不公平"。因此,士气逐渐低落,公司的业务发展有逐渐减缓的征兆。

评注 薪酬的公平性包括三个方面:外部公平、个人公平与内部公平。首先是外部公平问题。因业务扩展急需招募人员,该公司必须以较高的起薪来聘用新人,这反映了惠信公司的薪资水平要远低于市场价格,缺乏竞争力;其次是个人公平问题。由于三年来惠信公司处于创业阶段,实行的是高积累、低工资、低福利策略,员工大部分贡献均被公司用来积累,而没有进行相应的奖励或回报,部分老员工和创业元老一直没有得到相应的回报,必然会对企业产生怨言;最后是内部公平问题。惠信公司缺乏相应的衡量薪资差异的标准,对于新聘人员,只是简单地提高起薪,而不是根据实际工作岗位及贡献来确定薪资,导致同样岗位的新人,还没有为公司做出贡献和成绩就比老员工的薪资水平高,必然引起内部公平失衡。

(1)成长期企业通常急于扩展业务,这一阶段常会出现现金流问题,收入和利润都较低。为了吸引和留住关键人才,企业可以采用跟随市场水平的基本工资,这样才具有外部竞争力;而在其薪酬系统中应当更强调部门业绩,设立较高的绩效奖金,企业还可采用期权等长期激励方式,以便将企业成长与员工收益、短期激励和长期激励有机联系起来,既降低了企业风险,又具有较强的激励作用。

① 张冬平.让新老员工共享公平薪资[J].职业,2003(10).

（2）鼓励员工参与薪酬体系的设计。这样可以增强团队观念，增强对企业和管理层的信任度，完善薪酬制度。同时，员工参与加强了和管理层必要的沟通，一方面可以促进管理者与员工之间的相互信任，另一方面可以让员工理解公司处境，减少由此引发的不公平感。

（3）在对岗位做出客观评价的基础上，参照市场价格，提高老员工的薪资水平，实行职位和能力并重的工资制度。否则的话，会造成内部薪酬待遇的极大不公平。提薪的依据是市场的平均水平。同时，在绩效考核没有建立的前提下，应采用职位工资制，有利于留住公司创业时期的老员工和技术骨干、管理人员，同时也有利于调动这批员工的积极性。但是，由于公司规模相对较小，部门、职位设置不能满足新进人才的需求，因此，采取能力工资制形式进行弥补，从物质上激励那些没有职务但具有较强工作能力的人，使他们的待遇不低于具有同等能力而又具有职务的人员。这样就能不断吸引外部优秀人才进入公司。

（4）尽快建立科学的绩效考核制度，实现奖金与工作绩效挂钩。并根据业务特点，确定考核周期、考核主体以及考核流程。将考核结果作为薪酬、培训、晋升、降级、辞退、奖惩等工作的重要依据。

（5）调整相关的薪酬结构，实行团体奖励，同时加大内在报酬激励。惠信公司已培养出的合作与团队文化是企业获得竞争优势的法宝，在这样一个企业里，基于团队的奖励对组织的绩效具有十分重要的作用，使人们意识到只有团队协作，自己才能获益。

五、新企业选址策略与技巧

企业选址就是确定在何处建厂或建立服务设施、门店等。这不仅关系到设施建设本身的投资，而且在很大程度上决定了企业产品和服务的成本，从而影响到企业的市场竞争力和经济效益，关乎企业的生死存亡。

（一）创业选址的重要性

选址是一项永久性、重大的战略投资。相对于其他因素来说，选址具有长期性和固定性，当外部环境发生变化时，其他经营因素都可以进行相应调整以适应外部环境的变化，而选址一经确定就难以变动。选择得好，企业可以长期受益，选址不当，将"铸成大错"，最终决定企业失败的命运。据我国香港工业总会和香港总商会的统计，在众多开业不到两年就关门的企业中，由于选址不当而导致的创业失败占企业总量的50%。

在西方国家，零售店铺的开设地点被视为开业前所需的三大主要资源之一，因为特定开设地点决定了零售店铺可以吸引在有限距离或地区内的潜在顾客的多少，这也就决定了零售店铺可以获得销售收入的高低，从而反映出开设地点作为一种资源的价值大小；制造业的选址更是关系到生产要素的可获性、运输的便利和成本，关系到员工的工作与生活环境、员工队伍的稳定性等。因此，无论是制造业还是服务业创业，对选址一定要做深入调查，科学论证，慎重决策。

（二）影响选址的主要因素

新企业选址需要综合考虑政治、经济、技术、社会和自然等影响因素。其中经济因素和技术因素对选址决策起基础作用。

1. 经济因素

首先是运输条件与费用。例如,钢铁业的部分原料及运输成本占整个钢铁生产成本的比例高达 75%,因而钢铁、煤炭、水泥、造纸、电力等选址最好靠近原材料的供应地。

其次是人力资源的可获得性与费用。对于劳动密集型企业,人工费用占产品成本的大部分,因而一些劳动密集型的制造业不断向劳动力供应充沛、素质高、薪酬低、综合运营成本更低的地区转移。但对于需要大量具有专门技术、高素质员工的企业,人力资源可获性则成为选址首要条件。

第三是能源可获性与费用。对于高能耗的企业,如钢铁、铝业、石油化工、发电厂、光伏产业等,其厂址选择应该接近燃料、动力供应地。

第四是厂址条件和费用。建厂地点的地势、利用情况和地质条件,都会影响到建设投资。显然,在平地上建厂比在丘陵或山区建厂要容易得多,成本也低得多。另外,不同地域的地价也是影响投资的重要因素。显然,城市的地价普遍较高,城郊和农村的地价较低。

2. 技术因素

科学技术的迅猛发展导致技术市场复杂万变,不确定性加剧,为了及时跟踪和把握技术变化的趋势,许多高技术企业往往将选址定在技术研发中心或高新技术开发区。

从技术因素角度,选址应当考虑协作条件和产业聚集。在某一领域内相互关联的企业大量集中聚集会形成"团簇","团簇"不仅是地区竞争力的标志,更是促进企业间的专业化分工协作、促进竞争与合作的重要推动力。而"团簇"区域内隐性知识溢出和行业间资讯快速传播,又加速了集群的升级发展和集群品牌、区域品牌的打造以及专业市场的营运,不仅能促进企业提升技术创新水平,带来运输费用、交易成本的降低,还将为企业带来规模经济、范围经济的竞争优势。美国的硅谷、日本筑波科学城,我国台湾的新竹、北京的中关村和清华科技园等都是典型案例。

3. 政治因素

政治因素首先要考虑政治局面是否稳定,法制是否健全,税赋是否公平等。一个企业在选址时,必须考虑政治因素。政治局面稳定是发展经济的前提条件,在一个动荡不安,甚至打内战的国家投资是要冒极大风险的。其次需要关注政府因素的影响。有些国家或地区的自然环境虽然很适合投资,但是其法律变更无常,资本权益得不到保障,这也不适宜投资。此外,政府是否鼓励该产业的发展,有无歧视政策,是否具备产业规划、财税政策、人才培养等多种途径保障该产业的发展,能否提供高效优质的服务,乃至是否有一定的政府采购市场,都应予以考虑。

4. 社会文化因素

企业选址要考虑的社会文化因素包括当地居民的生活习惯、文化教育水平、宗教信仰和生活水平。不同国家和地区、不同民族的生活习惯、文化教育水平、宗教信仰和消费水平是不同的,都会影响到创业企业产品/服务的市场需求。

5. 自然因素

选址显然应当考虑地质、气候和水资源等自然因素状况。地质、气候条件是企业在选址时应考虑的重要因素,将直接影响工作效率和职工的健康;水资源状况对企业的选址也有很大的影响,尤其是耗水量巨大企业,必须选择水资源丰富的区域,同时还要考虑当地环保规定。

(三) 新企业选址的策略

不同行业对选址要求大相径庭。一般而论,工业企业选址通常考虑成本最小化,零售服务业选址多考虑收入最大化,仓储选址则既要考虑成本低廉,又要考虑场地开阔与交通便捷。因为制造业一般不同顾客直接接触,顾客在购买工业产品时,并不需要到工厂或仓库去,因此工厂和仓库建在何处的问题不会影响需求量,服务业则必须同顾客直接接触,因而服务设施的位置选择对营业收入有显著影响。

现以零售服务业为例讨论新创企业选址策略。

1. 次优选择策略

这里有两层含义:① 选址关系到未来 10、20 年乃至更长时间的决策。由于长期预测的不确定性过大,即便手头掌握了丰富准确的市场调查数据和资料,也难以找到最优方案,能够满意就行了;② 繁华商圈旺盛的人气、集中的消费往往成为很多创业者的首选。但在创业初期,繁华商圈动辄数万元的月租以及不菲的转让费会让创业者资金马上捉襟见肘;另外,繁华商圈内大型购物商场经常性的打折、送礼等促销活动,会让创业者小店客流受到严重冲击。因而,选择繁华商圈的次商圈成为新企业选址的最佳选择。既节约了大量的店面沉淀资金,可用于店面装修、货源组织、店内的软硬件升级等,又不为大型购物中心的促销活动所累,可以自由组织自己的个性化促销活动,还由于距离主商圈不太远,可以分享到主商圈的消费人气。

2. 便利客户策略

零售服务业选址要考虑其业态特征,创业者往往选择单体规模小、满足顾客便利需要、经营选择性较低的日常生活用品为主的零售业态,例如中小型超市、便利店、餐馆、美发、洗染等,显然应在距离上靠近人群聚集的场所,如住宅区、商务办公区、影剧院、商业街、公园名胜、娱乐、旅游地区等。这些地方可以使顾客享受到购物、休闲、娱乐、旅游等多种服务的便利,是服务业开店的最佳地点选择;而那些单体规模大、商品品种齐全,以经营选择性较强的商品为主的零售业态,例如百货商店、仓储式购物中心或专业商城,原则上选在人流多、交通便捷的地方。交通便利可以把较远地方的客户带进来,又方便购物的人群走出去。交通便利已成了现代零售服务业必须考虑的重要因素,如果是几个车站交汇点,则该地段的商业价值更高。

3. 聚集与互补策略

零售服务业具有依附性、借客源性的特征,同行密集客自来,这是经商古训。人流吸引人流,商业吸引商业,生意大家做,才能造成一方的繁荣兴旺。所以在选址上应采取聚集策略,千万不要因为怕竞争而选在偏远地区。一种方案是在商业区、大商场、著名连锁店或强势品牌店的附近设店。例如,经营餐馆,那就将店铺开在"麦当劳"、"肯德基"、"星巴克"周边,因为这些著名的洋快餐在选择店址前已做过大量细致的市场调查,挨着它们开店不仅可省去考察场地的时间和精力,还可以借助它们的品牌效应获得较大的客源;另一种方案是在专业街区开店,因为专业街同业商店多,集中经营同一类商品,以其品种齐全、服务完善为特色,吸引大量慕名而来的顾客,就会产生聚集效应。消费者在专业街选择性强,货比三家,还起价来也容易,所以客流量大。

零售服务业选址还应考虑业种、业态分布和周围商店类型相协调,起到互补作用,或有鲜明特色,采用错位经营、差异化竞争策略,为顾客带来完整的"一条龙"服务。比如,你经营的货品正好和附近知名店面的货品构成互补,那么你的小店一开始就拥有了初步的消费群体;又如,在体育馆、娱乐场所、旅游景点附近,你可以提供餐饮、美容美发、运动/休闲服装、照相馆、便利店、手机充电服务,纪念品零售店或咖啡茶饮等。

4. 客流分析策略

零售服务业客流是选址决策时必须考虑的重要因素，"客流就是钱流"。古语说"一步差三市"，意思就是企业的选址差一步就有可能差三成的买卖。因此，选址不能光看客流的绝对数量，更重要的是考察目标顾客的类型和数量，以及客流活动的线路。即使是同样一条街道，由于交通条件不同或通向的地区不同甚至是朝向不同，都会使销售业绩存在很大差异。在人流方向上，最好在人流来向的右手边，因为中国交通规则的原因，大多数进街的人会走在自己朝向的右手边，很多大型卖场的进口方向右手边的货架陈列费高于左手边就是如此；在朝向上，比如在广州，广州最好的路段是北京路，在那里你会发现，凡是佐丹奴、班尼路等在当地做得比较好的服装品牌，都聚集在阴面。原因很简单，10 点到 12 点之间是客流量最多的时候，也是最热的时候，没有人喜欢在最热的时候在太阳底下曝晒，阴面自然而然客流量就多了；相反，在北方就一定要选阳面。在北京、太原、哈尔滨、沈阳、西安、乌鲁木齐等城市，阳面的店铺就比阴面的好，因为天气寒冷，顾客喜欢走阳面。所以在不同的地域开店，阴面和阳面不同的选择，会严重影响客流量。

5. 目光前瞻策略

并不是所有的"黄金市口"都确保赚钱，大马路黄金地段也可能成为商店经营的死穴。首先，随着车流量的不断增大，紧邻大路或主干道而带来的噪声、废气污染，与绿色、生态、环保、健康的主流生活追求背道而驰，这是路边店的最大致命伤。其次，路边店由于受市政规划不确定因素的影响，遭受拆迁等未来风险要大得多。因此，创业者在选址时要有前瞻性，多了解该地区未来的规划和发展情况。处于繁华闹市未必是最好，而处于通往闹市的途中却更为重要。因此选址一定要选在通往闹市的途中，比繁华地区的房租不仅便宜而客流量却不见得少。此外，由主干道延伸出的巷弄内，也有许多适合开店的地点。而一般评估巷道内的黄金店面，多使用"漏斗理论"，指的就是位于干道转进巷弄的第一家商店，会像漏斗一样，最多、最先吸引消费者入店。理想的黄金地点，应该是下班路线右边的巷弄口。此外，不同地理位置、交通条件、建筑物结构的店面，租金会有很大出入，有时甚至相差十几倍。对创业者来说，不能仅看表面的价格，而应考虑租金的性价比问题。

(四) 新企业选址的技巧

1. 商圈调查需关注目标客户群体

很多店址表面上看起来很繁荣，客流量很大，事实上这些很可能只是一种假象，必须透过现象看本质，对商圈进行调查，不仅要对客流量进行测算，更要分析看似庞大的客流到底有多少是自己的潜在顾客。每个品牌都有自己的目标群体定位，但这种定位往往是主观的，很可能有偏差。比如麦当劳就曾把目标群体定位成孩子，实际上青少年却是主要顾客。因此不能凭经验、看表面就妄下结论，唯一的方法就是脚踏实地市场调查，多看多问，了解自己真实的顾客是谁，倾听目标客户的心声，再经过统计分析才能得出客观正确的结论。

2. 选择有独立门面的店铺

有的店面没有独立门面，店面前自然就失去独立的广告空间，也就使你失去了在店前"发挥"营销智慧的空间，这会给促销带来很大的麻烦。

3. 两头不留人

就是说，一般开在一条商业街两头的店铺很难留住客人。很多人初次创业，因为没有经验，喜欢把店开在街头上，以为街头上客流量大。这种店，进来看的人会很多，也就是入店率会很高,但是成交率相对来说会比较低。因为顾客永远喜欢花最少的钱买最好的东西,这就意味着要货比三家。所以一般不会在第一家店里就掏腰包购买。

4. 拐角位置较理想

拐角在两条街的交叉处,可以产生拐角效应。拐角位置的优点一是可以增加橱窗陈列的面积,二是两条街道的往来人流均汇集于此,有较多的过路客光顾。可以通过设两个以上的入口缓和人流的拥挤。

5. 巧用供应商资源

门店的供应商也能为选址服务,这些供应商包括设备、商品供应商、人员、信息、资金、技术、装修等服务供应商。他们可能同时为多个竞争者提供商品或服务,掌握同类门店的很多店址,熟悉每个店址的经营状况;不少供应商为了扩大业务范围,会刻意去研究自己的商品或服务的市场,因而他们可能有大量备选地址信息,论证店址时可以征求供应商的意见,这些意见通常有很重要的参考价值,帮助你作出正确的判断。

案例 7-3:家乐福的选址[①]

外资连锁企业在开店的选址上十分慎重,并且在选址时综合考虑交通、竞争和市场发展目标等因素。据了解,几乎所有的欧美大型连锁集团,在进入中国市场之前,都对中国市场进行了长达数年的深入细致的调查,投入了成百万、上千万美元的市场调查费用。

创始于 1959 年的法国家乐福,自 1995 年进入中国市场,从一个"空降兵"开始它的事业,在沃尔玛之前抢得了市场先机。

受金融危机影响,2010 年全球消费紧缩,在极度困难的情况下,家乐福 2010 年销售额仍达到 1 010 亿欧元,增长 5.8%。亚洲地区销售额达 79 亿欧元,增幅为 14.9%。截至 2011 年底,家乐福中国内地门店总计达 203 家。

成功的选址是家乐福最为重要的关键因素。

家乐福选址原则

Carrefour 的法文意思就是十字路口,家乐福的选址不折不扣地体现了这个标准——所有的商场都开在十字路口,其一必为主干道,巨大的招牌 500 米开外就看得一清二楚。

家乐福第一家店是 1963 年开在巴黎南郊一个小镇的十字路口,生意异常火爆。十字路口成为家乐福选址的第一准则。家乐福在中国最早开设的北京国展店就位于繁华的国际展览中心,周围有多个高档社区,无论是消费者的数量还是消费能力都很大,附近有大量的流动人口和常住人口,客流庞大,人流不断。

家乐福选址要求

(1) 地理位置要求:交通方便,满足私家车、公交车、地铁、轻轨等各种交通要素的通达;人口密度相对集中,附近至少有两条马路的交叉口,其一必为主干道;具备相当面积的停车场,比如在北京至少要求 600 个以上的停车位,非机动车 2 000 坪以上。

(2) 建筑物要求:占地面积 15 000 平方米以上,且最多不超过两层,总建筑面积 2~4 万坪。建筑物长宽比例 10:7 或 10:6。

(3) 空间要求:家乐福店可开在地下室,也可开在四五层,但最佳为地面一二层或地下一

① 佚名.家乐福大卖场设计及选址资料[EB/OL].百度文库. http://wenku. baidu. com/view/8f9d90d080eb6294dd886c96. html.

层。家乐福一般占两层空间,不开三层。这种灵活选址原则,增强了家乐福在同类大卖场中的竞争优势。

本地化和差异化服务

家乐福会详尽地调查当地其他商店有哪些本地商品出售,哪些产品的流通量很大,然后去和各类供应商谈判,一个庞大无比的采购供应链就完完全全从零开始搭建。

据家乐福自己的统计,从中国本地购买的商品占了商场里所有商品的95%以上。家乐福在上海虹桥门店,因为周围的高收入群体和外国侨民比较多,其中外国侨民占到了家乐福消费群体的40%,所以虹桥店里的外国商品特别多,如各类葡萄酒,各类泥肠、奶酪和橄榄油等,而这都是家乐福为了这些特殊的消费群体特意从国外进口的。

六、新企业的社会认同

Patch(1970)认为社会认同是相似性、成员身份以及忠诚;Cheney(1983)认为企业认同感的组成包括三个要素:忠诚,相似,成员资格;Bhattacharya 和 Sen(2003)认为消费者企业认同感是消费者自愿、主动、有选择性的行为,同时促使他们从事有利或者潜在不利的公司相关行为。市场营销方面的研究已经表明:消费者企业认同感会导致积极的消费者反应,比如对公司更好的评价(Sen 和 Bhattacharya,2001)、对公司更大的兴趣和情感的承诺(Algesheimer 等,2005;Lichtenstein 等,2004)、更多的忠诚度(Lichtenstein 等,2004)、更强烈的购买意向(Ahearne 等,2005)。[①]

企业成立后,除遵纪守法外,还需要主动承担社会责任,才能获得社会认同。

(1)首先,要为客户创造更高的价值。新企业应当努力为客户提供最大的便利、最优质的服务,"顾客至上,诚信为本",为消费者和合作伙伴创造更多、更新的价值才能得到客户群体和利益相关者的认同。

(2)善待员工。要获得社会认同,首先要赢得本企业员工的认同。企业必须真正以人为本、善待员工,理解人、尊重人、关怀人、成就人,真正将员工当作与企业共同发展的伙伴、不可缺少的无形资产,通过各种方式来提升员工对企业的满意度。

(3)自觉保护生态环境。塑造"高度负责任、高度受尊重"的企业形象,自觉维护、保护生态环境,爱护环境并与自然和谐共处,才能获得政府部门和人民群众的认同。

(4)主动接受社会监督。建立良好的沟通机制,主动接受社会对企业的质量、安全、环保和健康的关注与监督,积极参与社会公益事业、慈善事业活动,将承诺和履行社会责任内化为每个员工的自觉行动。企业只有对社会作出积极贡献,才能得到全社会的认可和赞许。

案例 7-4:"红豆"的一次普通对话[②]

"为什么在这里吃冷馒头,不去食堂吃饭?"

"食堂太贵了,吃这个便宜。"

"你常常这样吃吗?"

---

① 钟翠.消费者企业认同感影响因素研究[J].合作经济与科技,2012(11).
② 江南红轩.红豆的"文化力"[N].无锡日报,2012-06-15.

"是的,我要省钱寄回家。"

这是 2005 年江苏红豆集团总裁周海江和一名普通员工的一次对话。当时周海江下车间,正好看到几名员工在茶水间吃自带的馒头和咸菜。这些工人均来自农村,家境贫寒,他们自带馒头咸菜,为的是多省点钱寄回家,或是给弟弟妹妹读书,或是给父母接济家用。

这件事对周海江冲击很大。不久后,红豆集团就推出了对所有一线生产员工给予包吃包住待遇的政策。

这些年来,红豆集团每年投入 8 000 多万元为所有外来员工提供免费吃住,并不断提高他们的收入,让员工共享企业发展成果;企业还投入 4 000 多万元,建造了 12 幢员工宿舍楼、夫妻楼,房间配备电视、卫生间等,设备齐全,每幢宿舍楼可容近 1 000 人居住。目前,10 000 多名外来员工已经喜迁新居。

在红豆,一线员工也有奔头。车间评选星级员工,每个等级都有不同的补贴,车间组长、检验员、车间主任等管理层人员都从三星级员工中选拔。在提高员工收入的同时,企业还把星级员工贴在宣传栏上,增强了他们的荣誉感;培训是给员工最好的福利。红豆投资 8 000 多万元,成立了培训中心,专门对员工进行免费培训;努力营造公平科学的选人用人机制,以能力赢得岗位,以岗位获得高薪;对待一线的"三星级"职工,分期分批选送上大学,根据需要和可能优先提拔进科室,随之不断增加其个人收入。

股权开放是周海江的一大创新,也是红豆集团的一大秘密武器。实行股份制,让员工参股,提高员工对企业的关切度,真正调动员工的积极性。目前红豆有 800 多名股东参股。

此外,红豆主动承担企业外部责任。在周海江的领导下,集团通过发展红豆杉项目,为新农村建设提供产业支撑,促进农村人口持续增收;资助当地村镇建设,通过项目转移支持经济欠发达地区;不断优化产品结构,单位产值所消耗的能源逐年下降;把 100 多家工厂集中起来,节省土地资源;建立污水处理厂,不仅负责集团内的废水处理,而且解决了当地一些小型企业的废水处理问题。

周海江始终倡导乐善好施、扶危济困的传统美德。为支持大学生就业、创业,2009 年 7 月红豆集团向中国青年就业创业基金会捐款 1 000 万元;在无锡市、锡山区"情暖万家"活动中,红豆认捐 2 500 万元,建立慈善资金,帮助弱势群体;2010 年 4 月,玉树地震后,红豆先后捐款捐物 400 多万元;2010 年 10 月,周海江个人又向聚源、映秀、北川三所中学各捐 100 万元,共计 300 万元,设立"七一红豆奖学金"。近几年,红豆集团向社会捐款捐物超过 3 亿元。

全面履行社会责任,红豆集团获得了社会广泛认同和赞誉,促进了企业跨越式发展。近年来,企业已经从创业初单一的生产针织服装、年产值 20 多万元的乡镇民营小企业,发展成涉及服装、轮胎、生物制药和房地产四大产业的国际化大集团;从缺乏科技人才、创新能力的乡镇小企业,蜕变为科研实力业内数一数二、年销售达 351 亿的国家级高新技术企业集团。2008 年中国服装的最高殊荣——"成就大奖"花落红豆集团!连同此前获得的商务部"2006 年度最具市场竞争力品牌"称号,红豆品牌已当之无愧地站在中国服装品牌的最高端。

第二节　新企业生存管理

新企业的运作是一个从无到有的展开过程,包括开始建立相应的内部流程到获得外界认可,任何环节出问题都会带来难以估计的麻烦,因而比成熟企业会遭遇更高的失败率。

据统计,全球每年有高达70％的创业公司在成立两年内倒闭。[①] 中国创业数据统计结果显示:中国创业企业的失败率高达70％以上,七成企业活不过一年,平均企业寿命不足3年。[②] 台湾《商业周刊》杂志曾追踪过去28届(1978～2005)总计283位青年创业楷模的现况,结果发现竟然高达74位创业楷模的公司倒闭、跳票、重整。也就是说,这群台湾杰出创业者中竟有超过1/4被市场竞争所淘汰。如果包括因涉嫌违法而遭起诉或判刑的25名创业家,则比例更高达35％。[③]

一、新企业管理的特殊性

新企业成立初期易遭遇资金不足、制度不完善、因人设岗等问题。因而,新企业成立初期应以生存为首要目标,其特征是主要依靠自有资金创造自由现金流,实行充分调动"所有的人做所有的事"的群体管理,以及"创业者亲自深入运作细节"。

(一) 新企业是以生存为首要目标的管理

根据中央电视台《致富经》发布的《2008～2009年度中国百姓创业致富调查报告》:创业要关注两年盈利的现象。绝大多数企业都是在两年之内盈利,它的反例就是两年如果不能盈利的企业很有可能被淘汰掉,这是和创业者的忍受力和资金限度是有关系的。创业者要想实现更好的发展,前两年能够实现盈利就十分关键。

因此,新企业成立之初,尤其是前两年,首要任务是在市场上找到立足点,千方百计使自己生存下来,不要被市场所"消灭"。在这一阶段,生存是第一位的,新创企业的基本目标是要想方设法把自己的产品或服务销售出去,"尽快实现盈亏平衡、争取正的现金流"。赚钱是新企业生存的唯一来源,在创业阶段,亏损、赚钱,又亏损,又赚钱,可能要反复经历多次,直到最终持续稳定地赚钱,才算是渡过了创业的艰难时期。一切围绕生存运作,一切危及生存的做法都应避免,最忌讳的是在创业阶段提出不切实际的扩张目标,盲目铺摊子、上规模。

案例7-5:惶者生存[④]

1988年,44岁的任正非和5个志同道合的中年人合伙,在深圳龙岗区南油新村乱草堆中的一个居民楼里成立了深圳华为技术有限公司。那时租写字楼一个月至少好几千块钱,而居

① 张秀娥.创业企业成长及其动因研究综述[J].现代经济信息,2012(14).

② 科学时报社."技术进步"迷思[EB/OL].中国科学院.http://www.cas.cn/zt/jzt/ltzt/zgfzzlxyjhcxzlzywyhx-snhwz/200609/t20060920_2671121.shtml,2006-09-20.

③ 佚名.商场如战场台商界"楷模"四分之一被"淘汰"[EB/OL].人民网.http://tw.people.com.cn/GB/14812/14874/4764272.html,2006-08-31.

④ 张利华.华为研发[M].北京:机械工业出版社,2009.

民楼则最多三四百元。创业初期的艰难清苦可见一斑。

创业之初，任正非就是为了面包、为了糊口、为了家人而奋斗！尽管如今华为已成为年销售额上千亿的世界500强大公司，任正非也还是经常强调惶者生存，华为只是活下来了而已；无论华为已经多大、多成功，任正非天天还是想着"活着"二字。

创业之初的任正非面临的现实问题是，公司如何生存。华为公司现在是他的孩子，他必须让它生存下去。华为虽然名为技术公司，但开始做的都是贸易，也没什么方向，什么赚钱做什么，据说华为在初创的时候甚至还卖过减肥药。一次，听说在深圳卖墓碑的生意很火，赚钱快，任正非还派人去调研过，但减肥药、墓碑也都不是长久之业。任正非为了使华为生存下去，尝试百术，绞尽脑汁。

创业从来不是一件浪漫的事。任正非人过中年，经历了从国营企业的干部到民营企业领头人的转变，人生充满了坎坷。起步阶段的华为更是一家只要有钱赚、能活下去就行的小铺子。一个偶然的机会，任正非通过辽宁省农话处一位处长的介绍，开始代理香港鸿年公司的用户交换机产品（即单位里转分机的小交换机），算是走上了销售通信设备的道路。

那是一个装电话需要送礼、走关系还要排队特批的年代，代理商只要能在香港搞到用户小交换机，卖到内地去就可以获利100%。正是凭借这种带点儿倒买倒卖色彩的代理业务，以及当时全国人民对电话通信的巨大需求，华为在短短的三四年间，就积累了几百万的资金，并在全国建立起近十个销售办事处。华为从农村空隙市场起步，靠2万元注册资本起家通过代理香港鸿年公司的HAX交换机，利用差价获得了原始资本积累。

（二）新企业主要依靠自有资金创造自由现金流

现金对企业来说就像人的血液，企业可以承受暂时的亏损，但不能承受现金流的中断。

自由现金流（量）是指企业经营活动产生的现金流量扣除资本性支出（capital expenditures，CE）的差额。即自由现金流量只能包括经营活动产生的现金流量而不包括投资活动、筹资活动产生的现金流量，旨在衡量公司未来的成长机会。拥有稳定充沛的自由现金流量则意味着企业的还本付息能力较强、生产经营状况良好，用于再投资、偿债、开发新产品、回购股票、发放红利的余地就越大，公司未来发展趋势就会越好。反之，自由现金流急剧下降或出现赤字，企业就将发生偿债危机，进而可能导致资金链断裂甚至破产倒闭。因此，自由现金流是新企业生存的真正生命线。

对新企业而言，由于融资条件苛刻，很难从商业银行获得贷款，只能主要依靠自有资金运作来创造自由现金流，因而管理难度更大。

正是由于创业初期企业的资金主要是自有资金，"抠门"好像成了每个创业者的首要表现。曾有一份有意思的排名——"中国十大抠门富豪"，王永庆第一，李嘉诚第二，牛根生第三。牛根生可谓是"大陆第一抠"，他甚至连生活支出都有预算，若超出就要查个明白，其实也正是这种节俭的作风渗透到了企业的各个方面，才使企业能赢得更多利润。牛根生认为，在创业初期，能省就省，千万别把浪费当大方。有时创业遇到瓶颈时不如换个角度思考，与其费尽心思地去挣那一块钱，倒不如在节约方面下工夫。牛根生说过："企业家是社会财富的'守门人'，该花的钱不花，那叫缺位；不该花的钱乱花，那叫越位；把钱花在刀刃上，那才叫责任。"可见，在自有资金有限的情况下，节约也不失为一个上策。

创业者应当千方百计增收节支、像花自己的钱那样花企业的钱，加速资金周转、增加应付账款、减少应收账款、控制企业规模扩张等,努力为企业创造并保持稳定的正的自由现金流。

(三) 新企业实行充分调动"所有的人做所有的事"的群体管理

新企业在初创时,尽管建立了正式的部门结构,但很少有按正式组织方式运作的。典型的情况是,虽然有名义上的分工,但运作起来是哪急、哪紧、哪需要,就都往那里去。这种看似的"混乱",实际是一种高度"有序"的状态。每个人都清楚组织的目标和自己应当如何为组织目标做贡献,没有人计较得失,没有人计较越权或越级,相互之间只有角色的划分,没有职位高低的区别,这才叫做团队。这种运作方式培养出团队精神、奉献精神和忠诚,即使将来事业发展了,组织规范化了,这种精神仍在,成为企业文化的核心。在创业阶段,创业者必须尽力使新事业部门成为真正的团队,否则创业很难成功。这种在创业时期锻炼出来的团队领导能力,是创业者将来领导大企业高层管理班子的基础。

马云创业之初就曾提出"唐僧团队"的概念,他认为唐僧就是最好的创业团队的领导者,他虽然本人没有什么非凡的本领,但却意志坚定,使命感很强,而其他成员能够优势互补、有统一的目标,并在唐僧的带领下每个人都发挥自己的效用,最终取得辉煌的成就。

(四) 新企业是"创业者亲自深入运作细节"的管理

经历过创业初期的创业者大都有过这样的体验:曾经直接向顾客推销产品;亲自与供应商谈判折扣,亲自到车间里追踪顾客急需的订单;在库房里卸货、装车;跑银行、催账;策划新产品方案;制订工资计划;曾被经销商欺骗;遭受顾客当面训斥,等等。由于创业者对经营全过程的细节了如指掌,才使得生意越做越精。

Wal-Mart之所以能够打败Kmart,一个重要的原因是因为Wal-Mart的老板萨姆·沃尔顿注重细节的管理作风。他立下规矩,每次总部高层季度例会都要仔细分析一家问题企业,直到找到解决办法为止。

当然,随着企业的逐步发展,创业者不可能再深入到企业的各个角落,亲自参与企业运营的每个环节,授权和分权则成为必然。

案例 7-6:他只会做,不会说,但他成了行业内的龙头[①]

高中毕业,我在S市的一家废品收购公司工作。

老板姓张,我称他"师傅"。师傅有着非同一般的本事,只要和他合作过的人都会成为长期客户。

每个月,师傅都要到一个驼背老太太那里收废纸箱。路很远,货不多,没有利润,可他一直坚持去。我有些不解:"这样的生意为什么不推掉?"师傅摇摇头,微笑着说:"老太太信任我,虽然没有利润,可赚到了信任。她每天挨家挨户地收破烂,也不容易。"

一天,有个陌生男人打来电话,说有两百多公斤废品铝。在泥泞的道路上颠簸了一个多小时后,我们来到陌生人的家里。

他住的是两间小棚子,里面一片狼藉,中间堆着一小堆铝锭。我当时鼻子差点都气歪了,师傅低着头想了一会儿,叹了口气,叫我装车。没想到,男人竟要我们加钱。

他似乎吃透了我们不愿白跑一趟的心理,说每公斤要加三角钱。我再也忍不住:"无赖,我们没工夫伺候你。"

---

① 佚名.他只会做不会说,但他成了行业内的龙头[EB/OL]. http://www.959.cn/school/2013/0117/162592.shtml.

师傅却喝住我,耐心地给男人计算成本。哪知,男人根本不理会。

正争辩时,里屋传出婴儿清脆的啼哭声。男人赶紧抛下我们,钻进里屋,只听见他和一个女人说话。

等那男人再次出来,师傅改变了主意:"好,就按你出的价格。我们之间第一次做生意,我亏些钱,就当交了个朋友。"男人很满意,帮忙把铝锭装上车。

一路上,我十分生气。师傅看出我的心思:"每次出车都会赚,这次赚到一个朋友。那男人要养家糊口,还有个刚出生的小孩。如果他不说有两百多公斤,我们不会跑这么远。要求加价,是因为他的孩子需要奶粉,妻子需要营养,这几十元钱对我们来说没什么,对他来说,能解燃眉之急。"

后来,公司规模扩大。很多时候,我都是独立接单。唯独驼背老太太那儿,他总是亲自去。老太太多疑,只信任师傅。

短短几年,公司利润成倍增长。后来,那个欺骗我们的男人,亲自找到公司,要卖一吨废品铝。这次是货真价实的,他还带来了样品。后来,他成了我们最大的废品铝客户。

再后来,驼背老太太去世了,师傅说:"以后没机会再往那儿跑了。"可是,几天之后,有电话打来,是驼背老太太家附近的机械厂:"我们厂每年都有十几吨废铁要处理,你们要吗?"

原来,这客户竟然是驼背老太太给争取的。机械厂负责废品处理的人和老太太同村,老太太总对他说:"为什么不把废品卖给老张呢?他是个实诚人。"他想起老太太说过多次的话,便联系到了师傅。

一年一度的 S 市财富人物大会隆重召开,师傅是唯一的废品公司的老板。坐在高高的主席台上,他念着我写的稿子:"在我眼里,每个客户都可能会成为长期的朋友。生意场上,信任和友谊带给你的财富,往往会比预期的多出许多倍。一个成功的商人用钱来做生意,但不要以每次赚钱多少来衡量生意的成败。后退一步,是为了把箭射得更远。"

只读过初中的师傅,额头上淌着汗水,稿子念得结结巴巴。原来,他只会做,不会说,但成了行业内的龙头。

二、新企业成长的驱动因素

"成长"是新企业生存和发展的一种状态。张玉利、肖沛、刘东等(2000,2003,2004)研究认为,企业成长包括"量"(主要表现为企业经营资源的增加)的增长与"质"(主要表现为变革与创新能力)的提高,新创企业成长是一种量的积累和质的突破相结合的过程。

创业企业成长是指企业在一个相当长的时间内,通过创新、变革和有效管理等手段,积累、整合并促使资源增值,不断增强企业能力,形成企业核心竞争力,进而保持企业整体绩效平衡、稳定增长的势头的过程(张秀娥,2012)。

环境的不确定性和复杂性会对创业企业产生实质性的影响,研究表明,只有很少一部分创业企业会发展为成熟企业。为了使新企业由成立转向健康成长,探究创业企业成长动力机制及制约因素成为学术界和实业界所关注的重要问题。

在现有企业成长影响因素的理论研究中,主要存在三种不同的研究视角。产业组织学派认为企业成长的主要影响因素在于企业的外部环境及企业在环境中的位置,企业成长的关键在于产业位势的选择。而资源基础理论、企业能力理论等内生成长理论认为企业成长的影响因素源自于企业内部,企业的异质性资源、独特的能力是企业成长的关键因素。近来快速发展的企业演化理论趋向于一种折中的观点,认为企业成长是企业内外部因素共同作用的结果,存在一个复杂的演化过程。[①]

近年来研究也认同:新企业成长的推动力量包括创业者(团队)、市场和组织资源等。

尽管不同研究观点对创业企业成长及其动因的界定不一,但大都涉及到创业者/团队、市场容量、创新能力、组织资源等因素。可见,企业内部要素和外部环境都是影响创业企业成长的重要因素,制约创业企业成长的真正瓶颈在企业内部。

三、新企业成长管理的技巧和策略

新企业成长的管理需要注重整合外部资源追求外部成长;管理好保持企业持续成长的人力资本;及时实现从创造资源到管好用好资源的转变;形成比较固定的企业价值观和文化氛围;注重用成长的方式解决成长过程中出现的问题;从过分追求速度转到突出企业的价值增加。

(一) 注重整合外部资源追求外部成长

创业活动往往是在资源不足的情况下把握商业机会,因此,要求创业者必须创造性地整合资源,尽量运用少量资源,控制更多资源,注重借助别人(既包括竞争对手又包括合作者)的力量,发展壮大自身,注重整合外部资源追求外部成长。

(1) 尽可能多地寻找可供整合的外部资源提供者。要整合外部资源,就要寻找到可以提供资源的对象。对此,一种办法是找到少数拥有丰富资源的潜在资源提供者,如政府、银行、大公司等,但这方面创业者往往缺乏优势;另一种办法是尽量多找潜在的资源提供者,通过合作、"借鸡生蛋"或通过上市获得短缺资源并迅速扩大规模都是实现成长的捷径。

(2) 分析并寻找到潜在资源提供者共同利益所在。商业活动强调利益,要做到资源整合,需要认真分析潜在资源提供者关心的利益所在。老洛克菲勒有一句名言:"建立在商业基础上的友谊永远比建立在友谊基础上的商业更重要。"创业者要想成功地整合外部资源,必须要有创新的思维,寻找到潜在资源提供者共同利益所在,一旦不同诉求的组织或个人之间存在共同利益,或建立起紧密的利益联系,就成为了利益相关者,兼顾各方面利益就可能达到多赢、共赢的境界。

(3) 让对方先赢自己再赢的整合策略。外部资源能够整合并被创业者所用,需要合作,合作需要双赢甚至是共赢。合作总要有一个开始,在没有合作基础的前提下,一开始就双赢不容易,不妨采取让对方先赢自己后赢的策略。

(4) 强化沟通实现外部资源的有效整合。人与人之间最宝贵的是真诚、信任和尊重,其桥梁就是沟通。创业企业整合外部资源,在很大程度上就是通过内外部密切沟通来实现的。与外部的沟通,主要包括与投资者、银行、政府部门、媒体、业界、客户、供应商等,主要目的是通过沟通建立联系、获得信任,与对方达成共识,争取对方的支持或帮助,取得双赢的结果;在企业内部,通过有效沟通,凝聚员工人心,降低内部冲突,扩大社会网络,提升整个企业的效率和业绩。

[①] 吕一博,苏敬勤,傅宇. 中国中小企业成长的影响因素研究[J]. 中国工业经济,2008(1).

案例 7-7：打工妹创业成百万富翁①

鲜花铺路

丁世燕出生在河南省宜阳县的乡下农村。1998 年初中毕业后,她在家里帮父母侍弄了一段田地。单调的农村生活令丁世燕感到非常失望。那时候,中央电视台正在播放《红旗渠的故事》,看完电视剧,丁世燕突发奇想,到安阳去看看红旗渠,然后再到北京去打工。她怀揣着父母亲给她凑的 800 元钱,兴冲冲地赶到古城安阳。谁知乐极生悲,她来到安阳的第二天,钱包就被偷了。那一刻,年仅 16 岁的丁世燕眼泪哗哗地流了下来,要知道在安阳她可是举目无亲,连一个认识的人都没有啊!想打电话向家里求援,可爸妈当初就不同意她到处乱跑,现在还不知道爸妈怎么训斥她呢。

回到 10 元钱一宿的旅馆,她一夜没睡,心里反复琢磨着下一步该怎么办。反正北京是去不成了,不如就先在安阳落个脚,找个包吃包住的地方。晨光大亮,丁世燕用仅剩的 3 元钱买了一份早点。吃饱了,人变得有精神了,就四处寻找哪里用人。

说来她的运气竟然出奇的好,当她找到一家鲜花店时,这家鲜花店正需要人手,于是女老板收留了她,管吃管住,而且还有 500 元钱工资。丁世燕心中说不出有多激动,从小就喜欢各种花花草草的她,如今终于能和花草打交道了。丁世燕不仅虚心向比她早来的姐妹们学习鲜花护理、插花艺术,而且还特别留心女老板的经营之道。

当时光进入 2000 年的时候,在安阳从事鲜花服务的店铺如雨后春笋般地在大街小巷冒出。各家鲜花店为了争取顾客竞相压价,曾经辉煌一时的溢香鲜花店举步维艰。

2000 年 8 月,花店倒闭了。没有领到分文工资的丁世燕并不想为难老板,因为当初在她流落安阳、身无分文的时候是女老板收留了她。

当天晚上,丁世燕躺在床上久久不能入睡,她想不通一个曾经生意兴隆的鲜花店,怎么说倒闭就倒闭了呢?这到底是什么原因?她想首先是市场饱和、供大于求,激烈竞争造成了溢香鲜花店经营困难。其次是女老板摊子铺得过大,造成入不敷出。如果女老板能把花卉苗圃卖掉,直接去批发花木出售,最起码不至于亏损。如果再把鲜花店的 8 名服务员,换成钟点工,在生意忙时按点付酬,没有生意时放他们回家,岂不节约一大笔开支?如此一来,溢香鲜花店起死回生是不成问题的。想到这里,丁世燕感到非常兴奋。她当即找到女老板希望接手这个花店。女老板看丁世燕是个干事业的人,对她说:"我把店子转让给你,就等于给你付清了 6 个月拖欠的工资,祝愿你能成功。"

丁世燕接手鲜花店后,只留下了一个要好的姐妹给自己打工。她骑着一辆自行车,头顶烈日每天骑车上百公里,终于以较理想的价格与郊区的一些鲜花种植基地谈妥了合作事项。事实证明,溢香鲜花店的客户资源确实是一笔不菲的财产,转眼到了国庆节,安阳市各大单位庆贺节日都要摆放鲜花装饰,以前与溢香建立合作关系的老客户,纷纷前来订货,丁世燕忙得不亦乐乎,她紧急招聘了 10 名钟点工,雇了 6 辆货车到市郊拉送鲜花,一个国庆节下来,她轻轻松松赚了 1 万多元。

2002 年 3 月的一天,一位老顾客在买鲜花时抱怨说:"唉,这花好看是好看,就是不好养,在你们这里这鲜花都水灵灵的,可一到家没几天就蔫了。"说者无意,听者有心。丁世燕想:是啊,许多人都不懂得如何养花护花,一些很名贵的花卉由于买花人不懂得养护知识,买回家没多久就死了。如此一来,许多买花者的积极性受到了挫伤。何不为顾客提供"免费花木护理服务"呢? 这样既解决了养花的后顾之忧,又能提高自身的竞争力。

想到就做。丁世燕随即又聘请了一位有经验的养花工,每天义务为溢香花店的客户提供免费花木护理。这一项措施推出后,受到了养花户的普遍欢迎,来她这买花的人一下子就多了起来,当月的营业额就翻了两番。

一年下来,她轻轻松松赢利 7 多万元。她私下算了一笔账:仅"溢香鲜花店"以前的客户资源就给她带来了 4 万多元收益。看来她当初"借鸡生蛋"这一着棋真是走对了。

善举生财

丁世燕有收听收音机的习惯。2002 年 10 月份以来,一连一个多月,电台中午的保健节目让沈阳一家钙厂给包了。这是个热线节目,可是没有听众打进电话来,任凭伶牙俐齿的主持人说破嘴皮也无济于事,热心肠的丁世燕着急了:"这不是浪费吗? 浪费了厂家的广告费,也浪费了电台的时间,我得跟他们谈谈。"

丁世燕打通了厂家驻安阳办事处的电话,跟女经理谈了自己的想法,"你们厂的产品是适合中老年人的,可中年人中午在单位,老年人中午在午睡,他们都听不到你们的节目,所以没有人参与你们的节目……"

丁世燕的一席话让女经理茅塞顿开。女经理虚心请教,丁世燕帮她设计了几个广告方案。方案针对性强,效果非常好。事后,女经理执意把 1 000 元的广告费送给她作酬费,丁世燕推辞不下,只好收了下来。她这样做是出于帮助人的善良动机,没想到这一善意之举会让她闯进广告领域,又赚来一笔令人眼馋的财富。

从那以后,半年多的时间里,丁世燕都在给一些厂家出主意,告诉他们去电台做广告如何才能既省钱又有好的效果。仅此一项,她每月的收入就高达 3 000 多元。这下一传十、十传百,许多厂家都知道溢香花店年轻漂亮的女老板还是个很有实力的广告策划人,纷纷上门来请其出谋划策。丁世燕每月的广告收入 3 000、4 000、5 000 元的速度递增,在安阳市广告界引起了巨大的震荡。

致富有方

2003 年初,受非典病毒的影响,丁世燕的鲜花店门庭冷清,2 个多月分文未进,花店面临关门歇业的困境。

10 多名服务员也不能干坐着呀,总要找点事做才行。心急如焚的丁世燕首先发现药店发财了,卖口罩的也脱销了,自己做什么才能赚钱呢? 丁世燕发觉那几天,从她花店门前走过的人,许多人都带着"出入证"。那时为了管理方便,安阳市几乎所有单位、企业、工厂、学校都要求职工佩带出入证。一时间,各个制作胸卡的打印店门庭若市。了解到这一信息后,丁世燕暗自为没有及时捕捉到这条致富的商机而惋惜。

然而,就在她在痛惜不已的时候,一位从她身边走过的行人佩带的胸卡竟然掉在了她的面前,丁世燕叫住了那位行人将拾到的胸卡还给了她,那位行人道谢后说:"咳,这胸卡总夹不紧,如果能挂在脖子上该多方便啊。"说者无意,听者有心。丁世燕当时眼前一亮:对啊,安阳市这么多人戴胸卡,如果制作些胸卡套出售,一定是个不小的市场。

她立即赶到安阳市皮革厂联系制作胸卡套。经过半个多小时的洽谈,最终以一个胸卡套5 角钱的价格谈成,一下子她订做了 1 万个。第二天下午,她带着花店的 10 多名员工来到安阳市最大的一家国营企业——安阳钢铁集团公司的门口出售胸卡套,下午3点正是该厂上下班的高峰期。丁世燕把12名员工分别安排在3个大门口出售胸卡套。也许是她的胸卡套正好解决了职工容易丢失胸卡的烦恼,职工们争相购买,一个胸卡套她只卖4元钱,前后一个小时,丁世燕带去的1万个胸卡套所剩无几,从制卡到销售仅一天时间,一个小小的胸卡套让丁世燕赚了3万多元。那一刻丁世燕兴奋得几乎要昏厥过去,即便天上下钞票也没有来得这么快呀。

丁世燕并没有被转眼到手的巨大财富冲昏头脑,事不宜迟她火速赶到了皮革厂又预定了10万个胸卡套,随后几天,她又紧急雇佣了100名钟点工在安阳市各大厂矿、学校、小区门口摆摊销售卡套。一星期后,她的10万个胸卡套销售一空。安阳市许多个体户见卖胸卡套市场火爆,纷纷订做销售,可惜偌大的市场几近饱和,他们订做的胸卡套大部分积压在了手中。这就是商业市场的游戏规则。

短短半个月的时间,一个小小的胸卡套,让丁世燕赚了30多万元,这简直就是一件不可思议的事情,可它却真实而又幸运地降临到了丁世燕的头上,她那善于捕捉商机的精明头脑,让我们在惊叹之余,怎不深受启发?

几年摸爬滚打下来,丁世燕从一个一贫如洗的打工妹,成了一个身家百万的大富翁。眼下腰包鼓胀的丁世燕正准备上补习班,她说物质丰富了,头脑也不能贫困呀。她打算今后一边学习,一边捕捉商机做生意。将来条件成熟的时候,她还要自费进大学深造呢。

(二)管理好保持企业持续成长的人力资本

人力资本是指通过投资于人力资源,而形成和凝结于人力资源体中,并能带来价值增值的智力、知识、技能及体能的总和。知识经济时代,人力资本比物质等硬件资本具有更大的增值空间。

著名经济学家,清华大学魏杰教授指出,人力资本的概念不同于人力资源,人力资本专指企业中的两类人,即职业经理人和技术创新者,这两类人的作用是否充分发挥直接关系到企业竞争力和优势的建立。

创业者本人并不一定要受过高等教育,但他一定要雇佣一大批有能力的下属,通过构建规模较大的管理团队让更多的优秀人才参与决策,以保持和增强企业持续成长的人力资本。

优秀人才是高质量的无形资产,对于进入成长阶段的企业来说,吸纳、培养和积累优秀人才就是积累企业人力资本。因此,新企业创立以后应该不断地致力于营造良好的人才成长环境,为优秀人才快速成长提供各种有利条件。人力资本的形成和积累主要靠教育,因此,企业必须高度重视员工培训和教育,加大教育培训的投入,拟订科学系统的培训开发计划,这是在开发和积累企业的无形资产。

为了激励人力资本和全体员工创富的潜能,利润、股权的分配不仅是在创建团队时就必须解决的问题,而且在企业发展过程中还需要及时调整,使新进入企业的主要技术骨干和高级管理人员也能合理得到股权。同时应当积极探索利润分享计划、员工持股等项制度。

案例7-8:联想的股权分享[①]

1993年,联想成立职工持股会,并在以后的日子中拥有联想控股35%的股权,这被视作联

---

① 娄池.联想控股信息曝光中科院持股36%,柳传志3.4%[EB/OL].腾讯科技.http://tech.qq.com/a/20120417/000309.htm,2012-04-17.

想民营化的第一步。

1998年,联想正式更名为联想集团(控股)公司,中科院和联想员工持股会正式确定,中科院拥有联想65％的股权,管理层和员工自身占有其余35％的股权。

按照1994年就已经确定的股权分配方案:一部分是1984年、1985年创业的员工,总共有15人,将获得其中的35％,柳传志持股3.4％;二部分是核心员工,约160人,他们主要是1988年以前的老员工,将获得其中的20％;三部分是未来的骨干员工,包括现在的联想员工,获得其余的45％。

股权改革后,全体联想人焕发了极大的积极性,联想获得了更好、更快的发展。

2008年联想以167.8亿美元的年销售额排名第499位,首次进入全球500强企业,也成为中国上榜企业中唯一一家民营企业。2010年联想控股综合营业额1 466亿元人民币,总资产1 121亿元,员工总数近4万余人,在全国民企500强中排名第3位。

(三) 及时实现从创造资源到管好用好资源的转变

根据资源基础理论,企业的竞争优势来源于企业拥有和控制的有价值的、稀缺的、难以模仿并不可替代的异质性资源。因此,新企业创立后需要及时实现从创造资源向注重管好用好已经创造出来的资源转变,加强对企业既有资源的科学管理和有效利用。

(1) 节约资源、保护环境。企业成长是一个持续利用资源和环境,不断创造财富的过程。在这个过程中,浪费资源、破坏环境,企业将失去生存发展的基础。因此,企业不仅要创造财富,还要节约资源、保护环境;不仅对股东负责,还要对社会、对员工、对环境负责。

(2) 管理好知识资源。企业的知识资源是指企业拥有的、可以反复利用的、建立在知识和信息技术基础之上的、能给企业带来财富增长的一类资源。知识经济时代,企业的主要资源不再是物质资产,而是诸如客户关系、品牌、知识产权等异质性知识资源。必须采取各种必要措施管好用好企业的知识资源,管理好有形、无形资产,以现有资源创造最大价值。

企业知识资源通常包括三个方面:① 企业创造和拥有的无形资产。包括企业文化、品牌、信誉、渠道等市场方面的无形资产;专利、版权、技术诀窍、商业秘密等知识产权;技术流程、管理流程、管理模式与方法、信息网络等组织管理资产。② 信息资源。指通过信息网络可以收集到的与企业生产经营有关的各类信息。③ 智力资源。指企业可以利用的、存在于企业人力资源中的各种知识和创造性地运用知识的能力。

(3) 资源的开发、利用与整合并举。成长阶段是新创企业的快速发展期,这时新企业需要筹措更多的资源来满足自身的发展,而充分利用既有的、十分有限的资源至关重要。这要求创业者一方面要节约使用资源,另一方面更要注重资源的开发、循环利用和资源整合。

节约资源包括降低原材料消耗、提高材料利用率、节能减排、提高设备利用率、管好用活资金等。资源利用指企业将获取的资源优化配置,形成特定的企业能力并实施利用,从而实现企业的价值创造。资源利用过程中很重要的一点是资源的循环利用,企业只有实现对有限资源的循环利用,才能奠定未来发展的坚实基础,这也正是循环经济的基本理念。

快速成长期,创业者资源整合的深度与广度将保障组织运作的持续性,影响创业资源的优化配置,包括资源之间的协调、互补与杠杆关系。创业资源整合不仅为创业活动的顺利开展提供支撑,还协调着组织内部资源与能力之间的关系,促进组织资源向企业能力的转化,使得新企业在快速成长期能够很好地应对外部环境的不确定以及组织内部所存在的管理问题,提高资源使用效能,最终提高创业绩效,支撑企业的快速成长。

(四) 形成比较固定的企业价值观和文化氛围

企业文化被称作企业的灵魂和精神支柱,是企业发展动力之源。没有真正深入人心的良好企业文化,创业就是建立在沙滩之上,随时有可能出现严重风险事故,甚至是灭顶之灾。而企业文化精髓是创业者的创业精神,这是凝聚员工的一笔"不可复制"的财富,更是初创企业生存和发展的关键。华为总裁任正非曾说过:"资源是会枯竭的,只有文化才会生生不息。"自创业之初,任正非就亲手培育和创建了生生不息的华为文化,并以企业文化为先导来经营企业,才有了今天的华为。

(1) 着力形成比较固定的企业价值观。价值观是企业文化的基石和核心。企业价值观是指企业及其员工的价值取向,是指企业在追求经营成功过程中所推崇的基本信念和奉行的目标,因此,企业价值观对企业员工有着巨大的内聚作用。大多数快速成长企业都有比较固定的企业价值观,创业者往往倾注全部心血使企业的价值观延续,用以支撑初创企业的生存和健康发展。

知识经济时代需要创业企业形成符合企业实际、独具特色、充满挑战性的理想与追求,并能为广大员工所接受的核心价值观。例如:

迪斯尼——健康而富有创造力;

惠普——对个人的充分尊重;

苹果——Think Different;

联想——成就客户、创业创新、精准求实、诚信正直;

万科——创造健康丰盛的人生;

阿里巴巴——客户第一:关注客户的关注点,为客户提供建议和资讯,帮助客户成长。

华为——在电子信息领域实现顾客的梦想,并依靠点点滴滴、持之以恒的艰苦追求,使我们成为世界级领先企业。

(2) 着力营造浓郁的企业文化氛围。企业文化是企业的无形资产,作为一种资源,是创业初期企业的第一桶金,创业者应当用心培育和塑造。企业文化的培育是个长期的过程,需要在企业内着力营造一个浓郁的文化氛围。个性鲜明、富有特色的企业文化,对内能使员工目标明确、行动统一、行为规范、积极奋进、创新创业、勇攀高峰,对外则能使社会加深对企业的了解及理解,树立企业良好形象,增加对企业的信任度和美誉度。

案例 7-9:华为的企业文化建设①

华为非常崇尚"狼",认为狼是企业学习的榜样,要向狼学习"狼",狼性永远不会过时。任正非说:发展中的企业犹如一只饥饿的野狼。狼有最显著的三大特性,一是敏锐的嗅觉,二是不屈不挠、奋不顾身、永不疲倦的进攻精神,三是群体奋斗的意识。同样,一个企业要想扩张,也必须具备狼的这三个特性。

华为的"狼"不是天生的,需要有一种学习、传承与保障机制,使得狼性可以正本清源地保留,这种机制就是华为的企业文化。

华为打造自己的企业文化有五招。

华为企业文化第一招:塑造"狼性"与"做实"企业文化

---

① 佚名.华为企业文化[EB/OL].互动百科.http://www.baike.com/wiki/.

华为是一个巨大的集体,目前员工2.2万余人,其中市场人员占33%,而且素质非常之高,85%以上都是名牌大学的本科以上毕业生。

创业以来,华为取得的业绩是骄人的,在中国企业史上可谓是一个独一无二的例子。华为需要依赖一种精神把这样的一个巨大而高素质的团队团结起来,而且使企业充满活力。华为找到的因素就是团队精神——狼性。

华为的企业文化可以用这样的几个词语来概括:团结,奉献,学习,创新,获益与公平。

华为的企业文化还有一个特点就是:做实。即实实在在的行动。"狼性"与做实的企业文化是华为之所以为华为的根本。

华为企业文化第二招:选择良才

华为招聘员工的方法主要有两种方法,一种是社会招聘,另外一种就是校园招聘。对于营销人员来说,华为更热衷于用校园招聘的方式进行人才的选拔。

华为的校园招聘是很专业的,已经形成了自己的招聘模式。经过笔试的选拔,华为会通知笔试成绩不错的毕业生来参加面试,华为希望挑选一个有理想能吃苦,能够尊重别人且能自重,谦虚能容纳别人的人加入他们的团队。

面试会有好多次数,因为一个面试官不可能对应聘者进行完全的了解。对于销售人员的面试来说,一般开始的时候,面试的是专业知识方面的,面试官也是华为招聘大军中的市场部抽调过来的人。接下来的面试是有关个人素质方面的,面试官主要是人力资源部的专家。最后环节的面试官是市场部里的中高层人员,他们拥有最终的决定权。整个面试过程要持续2~5天,有的可能更长。应聘者需要有耐心,还要做好充分的准备。

面试合格的应聘者会被招聘人员组织参观华为在本地的公司,或者被邀请到一家星级饭店洽谈。在此过程中,应聘者可以更加深入地了解华为,而华为也希望自己可以表现得非常优秀,从而吸引那些优秀的学子加盟华为。

华为企业文化第三招:魔鬼培训

华为已经形成了自己的培训体系。在深圳,华为有自己的培训学校和培训基地。华为的所有员工都要经过培训,合格后才可以上岗。华为也有自己的网上学校,通过这个虚拟的学校华为可以在线为分布在全世界各个地方的华为人进行培训。华为培训分为上岗培训、岗中培训和下岗培训。华为的培训有如下特征:

(1)让培训成为一种习惯。培训不再是新员工就职时的形式主义或出现问题后的救火,培训是员工掌握技能的手段,是胜任营销工作的必需。

接受上岗培训的人主要是应届毕业生,培训过程跨时之长、内容之丰富、考评之严格,对于毕业生来说这样的经历是炼狱,这样的培训又称"魔鬼培训"。主要包括分军事训练、企业文化、车间实习与技术培训和营销理论与市场演习等三个部分。

(2)培训系统化。有专门培训岗位和培训师,培训不再是拾漏补缺,不再是临时的安排;公司将按照计划有条不紊地开展;同时,组织建立内部培训师队伍,并拥有外部智力支持机构和培训师队伍。

(3)让培训成为一种投资。在华为,培训不再是费用与成本,而成为企业寻求发展的一笔投资。华为每一年的培训费用高达数亿元。

(4)培训教材自己编写。主要有《华为新员工文化培训专题教材》《优秀客户经历模型》,还有有关华为产品和技术的各种培训材料。

（5）培训的效果有严格考核评估。华为十分重视培训效果的检视、考核和评估,培训后要进行严格的任职资格考试,只有通过考试的业务员才会被录用。另外,培训的结果与晋升、加薪相挂钩,纳入组织考评体系。

华为企业文化第四招,制度化用人

在华为的销售人员中,业绩最好的销售人员并不是有丰富经验和经历的人,而是那些刚刚从大学毕业的雄心勃勃的新员工。华为市场一线人员的工作年限一般不会超过3年,因为3年的时间足以让销售人员了解华为产品,以及与其他公司的产品比较的优势和劣势,一旦对这些了解,销售人员的士气就会大减,而任正非要保证一线人员永远充满活力。

完善的制度、严格的考核保证了华为制度化用人战略的实施,为华为打造营销铁军提供了制度保障,保证了主业的不断增长和员工"阶段性成就欲望不断得到满足"。因为任正非相信:如果华为有一天停止了快速增长,就会面临死亡。只要主业还充满活力,我们的团队就有强凝聚力,员工就会拼命而乐此不疲。

华为企业文化第五招:有效激励

华为为了保证一线人员永远保持活力,对销售一线人员的激励也是大手笔。在华为,一个优秀的销售人员不单单可以得到华为的物质激励,还可以得到精神激励。当然二者在华为是有机地结合的,激励也是华为"做实"作风的体现。

华为公司的绩效管理强调以责任结果为价值导向,力图建立一种自我激励、自我管理、自我约束的机制。通过管理者与员工之间持续不断地设立目标、辅导、评价、反馈,实现绩效改进和员工能力的提升。物质和精神上公平、有效且完善的激励制度,保证了华为的营销团队永远活力充沛,在战场上充满了战斗力。

启示:从培养"狼性"到传承"狼性",从"讲解"企业文化到"做实"企业文化,华为告诉中国的本土企业"企业文化的培养过程是非常艰巨的"。成功没有捷径,从招聘人才,到培训人才,再到使用人才,最后是激励人才,每一个环节都需要企业脚踏实地,付出心血。

（五）注重用成长的方式解决成长过程中出现的问题

根据企业生命周期理论,企业如同生物体会经历出生、成长到死亡的生命历程一样,有一个产生、成长、老化、消亡的过程。

伊查克·爱迪思(1989)在其《企业生命周期》一书中,把企业生命周期划分为成长阶段、成熟阶段和老化阶段三个阶段、十个时期。企业组织体系随着生命周期不断演变,在迈向新生命阶段时,组织体系都将面临某种阵疼。此时,组织若能通过程序的制定以及有效的决策来克服难关,促成转型的成功,则所面临的问题均属过渡性的正常现象。反之,如果组织只是一味地走老路,那么更多的异常问题将随之而来,而且会愈演愈烈,严重阻碍组织的发展。

可见,创业者在新企业成长阶段必须重视变革与创新,注重用成长的方式解决成长过程中出现的问题。不同的成长阶段需要不同的推动力。

（1）注重在成长阶段主动变革。早期成长阶段的企业最容易犯三种错误:一是容易被眼前的机会所驱使,缺乏战略眼光,从而导致初创企业作出一些不明智的决策与承诺;二是缺乏系统化的规章制度、明确的行动方针和健全的预算体系,企业往往表现出不稳定性,容易受挫折;三是缺乏科学的管理体系,成为"家长制"企业,阻碍企业的进一步发展。这个阶段的创业者应该敏锐地觉察到组织成长迟缓、内部不良问题积弊、难于应对竞争环境变化等问题,以企业家的战略眼光和改革魄力,及早主动变革,注重管理创新,将内部组织、工作流程以及企业文化进行必要的调整与改善,以克服企业早期成长的"瓶颈"。

(2)善于把握变革的切入点。绝大多数企业变革失败的原因主要还是来自企业的内部阻力——员工抵制,因为变革肯定会改变惯例和秩序,影响一部分人既得利益。为了解决员工的消极、抵触情绪,变革不可能一步到位,和风细雨的沟通方式以及循序渐进地实施变革不失为较合适的方案。变革中要科学地把握切入点,由点到面,层层深入。

太太药业公司从改变销售政策入手推进变革,海尔集团从砸冰箱树立质量意识入手实施变革,联想则从并购 IBM 的笔记本电脑部门入手变革国际化战略等,都是切入点选择策略的成功典范。

案例 7-10:快速成长中的组织变革①

1984 年联想创业起步。伴随着企业成长,联想的组织架构经历了从简单到复杂一系列渐进变革过程,每次变革都促进了企业的快速发展,成就了今天的世界 500 强企业。

"提篮小卖"

创业之初,11 人挤在 20 坪的传达室工作,严重缺乏资金。为了积累资金,联想人开展各种业务,用知识换取财富。几个月后,他们靠装配和维修电脑赚到了 70 万元人民币和 6 万美元,为他们开发产品提供了必要的资金。这个阶段,联想人称之为"提篮小卖"。

"平底快船"

联想开发汉卡,在技术上获得了成功,也填补了国内一个重要的空白,为联想的发展打下了基础。但柳传志认为这只是一个开始,联想还只是"一叶小舟",经不起市场的大风大浪。1987 年以前,联想为"小舟"设计了"平底快船"的模式。所谓"平底快船",就是总经理直接指挥,权力高度集中,人员和部门一专多能,资金批量投放快速回笼。这种模式对创业初期的小企业十分有效,"平底快船"组织结构简单,适应了联想当时规模小、产品少、资金少和人员少和营业额小的特点,能保证各部门和员工彼此之间的沟通和信息反馈,领导也有能力和精力对为数不多的下级实施监督和控制,促进了联想的发展。

"大船结构"

通过几年的发展,联想规模不断扩大,积累了上千万的自有资金和上亿元的营业额,人员和产品大幅度增加,而它原来的"平底快船"模式已经不能适应企业的快速发展了,产生了很大的弊端。比如,当时联想在各地的子公司不听北京总公司的号令,放任自己"划小船",个别子公司甚至出现了贪污腐败的行为。

柳传志深切地认识到,当今世界经济的发展趋于协作与大联合,没有一支组织严密、战斗力很强的队伍,企业就成不了气候,形不成产业,进军海外市场也就无从谈起。

在这样的背景下,联想自 1988 年开始提出将"平底快船"模式改为"大船结构"管理模式,将权力收归集团,企业成为一艘大船。大船由多个船舱组成,每个船舱是一个专业部,实行经济承包责任制,大船可以灵活地管理各个船舱,增强了整体合力。

(3)重视人力资源开发。变革的阻力主要来自员工,但若缺乏有效的变革管理手段和完

① 宋联可.联想的螺旋型企业文化[EB/OL].价值中国网.http://www.chinavalue.net/Management/Article/2008-5-17/115881.html.

善的人力资源管理,变革就难以推行下去。在变革的过程中,缺乏合适的人才来实施变革是新创企业在成长过程中的最大困境。为此,企业首先要有自己的价值取向、目标定位和发展战略,并得到员工的理解、支持和信赖,这样才能吸引和留住企业想要的人才;二是聘用合乎企业价值观和战略目标的员工,并有计划、不断地培训员工,提供给他们充分的提升与发展机会,注重从内部培养人才;三要营造一种宽松的工作环境,在可能的情况下尽力满足员工的兴趣、爱好和志向,自主择岗,心情舒畅,人尽其才,充分释放自身的潜能。这对于成功变革乃至企业可持续发展至关重要。

(4) 加强系统建设。企业是一个复杂的系统,任何公司都存在一个事实上的管理系统,它涉及如何整合资源、如何营运、如何通过管理控制保证目标的有效实现。创业之初,创始人的角色是全权责任人和全面管理者,新企业创建后,创业者就不仅仅致力于打造一支优秀的高层管理团队,还要构建一个负责日常经营活动的管理系统。随着企业的成长和规模的扩大,日常生产经营活动越来越庞杂,创业者/团队承受的压力会越来越大,一个好的经营管理系统,是企业可持续发展的必要保证。

企业系统建设的核心是"四流"改造与"四化"建设。四流包括:信息流、工作流、实物流、资金流;四化是指:文档规范化、项目模板化、管理数据化、行为职业化。企业系统建设打造了不依赖个人作用而又让企业持续有序营运的机制和体系,是整合企业各要素协同运转的行动框架,因而是解决成长中企业管理问题快速有效的方法。

(六) 从过分追求速度转到突出企业的价值增加

过分追求速度必然依靠拼资源、拼消耗、拼环境、拼廉价劳动力的粗放经济发展方式,急功近利、急于求成的企业往往事与愿违,曾经在国内辉煌一时的巨人集团、飞龙集团、亚细亚集团、秦池集团等如今都早已销声匿迹。

企业经营的真正目的在于为客户创造价值。当企业发展到一定程度时,就需要向价值增加快的方面转移和延展,以获得最大的价值创造,才能避开快速成长的风险,实现健康、可持续发展。因此,成长阶段企业管理的主要目标也不再是企业所有者利益最大化,而是追求企业价值最大化,这就要求企业不仅要关注企业所有者的利益,而且更要关注顾客、企业员工、企业债权人,甚至政府等,企业的发展和壮大与所有的利益相关者相关。

突出价值增加的一个重要方面就是企业的品牌打造。企业品牌是企业最重要的无形资产,甚至有学者认为企业品牌是继人、财、物、信息之后的企业"第五经营资源",是企业竞争力的核心所在,是企业基业常青的重要保障。亨利·福特曾在其自传中说:"你可以没有资金、没有工厂、没有产品,但你不能没有品牌。有品牌就有市场,当然也会有其他。"可口可乐也曾夸下海口:即使全世界所有的可口可乐工厂都烧毁了,可口可乐品牌仍可以使公司在一夜之间重新站立起来。可见,打造一个拥有广泛影响力的品牌,不仅可以带来顾客满足感和忠诚度,还可以通过品牌实现企业利润的增长、股东价值的提升、员工凝聚力的增强、企业商品和服务能力的提升,从而实现价值创造的良性循环。

四、新企业的风险控制和化解

(一) 成长阶段新企业主要风险来源

1. 最大风险来自管理

成长阶段创业企业面临的最大风险是管理风险。步入快速成长期后，企业市场迅速开拓，这个阶段的企业，技术风险逐步消除，市场风险也变得较小，许多风险投资机构也开始一改往日的态度，变得非常主动，竞相投资。但是该阶段由于人员在急剧增加，生产规模在不断扩张，管理幅度在不断加大，资金规模在不断增大，市场区域在不断拓展等等，这些因素都大大增加了管理的难度。如何控制成本、保障质量、管理渠道、树立品牌……正如人的成长要经历青春期的烦恼一样，这一阶段企业会出现许多管理问题，管理的风险变得最大。如果不能及时解决这些问题，不仅会影响企业的成长，也会影响到企业的未来发展。

(1) 未能建立有效的团队。在企业的规模很小、经营的规模也小的时候，创业者完全可以管理好自己亲手创办的企业，他们能够胜任当时的管理工作。但是，随着企业规模和经营规模的不断扩大，缺乏有效的管理团队和诸如生产、营销、人力资源、财务、技术开发等专业人才，企业运作就会越来越吃力，最后有可能失去控制。

(2) 管理失控。成长阶段的创业企业往往管理上存在诸多问题。例如，在发展战略方面，缺乏明确发展目标，无法应对外界环境变化；营销战略缺失，市场萎缩，市场竞争力下降。在人力资源管理方面，人力资源战略缺失，缺乏专业技术人才，缺乏业务骨干，致使企业技术力量薄弱，产品科技含量低，缺乏竞争力；组织混乱，组织无法满足企业发展需要，组织沟通不畅；专业人才招聘不到位，业务发展缺乏人才支撑；培训缺失或不到位，员工技能无法满足业务运作及发展的要求；薪酬不合理，难以激励员工，员工流失率走高；绩效考核不到位，无法促进员工持续高质量地完成业绩，无法使公司目标落地；企业文化缺失，缺乏凝聚力，帮派严重，团队不和，各自为政，开始争权夺利；人事管理不规范，流程繁琐，人事纠纷不断，员工抱怨。在财务管理方面，核算方法存在问题，不能为管理提供依据；报表与决策需求存在差异，不能为决策提供依据；财务数据与业务数据脱节，不能准确体现出业务盈亏等。

案例 7-11："尚阳"的日落[①]

尚阳科技成立于 2003 年初，自诞生起就笼罩了耀眼的光环。

首先，公司创办人及 CEO 是网通曾经的 COO 郑昌幸，管理团队中还有原华为公司副总裁陈硕和网络产品部总经理毛森江，可谓出身豪门；其次，成立之初，公司获得多家知名风险投资机构的 5 800 万美元首期融资，主要投资人包括华登投资、DCM 投资、Intel Capital、住友集团的投资公司、日立、伊藤忠、上海联合投资有限公司等。

尚阳科技曾被美国知名的 RedHerring 杂志评选为亚洲 100 强私人企业之一，其目标是致力于成为通信领域领跑的下一代服务平台(NGSP)提供商，致力于开启"自由沟通无界限"的自由通信新时代。主营业务是固网增值解决方案、宽带无线解决方案和企业通信解决方案等

---

① 佚名.聚焦五谷道场等 12 家企业失败教训［EB/OL］.中国企业家网. http://www. iceo. com. cn/chuangye/73/2011/1123/235324_3. shtml.

几个领域。当时,电信运营商们也准备在增值业务上大干一把,这种转型为尚阳科技提供了巨大的发展空间。

2年多之后,尽管尚阳拥有几个不错的核心业务,比如 UU 语信等,但终究没有抓住市场机会。由于公司创建以来经营不善,郑昌幸被迫"下课",尚阳科技大幅裁员,业务也开始转型,从昔日的设备方案提供商向互联网增值业务提供商转变。最终,尚阳科技的业务并未像其名字一样"上扬",最终美梦破碎,2006 就退出市场。

尚阳科技沦落到这个地步,据知情人士透露,主要是管理上存在问题。一是公司重研发、轻市场,市场抓不住,而研发方面,首期融资用完了,也还没有几件像样的产品;二是公司内部帮派严重,事业部之间各自为政。同时,从高层到员工,"成分"极为复杂:有"海龟",也有"土鳖";有出身国企的,也有来自外企的;有来自创业公司的,也有来自全球 500 强公司的;甚至从华为管理团队带来的旧部,一直留在了深圳,处于失控状态。

(3) 用人失察。创业初期,往往雇员不多,但是这些为数不多的雇员对公司的意义却非同小可。比如,你选错了助手,或者任命了不称职的人担任了公司重要岗位的主管,那么就有可能使你的公司陷入困境;而一个不称职的销售主管可能会使一个销路很好的产品没有了销路,这对公司的发展是毁灭性的。

案例 7-12:"88888"账户毁了巴林银行[①]

1995 年 2 月 26 日,英国中央银行英格兰银行宣布了一条震惊世界的消息:巴林银行不得继续从事交易活动并将申请资产清理。10 天后,这家拥有 233 年历史、在全球范围内掌控 270 多亿英镑资产的银行以 1 英镑的象征性价格被荷兰国际集团收购。这意味着巴林银行的彻底倒闭。而这一切竟毁于一个年龄只有 28 岁的毛头小子尼克·里森之手。

1989 年,里森在伦敦受雇于巴林银行,成为一名从事清算工作的内勤人员。1992 年他被调职,专事疑难问题的处理。1992 年,里森被派往巴林银行新加坡分公司担任经理。1993 年时,里森为巴林银行赢得 1 000 万英镑,占巴林当年总利润的 10%,颇得老板的赏识和同行的美慕。

然而,当里森及他的属下做了赔本交易后,他就将损失计入到一个号位"88888"的账户,这是一个被巴林银行遗忘了的公司"错误账户",它帮里森掩盖了他的损失,而他也只跟公司报喜不报忧,公司却也一直未曾察觉出这一错误,反而视里森为英雄。里森为了弥补损失,就不断进行一些冒险交易,但只是越补损失越大,直到他为巴林银行带来了 8.6 亿英镑的损失,这是巴林银行全部资本及储备金的 1.2 倍,因此巴林银行不得不宣布倒闭。

(4) 资金风险。资金风险主要指因资金不能适时供应而导致创业失败的可能性。对于新创企业,资金风险是最普遍的问题,如果创业者不能及时解决,一旦资金链断裂,极易造成创业夭折。像巨人集团、三九集团、飞龙集团等倒闭,其原因都是惊人地相似,以至于现在但凡有企业倒闭或者停产,人们往往第一个想到的便是资金链的断裂。

案例 7-13:昔日"中国鞋王"的突然"消失"[②]

2009 年 8 月 16 日,中国民营经济典型地区温州传出一则爆炸性新闻:资产上亿元、曾在

---

① 汪中求.细节决定成败[M].北京:新华出版社,2004.
② 张和平."中国鞋王"败落"败"在哪?[N].金羊网—羊城晚报,2009-08-29.

上世纪90年代一度影响中国鞋业界的霸力鞋业集团宣布停产，董事长王跃进突然"消失"，这在温州鞋业市场引起一片哗然。一时间，曾受人推崇的"中国鞋王"、温州鞋业领军人物、4项吉尼斯纪录创造者的顶顶桂冠轰然落地，惨淡经营近20年的霸力鞋业跌入深渊。

1976年，仅有中学文化程度的王跃进自谋生路，白天拉板车，晚上学做鞋。仅学3个月，他就将拉板车积攒起来的200元钱买来制鞋的工具和牛皮，独立上路。每晚他能做出一双鞋，卖出去能赚2元钱。

1984年，他汇集了兄弟姐妹的资金，从家庭作坊起步，相继创办了鹿城跃进皮鞋厂、霸力皮鞋厂。1994年，经省工商局和温州市政府批准，创建了浙江省首家鞋业集团。

1993年，他为了展示企业实力，树立赶超世界先进水平的决心和信心，亲自领衔设计，制造了长2.05米的"世界最大男皮鞋"、长2.4米的"世界最大女皮鞋"及"世界最小皮鞋"等，最大的可坐得下5位大姑娘，最小的仅有拇指大小，由此获得4项吉尼斯纪录。

当年，霸力以此获得全国首届鞋业大王博览会"中国鞋王""创新鞋王"称号。1994年被国家技术监督局和全国消费者协会评为"中国名牌产品"，同年7月参加亚太地区博览会，又荣获"金奖"。由此，王跃进一"跃"而成为中国鞋业的领军人物之一。霸力从创立小鞋厂发展到大集团，仅仅用了10多年时间。据"鹿城公务网"企业库的资料显示，该集团有限公司注册资金4030万元，资产总额11142.16万元。

2003年夏天，霸力等三家企业进口牛皮巨额偷税被温州海关缉私分局查获，偷税遭打击，霸力和王跃进在明星企业的行列中渐渐"退出江湖"，淡出人们的视线。

"海关偷税"事件不久，为了重整旗鼓，王跃进挥师南下，到广西投资矿业。据他向知心朋友透露，他在广西贺州矿业相继砸入2亿多元，但"基本没收益"。

据温州市有关方面称，王跃进出走前，欠下温州、贺州两地银行贷款1.2亿元，欠了温州当地数十家鞋料厂的贷款700万元。但事实上，巨额银行贷款还是无法填补霸力贺州矿业的窟窿。一位知情的行家分析，投资贺州矿业的决策是失误的，再加上受金融危机影响，金属原材料价格像"过山车"，要的人不敢买，卖的人收不到钱。一方面开发投入是个"无底洞"，另一方面一些货款又被客户拖欠着，"他的资金链断裂了。"

为此，王跃进以入股名义四处融资。据记者从知情者处了解到，一个月前，一位新股东被"套"入，投资1000多万元入股霸力集团贺州矿业公司，想不到王跃进此次离境竟将这笔股金裹挟而去。

造成资金风险的原因很多，内部因素大都与创业者经验不足、人脉缺乏、管理混乱有关。如决策失误、盲目投资；投资规模过大，超出自身实力；投资陌生行业，回报过低；财务漏洞、管理无序、投资成本上升等。至于创业者竭泽而渔、不择手段追求盈利而受到追究，承担相应违约、假冒伪劣、欺诈、偷税漏税等法律责任，则必然产生极为严重的资金风险或危机，甚至企业可能立马倒闭。

资金风险的外部因素主要与技术风险、市场风险和金融风险等密切相关。比如依托高新技术创业的企业，需要的创业资金一是规模较大，二是融资渠道少。若资金不能及时供应，导致高技术迟迟不能产业化，其技术价值会随着时间的推移不断贬值，甚至很快就被后来的竞争对手超出，则初始投入将付之东流。资金风险的另一个不可忽视的外部因素是通货膨胀引起的股市和汇率的波动。当发生通货膨胀的时候，政府一般会采取紧缩的金融政策，致使利率上升，贷款成本随之增加，或难以得到贷款，导致"转化"资金紧张甚至中断。同时，通货膨胀会拉动"转化"过程中所使用的材料、设备等成本的上升,使资金入不敷出。

(5)新老员工冲突。不断引进新生力量有利于创业企业更好更快地成长,但不可避免地会出现新老员工的冲突与对立,包括职业经理人和创业元老、新员工和老员工之间的冲突,都会使创业企业陷入困境和内耗,甚至团队分裂、创业者被排挤而离开公司。

一方是在公司内任职多年、为创业立下汗马功劳但却越来越不适应企业发展的老员工,一方是朝气蓬勃、拥有新技能、新知识的刚入职的新员工。若继续倚重元老,企业难以蜕变求新;若用新人替换元老,会有"过河拆桥"的声誉受损风险,且当触及到老员工利益时,老员工更容易抱团来解决问题,最终可能形成两败俱伤的局面;若完全寄希望于新进的职业经理人,则可能既有创业元老们抵抗或背叛风险,也有职业经理人的委托—代理风险。于是企业陷入进退两难困境,处理不好,酿成巨大风险。

案例 7-14:大量引入"空降部队"龙腾国际计划失利[1]

经历了 10 年的快速发展,到了 1986 年,宏基已经成为拥有 5 家子公司的企业集团。正是在这样的背景下,宏基提出了"龙腾国际"十年发展规划,开始大量引进"空降部队"(也就是当今非常热门的职业经理人),并公开大量招聘各类国际化人才。

这些"空降部队"是宏基自外部"挖墙脚"引进的人才,他们大多在外商或其他工作单位有杰出表现,在业界享有盛名。他们进入宏基后大多担任较高的职位,这立即冲击到宏基第二代和创业元老间原有的关系。而"空降部队"有的来自外商、有的来自官方、有的行事风格和方式与宏基企业文化大相径庭,让宏基第二代深感困惑,许多人忍不住抱怨,他们的不满情绪也随着工作中摩擦的增加而日益增强,一些宏基第二代感觉自己不受重视,挫折感增强,不少人离职他就,还有人出国进修,也有少数人在工作上消极抵抗,这对宏基形成沉重打击。

2. 战略失误

当创业企业初具规模,快速发展时,许多创业者容易被自己初步的成功冲昏头脑,有时甚至觉得无所不能,不顾实际扩大经营和盲目多元化发展,开拓超越实力的大市场,摊子铺得太大和对新业务不甚了解,难免出现战略失误,导致破产。

像这样在获得巨大成功后很快就遭遇失败的惨痛教训实在太多:"巨人"倒下,"太阳神"摔下神殿,"三株"叶干枝枯,"亚细亚"烟消云散……这些企业的共性是:盲目扩张、发展速度过快,而人员、资金、管理三大要素相对滞后,企业发展根基脆弱。三大要素中的任何一个出现问题时都会引发本不稳固的新创企业整体发生塌方。

案例 7-15:三株神话的破灭[2]

20 世纪 90 年代中期,中国几乎家喻户晓的济南三株集团,是 1993 年创立的医药保健品企业,注册资本区区 30 万元,当年销售收入 1 600 万元。

创业后很快进入快速成长阶段的三株集团,1994 年销售额竟达到 1.25 亿元,创造了一年增长 780%的奇迹。1995 年,三株公布第一个"五年计划":销售额 1995 年达到 16 亿至 20 亿;1996 年达到 100 亿;1997 年达到 300 亿;1998 年达到 600 亿;1999 年达到 900 亿。

仅 1997 年上半年,三株一口气就收购了 20 多家制药厂,投资超过 5 亿。鼎盛时期在全国

---

① 孟庆存. 龙腾国际——Acer 集团的成功之路[J]. 计算机与网络,2000(14).
② 尹生. 三株集团盲目扩张酿苦酒[J]. 世界经理人,2001(11).

注册了 600 个子公司,另有 2 000 个办事处,各级销售人员达到 15 万。

1998 年三株公司在一次质量问题引发的危机中轰然倒闭。从风靡一时的民营"帝国"到最后悄无声息,从辉煌到失败、大起大落的过程也就仅仅 5 年的时间。

三株集团失败的根本原因有两点:一是大规模扩张,对被收购企业缺乏全面了解和科学评估,最后掉进财务"无底洞"中;二是管理薄弱,一味追求规模扩张,并购后无法对并购来的企业适时进行资源整合。

以北京三株公司为例,为了实现迅速扩张,以便"在中药市场开放前占据全国市场",该公司从 1996 年起在不到半年的时间里就收购了 17 家国有药材公司,耗资近 3 亿元人民币。但是,据有关人士透露,实际上几乎所有这些被并购的企业都是经营不善、债务负担沉重的企业,而且生产设备陈旧。但在收购前,他们却没有进行必要的考察与评估,结果不但收购至今血本无归,还严重拖累了作为收购一方的三株。另外,对其固有优势领域的形势和自身能力估计不足也是一个不可忽视的因素。保健行业的竞争已日趋激烈,而且投入越来越大,任何新产品要打开市场都离不开强大资金的支持,三株的大规模且无回报的收购必然最终将自己套牢。如此空前规模的迅速扩张,如同在海滩上盖高楼,即使没有海浪或暴风雨,也难免自然倒塌。

3. 供应链风险

供应链系统是一个十分复杂的系统,其风险尚缺乏统一确切的界定。但基本共识是,风险来源于供应链上各种不确定性因素的存在。由于供应链网络上的企业之间是相互依赖的,任何一个企业出现问题都有可能波及和影响其他企业,影响整个供应链的正常运作,甚至导致供应链破裂和企业破产。

例如,2005 年初"苏丹红"事件震惊全国。除了以"苏丹红"为食品添加剂的生产商损失惨重外,以其为纽带的原料供应商、产品分销商、零售商都遭受不同程度的损失。肯德基中国 1 200 家门店在这一事件中 4 天至少损失进账 2 600 万元,亨氏美味源(广州)食品公司损失 1 460 余万,包括缴纳行政罚没款、产品损失、利润损失、退还消费者贷款、处理费等其他费用,湖南辣椒类产品在中国市场的销售额也下跌了四层左右。

2014 年 7 月,媒体曝光上海福喜食品有限公司存在大量采用过期变质肉类原料的行为:落地的牛肉饼、鸡腿等捡拾后重新放回生产线,各种过期原料随意添加,拣出的次品混入正品生产线,臭肉重新加工成小牛排等。上海福喜生产的加工食品供应的品牌如下:麦当劳、肯德基、必胜客、东方既白、星巴克、棒约翰、吉野家、德克士、7-11、星期五餐厅、汉堡王、美其乐、赛百味、宜家、华莱士、达美乐,面对这一长串的名单,洋快餐再陷信任危机。由于担心向顾客出售的是过期肉制品,越来越多的企业正在停止从福喜购货。受此影响,A 股市场上肉类加工企业、食品安全概念再起波澜,业绩下滑已成定局。①

4. 奢侈浪费

创业者小富即安,开始贪图安逸,甚至奢侈浪费。具体表现:一是贪图享受。开始经常出入豪华酒楼、宾馆和夜总会之类的高消费娱乐场所,吃喝玩乐、一掷千金,有的甚至堕落到赌博、吸毒、嫖娼。殊不知这方面是无底洞,更重要的是消磨了创业者的意志和精力,很可能导致新创事业中途夭折。二是讲究排场、挥霍浪费。购买豪华轿车、高档服饰,掷巨款购买和装修

---

① 佚名.上海福喜公司过期肉事件"发酵"引外媒关注[EB/OL].中国新闻网.http://www.chinanews.com/gj/2014/07-23/6418874.shtml.

豪华住宅、办公楼等，大把花钱。"成由勤俭败由奢"，奢侈实在是败业败家的祸根。企业在快速发展阶段，创业者和员工的待遇、生活水平适当改善和提高，这是正常的。但要反对的是脱离企业实际发展水平的高消费，反对的是奢侈浪费，但凡成功的企业家、成就大事业者绝不会挥霍浪费。

曾被誉为一代年轻创业者的标志性人物高燃，1981 年生，湖南人，清华大学新闻系本科毕业。2003 年，高燃做了一年财经记者，2004 年创业，2005 年遇到当年清华大学的同学邓迪，共同创立 MySee.com，融得 1 000 万美元的风险投资，成为国内首屈一指的网络视频服务供应商。因为在技术上领先，他很快成了年轻的亿万富翁。[①] 但 MySee 烧钱的速度太快了，几十个人，每个月要烧掉 100 多万元人民币，办公室光装修就花去 100 多万元人民币，还要花大量的资金购买视频内容。8 个月时间，1 000 万美元的投资款消耗殆尽。投资人评价，高燃无论走到哪里最关注的都是自己的知名度和形象，"只为自己做市场，不为公司做市场。""拿投资人的钱去包装自己，甚至还有其他的用途，但就是没有用来给公司做企业。"这是一个典型的因挥霍浪费导致创业失败的例子。

5. 家庭压力

作为创业者坚实的后盾，家人在创业过程中给予了无私的奉献，他们当然希望创业者能够获得成功。创业初步成功后，配偶希望创业者更多地关心家庭，儿女希望创业者能够尽到父母的责任，而创业者则在这个企业快速发展阶段比以前更忙、更累，根本无暇顾及家人，于是家庭压力开始增大，尤其是有家庭的女性创业者。一位女企业家在周末公司会议上连续收到丈夫三条短信："今天星期几？""女儿有一个月没有见到妈了！""你还知道回家吗？"，无奈之下会议只能戛然而止。

如果说创业过程中企业是根据危机进行管理，那么快速成长阶段则是管理造成了危机。创业者必须认真考虑和解决创业快速发展阶段的风险与危机问题。

（二）新企业成长阶段的风险控制和化解

1. 尝试授权，学会解脱

创业快速成长期两个主要因素会导致创业者考虑授权：一是管理问题越来越多、越来越复杂，创业者不堪重负；二是员工渴望分享权力，希望得到更多的空间与舞台来发挥自己才华。创业早期，创业者通常是集权式管理，进入快速成长期后，创业者需要授权，但不要分权。所谓授权是组织为了共享内部权力，激励员工努力工作，把某些权力或职权暂时授予下级，下级可在其所授予职权范围内自由决断，灵活处理问题，但同时也负有完成任务并向上级报告的责任，上级仍然保留对下级的指挥与监督权。分权则指决策指挥权在组织层级系统中较低管理层次上的分散，组织高层将其一部分决策指挥权分配给下属，使其充分行使这些权力，并在职责范围内自主解决某些问题。

分权容易产生离心力，员工会自作主张，而企业此阶段所需要的是向心力，否则创业者就会失去对企业的控制。当然，从集权到授权，创业者往往会感到胆战心惊，害怕失去对企业的控制，所以，创业者授权实际上准确的含义是："只准你们做我自己才会做的那种决定。"

最有效的授权是由创业者拟订哪些问题由自己来决策，哪些工作可以授权给员工去完成，

---

① 刘芳芳.80 后财富人物高燃转型困惑［N］.重庆商报，2008 - 02 - 25.

哪些工作需要员工定期汇报，哪些工作可以放手不管。一般而言，创业者需要审批招聘计划、销售计划、财务预算、投资计划、生产计划，至于销售人员的行为管理、客户拜访计划、促销活动、车间作业计划、生产排班、加班申请等就可授权给中层管理人员负责。当然，财务报账签字和人事安排等重要业务，创业者还是应该由自己来掌控，以控制成本以及人事矛盾的出现。当然，创业者也可以向一些管理人员授予一定额度的签字权。通过把一些日常程序性的、非核心的工作授权给中层管理人员，创业者就可以把自己从繁重的事务工作中解脱出来，把更多的精力集中在企业战略性问题的思考上。

当然，创业者实现个人或企业的创业目标后，也可以选择急流勇退享受生活，从而真正解脱。比如，创业者可以让渡企业的控制权，把企业让渡给他人经营；或是让渡企业的管理权，为企业找一个好"保姆"，聘请职业经理人来管理企业，自己则成为真正的企业家；还可以选择出售企业，为企业找到一个好婆家。上市或寻找投资都可实现企业控制权的让渡，具有传奇色彩的.com公司大都如此，而1999年华帝七位老板则自敲下课铃，聘请职业经理人来管理企业，让渡出企业管理权，也是一例。

2. 密切监控资金风险

创业启动及成长阶段面临的最大管理风险是资金风险。资金就如同种子发芽需要的水分一样，缺少了它，种子就不可能发芽生长，因而资金风险普遍是初创企业的"命门"。

首先，要认真筹划创业启动需要的融资或投资数额。融资时要仔细考虑准备借多少，能借到多少，最佳值应该是多少，风险有多大，风险能不能承受。

其次，必须考虑企业的持续融资能力。注意企业在营运过程中，一旦资金供应中断，就很可能导致整个项目的流产和创业的失败，也就是常说的"最后一口氧"谁补给？因此，创业者必须提前考虑好应急融资方案，并建立起快速融资渠道，以防万一。

再次，需要密切监控企业的现金流。现金流是企业一定时期内现金流入和流出的数量，初创阶段将现金流问题提高到任何高度都不为过，这是创业者真正的生命线。尤其是小资金创业，应当更加关注现金流的变化而不是成本的变化。现金流可分为三类：营运现金，包括销售和营运费开支；投资现金，包括资产出售和购买；融资现金，包括还贷和还债，以及创业投资和撤资。理想的情况是，绝大多数现金流转都是通过营运活动获得，也就是通过产品或服务的销售获得，这是企业持续成长的关键所在，因为投资和融资活动对于新创企业而言并非可行之策。创业者应当利用上述指标密切关注、监控自己的现金流状况，每天通过简报来提醒自己，手头还有多少现金，应收账款的状况以及目前的收入和开支情况。如果账本中长时间都是赤字，处境就岌岌可危了。

最后，要注意由于供应链风险而导致的资金风险。包括建立战略合作伙伴关系；加强与供应链伙伴信息交流与共享；柔性化设计供应链合同；建立并加强有效的风险防范体系；建立应急处理机制，以便对紧急、突发的事件进行应急处理。

3. 完善组织架构，规范管理

进入快速成长期，企业为了更好地发展，必须建立一整套完善的组织架构来有效地执行决策，规范管理。创业者不必奢求一步到位，也不要指望建立一套组织架构就可以一劳永逸。创业者应该尝试围绕工作本身来进行组织，打破围绕人来组织的习惯性思维，力图通过组织来实现企业管理决策和管理理念。通常的做法是创业者或企业委托外部咨询公司，或者聘请具备丰富管理经验的职业经理人来帮助搭建组织架构。最稳妥的方式是先健全、完善辅助管理部门如行政部门、财务部门和服务部门等部门的组织设计与调整,然后是价值增值部门的组织调整,如生产部门和营销部门等,这样做能在最大程度上稳定企业的经营。设计企业组织架构时,创业者可以运用一些非常规的小技巧,例如,多设置几个管理岗位,但并不安排人员,这样,对员工是一种吸引力,会起到正面激励的作用;又如,把三级销售组织结构调整成五级,效果会非常明显。当然,创业者需要明白,在管理体系完善之后还应重视精简企业的管理层级,防止官僚化管理的出现。此外,不仅仅是简单地设计企业的组织架构,需要同步进行的工作是健全和完善企业的管理制度和规章。

4. 建立风险责任机制,趋利避害

风险责任机制是根据创业企业的风险控制规划和实施方案,确定相应的责任主体,做到风险管理工作责任落实,各行其职,各负其责。同时要建立和不断完善风险控制目标体系和风险报告制度,企业内部各风险管理责任主体必须严格按照既定目标和具体标准从事相应的监控和管理。

首先,要通过分析,主动预测风险可能会带来的负面影响。例如,投资一旦失误,可能造成多大损失;投资款万一到期无法挽回,可能造成多大经济损失;贷款一旦无法收回,会产生多少影响;资金周转出现不良,对正常经营会造成哪些影响。

其次,积极预防风险。例如,加强对投资方案科学评估,对市场行情进行周密调查与跟踪,制定合理优化的资金使用策略、建立供应链伙伴的信息交流与共享等。一旦某个环节出了问题,要有采取补救措施的预案,尽可能减少负面影响。同时,通过加强管理,特别是合同管理、投资决策、财务管理、知识产权保护等,建立健全企业各项规章制度,在平时的业务交往中认真签订、审查各类合同,加强对决策过程和合同履行过程的监督。在经营活动中有所为、有所不为,经营什么产品,选择什么样的市场,都要仔细衡量,干应该干、可以干的,趋利避害,扬长避短,以变制胜。所谓"适者生存",强调的就是"变",创业者要适应内外部环境的变化,随时做出调整。

再次,学会减少风险和转移风险。对无法回避的系统风险,应当设法分解和转移。比如,尽可能将风险大的项目外包。对于风险较大的投资或经营项目,可将其分解成多个小项目,再将其中风险较高但别人能接受的部分分包给别人去做,共享收益、共担风险;不拒绝必要的合作和规模化经营。如果所从事的领域需要较强的实力,请不要拒绝与他人合作,而应是积极主动地寻求合作帮助,往往在共同发展的背后是风险的共同承担;建立风险预警机制和风险控制体系,如及时与政府部门沟通获取政策信息;在开发新产品前,充分进行市场调研,决策多方案优选、相机替代等;对于即将出现的而自己无论如何都难以承受的风险,为了求得长远发展,可以采取躲避策略,果断退出、走为上策,通过放弃眼前局部利益保全全局;对于已经酿就的重大风险,往往需要牺牲某些甚至是重大利益,如申请破产保护以求得再生。

5. 完善激励机制,凝聚人才

创业进入快速发展期,创业者关注的是未来的更大发展,而员工往往更关注现在的利益。处理不当,创业者会受到指责——"同患难易共富贵难",承受巨大的情感压力;如果企业是合伙建立或几个人共同创立的,难免会因为利益分配而出现企业的裂变,给企业造成伤害,甚至一蹶不振。随着企业的扩大,新员工不断加入,他们更多的是一种职业选择,创业者必须考虑如何吸引和留住企业需要的更多的优秀员工。

人才是企业发展的关键,人力资本是企业的核心资本。为了加快发展,快速成长阶段的企业会引进相当数量的新员工,这个时候的企业往往由于新老员工冲突而陷入秩序危机。此时,

应该着手建立一整套有效的管理与激励机制,既能保障老员工或合伙人的既得利益,又能吸引新员工,真正凝聚更多的优秀人才,使企业得以稳步发展。解决方案的核心,一是建立有效的管理制度与激励机制,二是紧缺骨干人才队伍的开拓建设和培养。

(1)制度是建立组织并且保证组织顺利运转的有效基石。设计管理制度与激励机制时,创业者要与员工保持密切有效的沟通,尽量做到一视同仁,要让新老员工都能理解和接受。在共同的组织目标面前,开宗明义地说明公司的原则和底线,对于新老员工制度面前人人平等,因此在根源上就杜绝了"新人新办法、老人老办法"的制度不和谐性做法。当统一的制度规定了新老员工在工作和待遇上的方方面面,就可以很大程度上减少人为干预,继而减轻新老员工的不公平感觉。

(2)岗位的晋升一定要有明确的依据。新老员工主要的利益冲突点体现在薪酬和岗位晋升上,其中薪酬往往会成为不满意的直接来源,是对员工的工作成就感和工作能力的直接挑战。当新老员工因为薪资矛盾积累到一定程度后,即使一点小小的矛盾都会成为冲突的导火索。防范的方法在于建立规范的薪酬体系,对于薪级和调整薪酬的依据要有明确规定,薪酬倾斜的原则不应该因人而异,而是因岗和因能力而异,同时可以适当增加司龄工资和工龄工资,并保持相对固定的比例。这样,一方面体现公司对于员工忠诚度的鼓励,同时也对老员工的历史贡献予以肯定,通过司龄与工龄工资一定程度弥补了老员工,降低因新员工薪酬过高或者绩效突出带来老员工的失落感。

不排除新员工能力突出而突击升职领导老员工的情况,在这一点上,要事先和老员工做深入地沟通,引导老员工对于自我能力提升和自我发展空间的关注上,降低不公平感。在程序和机制上,通过考核和流程上的公正性,比如绩效考评、公示、宣传等方式,帮助新员工适应升职后的岗位并获得老员工的认可。

(3)紧缺骨干人才队伍的开拓建设是指贯彻"良将一名,胜似千军"的理念,一方面通过用事业和重金双管齐下的方式,引进同行业相关企业骨干,充实到管理一线;另一方面,主要通过培养提拔自身企业内优秀员工,大胆使用,帮助和鼓励他们尽快成长。处于快速成长阶段的企业,不可避免地存在经验的欠缺甚至没有经验可言,因此在企业核心岗位人员配置时可尝试采用"AB岗"的方式。所谓"AB岗"是指类似"书记＋厂长"和"政委＋司令"的方式,这样既充分发挥"相互帮助、相互协调、相互监督、责任共担"团结协作的长处,又可以增强核心岗位决策和执行的正确性,避免风险的发生。

(4)激励手段的多样化和丰富化。在设计与实施激励机制时,也要注重根据不同人员的特点,选择好激励手段,防止一刀切的现象,特别是在精神激励和非现金激励上,要体现新老员工的差异,这样能够有效满足不同层次人员的需要。针对新员工,非现金激励与精神激励更多地在于提供各种培训机会、鼓励创新、通报表扬、领导谈话等方式获得激励;针对老员工,则应当更多地体现在提供各种考察、休假机会、荣誉称号、公司高层嘉奖的方式获得满足。

6. 发展核心竞争力,战略制胜

保持竞争优势是每个企业得以持续成长的关键。新创企业必须选择、培育和不断发展核心竞争力才能取得并保持竞争优势,这是企业生命力所在。根据普拉哈拉德和哈默的核心竞争力理论,对企业竞争优势起关键作用的知识和能力被称为核心竞争力。核心竞争力实质上是组织内部一系列互补的知识和技能的独特的组合体,当这些资源被组合到业务流程之中,组合的独特性往往能为顾客带来更多的价值,组合的复杂性又常常使得竞争对手难以模仿,因而能够使得企业确立竞争优势,顺利实现规模扩张。

培育和发展核心竞争力必须让企业寻找出属于其自身的核心专长,然后在这个核心专长上与他人竞争。所谓核心专长是指拥有别人所没有的优势资源,这类资源可以是人力、产品、品牌、技术、流程、营销能力、企业文化及价值等。

竞争优势可以为企业带来更多的利润,但是随着竞争对手的学习、模仿和攻击,竞争优势会随着时间流逝而逐渐丧失。此时,如果不采取有效措施,企业就会逐渐衰退,陷入亏损甚至是破产的境地。而这个有效措施就是处于快速发展阶段的新创企业必须研究并确立自己的发展战略。

企业战略体现在创业企业依据自身的特点选择一个较小的产品或服务领域,集中力量进入并成为当地市场第一,再从当地市场到全国,甚至到全球市场,同时建立各种进入壁垒,逐步形成稳定、持久的地位和竞争优势的全过程。只有确立和选择了正确战略,并在其指引下不断实施成功的战略行动,才能在竞争对手成功学习、模仿或者攻击之前,建立起企业新的竞争优势,这才是快速成长中企业永葆青春的秘诀所在。

【本章案例】

创业企业何以稳步成长?[①]

我发现一个非常有趣的现象,李嘉诚在创业的时候,许多人都比他有钱,但后来那些人不见了,或者财富排在他后面。

比尔·盖茨创业的时候,比他钱多的人也很多,但盖茨今天成了首富。

中国许多企业家也是如此。为什么?

因为,在中国由计划经济向市场经济,由封闭向开放,由野蛮的市场经济向文明的市场经济转型过程中,最重要的恰好是钱以外的因素。

就像你驾驶一辆汽车在高速公路上要并线转弯,既要车不能翻,还要保持速度,这非常难。这时候的问题不在于汽油,而在于司机的技巧,这个技巧就是钱以外的东西。钱以外的能力究竟是什么能力?

第一件事:将自己的姿态放低

钱以外的能力之一是做人的能力,特别是做人的姿态。我发现凡是生意做得不错的人,都善于把自己的姿态放得很低,在中国文化里这叫给别人面子,就是你得把人尊敬一下。

凡是刚开始做生意的时候,他们的姿态都很重要,就是很谦恭、谦虚、谦卑。按北京话来说,挣钱要像孙子,花钱要像大爷。

第二件事:价值观

钱以外的第二个能力是价值观。价值观是我们判断是非善恶的简单标准。你之所以做这件事而不做那件事,之所以这么做而不是那么做,就是价值观。

MBA 经常讲差异化竞争,差异化的战略在产品、在营销方法这些方面,几乎都可以模仿。真正不能模仿的是价值观,这就是为什么有些人能够成功,有些人不能够成功。

所谓价值观,就是在你心里跟你的合作伙伴、同事、朋友建立金钱关系的时候,你需要拿一个尺度来衡量、来决策,而这个东西会引导你朝不同的方向去走。

---

① 冯仑.中国人赚钱以外的四件事[J].年轻人:A 版,2013(1):48-48.

例如,我们看马云,不要看马云成功的故事,而应该看马云是怎样在微观决策的时候,判断细小的是非。比如马云在上市的时候,他只拿了5%的股份,这就是价值观。还有一些人,会把70%的股份变成自己的。而这个价值观会导致未来非常多的人生故事和结局。

第三件事:毅力和耐心

钱以外的第三种能力就是毅力、时间。为什么坚持这件事很重要?因为如果你没有理想,就不可能有毅力。所有的人在做事情的时候,最后不是比一个结果,而是比一个过程。

一件事情的性质由什么决定,笔者认为取决于两方面:第一,取决于时间,时间不同,对这件事的评价完全不一样。第二,取决于你跟谁做。

做企业也是这样。如果我们在做了三年的时候垮掉了,大家可能把我们随意看待。当我们30年还在这儿的时候,大家开始有一些敬意。

当300年后这个公司还在的时候,大家开始顶礼膜拜。所以时间是一个很好的东西,它可以考验你的价值观和做人的姿态。

中国历史传统中,没有把事往快里办的办法,大部分都教我们把事往慢里办。通过慢能够把事做好,所以叫事缓则圆,以缓找到方法,以圆作为皈依,这就是中国人的智慧。所以你要有毅力。

第四件事:正确判断未来

上面讲的都是刚开始挣钱,怎样能挣到钱的故事。当一个企业已经发展得不错的时候,实际上也面临着更大的挑战,钱以外的能力,就是你对未来的看法、对社会的看法是不是准确。

我在公司已经做了17年董事长,没有做过一天经理。我发现我能干的工作并不多,但是很费神。因为我就干三件事情:第一,看别人看不见的地方;第二,算别人算不清的账;第三,做别人不做的事情。

这其实非常难。你永远要看别人看不见的地方。当一个企业正常发展时,要看那些看不见的东西,包括风险、机会及很多我们还不知道的未来变化的趋势。这些工作需要企业的领导花很多时间。

所以笔者经常说,我要跟神、跟先知做邻居,这样才能看见别人看不见的地方,我们要有一个方法去看趋势、模式、危险、机会,这些很重要。这些东西属于钱以外的东西,并不是说花多少钱就有这个能力,而是要长期去积累和研究,去学习。

算那些算不清的账。眼前最简单也最现实的是我们捐献灾区多少钱合适,社会的情绪,公众的期待跟捐多少钱有很大的关系。

更复杂的账还有,比如说我们要找一个合作伙伴,可能有五个人站在你门口都可以给你钱,有土钱、洋钱,有笨钱、聪明钱,你找谁?

土钱的特点是决策快、变化大、干预多;洋钱决策慢、按规则来、干预不多,但是该管你的地方,又决不妥协。所以作为一个企业、一个领导人,这种能力就是你怎么在算不清的账里找到确定。

做别人不做的事。例如履行企业社会责任,去救灾、去环保,做各种各样的事情。这些事情是经理人不太愿意做的事情,因为又占精力又要出钱,董事长就要做他们不做的事情。

【本章要点】

新创企业可以选择的组织形式主要有:个人独资企业、合伙企业、有限责任公司和股份有限公司。

新企业注册流程主要包括：新企业名称设计，新企业工商注册登记等。经过多轮改革，目前新企业工商注册登记已实现"先照后证"、"三证合一"、"一照一码"的登记模式，放宽准入，简化了注册审批流程，极大方便了创业者。

创业者在创建和经营企业的过程中，必须了解和遵守有关法律法规，以确保自身和他人的利益没有受到非法侵害。与创业有关的法律主要包括专利法、商标法、著作权法、劳动法、合同法、产品质量法、反不正当竞争法等。

创建新企业时还应当注意伦理问题，包括创业者与原雇主之间、创业团队成员之间、创业者和其他利益相关者之间的伦理问题等。

新企业选址需要综合考虑政治、经济、技术、社会和自然等影响因素。其中经济因素和技术因素对选址决策起基础作用。

企业注册成立后，除遵纪守法外，还需要主动承担社会责任，才能获得社会认同。

新企业成立初期应以生存为首要目标，其特征是主要依靠自有资金创造自由现金流，实行充分调动"所有的人做所有的事"的群体管理，以及"创业者亲自深入运作细节"。

新企业成立初期易遭遇资金不足、制度不完善、因人设岗等问题。企业成长的推动力量包括创业者（团队）、市场和组织资源等。新企业成长的管理需要注重整合外部资源追求外部成长；管理好保持企业持续成长的人力资本；及时实现从创造资源到管好用好资源的转变；形成比较固定的企业价值观和文化氛围；注重用成长的方式解决成长过程中出现的问题；从过分追求速度转到突出企业的价值增加。

创办新企业后可能遇到的最大风险来自管理，应当根据新企业管理的独特性，突出管理重点，并采取针对新企业的行为策略。

【重要概念】

个人独资企业 合伙企业 有限责任公司 股份有限公司 企业登记 企业伦理 社会认同 企业选址 生存管理 新企业成长 风险控制 风险化解

【思考题】

1. 试述新企业注册的程序和步骤。
2. 试述注册企业必须考虑的法律与伦理问题。
3. 谈谈新企业获得社会认同的必要性和基本途径。
3. 为什么说新企业成立初期应以生存为首要目标？其主要管理特征有哪些？
4. 简述针对新企业成长阶段的管理特点与行为策略。

【参考文献】

[1] Jeremy K. , Hall, Gregory A. , Daneke, Michael J. Lenox. Sustainable Development and Entrepreneurship：Past Contributions and Future Directions[J]. *Journal of Busniss Venturing*，2010(2)：23.

[2] R. Duane Irelan ，JustinW. ，Webb. Crossing the Great Divide of Strategic Entrepreneurship：Transitioning Between Exploration and Explotitation[J]. *Business Horizons*，Sep-

tember-October 2009,52(5):469 - 479.

[3] Vicki Bogan,William Darjity Jr. Culture and Entrepreneurship? African American and Immigrant Self-employment in the United States[J]. *Journal of Socio-Economics*,October 2008,37(5):1999 - 2019.

[4] Edward H. Huijbens,Anne - Mette Hjalager,Peter Bjork,et al. Sustaining Creative Entrepreneurship:The Role of Innovaton Systems[J]. *Tourism and Entrepreneurship*, 2008:54 - 74.

[5] Zeki Simsek,Michael H. Lubatkin,John F. Veiga,et al. Dino. The Role of Entrepreneurially Alert Information System in Promoting Corporate Entrepreneurship[J]. *Journal of Business Research*,August 2009,62(8):810 - 817.

[6] R. ,Duane Irelan, Justin W. Webb, David J. Ketchen. Strategic Entrepreneurship Within Family-controlled Firms:Opportunities and Challenges[J]. *Journal of Family Business Strategy*,June 2010,1(2):67 - 77.

[7] Sana E. ,Harbi,Alstair R. Anderson. Institutions and the Shaping of Different Forms of Entrepreneurship[J]. *Journal of Socio-Economics*,2010,39(3):436 - 444.

[8] 柳传志. 创业企业的企业文化[J]. 当代经理人,2010(7).

[9] 赵策,张玉利. 培育创业者的创业技能[J]. 中国高新技术产业导报,2008(4).

[10] 李作战. 灰色理论在创业初期企业产品战略组合中的运用研究[J]. 中国管理信息化, 2008(12).

[11] 黎永泰,杨世铭. 家族创业者角色与企业文化的相关性分析[J]. 湘潭大学学报,2007(1).

[12] 薛红志. 内部创业倡导者角色与行为模式研究[J]. 外国经济与管理,2006(12).

[13] 胡丽丽. 谈初期创业者如何更好地谋划创业项目[J]. 新视角,2010(3).

[14] 夏杨,韦英哲,袁宏伟. 大学生创业者生存状态调查:创业未必比就业辛苦[N]. 羊城晚报,2009 - 01 - 06.

[15] 吕一博,苏敬勤,傅宇. 中国中小企业成长的影响因素研究[J]. 中国工业经济,2008(1).

[16] 杨忠,张骁,陈扬,廖文彦. "天生全球化"企业持续成长驱动力研究——企业生命周期不同阶段差异性跨案例分析[J]. 管理世界,2007(6).

[17] 李寿喜. 企业成长性驱动因素的实证分析——来自中国股票市场的经验证据[J]. 生产力研究,2006(6).

[18] 宋歌. 基于核心价值观的家族企业文化建设[J]. 企业活力,2008(3).

[19] 朱艳鑫,刘文俭. 科技型中小企业快速成长的驱动因素——基于创业板特锐德的案例研究[J]. 科技管理研究,2012(13).

[20] 张秀娥. 创业企业成长及其动因研究综述[J]. 现代经济信息,2012(14).

[21] 韩平. 中小企业板上市公司成长驱动因素研究[J]. 财政监督,2010(18).

[22] 李香枫,杨恕. 企业文化:企业成长的驱动因素——基于玫琳凯的案例研究[J]. 兰州商学院学报,2008(5).

[23] 买忆媛,周嵩安. 创新型创业的个体驱动因素分析[J]. 科研管理,2010(9).

[24] 杨波,熊中楷. 新创企业成长要素分析及成长模型构建[J]. 现代管理科学,2010(7).

[25] 娄季春. 中小型企业"薪酬股"利润分享计划探讨[J]. 中国人力资源开发,2011(2).

［26］李国平.核心价值观在企业文化建设中的作用探讨［J］.经营管理者,2009(16).

［27］刘科.让新老员工化冲突为双赢［EB/OL］.牛津管理评论 http://oxford.icxo.com/htmlnews/2012/07/03/1446458.htm.

［28］乔东.企业核心价值观功能探析［J］.山东社会科学,2010(3).

［29］托马斯·L·巴顿,威廉·G·申克,保罗·L·沃克.企业风险管理:how leading companies implement risk management［M］.北京:中国人民大学出版社,2004.

［30］陈震红,董俊武.创业决策中创业者风险行为的影响因素——国外研究框架综述［J］.国际经贸探索,2007(9).

［31］李洪彦.高科技创业风险管理的方法与策略［J］.武汉理工大学学报,2007(5).

［32］刘湘琴,章仁俊.创业及创业风险研究视角述评［J］.商场现代化,2008(31).

［33］赵英,赵都敏.创业者的风险研究:从风险承担到风险管理［J］.科学管理研究,2008(4).

［34］刘国新,王光杰.创业风险管理［M］.武汉:武汉理工大学出版社,2004.

［35］谢科范.企业风险管理［M］.武汉:武汉理工大学出版社,2004.

［36］周春生.企业风险与危机管理［M］.北京:北京大学出版社,2007.